ZANONI

Edward Bulwer Lytton

Al oír las palabras "augusta fraternidad", no hay para qué decir cuánto se excitó en aquel momento mi curiosidad, ni con qué ansia esperaba yo la respuesta del desconocido.

—Yo no creo —dijo el anciano caballero —que los maestros de dicha secta se hayan revelado jamás al mundo, como no sea por medio de oscuras insinuaciones y de parábolas místicas, sus verdaderas doctrinas; y no seré yo, ciertamente, quien les dirija el menor reproche por su discreción.

Calló después que hubo dicho esto, y parecía que iba a retirarse, cuando yo me dirigí al coleccionador diciéndole de un modo algo brusco:

—Nada veo en su catálogo, señor D***, que haga referencia a los Rosacruces.

—¡Los Rosacruces! —exclamó el viejo visitante, mirándome fijamente con cierta sorpresa mezclada de recelo. — ¿Y quién, a menos de ser un Rosacruz, podría explicar los misterios rosacruces? ¿Ha podido usted imaginar siquiera que algún miembro de esa secta, la más celosa de todas las sociedades secretas, pudiera levantar el velo que oculta al mundo la Isis de su sabiduría?

—¡Tate! —dije yo entonces para mis adentros. —Esa será, pues, la augusta fraternidad de que estabais hablando. ¡Loado sea Dios! Por fin había topado, indudablemente, con un individuo de tal fraternidad.

—Pero —dije en voz alta, —puesto que es inútil buscar en los libros, ¿en dónde podría yo obtener datos sobre esta cuestión? En nuestros días no puede uno arriesgarse a poner en letras de molde cosa alguna sin saberla de buena tinta, y apenas se puede citar una frase de Shakespeare, si no se cita al mismo tiempo el título de la obra y el verso correspondiente. Esta es la época de los hechos, caballero, la época de los hechos.

—Bien —dijo el anciano con una amable sonrisa; —si nos vemos alguna vez, quizá podré, por lo menos, dirigir las investigaciones de usted hacia la fuente misma del saber.

Dichas estas palabras, abrochóse el gabán, llamó con un silbido a su perro, y se marchó.

Cuatro días después de nuestra breve conversación en la librería del señor D***, encontreme de nuevo con el anciano caballero. Iba yo tranquilamente a caballo en dirección a Highate, cuando, al pie de su clásica cuesta, distinguí al desconocido que iba montado en un caballo negro, delante del cual marchaba su perro, que era negro también.

Si encuentras, caro lector, al hombre a quien deseas conocer, cabalgando al pie de una larga subida, en donde no puede alejarse mucho de ti, por cierta consideración a la especie animal, a no ser que su montura sea el caballo favorito de un amigo suyo que se lo haya prestado, creo yo que tuya sería la culpa, si, antes de ganar la cima, no hubieses adelantado mucho en tu empeño.

En suma: favoreciome tanto la suerte, que, al llegar a Highate, el anciano caballero me invitó a descansar un rato en su casa, que se hallaba a corta distancia de la población.

Aunque pequeña, era una casa excelente y muy confortable, con un vasto jardín contiguo a la misma, y desde sus ventanas gozábase de una vista tan preciosa, que seguramente Lucrecio la habría recomendado a los filósofos. En un día despejado podían distinguirse perfectamente las torres y cúpulas de Londres. Aquí estaba el tranquilo retiro del ermitaño; a lo lejos el *Maremagnum* del mundo.

Las paredes de las piezas principales estaban decoradas con pinturas de un mérito extraordinario, pertenecientes a aquella alta escuela de arte que tan mal comprendida es fuera de Italia; y me quedé maravillado al saber que dichas pinturas habían sido hechas por la mano del mismo propietario.

Mis muestras de admiración parecieron complacer a mi nuevo amigo, y al girar la conversación sobre este punto, dio él claras pruebas de no ser menos inteligente en cuestión de teorías del arte, que consumado en la práctica del mismo.

Sin ánimo de molestar al lector con juicios críticos que no son del caso, quizá será necesario, mientras se dilucida en gran parte el designio y carácter de la obra a la cual estas páginas sirven de introducción, hacer observar, en breves palabras, lo mucho que el anciano insistía sobre la relación que existe entre las diferentes artes, de igual modo que un autor eminente lo ha hecho con respecto a las diversas ciencias.

Sostenía también que en toda clase de obras de pura imaginación, tanto si éstas son expresadas por medio de palabras como por medio de colores, el artista afiliado a las escuelas más elevadas, debe hacer la más amplia distinción entre lo real y lo verdadero; o en otros términos: entre la imitación de la vida real, y la exaltación de la Naturaleza hasta lo ideal.

—Lo primero —dijo —es lo que constituye la escuela holandesa; lo segundo, es lo que caracteriza la escuela griega.

—En cuestión de pintura podrá ser —contestó mi amigo; —pero tratándose de literatura…

—Precisamente a la literatura me refiero. Nuestros poetas noveles están todos por la llaneza y por Betty Foy; y lo que nuestros críticos aprecian más en una obra de imaginación, es poder decir de ella que sus personajes están exactamente calcados sobre la vida común. Hasta en la escultura…

—¡En la escultura! Nada de eso. En la escultura el ideal más elevado, debe ser, por lo menos, la parte más esencial.

—Perdone usted; tal vez no habrá usted visto a Souter Johnny y a Tam O'Shanter.

—¡Ah! —exclamó mi anciano amigo, moviendo la cabeza de arriba abajo. —A lo que veo, yo vivo muy apartado del mundo. Supongo que Shakespeare habrá dejado de ser la admiración de la gente.

—Al contrario; la gente adora a Shakespeare; pero tal adoración no es más que un pretexto para dirigir duros ataques a todos los demás escritores. Solo que nuestros críticos han descubierto que Shakespeare es tan realista…

—¡Realista Shakespeare! ¡El poeta que ni una sola vez en su vida ha trazado un personaje que se pueda encontrar en el mundo en que vivimos; el hombre que ni una vez siquiera descendió a presentar una pasión falsa ni un personaje real!

Iba yo a contestar sin ambajes ni rodeos a su paradoja, cuando advertí que mi interlocutor empezaba a perder su calma habitual; y aquel que desea pescar un Rosacruz, es menester que ponga muchísimo cuidado en no enturbiar el agua. Así, pues, creí que lo más conveniente era dar otro giro a la conversación.

—Volvamos a nuestro tema —dije; —usted me prometió disipar mi ignorancia acerca de los Rosacruces…

—¡Muy bien! —me contestó en tono serio; —pero ¿con qué propósito? ¿Pretende usted, acaso, entrar en el templo con el único objeto de ridiculizar sus ritos?

—¿Por quién me ha tomado usted, caballero? A buen seguro que si tal fuese mi intento, la desdichada suerte que le cupo al abate de Villars sería una lección más que suficiente para que nadie se metiera a hablar a tontas y a locas de los reinos de la Salamandra y del Silfo. Todo el mundo sabe cuán misteriosamente fue privado de la vida aquel hombre de talento, en pago de las satíricas burlas de su *Comte de Gabalis*.

—¡Salamandra! ¡Silfo!… Veo que incurre usted en el error vulgar de entender al pie de la letra el lenguaje alegórico de los místicos.

Esta observación dio motivo a mi respetable interlocutor para condescender a hacerme una relación sumamente interesante y erudita, a mi pobre juicio, acerca de las doctrinas de los Rosacruces, algunos de los cuales, segúm me ascguró, existían todavía, continuando en augusto misterio sus profundas investigaciones en el terreno de las ciencias naturales y de la filosofía oculta.

—Pero esa fraternidad —siguió diciendo, —aunque respetable y virtuosa, y digo virtuosa porque no hay en el mundo ninguna orden monástica que sea más rígida en la práctica de los preceptos morales ni más ardiente en la fe cristiana; esta fraternidad es tan solo una rama de otras sociedades aun más importantes por los poderes que han adquirido, y más ilustres por su origen. ¿Está usted enterado de la filosofía platónica?

—Alguna que otra vez me he perdido en sus laberintos —dije. —A la fe mía, los platónicos son unos caballeros que no dejan comprender tan fácilmente.

—Y a pesar de lo que usted dice, sus problemas más intrincados no se han publicado jamás. Sus obras más sublimes se conservan manuscritas, y constituyen las enseñanzas propias de la iniciación, no solo de los Rosacruces, sino también de aquellas fraternidades más nobles a que me refería hace poco. Pero aun más solemnes y sublimes son los conocimientos que pueden espigarse de sus antecesores los Pitagóricos y de las inmortales obras maestras de Apolonio.

—¡Apolonio, el impostor de Tiana! ¿Existen escritos suyos?

—¡Impostor! —exclamó mi amigo. — ¡Apolonio impostor!

—Perdone usted; no sabía yo que fuera el amigo suyo; y si usted me da una garantía de su persona, creeré de buena gana que fue un sujeto muy respetable, que no decía sino la pura verdad cuando se jactaba de la facultad que tenía de poder estar en dos parajes distintos a la vez.

—Y qué, ¿tan difícil le parece a usted eso? —replicó el anciano; — según veo, no habrá usted soñado nunca.

En este punto terminó la conversación; pero desde aquel momento quedó asegurada entre los dos una verdadera intimidad, que duró hasta que mi venerable amigo abandonó esta vida mortal. ¡Descansen en paz sus cenizas!

Era él un hombre de costumbres muy originales y de opiniones verdaderamente excéntricas; pero la mayor parte de su tiempo lo empleaba en actos de filantropía sin ruido y sin ostentación alguna. Era entusiasta de los deberes del Samaritano; y así como sus virtudes eran realzadas por la más dulce caridad, sus esperanzas tenían por fundamento la fe más fervorosa.

Guardaba una reserva absoluta acerca de su propio origen y de la historia de su vida, y las tinieblas que envolvían semejante misterio eran un obstáculo que no me fue dado jamás superar. Según parece, había viajado mucho, y había sido testigo ocular de la primera Revolución francesa, acerca de la cual se expresaba de un modo tan elocuente como instructivo, pero sin juzgar los crímenes de aquella época borrascosa con aquella filosófica indulgencia con que algunos escritores ilustrados, que por otra parte tienen la cabeza bien segura sobre sus hombros, se sienten inclinados actualmente a tratar de las matanzas y los degüellos de unos tiempos que pasaron ya. Hablaba, no como un simple erudito, que ha leído y razonado más o menos, sino como un hombre que había visto con sus propios ojos y ha tenido mucho que sufrir.

Este anciano caballero parecía vivir solo en el mundo, y yo ignoraba que tuviera pariente ninguno, hasta que su ejecutor testamentario, primo suyo en grado lejano, que residía en el extranjero, me enteró del rico legado que me hizo mi pobre amigo. Este legado consistía, en primer lugar, en una cantidad de dinero, respecto a la cual creo que lo mejor que puedo hacer es guardarla, en previsión de un nuevo impuesto sobre las rentas y bienes inmuebles; y además, en ciertos preciosos manuscritos, a los cuales debe este libro su existencia.

Presumo que este último legado lo debo a una visita que hice a aquel Sabio, si con tal nombre se me permite llamarlo, pocas semanas antes de su muerte.

Si bien leía muy poco de la literatura moderna, mi amigo, con la amabilidad que le caracterizaba, me permitía consultarle acerca de algunos ensayos literarios proyectados por la irreflexiva ambición de un estudiante joven y sin experiencia.

Un día que le pedí su parecer tocante a una obra de imaginación, en la cual me proponía yo pintar los efectos del entusiasmo en las distintas modificaciones del carácter, escuchó, con su paciencia habitual, el argumento de mi obra, que era asaz vulgar y prosaico, y, dirigiéndose luego con aire pensativo hacia su estantería, sacó un libro antiguo, del cual me leyó, primero en griego, y luego en inglés, algunos párrafos del tenor siguiente:

"Platón señala aquí cuatro clases de *Manía*, palabra que, a mi entender, denota el entusiasmo y la inspiración de los dioses. Primera, la musical; segunda, la teléstica o mística; tercera, la profética, y cuarta, la perteneciente al amor".

El autor citado por mi amigo, después de sostener que en el alma hay algo que está por encima del intelecto, y después de afirmar que en nuestra naturaleza existen diversas potencias, —una de las cuales nos permite descubrir y abarcar, por decirlo así, las ciencias y los teoremas con una rapidez casi intuitiva, mientras que mediante otra de ellas se ejecutan las sublimes obras de arte, tales como las estatuas de Fidias; —vino a sentar que "el entusiasmo, en la verdadera acepción de la palabra, aparece cuando aquella parte del alma que está por encima del intelecto, es exaltada hasta los dioses, de los cuales proviene su inspiración".

Prosiguiendo en sus comentarios sobre Platón, el autor hace observar que "una de estas *manías* (especialmente la que pertenece al amor), puede ser suficiente para hacer remontar el alma a su divinidad y bienaventuranza primitivas; pero que existe una íntima unión entre todas ellas, y que la progresión ordinaria por la cual se remonta el alma, es, en primer lugar, por el entusiasmo musical; después por el teléstico o místico; terceramente, por el profético; y, finalmente, por el entusiasmo de Amor".

Escuchaba yo estas enrevesadas sublimidades con la cabeza aturdida y prestando atención con muy mala gana, cuando mi mentor cerró el libro, diciéndome con un aire de marcada satisfacción:

—Ahí tiene usted el lema de su libro, la tesis para su tema.

—*Davus sum, non (Edipus* —repuse yo moviendo la cabeza con aire contrariado. —Todo eso será muy hermoso, si usted quiere; pero, confúndame el cielo si he comprendido ni una sola palabra de cuanto me acaba usted de decir. Los misterios de los Rosacruces y las fraternidades de que usted habla, no son más que juegos de chiquillos en comparación de la jerigonza de los platónicos.

—Y, sin embargo, hasta que usted haya comprendido bien este pasaje, no podrá usted entender las más elevadas teorías de los Rosacruces o de las fraternidades aún más nobles, de las cuales habla usted con tanta ligereza.

—¡Ah! Pues en este caso renuncio a toda esperanza de conseguirlo. Pero, ¿por qué, ya que tan versado está usted en esta clase de materias, no adopta aquel lema para uno de sus libros?

—Dígame usted: y si yo tuviese ya escrito un libro así, ¿se encargaría usted de arreglarlo para el público?

—Con mucho gusto, —respondí con harta imprudencia.

—Pues le cojo a usted la palabra — me dijo el anciano; —y cuando yo haya dejado de existir, recibirá usted los manuscritos. Y a propósito de lo que decía usted respecto al gusto que hoy predomina en cuestión de literatura: no puedo halagar a usted con la esperanza de obtener gran provecho en su empresa, y le advierto de antemano que no es floja la carga que se ha echado usted encima.

—¿Es una novela lo que usted ha compuesto?

—Es novela y no lo es. Para aquellos que están en disposición de comprender esta obra, es una realidad; mientras que resulta un cien pies para los que no se hallan en este caso.

Por fin, llegaron a mis manos los manuscritos, acompañados de una breve carta de mi llorado amigo, en la cual me recordaba mi imprudente promesa.

Con el corazón oprimido, y dominado por febril impaciencia, abrí el legajo después de avivar la luz de la lámpara. Pero, ¡júzguese cuál sería el desaliento que se apoderó de mí, al ver que toda la obra estaba escrita en unos caracteres que me eran desconocidos y de los cuales ofrezco esta muestra al lector:
 y así sucesivamente, hasta novecientas cuarenta mortales páginas de a folio!

Apenas podía dar crédito a mis propios ojos; estaba verdaderamente como quien ve visiones. Asaltaron mi desconcertada imaginación ciertos recelos y temores respecto a la profana índole de los caracteres manuscritos que yo, sin darme cuenta de ello, había puesto al descubierto, contribuyendo también a esto las extrañas insinuaciones y el místico lenguaje del anciano. Verdaderamente, por no decir otra cosa peor, todo aquello me parecía muy misterioso.

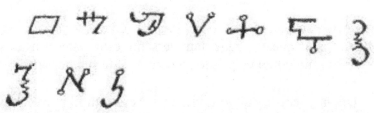

Iba ya a echar resueltamente aquellos papeles en un rincón de mi escritorio, con la sana intención de no acordarme más de tal cosa, cuando de improviso se fijó mi vista en un libro primorosamente encuadernado en tafilete azul, en el cual, por efecto de mi turbación, no había reparado antes. Con gran precaución abrí este libro, ignorando lo que podía salir de allí, cuando con una alegría imposible de describir, vi que contenía un diccionario o clave para descifrar los jeroglíficos del manuscrito.

Para no fatigar al lector con la relación minuciosa de mis trabajos, me concretaré a decir que al fin y a la postre, creyéndome ya en disposición de poder interpretar aquellos caracteres, puse manos a la obra con verdadero ahinco; mas como la tarea no era muy fácil que digamos, se pasaron dos años antes de que yo hiciera un regular adelanto.

Deseando entonces tantear el gusto del público, logré publicar unos cuantos capítulos aislados en un periódico, en el cual tuve el honor de colaborar durante algunos meses. Los capítulos en cuestión parecieron excitar la curiosidad del público mucho más de lo que yo podía esperar, razón por la cual reanudé mi penosa tarea con más ardor que nunca.

Pero entonces me sobrevino un nuevo e inesperado contratiempo: conforme iba yo adelantando en mi trabajo, encontreme con que el autor había hecho dos originales de su obra, siendo uno de ellos mucho más esmerado y minucioso que el otro. Por desgracia, había yo topado con el original defectuoso, y así es que no tuve más remedio que reformar mi labor de cabo a rabo, y traducir de nuevo los capítulos que ya tenía escritos. Puedo afirmar, pues, que exceptuando los ratos que yo dedicaba a las ocupaciones más perentorias, mi maldita promesa me costó algunos años de afanes y fatigas antes de poderla yo ver debidamente cumplida.

La tarea era tanto más difícil por cuanto el original estaba en una especie de prosa rítmica, como si el autor hubiera pretendido que su obra fuese considerada, en cierto modo, como una concepción o un ensayo poético. No era posible justificar tal cosa, y en mi tentativa he tenido, a menudo, necesidad de la indulgencia del lector. El respeto con que ordinariamente he mirado los caprichos de mi viejo amigo, cuya musa era de un carácter bastante equívoco, debe ser mi única excusa donde quiera que el lenguaje, sin entrar de lleno en el florido campo de la poesía, tome prestadas algunas galas un tanto impropias de la prosa.

En honor de la verdad debo confesar también que, a despecho de todos mis afanes, no tengo ninguna seguridad de haber dado siempre su verdadera significación a cada una de las cifras del manuscrito; y aún añadiré que en alguno que otro pasaje, he dejado en blanco ciertos puntos de la narración, y ocasiones ha habido en que, encontrándome a lo mejor con cifras nuevas de las cuales no tenía yo clave ninguna, me he visto forzado a recurrir a diversas interpolaciones de mi propia cosecha, que, sin duda, se distinguen fácilmente del resto, pero que me complazco en reconocer que no están del todo en desacuerdo con el plan general de la obra.

La confesión que acabo de hacer me lleva como de la mano a formular esta sentencia, con la cual voy a terminar:

Si en este libro, amigo lector, encuentras algo que sea de tu gusto, no lo dudes, esto es mío; pero allí donde veas alguna cosa que te desagrade, caiga tu reprobación sobre mi viejo amigo.

LIBRO PRIMERO
LA MÚSICA

CAPÍTULO PRIMERO

PISANI

En la segunda mitad del siglo XVIII, vivía y florecía en Nápoles un honrado artista llamado Cayetano Pisani. Era un músico de gran genio, aunque no de reputación popular, efecto de que había en todas sus composiciones algo caprichoso y fantástico que no era del gusto de los *dilettanti* de Nápoles.

Pisani, en realidad, era muy amante de asuntos poco familiares, en los cuales introducía tonadas y sinfonías que excitaban una especie de terror en aquellos que los oían. Entre sus composiciones hallé los títulos siguientes: *La fiesta de las harpías, Las brujas en Benevento, El descenso de Orfeo a las cavernas, Mal de ojo, Las Euménides,* y muchos otros por el estilo, que demuestran en él una grande imaginación complaciéndose en lo terrible y en lo sobrenatural; pero que a veces se elevaba hasta lo sublime. En la elección de los asuntos que tomara de la fábula, Cayetano Pisani era mucho más fiel que sus contemporáneos al remoto origen y al primitivo genio de la ópera italiana. Cuando este descendiente afeminado de la antigua cópula del canto y del drama, después de una larga oscuridad y destronamiento, volvió a aparecer empuñando el débil cetro y cubierto con más brillante púrpura en las riberas del Arno o en medio de las lagunas de Venecia, sacó sus primeras inspiraciones del desconocido y clásico origen de las leyendas paganas; y El descenso de Orfeo no era más que una repetición mucho más atrevida y tenebrosa, pero más científica, del Eurídice que Jacopi Peri puso en música cuando se celebraron las augustas bodas de Enrique de Navara con María de

Médicis[2]. Sin embargo, como he dicho ya, el estilo del compositor napolitano no halagaba del todo los oídos delicados, acostumbrados a las suaves melodías del día; y los críticos, para manifestar este desagrado, se apoderaban de las faltas y de las extravagancias del músico, que no eran muy difícil descubrir en sus composiciones, y las ponderaban con frecuencia con maligna intención.

Afortunadamente —pues de lo contrario hubiese muerto de hambre, — Pisani no era solamente compositor, sino que sabiendo tocar algunos instrumentos, especialmente el violín, había conseguido encontrar una colocación decente en la orquesta del Gran Teatro de San Carlos. Aquí, las horas que tenía que emplear en los estudios que requería su colocación, servían necesariamente de barrera a sus excentricidades en materias de composición; y aunque nada menos que cinco veces se le había depuesto de su plaza por haber disgustado a los inteligentes y puesto en confusión a toda la orquesta, tocando de repente variaciones de una naturaleza tan frenética y aterradora que cualquiera hubiese creído que las harpías o las brujas que le inspiran en sus composiciones se habían apoderado de su instrumento, la posibilidad de encontrar un violinista más hábil en sus momentos de tranquila lucidez le había conseguido su reposición, y el compositor casi se conformaba a no salir de la estrecha esfera de los adagios o alegros escritos en su papel. Esto no obstante, el auditorio, demasiado receloso de la propensión del ejecutante, cogía al vuelo la más pequeña desviación del texto; y si el músico divagaba por un momento — lo cual podía advertirse tan fácilmente con el oído como con la vista, o bien por alguna extraña contorsión del semblante de aquel o algún signo fatal de su arco, — un suave murmullo del público volvía a transportar al músico desde el Tártaro o el Eliseo a las modestas regiones de su atril. Entonces Pisani parecía despertar sobresaltado de un sueño, y después de echar una tímida y rápida mirada en derredor de sí, con aire abatido y humillado volvía su rebelde instrumento al carril monótono de su papel. Pero en su casa se desquitaba con usura de su pesada sujeción, y apoderándose con furia de su violín, tocaba y tocaba con frecuencia hasta el amanecer, haciendo oír sonidos tan extraños y terribles, que llenaban de supersticioso terror a los pescadores que veían nacer el día en la playa contigua a su casa, y hasta él mismo se estremecía como si alguna sirena o espíritu invisible entonara lastimeros ecos en su oído.

---

[2] Orfeo fue el héroe favorito de la ópera antigua o drama lírico. El *Orfeo* de Angelo Politano fue producido en 1475. El *Orfeo* de Monteverde se representó en Venecia en 1667.

El semblante de este hombre ofrecía ese aspecto característico propio de las gentes de su arte. Sus facciones eran nobles y regulares, pero agostadas por el sufrimiento y algún tanto pálidas; sus negros cabellos formaban una multitud de rizos, y sus grandes y hundidos ojos permanecían casi siempre fijos y contemplativos. Todos sus movimientos eran particulares y repentinos cuando aquel frenesí se apoderaba de él, y entonces andaba precipitadamente por las calles, o a lo largo de la playa, riendo y hablando consigo mismo. Sin embargo, era un hombre pacífico, amable e inofensivo, que partía su pedazo de pan con cualquier perezoso lazzaroni de los que se paraba a contemplar mientras ociosamente estaban tendidos al sol. Y con todo, Pisani era insociable: no tenía amigos; no adulaba a ningún protector ni concurría a ninguna de esas alegres bromas de las que tanto gustan los músicos y los meridionales. El y su arte eran a propósito para vivir aislados, y parecían creados el uno para el otro. Ambos eran extraños; ambos pertenecían a los tiempos primitivos, o a un mundo desconocido e irregular. Era imposible separar al hombre de su música: ésta era él mismo. Sin ella, Pisani no era nada, o no pasaba de ser una mera máquina; con ella, era el rey de su mundo ideal. ¡Al pobre hombre le bastaba esto! En una ciudad fabril de Inglaterra hay una losa sepulcral cuyo epitafio recuerda a un sujeto llamado Claudio Phillips, que fue la admiración de cuantos le conocieron por el desprecio que manifestaba por las riquezas y su inimitable habilidad en tocar el violín. Lógica unión de opuestos elogios. ¡Tu habilidad en el violín, oh, genio, será tan grande cuanto lo sea tu desprecio por las riquezas!

El talento de Pisani, como compositor, se había manifestado en música adecuada a su instrumento favorito, que es indudablemente el más rico en recursos y el más capaz de dominar las pasiones. El violín es, entre los instrumentos, lo que Shakespeare entre los poetas. Sin embargo, Pisani había compuesto piezas de mucha más fama y mérito, y la principal era su preciosa, su incomparable, su no publicada, su no publicable e imperecedera ópera *Sirena*. Esta grande obra había sido el sueño dorado de su infancia, la dueña de su edad viril, y, a medida que entraba en años, la quería más entrañablemente. En vano Pisani había luchado consigo mismo para dar a luz esta maravilla: hasta el amable y modesto Paisiello, maestro de capilla, meneaba ligeramente su cabeza cuando el músico le favorecía haciéndole oír alguno de los trozos de sus escenas más notables, y porque esta música difería de todo lo que Durante le enseñó para brillar, ¡se permitía decir a Pisani que atendiera al compás y que afinara su violín!

Por más que le pueda parecer extraño al lector, el grotesco personaje que me ocupa había contraído aquellos lazos que los mortales ordinarios creen solo de su particular monopolio: se había casado y tenía una niña; y lo que parecerá más extraño todavía, su mujer era hija de un pacífico, sobrio y muy razonable inglés; tenía mucha menos edad que él, y era linda y amable como una verdadera inglesa. Esta joven se había casado con Pisani por elección propia, y le amaba todavía. De qué manera la joven inglesa se había arreglado para casarse con él, o cómo este hombre esquivo e intratable se había atrevido a proponérselo, solo puedo explicármelo preguntándoos, después de haberos hecho dirigir una mirada en derredor vuestro, cómo la mitad de los hombres y de las mujeres que conocéis pueden encontrar su pareja. A pesar de ello, y mirándolo detenidamente, esta unión no era una cosa tan extraordinaria. La muchacha era hija natural de padres demasiado nobles para reconocerla o reclamarla, y la llevaron a Italia par que aprendiese el arte que debía proporcionarle los medios de vivir, pues la joven tenía gusto y voz; además, veíase tratada con dureza, y la voz del pobre Pisani, que era su maestro, resultaba la única que había oído desde su cuna que no fuese para reñirla o despreciarla. Después de esto, lo que resta, ¿no es una cosa muy natural? Natural o no, ellos se casaron. Esta joven amaba a su marido, y, a pesar de sus pocos años y de su belleza, podía decirse que era el genio protector de los dos. ¡De cuántas desgracias le había salvado su ignorada mediación contra los déspotas de San Carlos y del Conservatorio! ¡En cuántas enfermedades, pues Pisani era delicado, le había asistido y alimentado! Con frecuencia, en las noches oscuras, le esperaba en la puerta del teatro con su farolito encendido, dándole su robusto brazo para que se apoyase; y otras veces, si no hubiese sido por ella, ¡quién sabe si en sus ratos de desvarío, el músico no se hubiese arrojado al mar en busca de su *Sirena*! Por otra parte, la buena esposa escuchaba con paciencia —pues no siempre el buen gusto es compañero del verdadero amor, — y a veces muy complacida, aquellas tempestades de excéntrica y variada melodía, hasta que, por medio de constantes elogios, conseguía distraerle y llevarle a la cama cuando se ponía a tocar en medio de la noche.

La música de Pisani era un parte del ser de su esposa, y esta amable criatura parecía una parte de la música de su marido, porque cuando ella se sentaba junto a él, se mezclaban en las tocatas pedazos de inexplicable armonía. Sin duda su presencia influía sobre la música, modificándola y haciéndola más suave; pero Pisani lo ignoraba, pues nunca se había cuidado de averiguar de dónde ni cómo le venía su inspiración. Todo lo que el músico sabía era que adoraba a su esposa, y aun le parecía que se lo decía así lo menos veinte veces al día, cuando en realidad no desplegaba nunca los labios, pues Pisani era muy parco de palabras hasta para su consorte. Su lenguaje era su música, así como el de su mujer eran sus cuidados. Pisani era más comunicativo con su *barbitón*, como el sabio Mercennus nos enseña a llamar al violín, una de las variedades de la gran familia de la viola. El músico pasaba horas enteras con este instrumento, ensalzándole, riñéndole o acariciándole; pero se le había oído también jurar por su barbitón, exceso que le causara un eterno remordimiento. El instrumento tenía su lenguaje particular; podía responderle. Cuando a su vez había salido de las manos del ilustre instrumentista tirolés Steiner, era un buen compañero. Había algo de misterioso en su incalculable edad. ¿Cuántas manos, ahora convertidas en polvo, habían hecho vibrar sus cuerdas antes de que pasase a ser el amigo familiar de Cayetano Pisani? Hasta su caja era venerable, pues, según se decía, había sido pintada por Caracci.

Un inglés, colector de antigüedades, ofreció a Pisani más dinero por la caja que el que éste diera por el violín. Pero Pisani, a quien importara poco habitar una cabaña, hubiese deseado un palacio para su barbitón, al que consideraba como su primer hijo, no obstante tener una hija, de la cual voy a ocuparme.

CAPÍTULO II

VIOLA

¿Cómo lo haré, Viola, para describirte?

Sin duda la Música tendrá algo que ver en el advenimiento tuyo, oh joven desconocida, por lo que en tu forma y en tu carácter se podrá descubrir esa semejanza, "ese singular y misterioso eco que noche tras noche juguetea y se deja oír a través de los estrellados mares…"

Viola era bella, pero de una belleza poco común; era una combinación armoniosa de opuestos atributos. Su cabellera era más abundante y más fina que esas que se ven de vez en cuando en las mujeres del Norte; pero especialmente sus ojos, negros como el azabache, eran más tiernos y más encantadores que los más ponderados de las bellezas italianas o de las más seductoras odaliscas del Oriente. Su fisonomía, exquisitamente hermosa y siempre variada, se presentaba tan pronto rosada como pálida, y su expresión, tan variada como su fisonomía, ora reflejaba lo más triste, ora no había nada tan alegre como ella.

Siento tener que decir que esta joven no había recibido de sus padres lo que nosotros llamamos realmente educación, pues, además de que ninguno de ellos poseía grandes conocimientos que poder enseñar, éstos no estaban de moda entonces, como sucede en el día. Pero la casualidad, o la naturaleza, habían favorecido a la joven Viola. Además de su idioma nativo, Viola hablaba el de su madre. Tampoco tardó mucho tiempo en aprender a leer y escribir, mientras que su madre, que era católica, le enseñaba de vez en cuando a rezar. Pero, para contrariar todas estas cualidades, las extrañas costumbres de Pisani, y los incesantes cuidados y ocupaciones que reclamara de su mujer, hacía que, con mucha frecuencia, la niña tuviese que quedarse sola con una anciana nodriza, la cual, aun cuando la quería con ternura, no era muy a propósito para instruirla.

La señora Gionetta, la nodriza, era una italiana y napolitana completa. Su juventud había sido todo amor, mientras que su edad madura era todo superstición, adicionada con una charlatanería locuaz. Unas veces hablaba a la muchacha de caballeros y príncipes prosternados a sus pies, al paso que otras le helaba la sangre en las venas, aterrorizándola con cuentos y leyendas de las antiguas fábulas griegas o etrurianas de demonios y de vampiros, de las danzas alrededor del grande avellano de Benevento y del poder de los hechizos.

Todas estas cosas se grabaron poco a poco con tal fuerza en la imaginación de Viola, que ni la edad, ni la reflexión, pudieron desimpresionarla. Por eso se aficionó, con una especie de tenebrosa alegría, a la música de su padre. Aquellos visionarios sonidos, luchando siempre por traducir en salvajes y desconcertados tonos el lenguaje de seres de un mundo ignorado, le habían rodeado desde la cuna. Puede decirse que su imaginación estaba llena de música, todo mezclado confusamente en aquellos sonidos que tan pronto la deleitaban como la llenaban de terror. Tal cosa, que durante el día la halagaba, la hacía despertar sobresaltada cuando se encontraba sola en su cama, rodeada de tinieblas. Las leyendas y los cuentos de Gionetta solamente servían para que la joven comprendiese mejor el significado de aquellos misteriosos sonidos, que eran para ella un lenguaje expresado en música. Era, pues, muy natural que la hija de tal padre, manifestase desde luego algún gusto en su arte.

Muy niña todavía, cantaba ya divinamente. Un gran cardenal —
grande igualmente en el Estado y en el Conservatorio, —habiendo
oído celebrar sus disposiciones, envió a buscarla. Desde aquel
momento, su suerte quedó fijada: estaba destinada a ser la futura
gloria de Nápoles, la *prima donna* de San Carlos. El cardenal,
insistiendo en que había de cumplirse su predicción, le buscó los
maestros de más nombradía. Para despertar en ella el espíritu de
emulación, Su Eminencia se la llevó una noche a su palco, creyendo
que de algo le serviría ver aquella representación y oír los aplausos
que se prodigaban a las deslumbrantes artistas, a las cuales debía
superar un día.

¡Ah, qué gloriosa es la vida teatral! ¡Qué seductor se le presentaba a
Viola aquel mundo de música y de canto que empezaba a brillar para
ella! Era el único que parecía estar en armonía con sus extraños y
juveniles pensamientos. Se le figuraba que habiendo vivido hasta
entonces en tierra desconocida, se veía por fin trasladada a una región
en la cual encontraba las formas y oía el lenguaje de su país natal.
¡Bello y verdadero entusiasmo, elevado por la promesa del genio!
¡Niño u hombre, nunca serás poeta si no has sentido el ideal, si no has
oído el romance, si no has visto la isla de Calipso ante tus ojos,
cuando, por la primera vez, levantándose el mágico telón, se te
presenta el mundo poético encumbrado sobre el mundo de la prosa!

La iniciación había empezado para la joven. Iba a leer, a estudiar, a
describir con un gesto, con una mirada, las pasiones que debía
después dibujar en su tablero; lecciones peligrosas, en verdad, para
algunos; pero no para el puro entusiasmo que nace del arte. Para la
imaginación que lo concibe justamente, el arte no es más que el
espejo donde se refleja lo que se pone con fe sobre su superficie
mientras ésa no ha sido empañada. Viola comprendió la naturaleza y
la verdad instintivamente sus relaciones estaban impregnadas de un
poder desconocido; su voz hacía derramar lágrimas o inspiraba una
noble ira; pero estas emociones eran producidas por la simpatía que
manifiesta el genio, aun en su más temprana inocencia, por todo lo
que siente o sufre. No podría encontrarse ninguna otra mujer que
comprendiese mejor que ella el amor o los celos que expresan las
palabras. Su arte era uno de esos extraños secretos que los psicólogos
pueden explicarnos, si gustan, diciéndonos, al mismo tiempo, por qué
criaturas de una imaginación sencilla y de un corazón puro, saben
distinguir tan bien en los cuentos que referís, o en los cantos que
oyen, la diferencia entre el arte verdadero y el falso, entre el lenguaje

apasionado y la jerigonza, entre Homero y Racine, al paso que extraen de los corazones que no han sentido lo que repiten los melodiosos acentos de la natural pasión.

Aparte de sus estudios, Viola era sencilla y afectuosa, pero algún tanto caprichosa; no caprichosa en su carácter, puesto que éste era siempre afable y dócil, sino en su disposición de ánimo, que, como he indicado antes, pasaba de la tristeza a la alegría y viceversa, sin una causa aparente. Si es que existía alguna, solo podía atribuirse a la temprana y misteriosa influencia que he referido ya, al tratar de explicar el efecto producido en su imaginación por aquellos extraños y arrebatadores sonidos que oyera con tanta frecuencia: pues debe saberse que aquellos que son demasiado sensibles a los efectos de la música, se ven sin cesar acosados, aun en los quehaceres mas ordinarios de la vida, por tocatas y ecos que les atormentan incesantemente. Cuando el alma ha admitido la música, ésta se convierte en una especie de espíritu que no muere nunca y que recorre día y noche todos los rincones de la memoria, pareciendo que se oye otra vez tan viva y distinta como cuando hendió los aires por primera vez. De tanto en tanto, pues, estos sonidos vagaban por la imaginación de Viola, para hacer aparecer una sonrisa en sus labios, si eran alegres o para anular su semblante, si eran tristes; por eso se la veía abandonar de pronto su infantil alegría y sentarse en un rincón muda y meditabunda.

He aquí por qué, en sentido alegórico, a esta hermosa criatura, de forma tan aérea, de belleza tan armoniosa y de pensamientos y acciones tan poco comunes, podía llamársela más justamente la hija de la música que del músico; ser del cual podía decirse, desde luego, que le estaba reservado algún destino, menos de la vida común que del romance, de esos, que, por lo que los ojos pueden ver y por lo que los corazones pueden sentir, se desliza siempre, junto con la vida actual, de corriente en corriente hasta el negro Océano. Por esta razón no parecía extraño que Viola, aun en su niñez, y mucho más cuando empezaba a florecer en la dulce gravedad de la virginal juventud, creyese su vida destinada a participar, fuese en bien o en mal, de ese romance lleno de misterio que había formado la atmósfera de su existencia.

Viola penetraba con mucha frecuencia en los bosquecillos que cercan la gruta de Posilipe —la grande obra de los antiguos cimerianos, — y sentada al lado de la tumba de Virgilio, acariciaba aquellas visiones, aquella sutil vaguedad que no le es dable a la poesía definir, pues es poeta que excede a todo lo cantado el corazón de la fantástica juventud. Allí, sentada muy a menudo en el emparrado umbral, y mirando al azulado y sereno mar, Viola pasaba las tardes de otoño, o la sorprendía el lucero vespertino de los días de verano, formando castillos en el aire. ¿Quién es el que ha dejado de hacer otro tanto, no solamente en la juventud, sino también en medio de las débiles esperanzas de la edad madura? Una de las prerrogativas del hombre, desde el más elevado al más humilde, es soñar. Pero estos sueños, producidos por la ilusión, eran en Viola más habituales, más distintos y más solemnes, que los que la mayor parte de nosotros disfrutamos. Parecían sueños proféticos.

CAPÍTULO III

DOS TRIUNFOS EN UNO

La educación artística se halla terminada; Viola tiene cerca de diecisiete años. El cardenal declara que ha llegado el día de inscribir un nuevo nombre en el Libro de oro reservado a los hijos del arte y del canto. ¿Con qué carácter? ¿Dónde está el genio al cual Viola debe dar forma y vida? Aquí está el secreto.

Corrían rumores de que el inagotable Passiello, encantado de la manera con que la joven ejecutara su *Nel cor piú non me sento*, y su *Io son Lindoro*, quería producir alguna nueva obra maestra para el estreno de la debutante; otros insistían en que el fuerte de Viola era lo cómico, y que Cimarosa estaba trabajando asiduamente para dar otro Matrimonio secreto, y al mismo tiempo, se observaba que en otras regiones reinaba una reserva diplomática, y que el humor del cardenal era poco alegre, habiendo dicho públicamente estas enojadoras palabras:

—Esta imbécil muchacha es tan loca como su padre; todo cuanto pregunta es absurdo.

Celebrábanse conferencia tras conferencia; el cardenal llamaba a su gabinete a la pobre muchacha y le hablaba de la manera más solemne; todo era en vano. Nápoles se perdía en un mar de conjeturas, y la curiosidad crecía y se generalizaba por momentos. La lectura terminó con una querella, y Viola se presentó en su casa ceñuda y de mal humor. No representaba; ¡había roto el compromiso!

Pisani, poco experimentado para conocer los peligros de la escena, había concebido la lisonjera esperanza de que, aquí el que la terquedad de su hija, le disgustara sobremanera. Sin embargo, no dijo una palabra. Pisani no regañaba nunca: se contentaba con coger su fiel barbitón. ¡Oh, leal instrumento! ¡De qué manera tan cruel reñías tú! El barbitón chillaba, gemía y hablaba. Los ojos de Viola se llenaban de lágrimas, pues la joven comprendía aquel lenguaje, Viola llamó aparte a su madre y le habló al oído; y cuando el padre volvió de su tarea, la madre y la hija estaban llorando. Pisani las contemplaba con admiración, y en seguida, como si sintiese haber sido demasiado duro para con ellas, corrió otra vez a coger el instrumento. Ahora hubieseis creído que oíais el arrullo melodioso de un hada tratando de consolar a un niño enojado. El arco arrancaba del instrumento tonos suaves y armoniosos que hubiesen hecho olvidar el más obstinado pesar. Por otra parte, oíase a veces una alegre y extraña nota parecida a una carcajada, pero una carcajada de buen agüero. Era uno de los trozos más bonitos de que su querida ópera *La Sirena* en el acto de encantar las olas y adormecer los vientos. Sabe Dios lo que hubiese sucedido después si su brazo no se hubiese detenido. Viola corrió a abrazarle, besándole, al mismo tiempo, con ojos radiantes de felicidad.

En este mismo instante abrióse la puerta para dar paso a un mensajero del cardenal. Viola debía presentarse en su casa inmediatamente. Su madre la acompañó; se hizo la reconciliación, y todo quedó arreglado en un instante. Viola fue de nuevo admitida y eligió su ópera. ¡Oh! Vosotras, las insípidas naciones del Norte, ocupadas en vuestras disenciones y debates; no podéis imaginaros el movimiento y el ruido que produjo entre la gente filarmónica de Nápoles el rumor de una nueva ópera y de una nueva actriz. ¿Cuál era esa ópera? Jamás se fraguó intriga de gabinete conducida con mayor secreto.

Pisani volvió una noche del teatro evidentemente impresionado y enojado. ¡Pobres de tus oídos, lector, si hubiesen tenido que escuchar el barbitón aquella noche! Habíanle suspendido de su empleo, temiendo que la nueva ópera y el primer *début* de su hija como *prima donna*, afectasen demasiado sus nervios. Y esta noche, sus variaciones, sus endemoniadas sirenas y harpías, movieron una algazara que no podía oírse sin terror. ¡Separado la misma noche en que su hija, cuya melodía no era sino una emanación de la suya, iba a representar por primera vez! ¡Verse separado, para que ocupase su puesto algún nuevo rival! Esto era demasiado para un músico de carne y hueso.

Por primera vez el artista se expresó de palabra sobre este asunto, preguntando con mucha gravedad —pues en esta cuestión, el barbitón, a pesar de su elocuencia, no se hubiese podido expresar claramente, —cuál era la ópera que debía ejecutarse, y cuál el papel que la joven debía representar. Viola contestó con gravedad que el cardenal le había prohibido que lo revelase. Pisani no respondió, y desapareciendo con su violín, fuese a lo más alto de la casa, y en seguida madre e hija oyeron al instrumento lamentarse y suspirar de una manera capaz de partir el corazón.

Las afecciones de Pisani se manifestaban muy poco en su semblante. No era uno de esos padres cariñosos cuyos hijos están siempre jugueteando alrededor de sus rodillas; su imaginación y su alma pertenecían tan enteramente a su arte, que la vida doméstica se deslizaba para él como si fuese un sueño. Las personas que cultivan un estudio abstracto, especialmente los matemáticos, suelen ser de esta manera, cuando el criado de un célebre filósofo francés fue corriendo a decirle a éste: "¡Señor, la casa se quema!", respondió el sabio, apartando la vista de sus problemas: "¡Anda y díselo a mi mujer, imbécil! ¿Me he mezclado yo nunca en asuntos domésticos? ¿Y qué son las matemáticas para un músico, y sobre todo para un músico que no solamente compone óperas, sino que también toca el barbitón? ¿No sabéis lo que contestó el ilustre Giardini cuando un bisoño le preguntó que cuánto tiempo debería emplear para aprender a tocar el violín? Oíd y desesperaos, impacientes, pues veréis que la respuesta de Ulises fue un grano de anís. Giardini contestó: "¡Doce horas cada día por espacio de veinte años seguidos!". Ahora comprenderéis si un hombre que toca el barbitón, puede estar siempre jugando con sus hijos. Muchas veces, con la fina susceptibilidad de su padre para llorar, creyendo que no la amaba, cuando bajo la superficial abstracción del artista, se ocultaba un afectuoso cariño, que a medida que el joven fue creciendo, fue aprendiendo, porque se comprendieron uno a otro. ¿Y que ni siquiera se le permitía saludar la naciente aurora artística de su hija! ¡Y esta hija había entrado en una conspiración contra su padre! Tamaña ingratitud era más cruel que el mordisco de la serpiente; pero más crueles y dolorosos fueron aún los lamentos del barbitón.

Llegó la hora decisiva. Viola se dirigió al teatro acompañada de su madre, el resentido músico se quedó en casa. Una hora después, Gionetta entró corriendo en elcuarto y le dijo:

—El carruaje del señor cardenal está en la puerta; vuestro protector os envía a buscar.

Pisani dejó a un lado su violín; era necesario ponerse su casaca bordada y sus puños rizados.

—¡Pronto! ¡pronto! Vengan la casaca y los puños, —gritó Pisani.

—Aquí los tenéis, —contestó Gianetta.

El lujoso carruaje empezó a rodar, en tanto que el cochero, sentado majestuosamente en el pescante, azotaba los briosos caballos. El pobre Pisani, envuelto en una nube de confusión, no sabía lo que le pasaba. Llegó al teatro, se apeó en la puerta principal, y empezó a mirar de un lado para otro, como si echase de menos alguna cosa. ¿Dónde estaba su violín? ¡Desdichado! Su alma, su voz, su ser, se había quedado en casa. Pisani no era entonces otra cosa que un autómata a quien los lacayos conducen por entre corredores al palco del cardenal. ¡Qué sorpresa al entrar en él! ¿Soñaba? El primer acto había concluido decidiendo el triunfo. No quisieron enviarle a buscar hasta que el éxito estuviese asegurado. Pisani lo adivinó por esa simpatía eléctrica que se comunica de corazón en corazón en una gran reunión de personas; lo conoció en el silencio sepulcral que reinaba entre el auditorio, y se lo dijo la actitud del cardenal, que escenario, deslumbrante con su vestido sembrado de piedras preciosas, y oyó su voz, que tenía extasiados a millares de corazones. Pero la escena… el papel… la música… era su otra hija… su inmortal hija… su espíritu… la predilecta hija de su alma a la cual había acariciado años y años en la oscuridad… su obra maestra… su ópera *La Sirena*.

Este fue el misterio que tanto le atormentara a Pisani, ésta la causa de su querella con el cardenal, éste el secreto que no debía revelársele hasta que el éxito estuviese asegurado. ¡La hija había querido unir su triunfo al de su padre!

Y su hija estaba allí, en tanto que todos los corazones se inclinaban delante de ella, más hermosa que la misma sirena que le inspirara aquellas melodías. ¡Oh, larga y dulce recompensa del trabajo! ¿Qué placer hay en la tierra igual al que disfruta el genio, cuando, al fin, abandona su oscura caverna para aparecer a luz de la fama?

Pisani no hablaba, no se movía ni respiraba; a no ser por las gruesas lágrimas que rodaban por sus mejillas, se le hubiese creído transformado en estatua. Solamente de vez en cuando sus manos se movían maquinalmente como si buscasen su fiel instrumento. ¿Por qué no se encontraba allí, para participar de su triunfo?

Al fin, cayó el telón. ¡Qué tempestad de aplausos! ¡El auditorio se levantó como un solo hombre, pronunciando, con voz unánime, un nombre querido! Viola se presentó pálida y temblando, y en toda aquella multitud no vio sino el rostro de su padre. El auditorio, siguiendo la dirección de aquella expresiva mirada, adivinó el impulso de la hija, y comprendió su significado. El buen cardenal cogió a Pisani, y atrayéndole suavemente hacia sí, le dijo:

—¡Músico loco, tu hija te ha vuelto una cosa de más precio que la vida que tú le diste!

—¡Pobre violín mío! — exclamó Pisani enjugándose los ojos. —¡ya no volverán a silbarte más!

CAPÍTULO IV

AUXILIO OPORTUNO

No obstante el definitivo triunfo de la actriz y de la opera, hubo un momento en el primer acto, y por consiguiente, antes de la llegada de Pisani, en que la caída de la balanza pareció más que dudosa.

El motivo fue un coro lleno de singularidades del autor, en las cuales el auditorio reconoció la mano de Pisani.

Por precaución habíase dado a la ópera un titulo que alejaba toda sospecha de su procedencia, y la introducción y el principio de ella, en la cual había una música regular y armoniosa, hizo creer al público que ola algo de su favorito Passiello.

Acostumbrado desde mucho tiempo a ridiculizar y despreciar las pretensiones artísticas de Pisani como compositor, el auditorio creyó que había sido ilícitamente engañado, arrancándole los aplausos con que saludara la introducción y las primeras escenas. Una terrible exclamación de disgusto circuló por todo el teatro, en tanto que actores y orquesta, eléctricamente impresionados con el desagrado del público, empezaron a agitarse y a desmayar, refugiándose en la energía y precisión de su papel como el único recurso que podía disimular lo grotesco de la música.

En un teatro, siempre que se trata de un nuevo autor y de un nuevo actor, abundan mucho los rivales; partido impotente mientras todo marcha bien, pero que es una emboscada peligrosa desde el momento en que cualquier accidente introduce la menor confusión en el curso de las escenas.

Levantase un murmullo. Verdad es que era un murmullo parcial; pero el silencio significativo que reinaba por todas partes, presagiaba que aquel disgusto no tardaría en hacerse contagioso. La tempestad puede decirse que pendía de un cabello. En tan critico momento, Viola, la reina sirena, salió por primera vez del fondo del Océano. Conforme se iba acercando a las luces, la novedad de su situación, la fría apatía de los espectadores, sobre los cuales, ni aún la vista de aquella singular belleza pareció producir al principio la más ligera impresión, los cuchicheos maliciosos de los demás actores que había en el escenario, el resplandor de las luces, y, sobre todo, aquel reciente murmullo que llegara a sus oídos mientras se hallaba en su escondrijo, todas estas cosas, decimos, helaron sus facultades y la dejaron sin voz. Y en vez de la grande invocación, en la cual debiera prorrumpir inmediatamente, la real sirena, transformada otra vez en tímida muchacha, permaneció pálida y muda ante aquel mar de frías miradas que se dirigían hacia ella como otros tantos dardos.

En aquel instante, cuando parecía próxima a abandonarla hasta la conciencia de su existencia, cuando dirigía una mirada suplicante sobre aquella multitud silenciosa, Viola vio en un palco del lado del escenario un semblante que, de repente, como si fuese una cara mágica, produjo en su interior un efecto incapaz de poderse analizar ni olvidar Le pareció que despertaban en su imaginación uno de aquellos vagos recuerdos que acariciara en sus momentos de infantiles ilusiones, y por más que hacía, no podía apartar su vista de aquel semblante, y a medida que lo contemplaba, aquel terror y aquel frío que se apoderaran de ella al presentarse ante el público, se disiparon como la niebla delante del sol.

En la brillante mirada que correspondía a la suya había realmente una dulzura que la reanimaba tanto, y era tal la expresión de compasiva admiración que revelaba aquel rostro, que la joven sintió renacer todas sus fuerzas. Cualquiera, sea actor o espectador, que haya observado el efecto que produce una benévola mirada salida de aquella multitud a la cual se espera interesar, dirigida a la persona que se presenta ante ella, podrá explicarse la repentina y vigorosa influencia que la mirada y la sonrisa del extranjero ejerció sobre la debutante. Y mientras Viola seguía contemplando al desconocido, cuya vista sintió penetrar en su corazón, éste se medio incorporó, como para recordar al auditorio la cortés consideración que merecía aquella criatura tan hermosa y tan joven.

Reanimada Viola, empezó a cantar, y apenas se hizo oír su voz, el público prorrumpió en una salva de generosos aplausos. Cuando ésta cesó, la sirena reanudó su canto con voz clara, entera y libre de toda traba, como el espíritu que abandona la tierra. Desde aquel momento Viola se olvidó del auditorio, del azar que corriera, del mundo entero, excepto de ese paraíso ideal al cual parecía presidir. Se hubiese dicho que la presencia del desconocido servía solamente para acrecentar esa ilusión, en la cual los artistas no ven ninguna creación fuera del círculo de su arte. Viola sentía como si aquella frente serena y aquellos ojos brillantes, le diesen un poder que no conociera con anterioridad, y como si buscase un lenguaje para expresar lea extrañas sensaciones producidas por la presencia del desconocido y esta misma presencia le inspirase la melodía y el canto.

Solamente cedió aquel hechizo cuando terminó la función y cuando Viola vio a su padre radiante de alegría. Entonces se sobrepuso a él la pura expansión del amor filial. Sin embargo, cuando nuestra diva se retiró del escenario, volvió la cabeza involuntariamente, y su mirada se encontró con la del desconocido, cuya tranquila y melancólica sonrisa sintió llegar hasta el fondo de su corazón... para vivir en él eternamente y despertar en su alma recuerdos confusos, medio tristes y medio risueños.

Después de los plácemes del buen cardenal Virtuoso, admirado, como todo Nápoles, de haber vivido tanto tiempo en el error respecto de este asunto de tanto gusto, y más admirado aun de ver que todo Nápoles confesaba unánimemente su engaño; después de haber oído murmurar mil elogios que aturdían a la pobre actriz, ésta, con su modesto velo y su traje sencillo, pasó por entre la multitud de admiradores que la aguardaban en todos los corredores del teatro. Apenas el padre y la hija concluyeron de darse un tierno abrazo, volvieron a su casa en el carruaje del cardenal, atravesando calles desiertas, sin mas luz que la de las estrellas. Aquella oscuridad no dejó ver las lágrimas de la buena y sensible madre...

Helos ya en su casa y en su modesto cuarto; ved a la anciana Gionetta, intensamente atareada en preparar la cena, en tanto que Pisani corre a sacar el barbitón de su caja para comunicarle todo lo accedido. Oíd como la madre se ríe con toda la bondad de la alegría inglesa. ¿Por que, Viola, extraña criatura, te sientas en un rincón con las mejillas apoyadas en tus manos, en tanto que tus ojos divagan por el espacio? ¡Levántate! Todo debe reír en tu casa esta noche.

Feliz era el grupo que se sentaba en derredor de aquella humilde mesa. Era una fiesta capaz de causar envidia al mismo Lúculo, fiesta debida a la bondad del buen cardenal, que les mandara un presente de uvas secas, de sabrosas sardinas, rica polenta y rancio *lácrima*. El barbitón, colocado en una silla muy alta al lado del músico, parecía participar de la alegre cena; su lustroso barniz brillaba a la luz de la lámpara, y había no sé qué de socarrón en su silencio, cuando, entre bocado y bocado, su amo se volvía para decirle algo de lo que antes le quisiera referir. La buena esposa miraba de un lado para otro, y la alegría que experimentaba, no le permitía tomar un solo bocado, hasta que, levantándose de repente, corrió a colocar en las sienes del artista una corona de laurel, que su cariño le hiciera trenzar de antemano. Y Viola, sentada al otro lado de su hermano el barbitón, arreglaba la corona y alisaba los cabellos de su padre, diciéndole:

—Querido padre, no le dejaréis que me riña más, ¿verdad?

Después, el pobre Pisani, loco de placer entre su hija y su violín, y algún tanto excitado por el *lácrima* y su triunfo, se volvió hacia Viola, y con sencillo y grotesco orgullo, le dijo:

—No sé a cual de los dos debo estar más agradecido. Tú me has causado un gran placer, hija mía, y estoy orgullosa de ti y de mí; ¡pero él y yo, pobre compañero, hemos pasado juntos tantos ratos de cruel sufrimiento!

La contemplativa distracción de Viola habla desaparecido, y esto era muy natural, puesto que la embriaguez de la vanidad y del triunfo, y su felicidad, por la felicidad que llevara a su casa, eran cosas mejores que divagar. Sin embargo, su pensamiento volaba tras de aquellos ojos expresivos y de aquella dulce sonrisa, a los cuales debería ir para siempre más unido el recuerdo de su felicidad y de su triunfo. Y no es que Viola sintiera en su pecho los efectos del primer amor, pues aunque el rostro que en sus momentos de calma se presentaba ante sus ojos, ostentaba una singular belleza y majestad, no era tanto la admiración ni las ansias de placentero amor lo que la vista del desconocido despertara en su corazón, como un sentimiento de deliciosa gratitud, mezclada a otra idea misteriosa de respeto y de terror. Estaba cierta de que había visto antes de entonces aquellas facciones; pero, ¿cuándo y dónde? Sin duda cuando sus pensamientos habían tratado de penetrar en su porvenir, y cuando, a pesar de todos los esfuerzos para forjarse en su imaginación un Edén sembrado de flores, un negro y terrible presentimiento le hacía retroceder a la realidad de su existencia. Le parecía como si hubiese hallado, menos con el corazón que con el pensamiento, una cosa que buscara desde mucho tiempo por entre multitud de presentimientos tristes y vagos deseos, no como cuando la juventud busca lo que debe amar, sino como cuando el estudiante, después de afanarse mucho tiempo corriendo tras de una verdad científica, la ve brillar confusamente, allá, a lo lejos, lucir, apagarse, aparecer otra vez, y desvanecerse para siempre.

Al fin Viola fue presa de un sueño intranquilo, pasando aquella noche en una continuada pesadilla poblada de terribles y disformes fantasmas. Al despertar, cuando los rayos del sol, rompiendo por medio de una densa gasa de niebla, brillaban indecisamente a través de su ventana, oyó a su padre, que desde muy temprano se había entregado a su tarea ordinaria, arrancando de su violín un lento y triste sonido, parecido a un canto de difuntos.

—¿Cómo es —preguntó Viola cuando bajó al cuarto de Pisani, — ¿cómo es, padre, que vuestra inspiración ha sido tan triste, después de la alegría de ayer noche?

—No lo sé, hija mía. Quería estar alegre y componer algo para dedicártelo, y este terco instrumento no ha querido dar otras notas que las que has oído.

CAPÍTULO V

EL DESCONOCIDO

Era costumbre en Pisani, excepto cuando los deberes de su profesión le exigían el sacrificio de su tiempo, destinar una parte del mediodía al sueño; costumbre que no era tanto un lujo como una necesidad para un hombre que dormía muy poco de noche. En tales horas, Pisani no hubiera podido hacer nada, aún cuando lo hubiera querido. Su genio se parecía a las fuentes que empiezan a manar por la tarde, son abundantes por la noche y quedan enteramente agotadas a la hora del meridiano.

Durante este tiempo que el músico consagraba al descanso, su señora solía salir de casa a fin de comprar lo necesario para la familia, o para disfrutar de alguna expansión, hablando con otras personas de su sexo, El día siguiente al de aquel brillante triunfo, ¡cuántas felicitaciones le esperaban!...

En cuanto a Viola, su costumbre era sentarse fuera de la puerta de su casa, bajo un toldo tendido para preservar del sol, pero que no quitaba nada a la vista; y allí, con el libro puesto sobre las rodillas, en el cual sus ojos se fijaban de vez en cuando, la hubieseis visto contemplar las hojas de la parra que pendían del enrejado que había encima de la puerta, y los ligeros esquifes que, con su vela blanca como la nieve, as deslizaban, levantando copos de espuma, a lo largo de la playa que tenía delante.

Mientras Viola estaba así sentada en ademán pensativo y sin idea fija, pasaba por delante de la casa, con paso lento y la cabeza baja, un hombre que venía del lado de Posilipo. Viola, levantando los ojos de repente, quedó sobresaltada al ver delante de ella al desconocido del teatro, y no siendo dueña de síl misma, dejó escapar una exclamación que hizo volver la cabeza al caballero.

El desconocido se paró un instante entre la joven y el radiante mar, contemplando con un silencio demasiado grave y tranquilo para que pudiese interpretarse como una demostración de galantería, el encendido rostro de la hermosa.

—¿Sois feliz, hija mía, en la carrera que habéis emprendido? —le preguntó al fin en tono paternal, y añadió: —¡De los dieciséis años a los treinta, la música, bajo el suave rumor de los aplausos, es mas dulce que la melodía de vuestra voz!

—No lo sé, —contestó Viola en tono vacilante; pero animada al oír el afable acento de la voz que se le dirigía, prosiguió: —No sé si soy feliz o no en este momento; lo que sí puedo deciros es que lo era ayer noche. También os diré, caballero, que debo daros las gracias, aunque quizá ignoréis el motivo de ello.

—Os equivocáis, —objetó sonriendo el caballero. — Sé que contribuí, en París, a que adquirieseis vuestro merecido triunfo, y sois vos la que quizá no sabéis de qué manera. El por qué, os lo diré: porque vi que se albergaba en vuestro corazón una ambición más noble que la vanidad de mujer. Aunque tal vez hubieseis preferido que admirase a la artista, os diré que me interesó más la hija.

—¡Ah, no, no!

—Os creo. Y ahora, ya que la casualidad me ha hecho encontraros, quiero daros un consejo. Cuando volváis a salir al teatro, tendréis a vuestros pies toda la juventud de Nápoles. ¡Pobre niña! La llama que deslumbra la vista, puede quemar las alas. No olvidéis que el único homenaje que no mancha, es el que ninguno de esos aduladores os ofrecerá. Y por elevados que sean vuestros sueños futuros, pues en este momento estoy viendo lo extravagantes y exagerados que son, ¡ojalá que solo se realicen aquellos que no vayan más allá de la vida tranquila del hogar doméstico!

Cuando el desconocido dejó de hablar, el pecho de Viola palpitaba agitadamente, y, llena de una natural e inocente emoción, comprendiendo apenas, aunque italiana, la gravedad del aviso, exclamó:

—¡Ah, caballero! No podéis figuraros cuán grata me es ya esa tranquila existencia de que me habláis. ¡Para mí, no habría hogar sin mi padre!

El semblante del desconocido se cubrió de melancolía, y después de dirigir una mirada a la tranquila casa cercada de parras, fijó otra vez sus ojos en el bello y animado rostro de la joven actriz.

—Está bien —dijo.—Una joven sencilla, no necesita más guía que su corazón inocente; conque, ¡adelante, y prosperad! ¡Adiós, bella cantora!

—Adiós, caballero; pero...

Tras leve pausa, un impulso irresistible, una especie de ansiedad, un vago sentimiento de temor y de esperanza, le hizo preguntar:

—¿No volveré a veros en San Carlos?

—No, al menos en algún tiempo. Hoy dejo a Nápoles.

—¡Sí!…

Y al decir esto, Viola es sintió desfallecer. El teatro acababa de perder para ella toda su poesía.

—¡Ah! —dijo el caballero volviendo atrás y poniendo su mano sobre la de la joven.—Antes de que volvamos a vernos, quizá habréis sufrido, quizá habréis sentido ya los primeros sinsabores de la vida. Acordaos de que la fama tiene poco que dar, y que nunca puede restituir lo que el corazón puede perder. Sed fuerte... y no cedáis ni aun a lo que pueda parecer compasión por la tristeza. Observad aquel árbol de vuestro jardín; mirad cuán encorvado y torcido crece. Alguna ráfaga de viento debió llevar la semilla de la cual brotó a la hendidura de aquella roca. Cercado de paredes y de casas, oprimido por la naturaleza y por el hombre, su vida ha sido una continua lucha por la existencia. Esta lucha es su necesidad y el principio de su vida. Mirad cómo se ha agarrado y enroscado, y cómo, allí donde ha encontrado una barrera, tallo y ramas han trabajado para superarla y elevarse hacia la luz. ¿Qué es lo que le ha preservado de tantos azares y de las desventajas de su nacimiento? ¿Por qué son sus hojas tan verdes y hermosas como las de la parra que tenéis detrás, a pesar de que toda ella disfruta del aire y del sol? Porque el instinto que le impelía a luchar y el afán que tenía por vivir, le han hecho vivir al fin. Aprended del árbol, y con el corazón sereno, atravesad los accidentes adversos y los días de tristeza, hasta que hayáis vencido todos los obstáculos y os hayáis hecho digna del cielo. Esta lucha es la que enseña a los fuertes y la que hace felices a los débiles. Antes de que volvamos a vernos, habréis mirado más de una vez, con ojos tristes, aquellas ramas, y cuando oigáis como las avecillas trinan posadas en ellas, y cuando veáis cómo los rayos oblicuos del sol juguetean sobre sus hojas, no olvidéis la lección; acordaos que la naturaleza os enseña, y que la luz se abre paso luchando para atravesar las tinieblas.

Así que el desconocido acabó de hablar, se alejo lentamente, dejando a Viola meditabunda y silenciosa y tristemente impresionada por la predicción de próximos males. Sin embargo, en esa misma tristeza encontraba Viola un cierto encanto. Sus ojos siguieron involuntariamente al extranjero, e involuntariamente extendió hacia él sus brazos, como si hubiese querido detenerle. De cierto hubiera dado un mundo por verle volver, por oír otra vez aquella voz tranquila y sonora y por sentir su ligera mano entre las suyas. La presencia del extranjero le producía el efecto de los débiles rayos de la luna haciendo resaltar la belleza de los ángulos que ilumina; así es que cuando se retiró, a sus ojos todo volvió a quedar sombrío y triste.

El desconocido siguió andando por el pintoresco camino que conduce a los palacios que miran a los jardines públicos, y de allí a los barrios más populosos de la ciudad.

Un grupo de jóvenes cortesanos, de esos que pasan su vida en las orgías, tenía invadida la puerta de una casa donde ss estableciera el favorito pasatiempo del día, y en la que se reunían los más ricos e ilustres jugadores. Los jóvenes abrieron paso al extranjero, saludándole cortésmente cuando pasó por delante de ellos.

—¡Por vida mía! —dijo uno —¿no es ese el rico Zanoni, de quien habla toda la ciudad?

—Se dice que su riqueza es incalculable!

—Se dice .. ¿y quién lo dice? ¿quién puede afirmarlo?

—Hace muy pocos días que le vemos en Nápoles; y no se ha encontrado una persona que haya podido decir algo de su nacimiento, de su familia, ni, lo que es más importante, de sus estados!

—Tenéis razón; pero Zanoni llegó a nuestro puerto en un magnífico buque, que, según rumores, es suyo. Miradlo... No, no podéis verlo desde aquí; pero allí está fondeado, en la bahía. Su banquero se inclina lleno de respeto cuando habla de las sumas que ha depositado en sus manos.

—¿De donde ha venido?

—De algún puerto de Levante. Mi lacayo ha sabido, por boca de algunos de los marineros del muelle, que ese hombre ha residido muchos años en el interior de la India.

—¡Hola! He oído decir que los hombres encuentran allí el oro como nosotros aquí los guijarros, y que hay valles en los cuales los pájaros construyen sus nidos con esmeraldas, para atraer a los insectos. Aquí viene Cetoxa, el príncipe de los jugadores. Apostaría a que ha hecho ya conocimiento con ese rico caballero, pues nuestro príncipe tiene la misma atracción para el oro, que el imán para el acero. ¡Hola,

Cetoxa! ¿Qué nuevas habéis adquirido acerca de los ducados del señor Zanoni?

—¿De quién? —dijo Cetoxa con indiferencia —¿de mi amigo?

—¡Ah! ¡ah! ¡Oídle! ¡Es su amigo!

—Sí por cierto. Mi amigo Zanoni ha salido para Roma, en donde permanecerá algunos días. A su vuelta, me ha ofrecido señalar un día para venir a cenar conmigo. Entonces lo presentaré a mis amigos, y después a la alta sociedad napolitana. ¡Diablo! ¡Os aseguro que es un caballero en extremo chistoso y amable!

—Decidnos cómo habéis hecho para ser tan pronto su amigo.

—Nada más natural, mi querido Belgioso. Zanoni deseaba tener Palco en San
Carlos, pues no tengo necesidad de deciros que, tratándose de una ópera nueva — ¡ah! ¡y qué ópera tan soberbia!... ¡ese pobre diablo de Pisani!... ¿quién lo hubiera creído? —y de una nueva actriz —¡qué cara!... ¡qué voz!... ¡ah! —estaban tomados todos los rincones del teatro. Oí decir que Zanoni deseaba admirar el talento de Nápoles, y con mi acostumbrada urbanidad, cuando se trata de un extranjero distinguido, mandé poner mi palco a su disposición. Zanoni lo aceptó. Fui a visitarle en los entreactos… Es un hombre encantador. Me invitó a cenar con él. ¡Cáspita! ¡Qué lujo!... Estuvimos en la mesa hasta muy tarde. Le referí todas las noticias de Nápoles... Nos hicimos muy amigos. Antes de separarnos, me obligó a aceptar este diamante... Es una friolera, me dijo; ¡friolera que los joyeros han valuado en 5,000 pistolas...! Hacía diez años que no había pasado una noche tan divertida!

Todos aquellos jóvenes se agruparon para admirar el diamante.

—Señor conde Cetoxa —dijoun hombre de aspecto grave, que había pasado dos o tres veces casi tocando al grupo mientras el noble napolitano hacía esta relación. —¿No os causa miedo el haber recibido de sus manos un regalo, que puede acarrearos las más funestas consecuencias? ¿No sabéis que se dice que ese hombre es un hechicero, que posee el arte de hacer mal de ojo, y que...

—Vamos, hacednos gracia de vuestras rancias supersticiones — interrumpió Cetoxa con desprecio, —pues ya no están de moda. En el día no impera más que el escepticismo y la filosofía. Y después de todo, ¡qué es lo que ha dado pábulo esos rumores! El que un viejo mentecato de ochenta y seis años, en medio de su chochera, asegura de una manera solemne haber visto a ese mismo Zanoni en Milán hace setenta año, cuando Zanoni, como veréis, no tiene más edad que yo o que vos, Belgioso.

Cetoxa era un joven imberbe.

—Pues bien —dijo el grave caballero, —este es, precisamente, el misterio. El viejo
Avelli dice que Zanoni se encuentra hoy en el mismo estado que cuando le vio en Milán, y añade que ya entonces, —tened presente esto, —aunque bajo nombre diferente, este Zanoni se presentó en aquella ciudad con el mismo esplendor y envuelto en el mismo misterio, puesto que había allí un hombre que se acordaba de haberle visto sesenta años antes en Suecia.

—¡Bah! —replicó Cetoxa. —Lo mismo se dijo del curandero Cagliostro... Fábulas que no creeré en tanto que no vea que este diamante se convierte en un manojo de heno. Por lo demás —añadió con gravedad, —considero mi amigo a ese ilustre caballero, y cualquiera conversación que, en lo excesivo, tienda a mancillar su reputación o su honor, la tomaré como un agravio hecho a mí mismo.

Cetoxa era un temible espadachín, y, además, poseía una habilidad particular que él mismo había inventado para aumentar la variedad de estocadas. Por eso el buen caballero, aunque ansioso por la felicidad espiritual del conde, no perdía de vista su seguridad corporal; así es que se contentó con dirigirle una mirada de compasión, subiéndose enseguida a las habitaciones donde estaban las mesas de juego.

—¡Ah! ¡ah! —dijo Cetoxa riendo. —El buen Loredano codicia mi diamante. Caballeros, estáis convidados a cenar conmigo esta noche. Os aseguro que en mi vida he encontrado una persona más sociable, más chistosa ni más instruida que mi querido amigo el señor Zanoni.

CAPÍTULO VI

VIAJE INSTRUCTIVO

Voy a despedirme por algún tiempo de Nápoles, para seguir al misterioso Zanoni. En cuanto a ti, lector, monta en la grupa de mi hipogrifo y colócate en ella lo mejor que puedas. No hace muchos días que compré la silla a un poeta amante de la comodidad, y después, la he hecho ahuecar para que la encontrases más blanda. Así, pues, ¡arriba!

¡Mira cómo nos remontamos... mira!.. No temas: los hipogrifos nunca tropiezan, y en Italia están acostumbrados a llevar caballeros de avanzada edad.

Dirige una mirada a la tierra. Allí, junto a las ruinas de la antigua ciudad osca llamada Atela, se levanta Aversa, una de las plazas más fuertes de los normandos; allá brillan las columnas de Capúa sobre la corriente del Vulturno. ¡Os saludo, fértiles campos y viñedos, célebres por el famoso vino falerno! ¡Rica campiña donde crecen las doradas naranjas de la Mola y de Gaeta, te saludo! ¡Os saludo también a vosotros, verdes arbustos y flores silvestres *omnis copia narium*, que cubrís las laderas de la montaña del silencioso Lautula! ¿Descenderemos a la ciudad volsca de Anxur, la moderna Terracina, cuya soberbia roca se asemeja al gigante que guarda los últimos confines meridionales de la tierra del amor? ¡Adelante! ¡adelante!, y no respires hasta que hayamos pasado las lagunas Pontinas. Aunque secas y áridas estas lagunas, son sus miasmas, para los jardines que hemos atravesado, lo que la vida común es al corazón marchitado por el amor. Arida campaña, te presentes a nuestra vista en toda tu majestuosa tristeza. ¡Roma! ¡ciudad de las siete colinas! ¡Recíbenos como la memoria recibe un recuerdo triste; recíbenos en silencio en medio de tus ruinas!

¿Dónde está el viajero que buscamos? Dejemos que el hipogrifo vaya a pacer el acanto que trepa por aquellas rotas columnas. Sí, aquél es el arco de Tito, el conquistador de Jerusalén; allí está el Coliseo. Por el uno pasó en triunfo el divinizado invasor; en el otro caían ensangrentados los gladiadores. Monumentos de sangre, ¡cuán pobres y mezquinos son loa recuerdos que despertáis, comparados con lo que dicen al corazón las alturas de Filæ o lea llanuras de Moratón!...

Nos hallamos en medio de cardos, espinos y hierbas silvestres. Aquí, donde estamos, reinó en otro tiempo Nerón, aquí estaban sus pavimentos de floreado mosaico; aquí, queriendo edificar un segundo cielo, se veía la bóveda de techos de marfil; aquí, arco sobre arco, columna sobre columna, brillaba ante el mundo el dorado palacio de su señor, la morada de oro de Nerón. ¡Mira ahora el lagarto que nos observa con ojos brillantes y tímidos! Coge aquella flor silvestre: la casa de oro ha desaparecido y el tirano no tiene sobre su sepulcro más que las flores solitarias que ha respetado la mano del extranjero… ¡Mira cómo la naturaleza es complace todavía en plantar ramilletes sobre la tumba de Roma!

En medio de esta desolación se levanta un antiguo edificio del tiempo de la Edad
Media, en el cual habita un singular recluso. En la estación de las enfermedades, cuando los naturales abandonan la lozana vegetación, él, aunque extranjero, respira sin temor aquel inficionado ambiente. Este hombre no tiene amigos, socios ni compañeros; pero está rodeado de libros y de instrumentos científicos. Vésele errar con mucha frecuencia por las verdosas colinas o recorrer las calles de la ciudad nueva, observando con ojos escudriñadores que parecen penetrar en el fondo del corazón, a los que pasan por junto a él. Es un hombre anciano, pero robusto y erguido como en su primera edad. Nadie sabe si es rico o pobre. No pide ni da limosna; no hace ningún mal, pero tampoco parece conferir ningún bien. Según todas las apariencias, este hombre vive solamente para sí; con todo, las apariencias son muy engañosas, pues la ciencia, lo mismo que la benevolencia, viven para el universo.

Esta es la primera vez que un hombre entra en esta misteriosa morada. Este hombre es Zanoni. Vedlos sentados a los dos y en íntima conversación. Muchos años habían transcurrido desde que se vieran la última vez, al menos cara a cara; pero esos hombres sabios, aunque estén separados sus cuerpos por el Océano, el pensamiento del uno va á encontrar al pensamiento del otro y el espíritu de aquél vuela en busca del espíritu de éste. Tú te encuentras con Platón cuando tus humedecidos ojos se fijan sobre Fedo. ¡Homero será eterno entre los hombres!

Los dos personajes conversan animadamente; se cuentan sus cosas uno a otro, y llamando en su socorro al pasado, lo pueblan nuevamente; pero observa de qué distinto modo les afectan los recuerdos. En el semblante de Zanoni, a pesar de su calma habitual, las emociones aparecen y se van: en este pasado que recorre, Zanoni se ha agitado. En cuanto a su compañero, no se alcanza a descubrir en su insensible semblante ni el menor vestigio de esas tristezas o alegrías de que participa la humanidad. El pasado, lo mismo que el presente, no son más, para él, que lo que es la naturaleza para el sabio, o el libro para el estudiante: una vida tranquila y espiritual, un estudio continuado, una contemplación.

Del pasado pasan a lo futuro. A fines del siglo XVIII, el futuro parecía una cosa tangible: estaba enlazado con los temores y esperanzas presentes de todos los hombres. Al borde de estos cien años, el hijo más experimentado del tiempo, el hombre, veía el miedo horizonte vacilante, como si fuese un cometa o un sol, envuelto entre nubes y ensangrentados vapores.

Observad el frío desdén que encierra la mirada del anciano y la sublime tristeza que obscurece el imponente semblante de Zanoni. ¿Es que mientras el uno mira con indiferencia la lucha y su resultado, el otro la contempla con terror o0 compasión? La sabiduría, contemplando al género humano, sólo conduce a estos dos resultados: al desdén o la compasión. El que cree en la existencia de otros mundos, puede acostumbrarse a considerar el suyo como el naturalista las revoluciones de un hormiguero o de una hoja. ¿Qué es la tierra para el infinito? ¿Que su duración para la eternidad? ¡Ay! ¡A veces el alma de un solo hombre es más grande que las vicisitudes de todo el globo!

Hijo del cielo y heredero de la inmortalidad, ¡cómo, sentado en una estrella, mirarás después el hormiguero y sus conmociones, desde Clovis a Robespierre, desde Noé hasta el juicio final! ¡El espíritu que sabe contemplar y que vive solamente en el mundo intelectual, puede ascender a su estrella aún desde este cementerio llamado Tierra, mientras que el sarcófago llamado Vida, encierra en sus paredes de barro la eternidad!

Pero tú, Zanoni, no has querido vivir solamente en el mundo intelectual, no has apagado en tu corazón el fuego de los deseos. Tu pulso late todavía con el dulce compás de la pasión; tu impresionable naturaleza no puede reducirte a lo abstracto. ¡Quisieras ver esa revolución que la tempestad arrulla en su cuna... quisieras ver el mundo mientras sus elementos luchan para salir del caos!... ¡Imposible! ¡Imposible!

CAPÍTULO VII

SIGUEN LAS ENSEÑANZAS DEL VIAJE

Una tarde, en París muchos meses después de la fecha de nuestro último capítulo, hallábanse reunidos varios de los hombres más eminentes de la época en casa de un personaje distinguido, tanto por su noble nacimiento, como por sus principios liberales.

Las miras de los concurrentes, eran, poco más o menos, las que estaban entonces en boga; pues así como vino depués un tiempo en que nada había tan impopular como el pueblo, entonces nada había tan vulgar como la aristocracia. Los más encumbrados caballeros, y la más altiva nobleza, hablaban de igualdad y de luces.

Entre los más notables miembros de aquella reunión, estaba Condorcet, entonces en todo el apogeo de su reputación; corresponsal del rey de Prusia, íntimo de Voltaire, miembro de la mitad de las Academias de Europa, noble de nacimiento, de maneras distinguidas y de opiniones republicanas. Encontrábase también allí el venerable Malesherbes, "amor y orgullo de la nación", como le llamaba su historiador Gaillard. Tampoco faltaba en el círculo el erudito Juan Sivain Bailly, el aspirante político. Celebrábase una de esas fiestas llamadas *petits soupers*, que tanto nombre han dado a la capital que se distingue particularmente por el gusto de los placeres sociales. La conversación, como es de suponer, versaba sobre asuntos literarios y científicos; pero se discurría con chiste y alegría. Muchas de las señoras de aquella antigua y orgullosa nobleza, —pues ésta existía todavía, a pesar de que sus horas estaban ya contadas, —aumentaban el encanto de la reunión. Aquellas señoras se convertían de vez en cuando en críticos atrevidos, y con frecuencia hacían alarde de sus sentimientos liberales.

Mucho trabajo me costaría, y casi me fuera imposible, con la gravedad del idioma inglés, el poder hacer justicia a las brillantes paradojas que corrían de boca en boca. El tema favorito de la conversación, era la superioridad de los modernos sobre loa antiguos. Sobre este asunto, Condorcet estuvo elocuente, hasta el punto de dejar convencidos a muchos de los que le oían, siendo muy, pocos los que se atrevieron a negar que Voltaire fuese más grande que Homero. Ridiculizóse sin compasión la torpe pedantería que quiere que todo lo antiguo sea sublime.

—Sin embargo, —dijo el gracioso marqués de *** en tanto que el champagne chispeaba en su vaso, —es mucho más ridícula todavía la superstición que santifica todo lo que no comprende. Pero la inteligencia, Condorcet, circula hasta que, como el agua, encuentra su nivel. Mi peluquero me ha dicho esta mañana: "Aunque no soy más que un pobre ignorante, creo tan poco como el más elevado caballero".

—Indudablemente, la gran revolución marcha hacia su fin *á pasos agigantados*, como dice Montesquieu en su inmortal obra.

Sabios y nobles, cortesanos y republicanos, siguieron formando un armonioso coro acerca de las grandes cosas que iba a producir "la gran revolución". Sobre este particular, la elocuencia de Condorcet no tuvo límites.

—Es necesario que la superstición y el fanatismo cedan su puesto a la filosofía, — decía Condorcet.

—¡Ah! —murmuró el marqués. —A mí me encantan, sobre todo, las ideas de ese incomparable Diderot.

—¡Y entonces, — prosiguió Condorcet, —entonces empezará la edad de la Razón! ¡Igualdad de instrucción, igualdad de instituciones, igualdad de fortunas! Los grandes obstáculos que se oponen a que se difundan los conocimientos, son, en primer lugar, la falta de un lenguaje común, y enseguida, la corta duración de la existencia. Por lo que toca al primero, ¿por qué no ha de haber un idioma universal, puesto que todos los hombres son hermanos? Respecto a la segunda, indisputable como es la perfectibilidad orgánica del mundo vegetal, ¿sería menos poderosa la naturaleza tratándose de una existencia mucho más noble, cual es la del hombre pensador? La destrucción de las dos causas más activas y que más rápidamente gastan la vida física (la exhorbitante riqueza y la degradante miseria), deben necesariamente prolongar el término general de la existencia. Así como hoy día se tributan honores al arte de la guerra, que es el arte de asesinar, entonces se daría toda la importancia al arte de curar, mientras que las imaginaciones privilegiadas se entregarían a todos los estudios que pudiesen conducir a los descubrimientos que tendiesen a minorar las causas que producen las enfermedades y la muerte. Convengo en que la vida no puede durar eternamente; pero creo que se podría prolongar casi indefinidamente. Y así como el más insignificante animal lega su vigor a su prole, de la misma manera el hombre transmitirá a sus hijos su robustecida. organización mental y física ¡Ah, sí! A conseguir esto deben dirigirse loa esfuerzos de nuestro siglo.

El venerable Malesherbes exhaló un doloroso suspiro, temiendo, sin duda, que esta reforma no llegaría a tiempo para él. El bello marqués de *** y las señoras, mucho más bellas que él, escuchaban al orador con deliciosa complacencia.

Sin embargo, había allí dos hombres, sentados el uno al lado del otro, que ninguna parte tomaron en aquella conversación. El uno era un extranjero recientemente llegado a París, donde sus riquezas, su persona y sus distinguidas cualidades, le alcanzaran ya cierto renombre y no pocas atenciones; el otro, anciano que rayaba en loa setenta, era el sabio y virtuoso Cazotte, autor del *Diablo enamorado*

Estos dos personajes hablaban familiarmente, separados de los demás, y sólo de vez en cuando manifestaban por una ligera sonrisa en atención a la conversación general

—Sí —decía el extranjero; —nos hemos visto antes de ahora.

—No desconozco vuestra fisonomía, y, sin embargo, en vano recurro a lo pasado.

—Ya os ayudaré. Acordaos de cuando, impulsado por la curiosidad, o quizá por el noble deseo de enriquecer vuestros conocimientos, buscabais la manera de iniciaros en la misteriosa doctrina de Martínez de Pasqualis.

—¡Ah! ¡es posible! ¿Pertenecéis a aquella hermandad teúrgica?

—No: solo asistía a sus ceremonias para ver cuán vanamente trataba de resucitar las antiguas maravillas de la cábala.

—¿Os gustaban aquellos estudios? Por mi parte, no paré hasta que pude desechar la influencia que ejercieran en otro tiempo sobre mi imaginación

—Y sin embargo, no habéis podido conseguirlo todavía —repuso el extranjero con gravedad; —aquella influencia os domina en este mismo instante, late en vuestro corazón, ilumina vuestra razón y se manifestaría en vuestras palabras.

Y al decir esto, el extranjero le recordó en voz baja ciertas ceremonias y doctrinas de aquella secta, explicándolas y acomodándolas a la actual experiencia y a la historia de Cazotte, lo cual le causara a éste una penosa admiración.

El tranquilo y amable semblante del anciano se anublaba gradualmente, y de vez en cuando dirigía a su compañero temerosas y escudriñadoras miradas.

La encantadora duquesa de G*** hizo observar a la reunión la abstracción y el arrugado entrecejo del poeta; y Condorcet, que no quería que en donde él estaba presente hubiese quien llamara la atención, dijo a Cazotte:

—Y bien, ¿que nos decís de la revolución?, o al menos, ¿de qué manera opináis que influirá sobre nosotros?

Cazotte se sobresaltó al oír esta pregunta; sus mejillas es pusieron pálidas y sus labios temblaban convulsivamente, en tanto que gruesas gotas de sudor corrían por su frente. Sus festivos compañeros le miraron llenos de sorpresa

—Hablad —murmuró el extranjero, cogiéndole el brazo suavemente,

A este mandato la fisonomía de Cazotte tomó una expresión grave y rígida, su mirada erró en el espacio, y con voz lenta y solemne, respondió:

—Me preguntáis el efecto que la revolución producirá sobre nosotros, sus más ilustrados y desinteresados agentes. Voy a responderos. Vos, marqués de Condorcet, moriréis en una prisión, aunque no por mano del verdugo. En medio de la tranquila felicidad de aquel día, el filósofo llevará consigo el veneno en vez del elixir.

—Pobre Cazotte —respondió Condorcet con su amable sonrisa. —¿Qué tienen que ver las prisiones, los verdugos ni los venenos con la era de la libertad y de la fraternidad?

—Al grito de libertad y fraternidad, las cárceles se llenarán y caerán centenares de cabezas.

—Sin duda habláis de la tiranía y no de la filosofía, Cazotte —dijo Champfort. — Y a mí, ¿qué me predecís?

—Que os abriréis vos mismo las venas para preservaros de la fraternidad de Caín. Para vos, venerable Malesherbes; para vos, Aimar Nicolai, y para vos, docto Baily, ¡veo levantar el cadalso! .. Y entre tanto, ilustres filósofos, vuestros asesinatos hablarán de filosofía.

El silencio era completo y general, cuando el discípulo de Voltaire, el príncipe de la escuela escéptica, La Harpe, exclamó con una sonrisa sarcástica:

—No me lisonjeéis, querido profeta, excluyéndome del destino de mis compañeros ¿No me toca ningún papel en el drama de vuestras profecías?

A esta pregunta, el semblante de Cazotte perdió aquella extraña expresión de aterradora severidad, volviendo a recobrar su humor festivo y sardónico:

—Sí, La Harpe —respondió el anciano; —os reservo el más maravilloso de todos. ¡Os volveréis cristiano!

Aquella reunión, que hasta entonces pareciera grave y meditabunda, prorrumpió en una gran carcajada, mientras Cazotte, cuya respiración era pesada y difícil, como si sus predicciones hubiesen agotado sus fuerzas, se recostó contra el respaldo de su silla.

—Ya que nos habéis predicho cosas tan graves a nosotros, —dijo madama G***, — deberíais también profetizaros algo a vos.

Un temblor convulsivo hizo estremecer al forzado profeta. Pasada esta momentánea impresión, su fisonomía quedó otra vez reanimada por una expresión de tranquila resignación, y después de una larga pausa, respondió:

—Señora, el historiador de Jerusalén nos dice que en el sitio de aquella ciudad, un hombre anduvo siete días consecutivos alrededor de las murallas, gritando: "¡Ay de ti, Jerusalén, y ay de mí!"

—¡Bien, Cazotte, bien! ¿Qué más?

—Y que al cabo de los siete días, mientras decía esto, una piedra arrojada por las máquinas de los romanos, le dejó aplastado.

—Después de decir estas palabras, Cazotte se levantó; y los huéspedes, profundamente impresionados a pesar suyo, hicieron lo mismo y es retiraron.

CAPÍTULO VIII

MÁS ENSEÑANZAS

Cuando el extranjero entró en su casa, era media noche. Vivía en uno de aquellos grandes edificios que pudieran llamarse un epítome del mismo París. Los sótanos, alquilados por pobres artesanos, no albergaban mas que pordioseros, proscriptos y fugitivos; a veces eran también habitados por algún atrevido escritor, el cual, después de haber esparcido entre el pueblo las doctrinas más disolventes, o algún libelo contra el clero, los ministros o el rey, se iba a vivir entre ratas, a fin de evadirse de la persecución. Los pisos bajos de estas casas inmensas, sirven ordinariamente para tiendas; lea entresuelos están ocupados por artistas; los primeros pisos por nobles, y en las guardillas viven jornaleros o grisetas.

Mientras el desconocido subía la escalera, pasó corriendo por su lado un joven de fisonomía dudosa y poco simpática, que salía de la puerta de un entresuelo. Su mirada era furtiva, siniestra y hasta feroz, en tanto que en sus pálidas facciones, se advertía un temblor convulsivo. El desconocido se paró, observándole con ojos contemplativos, mientras el fugitivo bajaba corriendo la escalera.

El extranjero oyó un gemido dentro de la habitación que acabara de dejar aquel hombre, y a pesar de que éste, al salir, había tirado de la puerta hacia sí con violencia, sin duda algún objeto no la dejó cerrar del todo, puesto que estaba entreabierta. El desconocido la empujó y penetró en la habitación. Pasó por una pequeña antesala pobremente amueblada, y se detuvo en un dormitorio de aspecto triste y desgarrador. En la cama había un anciano, atormentado, al parecer, por crueles sufrimientos, y la escasa luz de la vela que ardía en el cuarto, apenas alumbraba el rostro cadavérico del enfermo. No había en la casa persona alguna, y aquel hombre debía exhalar sólo su último suspiro. "¡Agua!, decía con voz moribunda, ¡agua... me quemo... me abraso!..." El intruso, acercándose al lecho, es inclinó sobre el enfermo, cogiendo al mismo tiempo una de sus manos.

—¡Ah! Gracias, Juan; bendito seas! —dijo el paciente— ¿Ha venido ya el médico? Señor, soy pobre, pero os pagaré bien. No quisiera morir todavía, por amor a ese joven.—Y al decir esto el enfermo, se sentó, fijando con ansia sus moribundos ojos sobre el desconocido.

—¿Qué tenéis? ¿Cuál es vuestra enfermedad? —pregunto éste.

—Tengo fuego en el corazón, en las entrañas.. ¡Me abraso!

—¿Cuánto tiempo hace que no habéis tomado alimento?

—¡Alimento! En seis horas no he tomado sino esa taza de caldo. Apenas lo había probado, cuando empecé a sufrir estos dolores.

El desconocido examinó la taza, donde quedara todavía una pequeña parte de su contenido.

—¿Quién os ha dado esto?

—¿Quién había de dármelo, sino Juan? No tengo criado alguno. Soy pobre, muy pobre, señor. Pero, ¿ah!, vosotros, los médicos, no queréis asistir al pobre. Os he engañado; ¡soy rico! ¿podéis curarme?

—Sí, con la ayuda del cielo. Aguardad algunos instantes.

El anciano sucumbía por momentos a los terribles efectos del veneno. El extranjero subió corriendo a sus habitaciones, y volvió a bajar a los pocos instantes con una preparación, que produjo el resultado instantáneo de un antídoto. Apenas lo bebió, los dolores del anciano cesaron, desapareció el color cárdeno de sus labios y se quedó tranquilamente dormido. El extranjero dejó caer entonces las cortinas de la alcoba, y cogiendo la luz, empezó a inspeccionar la habitación. Las paredes de todas las piezas estaban adornadas con pinturas de gran mérito, y había una cartera llena de dibujos que revelaban un profundo conocimiento del arte; pero estos últimos eran, en su mayor parte, asuntos que causaban disgusto y horror. Veíase allí el semblante del hombre expresando una gran variedad de sufrimientos; el tormento, la rueda, la horca, todo lo que la crueldad ha inventado para prolongar las angustias de la muerte, y todo parecía más horrible con la fuerza de pasión y de verdad que le diera el gusto del pintor. Y algunas de aquellas cosas así dibujadas, se alejaban demasiado de lo ideal para ocultar que eran verdaderos retratos. Debajo de uno de estos dibujos, se veía escrito, con caracteres grandes e irregulares: "El porvenir de los aristócratas". En un rincón del cuarto, encerrado dentro de un viejo armario, había un pequeño lío de papeles, y encima de él, como si se quisiera ocultarlo, una capa. Algunos de los estantes estaban llenos de libros, que pertenecían, casi todos, a filósofos del tiempo, filósofos de la escuela atea, especialmente enciclopedistas, a los cuales Robespierre atacó después tan encarnizadamente, cuando el cobarde juzgó peligroso dejar a su nación sin un Dios. Encima de una mesa había un libro de las obras de Voltaire, abierto, precisamente, en la página que trata de la existencia del Ser Supremo. El margen estaba lleno de notas trazadas con lápiz, al parecer, por una mano robusta, pero que la edad hiciera temblar. Todas estas notas tendían a refutar o ridiculizar la lógica del sabio de Ferney: Voltaire no había ido todo lo lejos que deseara el anotador.

El reloj daba las dos, cuando se oyó fuera ruido de pasos. El extranjero se sentó sin hacer ruido en el rincón de la cabecera de la cama, cuyas cortinas le ocultaran a la vista de un hombre que entró de puntillas. Era el mismo que había pasado en la escalera por junto al desconocido. El recién llegado cogió la vela y se acerco a la cama. La cara del anciano estaba vuelta hacia la almohada; pero estaba tan quieto, y su respiración era tan débil, que su sueño, ante aquella mirada intranquila y culpable, podía equivocarse muy bien con el reposo de la muerte. Esto debió satisfacerle, puesto que se retiró, y una tétrica sonrisa apareció en su semblante. Volvió a dejar la vela sobre la mesa, y abriendo el escritorio con una llave que sacó de su faltriquera, cogió varios cartuchos de oro que halló en los cajones. En este instante el anciano empezaba a volver en sí de su letargo. Movióse en el lecho, y después de abrir los ojos y de dirigir una mirada a la luz, que empezaba ya a amortiguarse, vio lo que estaba haciendo el ladrón. Más admirado que aterrorizado, se incorporó primero, y luego saltó de la cama para ir a colocarse frente al malhechor.

—¡Dios mío! —exclamó— ¿Estoy soñando?... ¡Tú..., tú por quien tanto me he afanado, privándome a veces hasta del alimento necesario!...¡tú!

El ladrón, sobresaltado, dejó caer el oro de sus manos, oro que fue rodando por el suelo.

—¡Cómo! —dijo el joven. —¿Vives todavía? ¿No ha obrado el veneno?

—¿El veneno, muchacho? ¡Ah! —gritó el anciano, cubriéndose el rostro con las manos; y en seguida, con una energía repentina, exclamó:

—¡Juan! ¡Juan! ¡retira esa palabra! Róbame, saquéame si quieres; pero no digas que has querido asesinar a quien ha vivido solamente por ti! Aquí tienes el oro, tómalo; lo había ahorrado para ti. ¡Vete… vete…!

Y el anciano, a quien su ira hiciera abandonar la cama, cayó tendido a los pies del confuso asesino, atormentado por una angustia mental mil veces más cruel que la que experimentara su cuerpo poco antes. El ladrón le contempló con frío desdén.

—¿Qué hice, infeliz, —siguió diciendo el anciano, —sino amarte toda mi vida? Eras un huérfano desamparado, y yo, a. más de alimentarte y darte educación, te adopté por hijo. Si los hombres me han llamado avaro, ha sido porque no quería que nadie pudiese despreciarte cuando yo dejase de existir, ya que la naturaleza te ha hecho desgraciado y disforme. ¿No podías dejarme vivir unos cuantos meses, o días quizá, que era todo lo que podía prolongarse mi existencia? ¿En qué te he faltado?

—Hubieses seguido viviendo sin hacer testamento.

—¡Dios mío! Dios mío!…

—¡Tu Dios! ¡tu Dios! Imbécil. ¿No me has dicho siempre, desde mi infancia, que no hay Dios? ¿No me has educado filosóficamente? ¿No me decías: "Sé bueno, virtuoso y justo, por amor de la humanidad; pero no hay otra vida después de esta vida"? ¡La humanidad! ¿por qué he de amar a esa humanidad horrible y detestable, que se mofa de mí y me silba cuando paso por las calles? ¿Qué me has hecho, dices? ¡Quitarme, siendo el escarnio de este mundo, la esperanza del otro! ¿No hay nada después de esta vida? Entonces, necesito tu oro, para gozar, al menos, todo lo que pueda en este mundo.

—¡Monstruo ingrato! La maldición caiga sobre ti...

—¿Quién oirá tu maldición? ¡Sabes que no hay Dios! Escucha. Lo tengo todo dispuesto para fugarme. Mira... aquí está mi pasaporte; los caballos me esperan fuera, y tengo tu dinero. —Y el miserable se llenaba, entretanto, sus faltriqueras de cartuchos de oro. —Y ahora, si te dejo la vida, prosiguió, ¿intentarás nada contra mí?

Mientras decía esto, se acercaba al anciano con ademán siniestro y amenazador.

La cólera del enfermo, que se había acobardado ante aquel salvaje, se transformó en miedo.

—¡La Vida! ¡la vida! Te... te...

—¡Qué!

—¡Te perdonaré! Te juro que nada debes temer de mí.

—¡Me lo juras! ¿por qué y por quién, anciano? ¡No debo creerte a ti, puesto que tú no crees en Dios! ¡Ja! ¡ja! mira el resultado de tus lecciones.

Un momento más, y las manos del asesino hubieran estrangulado a su víctima; pero entre el asesino y su presa se interpuso una sombra imponente y amenazadora que les pareció a los dos un ser de ese mundo en el cual ninguno de ellos creía.

El ladrón, sobrecogido de terror, levantó sus tímidos ojos; un hombre tan depravado, y temblaba como hoja agitada por el viento. El asesino echó a correr, en tanto que el anciano cayó otra vez al suelo, presa de fuerte desmayo.

CAPÍTULO IX

TERQUEDAD Y FELONÍA

Cuando al día siguiente el extranjero volvió a ver al enfermo, le encontró tranquilo y casi enteramente recobrado de las escenas de la noche anterior. El anciano le manifestó su agradecimiento con las lágrimas en los ojos, diciéndole que había mandado a llamar a un pariente que cuidaría en lo sucesivo de su seguridad.

—Aun me queda dinero, —dijo el anciano, —y en adelante, no tendré ningún motivo para ser avaro.

En seguida se puso a contarte el origen y las circunstancias que le habían hecho conocer al malvado.

Según parece, el anciano, siendo muy joven todavía, había reñido con sus padres por su diversidad de creencias. Rechazando toda religión como una mentira, creóse sentimientos que le inclinaron, —pues aunque su inteligencia era escasa, tenía buen corazón— a cultivar esa falsa y exagerada sensibilidad, que las personas seducidas confunden tan a menudo con la benevolencia. Este hombre, careciendo de hijos, quiso adaptar un *hijo del pueblo,* al cual es propuso educar conforme a la "razón". El anciano escogió un huérfano de la más baja estofa, cuyos defectos físicos sirviesen de estímulo a su piedad. Al fin, concluyó por amarle. ¡En su protegido no solamente amaba a un hijo, sino que amaba a una teoría! Educóle de una manera del todo filosófica. Helvecio le había probado que la educación lo hace todo, y antes que tuviese ocho años, las expresiones favoritas de Juanito eran la "luz" y la "virtud". El muchacho revelaba bastante disposición, sobre todo para las artes. El protector buscó un maestro, que, como él, estuviese libre de toda "superstición", y encontró al pintor David. Este hombre, tan repugnante como su discípulo, y cuyas disposiciones y vicios, así como su habilidad, eran proverbiales, tenía tan poco de supersticioso como el protector pudiera desear. Estaba reservado a Robespierre el hacer creer más tarde al sanguinario pintor, en la existencia del *Ser Supremo.* El muchacho tuvo, desde sus primeros años, la conciencia de su fealdad, que rayaba casi en lo extraordinario. Su bienhechor trató en vano de reconciliarle con la malicia de las gentes mediante sus aforismos filosóficos; pero cuando le indicó que en este mundo, el dinero, como la caridad, borra una multitud de defectos, el muchacho escuchaba con atención y se sintió consolado. Todo el afán del protector era ahorrar dinero para su protegido, pues era lo único que amaba en este mundo; y ya hemos visto que había encontrado su oportuna recompensa.

—Felizmente se ha escapado —dijo el anciano como epílogo del relato, a la par que se enjugaba los ojos.—Aún cuando me hubiese reducido al extremo de pedir una limosna,—prosiguió— no le hubiese acusado

—No podíais hacerlo, siendo vos el autor de sus crímenes,— respondió el desconocido.

—¡Cómo! —replicó el anciano. —Yo, que nunca dejé de inculcarle las máximas de la virtud, ¿soy el autor de sus crímenes? Explicaos.

—Si los labios de vuestro discípulo no os lo dijeron bastante ayer noche, aún cuando bajase un ángel del cielo os predicaría en vano.

La víctima se agitaba con una especie de desasosiego e iba a replicar, pero se lo impidió el pariente que mandara a llamar y que entró en aquel instante en el cuarto. Este hombre, que vivía en Nanci, y que la casualidad había llevado aquellos días a París, pasaba ya de los treinta, tenía el rostro flaco, los ojos vivos y los labios delgados. Haciendo mil gestos de horror, escuchó la relación de los sucesos que le hizo su pariente, y luego trató, aunque en vano, de convencer al despojado para que fuese a denunciar a su protegido.

—¡Callad, callad, René Dumas! —dijo el anciano. —Sois legista, y por eso estáis acostumbrado a mirar la vida del hombre con desprecio. Dejad que viva el mundo, y callaos vos y la ley,... ¡Hacerle ahorcar!

—¡Ay! —exclamó Dumas, levantando las manos y los ojos al cielo. —Venerable sabio, cuán mal me juzgáis. Lamento más que ninguno la severidad de nuestro código; pienso que nunca el Estado debiera arrebatar una vida, nunca... siquiera fuese la de un asesino. Convengo con ese joven hombre de estado... con Maximiliano Robespierre... en que el verdugo es invención de los tiranos. Lo que más me hace adorar nuestra cercana revolución, es la idea de que veremos desaparecer este asesinato legal.

El abogado se interrumpió como si le faltase el aliento, y el extranjero, mirándole fijamente, se puso pálido.

—Observo un cambio en vuestro semblante, caballero —dijo Dumas; —sin duda no participáis de mi opinión.

—Perdonad; en este momento me esforzaba en reprimir un vago temor que me parecía profético...

—¿Cuál?—preguntó el abogado

—Que nos encontraremos otra vez en una época en que vuestra opinión sobre la muerte y sobre la filosofía de las revoluciones, serán bien diferentes.

—¡Jamás!

—Me encantáis, primo René —dijo el anciano, que escuchara esta relación lleno de placer. —¡Ah! veo que tenéis sentimientos propios de justicia y de filantropía. ¿Por qué no hice por conoceros antes? ¡Admiráis la revolución!...¡Vos, lo mismo que yo, detestáis la barbaridad de los reyes!

—¿Cómo podría amar a la humanidad si no lo hiciera?

—Y —dijo el anciano titubeando —¿pensáis, como ese caballero, que anduve equivocado en los preceptos que inculqué a aquel infeliz?

—¡Equivocado!... ¿Se puede vituperar a Sócrates, porque Alcibíades fuese un adúltero y un traidor?

—¡Ya lo oís... ya lo oís! Pero Sócrates tuvo un Platón. De hoy en adelante, vos seréis el mío. ¿Le oís? —repitió el anciano, volviéndose al desconocido.

Este se encontraba ya en el umbral de la puerta. ¿Quién es capaz de discutir con el más obstinado de todos los fanatismos, el fanatismo de la incredulidad?

—¿Os vais antes de que os haya dado las gracias y os haya bendecido por haber salvado la vida a este hombre venerable? —dijo Dumas, y agregó: —¡Si alguna vez puedo devolveros este favor, si algún día necesitáis la sangre de René Dumas!...

Y diciendo esto, siguió al extranjero hasta el umbral de la segunda habitación, donde, cogiéndole suavemente por el brazo, después de mirar por encima del hombro para asegurarse de que el anciano no podía oírle, murmuró en vez baja:

—Tengo que volver a Nanci. Uno no debe desperdiciar el tiempo de esta manera. ¿Sabéis, caballero, si el tunante se ha llevado todo el dinero de ese viejo majadero?

—¿Era así como Platón hablaba a Sócrates, señor Dumas?

—¡Ah! ¡ah!... ¿sois satírico? Bien; tenéis razón. Caballero, nos encontraremos otra vez.

—*¡Otra vez!* —murmuró el desconocido, cuya frente se nubló; y sabiendo a su habitación, pasó el día y la noche en estudios, no importa de qué clase, que no hicieron más que acrecentar su tristeza.

¿Cuál podía ser la casualidad que un día enlazara el destino de este extranjero con el de René Dumas o con el del fugitivo asesino? ¿Por qué los aires de París le parecían pesados y le causaban vahídos, como si fuesen vapores de sangre? ¿Por qué un secreto instinto le impelía a alejarse de aquel foco de ideas que infundiera tantas esperanzas a todo el mundo, advirtiéndole a él que no se acercase más allí?... Pero, ¿qué tenían que ver con él estos sueños y estos vaticinios? Iba a dejar la Francia para volver a saludar las majestuosas ruinas de Italia; iba otra vez su alma a respirar el aire libre de los Alpes... ¡El aire libre!... ¡Ah! dejad que esos hombres que se han propuesto reformar el mundo, agoten sus fuerzas; el hombre nunca será tan libre en las grandes ciudades como en la montaña.

Y nosotros, lector, huyamos también de esas escenas de falsa sabiduría, en donde se ensalza el ateísmo. Volvamos otra vez, sí, volvamos al país risueño, poblado de amables moradores, donde, en medio de un presente puro, el ideal vive solamente del arte y de la belleza...

Dulce Viola, azuladas playas de Parténope, tumba de Virgilio, caverna Cimeriana, ¡hacia vosotras volamos otra vez!

CAPÍTULO X

PISANI OTRA VEZ

Oyeme, músico: ¿Eres ya feliz? Otra vez te ves ya reinstalado en tu asiento delante de tu majestuoso atril; tu fiel violín ha participado del triunfo. Esa música que recrea tus oídos, es tu obra maestra; tu hija es la reina de la escena... La música y la actriz son dos cosas tan íntimas, que aplaudir a la una es aplaudir a la otra. La gente te abre paso cuando te diriges a la orquesta; ya no se burlan de ti ni se guiñan los ojos cuando, con noble orgullo, acaricias tu violín, que se queja y se lamenta, que murmura y regaña bajo tu severa mano. Ahora comprenden cuán irregular es siempre la simetría del verdadero genio. Las desigualdades de su superficie hacen que la luna sea un astro luminoso para el hombre.

¡Giovanni Paisiello, maestro de capilla! Si tu alma generosa fuese capaz de sentir la envidia, te morirías de dolor al ver arrinconadas tu *Elfrida* y tu *Pirro,* en tanto que todo Nápoles delira por *La Sirena,* a cuyos compases menea quejosamente tu venerable cabezal. Pero tú, Paisiello, tranquilo con la larga prosperidad de tu fama, conoces que lo *nuevo* tiene su día, y te consuela la idea de que la *Elfrida* y el *Pirro* vivirán eternamente. Quizá es una equivocación; pero con equivocaciones semejantes es como el verdadero genio se vuelve envidioso. "Si quieres hacerte inmortal, dice Schiller, sé grande en todo". Para hacerte superior al momento presente, has de saber apreciarte a ti mismo. El auditorio oirá ahora con gusto aquellas variaciones y aquellas extrañas melodías que silbara en otro tiempo... Pisani ha pasado los dos tercios de su vida trabajando en silencio para terminar su obra maestra. Nada hay que pueda compensar esto. Aun cuando tenga la pretensión de querer corregir las obras maestras de los demás, ¿no es esto natural? El crítico más insignificante, al revisar alguna obra de arte, dirá: "Esto vale poco, esto no vale nada; esto debería alterarse... esto omitirse". ¿Por qué no ha de podérsele tolerar a Pisani que haga otro tanto?

Indudablemente las cuerdas de alambre del violín de Pisani chillarán otra vez aquellas malditas variaciones; pero dejadle que se siente y que componga: él considera sus variaciones inmejorables. Cualquier hombre puede dominar su violín cuando toca una composición suya, y puede hacer agradables sus extravagancias aún al mismo demonio.

Viola es el ídolo y el tema de Nápoles; es la mirada sultana del teatro. Quizá sea fácil inutilizar su mérito artístico; pero ¿conseguirán viciar su naturaleza? Creo que no. En su casa sigue siendo buena y sencilla; y allí, sentada bajo el emparrado de su puerta, pasa muchas horas absorta en sus contemplaciones. ¿Cuántas veces se han fijado sus ojos en el torcido árbol del jardín? ¿Cuántas, como él, en sus sueños ilusorios, se ha afanado por brillar, pero no con esa luz artificial de las arañas del teatro? ¡Pobre niña! Conténtate con el brillo opaco de la más humilde lámpara. Para los fines domésticos, es mejor una triste vela de sebo que una refulgente estrella.

Pasáronse muchas semanas y el extranjero no volvía; tampoco se había realizado su profecía de tristeza, a pesar de los meses transcurridos. Una tarde, Pisani se puso enfermo. Su éxito le hacía ahora trabajar asiduamente en la composición de algunas piezas arregladas para su instrumento favorito, tanto así, que había pasado algunas semanas trabajando noche y día en una obra en la cual esperaba excederse a sí mismo. Como de costumbre, eligió uno de aquellos asuntos, al parecer impracticables, que se complacía en objetar a los expresivos poderes de su arte. El asunto era esta vez la terrible leyenda sacada de la transformación de Filomela. La pantomima de la música empezaba imitando la alegría de la fiesta. El monarca de Tracia es sienta en el banquete. De repente aquellos alegres sonidos se convierten en una música discordante y desapacible; las cuerdas parecían arrojar gritos de horror. El rey sabe que su hijo ha sido asesinado por las manos de las vengativas hermanas: el violín con una velocidad desconocida, hace experimentar todas las sensaciones del miedo y del horror, de la ira y del dolor. El padre persigue a las hermanas. Aquellos sonidos discordes se convierten en una música lenta y patética. La metamorfosis se ha verificado, y Filomela, transformada en ruiseñor, hace oír desde su palacio de mirto los suaves y melodiosos gorjeos que deben revelar eternamente al mundo la historia de sus sufrimientos.

La enfermedad vino a sorprender al abrumado artista en medio de este complicado y difícil trabajo, emprendido con el afán de alcanzar nuevos laureles. Se puso malo por la noche. Al día siguiente, el médico dijo que se hallaba atacado de una calentura maligna. Viola y su madre le asistían son asiduidad; pero bien pronto este trabajo quedó a cargo de la primera, pues la señora Pisani, habiéndose contagiado de la enfermedad de su esposo, se puso en pocas horas en un estado muy alarmante. Los napolitanos, lo mismo que la mayor parte de los habitantes de los países cálidos, se vuelven egoístas y crueles en las enfermedades contagiosas. Gionetta se fingió también enferma para no tener que asistir a los enfermos, y por consiguiente, todo el trabajo y toda la tristeza pesaron sobre la pobre Viola.

La prueba fue terrible... Abreviaré todo lo posible los pormenores.

La madre de Viola fue la primera en sucumbir.

Una tarde, un poco antes de ponerse el sol, Pisani volvió en sí, algún tanto recobrado del delirio que se apoderara de él desde el segundo día de su enfermedad. El artista, tendiendo una mirada en derredor de sí, reconoció a Viola, y sonrió. La joven, viendo que su padre tartamudeaba su nombre y extendía sus manos hacia ella, corrió a arrojarse en sus brazos, haciendo todo lo posible para reprimir sus lágrimas.

—¿Y tu madre? —preguntó el enfermo— ¿duerme?

—Sí, duerme... —Y al decir esto, prorrumpió en llanto.

—Pensaba... ¿eh? No sé en qué pensaba. Pero no llores; pronto estaré bueno, enteramente bueno. Vendrá a verme cuando se despierte... ¿no es verdad?

Viola no podo responder, y se fue en seguida a buscar un anodino que debía dar al enfermo tan pronto como hubiese cesado su delirio. El doctor le había encargado también que se le avisase al instante que se verificase tan importante cambio.

Viola se fue a la puerta para llamar a la mujer que reemplazara a Gionetta durante su pretendida indisposición; y la mujer no respondió. Fue buscándola de cuarto en cuarto, y resultó en vano, porque aquella mujer, tuvo también miedo al contagio, y desapareció. ¿Qué hacer? El caso era apremiante, pues el médico había encargado que no perdiesen ni un segundo. Precisaba, por lo tanto, que dejase al enfermo para ir en busca del médico. Viola entró otra vez en el cuarto de su padre; el medicamento parecía haber producido efecto favorable, pues el paciente dormía tranquilamente, Viola, queriendo aprovechar este momento, se echó el velo a la cara, y salió corriendo de su casa.

La medicina no había producido el efecto que pareciera a primera vista, pues en vez de un benéfico sueño, sumergió al enfermo en esa especie de somnolencia, en la cual la imaginación, extraordinariamente intranquila, vaga al azar despertando sus familiares instintos e inclinaciones. No era sueño ni delirio, sino aquel amodorramiento que produce con frecuencia el opio, cuando los nervios, poniéndose convulsos, comunican a un cuerpo débil una especie de falso vigor.

Pisani meditaba alguna cosa que sólo traslucía de una manera indecisa; era una combinación de las dos necesidades más esenciales de su vida mortal: la vez de su mujer y el tacto de su violín. Se levantó de la cama y se puso tranquilamente el vestido viejo que solía usar cuando trabajaba en sus composiciones, sonriendo complacido cuando los recuerdos que estaban enlazados con su vestido revivieron en su memoria.

Con paso incierto, dirigióse al pequeño gabinete que había junto a su cuarto, en el cual su esposa acostumbraba a permanecer, más bien despierta que dormida, siempre que alguna enfermedad la alejara de su lado. El gabinete estaba desierto, y todo lo que allí había, en el mayor desorden. Pisani miró atentamente en derredor de sí, y después de murmurar algo entre dientes, se puso a recorrer todas las piezas de la casa, una tras otra.

Al fin llegó al cuarto de Gionetta, la cual, atendiendo a su seguridad, se había retirado al último extremo de la casa, para evitar el peligro del contagio. Al verle entrar, pálido, flaco y con el rostro desencajado, registrando la habitación con una mirada intranquila y ansiosa, la anciana arrojó un grito y cayó a sus pies. Pisani se inclinó sobre ella, y pasando sus flacas manos por la cara de Gionetta, dijo con voz ronca y meneando la cabeza:

—No las encuentro; ¿dónde están?

—¿Quién, mi querido amo? ¡Ah! mirad lo que hacéis; no están aquí. ¡Dios mío, que desgracia! ¡Me ha tocado!... ¡No hay remedio para mí!... ¡Soy muerta!...

—¡Muerta! ¿Quién ha muerto? ¿Ha muerto alguien?

—¡Ah! No habléis así. Bien debéis saberlo... Mi pobre ama... la contagiasteis... Vuestra calentura es capaz de inficionar una ciudad. ¡Protegedme, San Genaro!... Mi pobre ama está ya en el cementerio, y yo, vuestra fiel Gionetta, ¡voy a morir también!... ¡Retiraos otra vez a la cama, querido amo... retiraos!

El pobre músico se quedó por algunos instantes mudo e inmóvil como una estatua, hasta que al fin, un ligero estremecimiento recorrió todo su cuerpo. En seguida, volviéndose a marchar silencioso y grave como un espectro, se fue al cuarto donde acostumbraba componer, y en el cual su paciente y amable esposa pasara tantas horas sentada a su lado, elogiando lo que había sido causa de que el público se burlase de él y le silbara. En un rincón encontró la corona de laurel que su esposa depositara en sus sienes aquella noche feliz de fama y de triunfo, y junto a ella, medio oculto por una mantilla, el abandonado instrumento metido en su caja.

Viola estuvo ausente poco tiempo. Habiendo encontrado al médico, regresó con él a su casa. Así que llegaron al umbral de la puerta, oyeron en el interior una tocata que hacía estremecer al corazón de angustia. No era el sonido de un instrumento que obedeciera mecánicamente a una mano humana: era una especie de espíritu, llamando con lamentos de agonía desde una orilla sombría y solitaria, a los ángeles que veía al otro lado del eterno abismo.

El médico y la joven, después de cambiar una mirada de triste inteligencia, se dirigieron corriendo al cuarto. Pisani volvió la cabeza, dirigiéndoles una mirada tan expresiva y tan imponente, que les obligó a retroceder. La negra mantilla de la esposa y la marchita corona de laurel, estaban delante de él. Viola lo comprendió todo con una simple mirada, y corriendo hacia su padre, abrazó sus rodillas, exclamando:

—¡Padre mío, aun te queda tu hija!

De repente cesaron los lamentos del violín, para pasar a otro género de música. Con una confusa mezcla, en la que se revelara el hombre y el artista, prosiguió la tonada, que era entonces una triste melodía enlazada con sonidos y recuerdos más risueños. El ruiseñor se había librado de la persecución y dejaba oír sus trinos suaves, aéreos y melodiosos como los de Filomena, hasta que fueron espirando poco a poco. El instrumento cayó al suelo, rompiéndose las cuerdas. En medio del silencio que reinaba, parecía que aún se oía el eco de su melodioso sonido. El artista contemplaba alternativamente a en hija arrodillada a sus pies y las cuerdas rotas del instrumento.

—Enterradme al lado de ella, —dijo con voz baja y tranquila, —y a este fiel compañero, ¡enterradle también junto a mí!

Y al decir estas palabras, se puso lívido y tieso, como si se volviese de piedra. El último resto de vida apareció en su semblante, cayendo enseguida al suelo, convertido en cadáver. También las cuerdas del instrumento humano acababan de estallar. Al caer, su vestido arrastró la corona de laurel, que es quedó en el suelo, casi al alcance de su yerta mano.

Los rayos del sol en su ocaso, entrando por la emparrada celosía, iluminaban aquel triste cuadro. ¡Un instrumento roto!... ¡Un corazón que había sucumbido al dolor!... ¡Una corona de laurel marchita!... ¡Casi siempre la naturaleza contempla risueña el fin de los que se han afanado tras de una vida de gloria!

CAPÍTULO XI

¡SOLA!

Conforme a sus últimos deseos, el músico y su violín fueron enterrados juntos. Este famoso descendiente de Steiner, primer titán de la gran raza tirolesa, a pesar de que intentara más de una vez escalar el cielo, no por eso dejó, como el más humilde producto de los hombres, de bajar a las horribles cavernas.

Fiel violín, tu destino ha sido mucho más cruel que el de tu mortal dueño, pues tu alma ha descendido contigo al sepulcro, mientras que la música que le inspirara la suya, separada de su instrumento, podrá ser oída por una piadosa hija, cuando el cielo esté sereno y la tierra triste. Hay personas privilegiadas cuyos sentidos perciben lo que no le es dado percibir al vulgo; las voces de los muertos murmuran con dulzura en los oídos de los que pueden unir la memoria a la fe.

Viola se ve ahora sola en el mundo, y sola en una casa en donde la soledad le pareciera desde su infancia una cosa fuera del orden natural. La soledad y el silencio le eran al principio insoportables. Vosotros, los que lleváis en el corazón el peso de algún negro vaticinio, ¿no es verdad que cuando la muerte de alguna persona querida ha venido a desgarrar vuestra alma y a haceros odiosa la tierra, habéis encontrado insufrible y pesada la tristeza de vuestra morada? Aun cuando hubiese sido un palacio, la hubierais cambiado por una humilde cabaña. Y, sin embargo, cuando obedecéis al impulso secreto que os mortifica, cuando os despedís de las tristes paredes que habitarais, cuando en el desconocido lugar en el cual habéis ido a buscar un refugio, veis que nada hay que os hable de lo que habéis perdido, ¿no habéis sentido una necesidad de alimentar vuestra memoria con los mismos recuerdos que antes os parecieran amargos e insoportables? ¿No es casi impío y profano abandonar aquel hogar querido a personas extrañas? Por eso el haber abandonado la casa donde vuestros padres vivieron y os acariciaron, os es tan amargo y pesa sobre vuestra conciencia como si os hubieseis vendido su tumba. La superstición etrusca, que hacía creer que los mayores se convertían en dioses domésticos, era una superstición seductora. Muy sordo es el corazón al cual los lares llaman en vano desde su desierta morada.

Viola, en su insufrible angustia, aceptó al principio, llena de gratitud, el refugio que le ofreciera en su casa una familia de la vecindad. El jefe de ella, íntimo amigo y compañero de orquesta de Pisani, recogió con placer a la desamparada huérfana. Todos se afanaban por complacerla y por disipar su pena; pero la sociedad de personas extrañas, cuando estamos tristes, lo mismo que sus consuelos, no hacen otra cosa que irritar nuestra herida. Y después, ¿no es cruelísimo oír pronunciar en otra parte los nombres de padre, madre e hijo; ver allí la calma y la regularidad de los que viven en medio de un amor tranquilo, contando sus horas felices en el reloj de la dicha doméstica, como si el de los demás no tuviese sus ruedas paralizadas, su cuerda rota y su péndula sin movimiento? No hay nada, no, ni aun la tumba misma, que nos recuerde tan amargamente la muerte de las personas queridas, como la compañía de aquellos que no tienen pérdida alguna que llorar.

Vuélvete a tu soledad, joven huérfana; vuélvete a tu casa; la tristeza que te aguarda en el umbral de la puerta, estará más en armonía con el estado de tu corazón. Allí, desde tu ventana, o sentada en tu puerta, verás aquel árbol, solitario como tú, que se esfuerza por vivir y prosperar, en tanto que las estaciones pueden renovar en él el verdor y la flor de la juventud. A pesar de la tristeza, el instinto obra de la misma suerte en el corazón humano. Solamente cuando la savia se agota, solamente cuando el tiempo ha producido su efecto, el sol brilla en vano para el hombre y para el árbol.

. . . .
. . . .

Otra vez han transcurrido muchas semanas y meses,—meses bien tristes por cierto, —y Nápoles no permite por más tiempo que su ídolo viva aislado. Quiere oírla, quiere admirarla y tributarle nuevamente sus homenajes. El mundo, a pesar de nuestros esfuerzos, nos arranca de nuestra situación con sus millares de brazos. La voz de Viola volvió a vibrar en el teatro, cuyo auditorio, aunque sensible al principio a las desgracias que experimentara la joven, concluyó pronto por no dejarse impresionar sino por lo que representaban las escenas. Cuando el actor de Atenas conmovía todos los corazones, prorrumpiendo en amargos sollozos al estrechar en sus brazos la urna cineraria, ¡pocos había allí que supiesen que abrazaba las cenizas de su hijo!

El oro y la fama llovían sobre la actriz. Sin embargo, Viola seguía su sencillo método de vida, habitando la misma humilde morada de sus padres y sin más sirvientes que su antigua nodriza, en quien la poca experiencia de la joven no le permitía descubrir el egoísmo. Gionetta fue la primera que la recibiera en sus brazos cuando vino al mundo, y éste era un título de impecable a los ojos de Viola.

La buena anciana se veía cercada de lazos y galanteada por cuantos codiciaban la mal guardada belleza que estaba a su cuidado; lazos y galanteos inútiles, porque la modesta virtud de Viola, atravesaba erguida por medio de sus aduladores. Labios, ahora mudos, le habían enseñado los deberes que el honor y la religión imponen a una joven, y todo amor que no hablase de altar, era desechado y despreciado por ella. Además, la tristeza que se albergara en su corazón y la soledad en que vivía, concluyeron por convertir en un amor ideal aquellas ilusiones que se formara y que venía acariciando desde su infancia, ideal al que venía a mezclarse, sin que la joven lo advirtiera y causándole una especie de terror, la figura y la voz del profético extranjero.

Dos años habían transcurrido desde que aquel hombre apareciera en Nápoles por la primera vez. Nada más se había vuelto a saber de él, excepto que su buque se había hecho a la vela con rumbo a Liorna. Para los curiosos, su existencia, a pesar de suponerse extraordinaria, quedó bien pronto olvidada; pero para el corazón de Viola, no: era más fiel. Con mucha frecuencia aquel hombre se mezclaba en sus ensueños, y cuando el viento hacía gemir las ramas de aquel árbol fantástico, Viola se sobresaltaba y se ponía encarnada, como si le oyese hablar.

No obstante, entre la turba de admiradores que la artista tenía, había uno al cual escuchaba con más complacencia que a los demás, ya porque hablaba el idioma de su madre, ya porque su timidez le hacía poco peligroso, ya porque su condición, más análoga a la suya que la de los demás ilustres galanteadores, quitaba a su admiración toda apariencia de insulto, y ya porque con su elocuencia y su carácter melancólico y contemplativo, manifestaba ideas que se asemejaban mucho a las suyas. Viola empezó a quererle.. o amarle quizá; pero como ama una hermana a su hermano. Si en el corazón del inglés se abrigaban esperanzas poco nobles, nunca las había manifestado ni remotamente.

¿En dónde está el peligro, Viola? ¿Debes huir del joven que ha sabido merecer tus simpatías, o de ese ideal, que te halaga y atormenta?

Vamos a cerrar este preludio, que nos ha de conducir a más de un extraño y sorprendente espectáculo. ¿Quieres oír más, lector? Ven, pues, con tu fe preparada. No pido que te tapes los ojos, sino que traigas tus sentidos bien despiertos. Como la encantada isla, el paraje en el cual, en el azaroso Océano de la vida, la Musa o Sibila te ofrece un santo asilo, se encuentra muy distante de la morada de los hombres.

SEGUNDO LIBRO
ARTE, AMOR Y ADMIRACIÓN

CAPÍTULO PRIMERO

EL PRÓLOGO DE OTRA HISTORIA

Una noche de hermosa luna, en los jardines de Nápoles, cuatro o cinco caballeros, sentados debajo de un árbol, tomaban en sorbete, a la par que en los intervalos de la conversación, escuchaban la música, que es el alma y la delicia de una población indolente. Uno de ellos, joven inglés que momentos antes parecía el más alegre y bullicioso de aquello reunión, se puso de pronto triste y meditabundo, dando lugar a que otro de sus compatriotas que observara este cambio repentino, dándole un golpecito en el hombro, le dijera con tono familiar:

—¿Qué tenéis, Glyndon? ¿Os habéis puesto malo? ¡Estáis pálido!... ¡tembláis! ¿Os habrá dado algún aire? Será mejor que os retiréis a vuestra casa: las noches de Italia suelen ser bastante peligrosas para las constituciones inglesas.

—No hay necesidad; me siento ya bueno. Ha sido un estremecimiento pasajero que no sé a qué atribuir.

Un hombre de aspecto muy superior al de los demás, que aparentaba tener unos treinta años de edad, volviéndose de pronto hacia el joven y mirándole fijamente, le dijo:

—Me parece que adivinaría lo que tenéis, y quizá —añadió con grave sonrisa — podría explicarlo mejor que vos.

En seguida, dirigiéndose a los del círculo, prosiguió:

—Sin duda, caballeros, todos vosotros habréis experimentado con frecuencia, especialmente al encontraros solos de noche, una sensación extraña e inexplicable de frío y de terror que os asalta de repente. Entonces sentís que vuestra sangre se hiela; que el corazón, al parecer, cesa de latir; que tiemblan vuestras piernas y se os erizan los cabellos; que tenéis miedo de levantar vuestra vista y de mirar a los rincones más obscuros del cuarto, como si hubieseis de ver en ellos alguna cosa sobrenatural. En aquel instante todo os causa temor; pero he aquí que de repente cesa el hechizo, si así puede llamarse, se desvanece, y casi os sentís con ganas de reiros de vuestra debilidad. ¿No habéis experimentado muchas veces esta sensación, imperfectamente descripta? En este caso, podéis explicaros lo que nuestro joven amigo acaba de sentir, aún rodeado de las delicias de esta mágica escena y en medio de las embalsamadas brisas de esta noche de junio.

—Caballero —repuso Glyndon evidentemente sorprendido, —habéis definido exactamente la naturaleza del estremecimiento que acabo de experimentar. Pero, ¿qué es lo que en mí os ha revelado mis impresiones de una manera tan precisa?

—Conozco los signos de la visitación, —replicó el extranjero con gravedad, —y éstos no engañan tan fácilmente a un hombre de mi experiencia.

Todos los presentes declararon entonces que comprendían perfectamente lo que el desconocido acababa de describir, puesto que lo habían experimentado alguna vez.

—Según las supersticiones de nuestro país, —dijo Mervale, el ingles que primeramente dirigiera la palabra a Glyndon, —en el mismo instante en que sentís que vuestra sangre circula con precipitación y que se erizan vuestros cabellos, alguno ha puesto pie en el sitio que será vuestra sepultura.

—En todos los países existen diferentes supersticiones para explicar esa fenómeno tan común, —repuso el extranjero. —Entre los árabes se encuentra una secta que cree que en aquel instante Dios decreta vuestra muerte, o la de alguna persona querida. Los salvajes africanos, cuya imaginación está llena de los horrores de su tenebrosa idolatría, creen que el demonio os tiene en aquel momento cogido por los cabellos. Por eso se ve con tanta frecuencia lo terrible mezclado a lo grotesco.

—Esto no es evidentemente otra cosa sino un accidente físico, una indisposición del estómago o una paralización en la circulación de la sangre, —dijo un joven napolitano, al cual Glyndon conocía de muy poco tiempo.

—¿Por qué en todas las naciones esta sensación va siempre acompañada de algún supersticioso presentimiento de terror, o está siempre enlozada con alguna relación de la vida material y el mundo que se supone existir fuera de nosotros? Por mi parte creo...

—¿qué creéis, caballero? —pregunto Glyndon, afectando una ansiosa curiosidad.

—Creo —prosiguió el extranjero— que es la repugnancia y el horror con que los elementos de nuestro ser retroceden ante alguna cosa extraña e invisible, pero antipática a nuestra naturaleza, y que no nos es dable conocer por la imperfección de nuestros sentidos.

—¿Creéis en los espíritus? —dijo Mervale con incrédula sonrisa.

,—No, no era precisamente de los espíritus de lo que hablaba; pero pueden existir formas materiales tan invisibles e impalpables para nosotros, como lo son los insectillos del aire que respiramos o del agua de aquella fuente. Aquellos seres
pueden tener pasiones lo mismo que nosotros, y como los insectos a los cuales les he comparado. El monstruo que vive y muere en una gota de agua, carnívoro insaciable, subsistiendo a costa de otros seres más pequeños que él, no es menos mortífero en su ira ni menos feroz en su naturaleza que el tigre del desierto. Habría muchas cosas al rededor nuestro que serían peligrosas y hostiles para los hombres, si la Providencia no hubiese levantado una barrera entre ellas y nosotros por diferentes modificaciones de la materia.

—¿Y creéis que esas barreras no pueden desaparecer? — preguntó el joven Glyndon con desasosiego.—Las antiguas y universales tradiciones de sortilegios y hechizos, ¿son, no más, meras fábulas?

—Quizá si... quizá no, —respondió el extranjero con indiferencia. — Sin embargo,
¿quién, en una época en la cual la razón ha establecido sus propios límites, sería bastante loco para romper la barrera que le separa de la serpiente boa o del león, o para murmurar y rebelarse contra la ley que encierra al tiburón dentro del mar? Pero, bastante hemos hablado ya de cosas insubstanciales.

Al decir esto, el desconocido se levantó, y después de llamar al mozo y pagar su refresco, saludó a los demás de la reunión y desapareció entre los árboles.

—¿Quién es ese caballero? —preguntó Glyndon son ansiedad.

Todos se miraron unos a otros sin que nadie respondiese en algunos instantes, hasta que al fin, Mervale dijo:

—Esta es la primera vez que le veo.

—Y yo.

—Y yo.

—Por mi parte, le conozco perfectamente, —dijo el napolitano, que era nuestro antiguo conocido el conde de Cetoxa. —Ya en otro tiempo estuvo entre vosotros como amigo mío. Hará unos dos años que este extranjero visitó Nápoles, y ahora hace pocos días que ha llegado otra vez a la ciudad. Es un hombre riquísimo y persona muy instruida. Siento que haya hablado esta noche de una manera tan extraña, pues esto no hará más que servir de pábulo á las mil tonterías que circulan respecto de él.

—Y, seguramente —dijo otro napolitano, —la ocurrencia del otro día, ocurrencia que conocéis perfectamente, Cetoxa, justifica las suposiciones que pretendéis despreciar.

—Como mi compatriota y yo frecuentamos tan poco la sociedad de Nápoles —dijo Glyndon, —ignoramos muchas cosas que parecen dignas de interés. ¿Queréis hacernos el obsequio de referirnos esa ocurrencia y lo que se dice de ese personaje?

—Los rumores que circulan, caballero —dijo Cetoxa dirigiéndose a los dos ingleses, —consisten en que se atribuyen al señor Zanoni ciertas cualidades que cualquiera desearía para sí, pero que nadie más es capaz de poseer. En cuanto a la ocurrencia a que alude el señor Belgioso, da grande importancia a estas cualidades, y es, debo confesarlo, algún tanto sorprendente. Hizo una leve pausa Cetoxa, y luego preguntó:

—¿Probablemente jugáis, caballeros?

Como, efectivamente, los dos ingleses habían perdido algunos escudos en las mesas de juego de Nápoles, se inclinaron ligeramente para afirmar la suposición.

Cetoxa prosiguió:

—Bien; pues sabed que hace pocos días, el mismo de la llegada de Zanoni a Nápoles, me encontraba jugando muy fuerte, y había perdido cantidades de consideración. Levanteme de la mesa decidido a no jugar más, cuando de pronto descubro a Zanoni, de quien me hiciera amigo en otro tiempo, y el que me debía alguna ligera atención, que permanecía en la sala como mero espectador. Antes de que tuviera tiempo de manifestarle la alegría que me causaba el verle, me cogió por el brazo. "Habéis perdido mucho, me dijo; mucho más de lo que poseéis. Por mi parte, aún cuando no me gusta jugar, quisiera hacerlo esta noche ¿Queréis apuntar esta suma por mí? Las pérdidas corren de mi cuenta, y si ganáis, la mitad de los beneficios serán vuestros". Como debéis suponer, esta proposición me dejó desconcertado; pero Zanoni lo decía de una manera que era imposible resistirse. Además, ardía en deseos de desquitarme, y si no hubiese querido levantarme, me quedaba aún algún dinero. Le contesté que aceptaba su oferta, pero con la condición de que partiésemos lo mismo las ganancias que las pérdidas. "Como gustéis, me contestó sonriendo; no tengo escrúpulo alguno, puesto que podéis estar seguro de que ganaréis". Me volví á sentar, y Zanoni se puso detrás de mí. Mi suerte cambió de tal manera, que no hice más que ganar continuamente. Levanteme de la mesa inmensamente rico.

—En los juegos públicos no es posible una trampa — dijo Glyndon, —y, sobre todo, cuando esta trampa tendría que hacerse contra la banca.

—Efectivamente, seria imposible —repuso el conde; —pero nuestra suerte era tan extraordinaria, que un siciliano, los sicilianos son gentes mal educadas y de mal genio, se puso colérico y hasta insolente. "Caballero, dijo dirigiéndose a mi amigo, nada tenéis que hacer tan cerca de la mesa." Zanoni le respondió con buen modo que no hacía nada que fuese contrario a las reglas del juego, que sentía mucho que un hombre no pudiese ganar sin que otro perdiese, y que allí no podría obrar de mala fe ano cuando estuviese dispuesto a hacerlo. El siciliano tomó por miedo el buen modo del extranjero, y empezó a insultarle en alta voz. En resumen: el siciliano se levantó de la mesa, y se puso a examinar a Zanoni de una manera capaz de apurar la paciencia de cualquier caballero que tuviese sangre en las venas o que supiese manejar una espada.

—Y lo más singular —interrumpió Belgioso, —y lo que más me sorprendió, es que Zanoni, que estaba en frente de mí, y que, por lo mismo, podía examinar su semblante con detención, no se inmutó ni manifestó el menor resentimiento. Vuestro amigo fijó su vista en el siciliano de una manera imposible de describir; nunca olvidaré aquella mirada!... helaba la sangre en las venas. El siciliano se hizo atrás como si le hubiese deslumbrado un rayo, tambaleó y cayó medio desmayado sobre el banco. Después...

—Después —dijo Cetoxa,—con gran sorpresa mía, vi que nuestro caballero, desarmado por una mirada de Zanoni, se puso colérico contra mí... El... Pero quizá ignoráis, caballeros, que mi habilidad en el manejo de las armas, me ha valido alguna reputación.

—Es el mejor espadachín de Italia, —dijo Belgioso.

—Antes de que tuviese tiempo de saber por qué motivo —prosiguió Cetoxa, —me encontré en el jardín que hay detrás de la casa con Ughelli, que este era el nombre del siciliano, y con cinco o seis caballeros que debían ser los padrinos de nuestro duelo. Zanoni, llamándome aparte, me dijo: "Este hombre caerá; cuando esté en el suelo, le preguntaréis si quiere que se le entierre al lado de su padre, en la iglesia de San Genaro" "¿Conocéis a su familia?". le pregunté sorprendido. Zanoni no me respondió. Un momento después me estaba batiendo con el siciliano. Para hacerle justicia debo decir que sabía su oficio, y que nunca haragán alguno ha manejado la espada con mas destreza. A pesar de esto —añadió Cetoxa con complacida modestia, —cayó atravesado de parte a parte. En seguida me acerque a él: apenas podía hablar. "¿Tenéis que encargarme alguna cosa, o que arreglar algún negocio?, le pregunté. El herido hizo una seña negativa. "¿Dónde queréis ser enterrado?", volví a preguntarle, y me indicó la costa de Sicilia. "¡Cómo!, objeté afectando sorpresa, ¿no queréis que se os conduzca a la Iglesia de San Genaro, al lado de vuestro padre?" Al oír esto, su semblante se alteró terriblemente, lanzó un agudo grito, y arrojando una bocanada de sangre, expiró al instante. Ahora viene la parte más misteriosa de esta historia Enterramos al siciliano en la iglesia de San Genaro. Al verificarlo, levantamos la tapa del féretro de su padre, cuyo esqueleto quedó descubierto. En la cavidad del cráneo le encontramos un pedazo de alambre de acero delgado y duro. Esto nos causó sorpresa y provocó nuestra curiosidad. El padre de mi rival, que era un hombre muy rico y avaro, había muerto repentinamente, y se dijo que con motivo de lo caluroso de la estación, se le había dado sepultura sin perder tiempo. Como nuestro hallazgo dio que sospechar, se procedió a un examen minucioso del cadáver. Tomóse declaración al criado, y éste, al último, confesó que el hijo había asesinado a su padre. La idea había sido ingeniosa; el pedacito de acero era tan delgado, que atravesó el cerebro sin que saliese más que una gota de sangre que ocultaran los canos cabellos. El cómplice murió en el patíbulo.

—¿Y Zanoni sabía esto? Os explicó...

—No —interrumpió el conde. —Zanoni manifestó que aquella mañana había entrado por casualidad a visitar la iglesia, y que habiendo reparado en la losa del conde Ughelli, su guía le dijo que el hijo del tal conde, que era un derrochador y un tahúr, se encontraba entonces en Nápoles. Mientras jugábamos, Zanoni había oído pronunciar su nombre en la mesa, y nos aseguró que cuando estuvimos en el terreno donde debíamos batirnos, se le había ocurrido decir aquello del entierro instintivamente, sin que pudiese o quisiese explicarnos por qué.

—He aquí una historia bien extraña, —dijo Mervale.

—Los italianos somos supersticiosos; el pretendido instinto ha sido mirado por muchos como un aviso de la Providencia. Al día siguiente, el extranjero fue objeto de curiosidad e interés universal. Su riqueza, su modo de vivir y su extraordinaria belleza, han contribuido también a que haga furor. Además, he tenido el placer de introducir a este personaje entre loe mas alegres de nuestros caballeros, y presentarlo a nuestras primeras bellezas de Nápoles.

—Ha sido una narración interesantísima, —dijo Mervale levantándose.—Venís, Glyndon. ¿No vamos a nuestra posada?... No tardará en ser de día. ¡Adiós, señores!

—¿Qué pensáis de esta historia? —dijo Glyndon a su joven compañero cuando se encaminaban hacia su morada.

—No hay duda de que ese Zanoni es algún impostor, algún pícaro muy diestro. Los napolitanos disfrutan de su dinero, y le ensalzan, en cambio, con su familiar charlatanismo de lo maravilloso. Un aventurero desconocido se introduce muy fácilmente en la sociedad, sobre todo cuando ésta le convierte en objeto de terror o de admiración. Zanoni, por otra parte, reúne la ventaja de una presencia poco común, y las mujeres no necesitan mas recomendación para recibirle con agasajo, que su semblante y los cuentos de Cetoxa.

—No soy de vuestro parecer —respondió Glyndon.— Cetoxa, aunque jugador y calavera, es noble de nacimiento, y goza de la más alta reputación de valiente y honrado. Además, ese extranjero, con su noble presencia y su aire aristocrático, tan tranquilo y tan modesto, nada tiene de común con el atrevido charlatanismo de un impostor.

—Perdonad, querido Glyndon; pero debo deciros que conocéis todavía muy poco lo que es el mundo. El extranjero representa el papel de un gran personaje, y su importancia no es más que una jugarreta de su oficio. Pero, cambiemos de asunto. ¿Cómo marcha vuestra conquista amorosa?

—¡Ah! Hoy no he visto a Viola.

—¡Cuidado que os caséis con ella! ¡Qué se diría en nuestro país!

—Disfrutemos del presente, —opuso Glyndon con viveza; —somos jóvenes, ricos y bien parecidos; no pensemos en mañana.

—¡Bravo, Glyndon! Ya estamos en casa. Dormid bien, y no soñéis con el señor Zanoni.

CAPÍTULO II

GLYNDON Y ZANONI

Clarencio Glyndon era un joven que aún cuando no poseía una fortuna considerable, podía, sin embargo, vivir con desahogo e independencia. Sus padres habían muerto, y su pariente más cercano era una hermana mucho más joven que él, la cual permanecía en Inglaterra en casa de una tía suya. Desde muy joven, Glyndon había manifestado gran disposición para la pintura, y más por entusiasmo que por necesidad de emprender una profesión, determinó dedicarse a una carrera que la generalidad de los jóvenes artistas ingleses empiezan con fe y desinterés, pero que, volviéndose, al fin, avariciosos, concluyen por no hacer más que copiar retratos de Alderman Simpkins. El carácter de Glyndon, tal como le consideraban sus amigos, era atrevido y presuntuoso. Un trabajo continuo o costoso le fatigaba en seguida, pues era uno de esos hombres cuya ambición busca más bien coger el fruto que plantar el árbol. Como sucede con la mayor parte de los jóvenes artistas, iba siempre en pos de placeres, entregándose sin la menor reflexión a cualquiera empresa que halagase su imaginación o excitase sus pasiones. Había recorrido las primeras capitales de Europa con el firme propósito y la sincera resolución de estudiar las obras maestras de su arte; pero en todas ellas el placer le alejaba de su objeto, olvidando su insensible lienzo por alguna palpitante belleza. Valiente, aficionado a las aventuras, presuntuoso, inquieto y curioso, siempre se encontraba engolfado en temerarios proyectos y rodeado de, encantadores peligros; todas sus acciones eran hijas del arrebato, y era esclavo de su imaginación.

En esta época, precisamente, era cuando el frenético espíritu de innovación se acercaba a ese horrible término, escarnio de las nobles aspiraciones humanas, denominado la Revolución Francesa. De este caos, dentro del cual estaban chocando todas las creencias santas y respetables del mundo, salieron las más extravagantes y deformes quimeras. Debo recordar al lector que en este tiempo, al lado del refinado escepticismo y de la afectada sabiduría, encontraban también cabida la credulidad y las más crasas supersticiones.

En esta época era cuando el magnetismo y la magia encontraban adeptos entre los discípulos de Direrot, cuando todo el mundo prosperaba, cuando el salón de un filósofo deísta se convirtió en una Heráclea en la cual la nigromancia pretendía evocar la sombra de los muertos, cuando se ridiculizaban los sagrados libros y se creía a Mesmer y a Cagliostro. Ante este naciente helíaco que anunciaba el nuevo sol que debía desvanecer todas las sombras, abandonaron sus tumbas todos los fantasmas que pasaron por delante de los ojos de Paracelso y de Agrippa. Deslumbrado por la aurora de la revolución, y seducido por sus brillantes promesas, era muy natural que Glyndon, lo mismo que muchos otros, acogiera con avidez la idea de ver realizada una utopía social, que, por el trillado camino de la ciencia, condujera al descubrimiento de algún encantado Elíseo.

En sus viajes, Glyndon había escuchado con vivo interés, si no con implícita creencia, los milagros que oía referir del famoso Geisterseber; así es que su imaginación se encontraba preparada para recibir la impresión que el mismo Zanoni produjera sobre él desde el primer instante.

Podía existir también otra causa para esta disposición a la credulidad. Uno de los antepasados de Glyndon, de la familia de su madre, había alcanzado gran reputación como filósofo y alquimista, y contábanse mil extrañas historias relativas a este sabio progenitor Decíase que había vivido mucho más tiempo del que viven los demás hombres, conservando siempre el lozano aspecto de una persona de mediana edad; y suponíase que había muerto de pesar de resultas de haber perdido casi repentinamente a un nieto, única criatura por la cual, en toda su vida, había manifestado amor. Las obras de este filósofo, aunque raras, eran de mucho mérito y existían en la librería de Glyndon. Su platónico misticismo, sus atrevidas aserciones, las grandes promesas que podían descubrirse a través de una fraseología alegórica y figurada, impresionaron desde muy niño la tierna imaginación de Clarencio Glyndon. Sus padres, sin atender a las consecuencias que puede acarrear el dar pábulo a unas ideas que la razón y la edad parecen suficientes para desvanecer después, tenían por costumbre, en las largas veladas del invierno, hablar de la historia tradicional de este distinguido ascendiente. Clarencio se estremecía de placer mezclado de terror, cuando su madre decía que descubría una notable semejanza entre las facciones de su hijo y las del deteriorado retrato del filósofo que se veía en la repisa de la chimenea, y que era el orgullo de la casa, como igualmente la admiración de sus amigos.

He dicho que Glyndon amaba los placeres. Fácil de impresionar, como sucede generalmente a todo hombre de genio, su indiferencia de artista le había hecho volar de flor en flor, y antes de enamorarse de Viola Pisani, había ya disfrutado hasta la saciedad de todas las alegres diversiones que ofrecía Nápoles. Pero su amor, lo mismo que su ambición, era vago e inconstante; no satisfacía las necesidades de su corazón y dejaba un vacío en su existencia, no porque careciese de fuertes y nobles pasiones, sino porque su imaginación no se encontraba aún suficientemente preparada ni bastante sentada para su desenvolvimiento. Así como hay una estación para la flor y otra para el fruto, así también hasta que la flor de la imaginación empieza a marchitarse, no se maduran en el corazón las pasiones que las flores predicen. Alegre siempre, tanto si se encontraba solo delante de su caballete, como si se encontraba en medio de sus amigos, Glyndon no había conocido aún bastante la tristeza para poderse entregar a un amor profundo. Antes de que el hombre pueda comprender todo el valor de las cosas grandes de la vida, es menester que haya sufrido desengaños en todas las que son pequeñas. Solo los superficiales sensualistas de Francia pueden decir que el amor es una locura. El amor, bien comprendido, es la sabiduría. Por otra parte, Clarencio Glyndon pertenecía demasiado al mundo, y su ambición artística tenía necesidad de los aplausos y adulaciones de esa miserable minoría superficial que llamamos Público.

Como todos los que emplean el engaño, Glyndon temía siempre ser engañado, y por eso desconfiaba de la angelical inocencia de Viola y no se aventuraba a dar una promesa formal de casamiento a la actriz italiana. Sin embargo, la modesta dignidad de la joven, unida a algunos generosos sentimientos que Glyndon poseía, le privaron hasta entonces de hacer ninguna proposición que no fuese honrosa. Por eso la familiaridad que existía entre ellos ofrecía más bien el carácter de una mutua y atenta simpatía, que el de una pasión. Veíala en el teatro, hablaba con ella entre bastidores y llenaba su cartera de innumerables bosquejos que le halagaban como artista y como amante. Glyndon pasaba los días fluctuando entre la duda y la irresolución, el amor y la desconfianza; pero esta última, sostenida siempre por los constantes consejos de Mervale, prevalecía al fin sobre sus generosos instintos.

A la tarde del día siguiente en que da principio esta segunda parte de mi historia, Glyndon se paseaba solo a caballo por la playa de Nápoles, a la otra parte de la caverna de Posílipo. El sol empezaba a declinar, y aquel mar risueño enviaba a la tierra una fresca y voluptuosa brisa. A lo lejos, a la orilla del camino, el artista vio a un hombre que permanecía inclinado examinando un fragmento de roca, y cuando estuvo más cerca de él, reconoció a Zanoni.

El inglés, después de hacerle un cortés saludo, le preguntó sonriendo:

—¿Habéis descubierto alguna antigüedad? En este camino abundan tanto como las piedras.

—No —respondió Zanoní, —no es más que una de esas antigüedades, que datan, seguramente, del principio del mundo, pero que la Naturaleza marchita y renueva eternamente. —Y al decir esto, Zanoni enseñó al joven una hierbecita con una flor de color azul pálido, la cual colocó después con cuidado en su pecho.

—¿Sois herborizador? —preguntó Glyndon.

—Sí, —respondió Zanoni.

—He oído decir que es un estudio que ofrece mucho interés, —observó el inglés.

—Efectivamente, para las personas que lo comprenden.

—Según eso, es un conocimiento muy difícil de adquirir.

—¡Difícil! —repuso Zanoni. —Los conocimientos más profundos, incluso los de las artes, no son conocidos de la moderna filosofía, que no es más que una vulgaridad superficial. ¿Creéis que carecen de fundamento aquellas tradiciones que nos han llegado de una manera confusa y desfigurada a través de los siglos? ¿No nos dicen las conchas que hoy día encontramos en la cumbre de las montañas, el sitio donde llegara el mar? ¿En qué consistía la magia de la antigua Cólchida, sino en el minucioso estudio de la Naturaleza en sus más ocultos trabajos? ¿Qué es la fábula de Medea, sino una prueba del poder que pueden dar la semilla y la hoja? La más portentosa de todas las supercherías empleadas por los sacerdotes antiguos, las misteriosas sociedades de Cuth, respecto de cuyos encantamientos la sabiduría misma se pierde en medio de los laberintos de las leyendas, encontraban en las más insignificantes hierbas lo que quizá los sabios de Babilonia buscaban entre las más elevadas estrellas. La tradición nos dice que existe todavía una raza que puede exterminar a sus enemigos desde lejos, sin necesidad de moverse ni de emplear armas. La hierba que pisan vuestros pies, tiene, quizá, un poder más mortífero que el que vuestros maquinistas pueden dar a sus mas destructores instrumentos de guerra. ¿Podéis decir si en estas playas de Italia, donde existiera el antiguo promontorio de Circe, era donde venían los sabios de los países más remotos de Oriente, a buscar plantas y simples que vuestros farmacéuticos de mostrador despreciarían como si fuesen hierbas inútiles?

Los primeros herborizadores, los grandes químicos del mundo, pertenecían a la tribu que los antiguos, llenos de respeto, designaban bajo el nombre de *Titanes*. Me acuerdo que en otro tiempo, en las riberas del Ebro, en el reinado de... Pero esta conversación no hace más que malgastar vuestro tiempo y el mío —dijo Zanoni interrumpiéndose repentinamente y dejando vagar por sus labios una fría sonrisa.

Hubo una pequeña pausa, y tras ella, después de haber mirado fijamente Zanoni a Glyndon, le preguntó:

—¿Creéis, joven, que una vaga curiosidad puede reemplazar el más asiduo trabajo? Estoy leyendo en vuestro corazón. Deseáis conocerme a mí y no a esta simple hierba; pero vuestro deseo no quedará satisfecho.

—Veo que no poseéis la atenta amabilidad de vuestros compatriotas —respondió Glyndon algún tanto desconcertado. —Suponiendo que desease cultivar vuestra amistad —añadió, —¿por qué rechazaríais mis insinuaciones?

—No rechazo lúa insinuaciones de nadie —arguyó Zanoni, —pero primero es necesario saber si se quiere efectivamente la amistad de un hombre a quien no se puede comprender. Si vos deseáis la mía, os la ofrezco; pero debo advertiros antes que me evitéis.

—¿Según eso, sois muy peligroso?

—Hay hombres en este mundo que sin quererlo, están destinados, con mucha frecuencia, a ser peligrosos para los demás. Si tuviese que prediciros vuestro porvenir por los vanos cálculos del astrólogo, os diría, en su despreciable jeringonza, que mi planeta amenaza absorber el vuestro. No os crucéis en mi camino si podéis evitarlo. Esta es la primera y última vez que os doy este consejo.

—Decís que despreciáis a los astrólogos, y, sin embargo, empleáis un guirigay tan misterioso e incomprensible como el suyo. No juego ni riño; ¿por qué, pues, he de temeros?

—Haced lo que gustéis; por mi parte he concluido.

—Permitidme que os hable con franqueza; vuestra conversación de ayer noche me interesó muchísimo, pero me dejó perplejo.

—Lo sé; las imaginaciones como la vuestra, se dejan seducir por todo lo que es misterioso.

Estas palabras molestaron mucho a Glyndon, aun cuando no fueron pronunciadas en tono de desprecio.

—Veo que no me consideráis digno de vuestra amistad, —repuso el joven. — Paciencia. ¡Adiós!

Zanoni correspondió con frialdad al saludo de Glyndon. Este siguió su paseo, y el botánico emprendió otra vez su interrumpida tarea.

CAPÍTULO III

RAPTO FRUSTRADO

Aquella noche, según tenía por costumbre, Glyndon fue al teatro, y, puesto detrás de los bastidores, observaba a Viola, que desempeñaba en aquel momento uno de sus más brillantes papeles. Los aplausos resonaban por todo el teatro. El orgullo y la pasión embriagaron a Glyndon. "Esta encantadora criatura, pensaba, puede ser mía todavía".

Mientras estaba absorto en esta deliciosa meditación, sintió un ligero golpecito en el hombro. Se volvió, y vio a Zanoni.

—Os amenaza un gran peligro, —le dijo éste. —No vayáis a casa esta noche, y si lo hacéis, buscad quien os acompañe.

Antes que Glyndon volviese en sí de su sorpresa, Zanoni había desaparecido, y sólo volvió a verle en el palco de uno de los nobles napolitanos al que el inglés no trataba.

Viola acababa de retirarse de la escena, y Glyndon se le acercó con cierta apasionada galantería, que nunca, hasta entonces, empleara. No obstante, Viola — cosa extraña en su carácter amable, —no hizo el menor caso de las palabras de su amante, y volviéndose hacia Gionetta, que no la abandonaba un instante mientras permanecía en el teatro, le dijo en voz baja, afectando grande interés:

—¡Gionetta, el extranjero de quien te he hablado, vuelve a estar aquí! ¡Ha sido el único en todo el teatro que no me ha aplaudido!

—¿Cuál es, querida mía? —peguntó la anciana con ternura. —Es preciso que sea algún estúpido, indigno de que penséis en él

La actriz se llevó a Gionetta hacia el escenario, y desde allí, le señaló a un hombre que había en uno de loa palcos más inmediatos y que se distinguía de todos los demás, tanto en su traje, como por su extraordinaria belleza.

—¡Indigno de que piense en él, Gionetta! —repitió Viola. —¡Indigno de que piense en él! ¡Ah! Para no pensar en él, sería necesario que careciese de pensamiento.

El apuntador llamó a la señorita Pisani.

—Ved de saber su nombre, Gionetta, —dijo Viola, dirigiéndose lentamente al escenario.

Al pasar por el lado de Glyndon, éste le dirigió una mirada de triste reproche.

La escena en la cual iba a presentarse la actriz, era el desenlace de la catástrofe, y por lo mismo, requería que emplease en ella todos los recursos de su arte y de su voz. El auditorio escuchaba con religiosa admiración, y, sin embargo, los ojos de la actriz buscaban solamente los de un frío e indiferente espectador.

Viola parecía que estaba inspirada. Zanoni escuchaba, y aun cuando la observara con atención, no salió de sus labios la más ligera muestra de aprobación, ni la menor emoción alteró la expresión de su semblante frío y desdeñoso. Viola, que se encontraba en el caso de una persona que ama sin ser correspondida, sentía agudamente y de veras el papel que representaba. Su llanto era verdadero; su pasión era la pasión de la naturaleza: causaba pena mirarla.

Cuando terminó el acto, las fuerzas de la actriz es habían agotado enteramente, y se la llevaron desmayada del escenario en medio de una tempestad de aplausos y
de entusiastas exclamaciones de admiración. El auditorio se puso de pie, agitábanse centenares de pañuelos, y mientras unos arrojaban guirnaldas y flores a la escena, otros enjugaban sus ojos llenos de lágrimas. Las señoras no pudieron reprimir su llanto en mucho tiempo.

—¡Por el cielo! —decía un napolitano de alto rango. —Esa joven ha encendido en mi corazón una viva pasión quo me devora. ¡Esta misma noche será mía! ¿Está todo dispuesto, Mascari?

—Todo, señor. ¿Y si ese joven inglés la acompaña a su casa?

—¿Quién, ese imbécil presuntuoso? Que pague su locura con su sangre. No quiero tener ningún rival.

—Es inglés, señor, y cuando desaparece un inglés, se practican muchas diligencias para encontrarle.

—¡Majadero! ¿No es bastante profundo el mar, o la tierra bastante reservada, para ocultar un cadáver? Nuestros perillanes son tan mudos como la tumba .. Y en cuanto a mí... ¿Quién se atrevería a acusar al príncipe de *** No le pierdas de vista, síguele los pasos, y a la primera ocasión favorable, despachadle. A tu mano lo dejo... Los ladrones lo han asesinado... ¿entiendes? ¡Abundan tanto en este país!... Para que esto parezca más cierto, le quitaréis todo cuanto lleve.

Mascari se encogió de hombros y se retiró, haciendo un respetuoso saludo.

Las calles de Nápoles no eran entonces tan seguras como lo son en el día: de noche, sobre todo, no se podía ir a pie; pero, en cambio, había allí la ventaja de que los carruajes eran muy baratos.

El vehículo que acostumbraba a tomar la actriz para regresar a su casa, había desaparecido. Gionetta, demasiado avara de la belleza de su ama, y temiendo al enjambre de admiradores que la importunarían, se alarmó a la idea de tener que retirarse a pie, y participó esta desgracia a Glyndon, suplicando al propio tiempo a Viola, que se recobraba muy poco a poco, que aceptase el carruaje del joven.

Anda de esta noche, es muy probable que la actriz hubiese admitido este pequeño obsequio; esta noche lo desechó, no sabemos por qué razón.

Glyndon se retiraba amargamente ofendido y de mal humor, cuando Gionetta le detuvo, diciéndole en tono lisonjero:

—Quedaos, señor; la señorita no se encuentra bien... No os enfadéis con ella; yo haré que acepte vuestra oferta.

Glyndon se quedó, y después de algunos instantes de contienda entre Gionetta y Viola, ésta concluyó por aceptar la oferta del joven. La anciana y la actriz subieron al carruaje, dejando a Glyndon en la puerta del teatro para que regresase a pie a su casa. En aquel instante presentóse en la imaginación del inglés la misteriosa advertencia de Zanoni, que le hiciera olvidar su resentimiento contra Viola.

GIyndon, creyendo prudente precaverse de un peligro anunciado por un personaje tan incomprensible, miró en derredor de sí por si veía algún desconocido. Las salidas del teatro estaban atestadas de gente que se codeaba y empujaba para salir a la calle, y, sin embargo, en toda aquella numerosa multitud, no pudo distinguir una cara amiga. Mientras permanecía en el mismo sitio sin saber qué partido tomar, oyó la voz de Mervale que le llamaba, observando con gran placer que su amigo se abría paso por entre la gente para reunirse con él.

—Os he reservado un asiento en el carruaje del conde Cetoxa, —le dijo Mervale. —Seguidme; el conde nos está aguardando.

—¡Qué bueno sois! ¿cómo habéis sabido que me hallaba aquí? —preguntó Glyndon.

—He encontrado a Zanoni en un corredor —respondió Mervale, —y me ha dicho: "Vuestro amigo está fuera de la puerta del teatro; no dejéis que regrese a su casa a pie esta noche; no siempre las calles de Nápoles ofrecen seguridad". En seguida me recordó que algunos de los bravos calabreses habían tenido bastante que hacer en las calles de la ciudad en las últimas semanas, y en aquel momento, habiéndose presentado Cetoxa... Pero mira, allí viene el conde.

La llegada del noble napolitano interrumpió aquella conversación.

—¡Al coche! —exclamó el conde, y mientras Glyndon entraba en el carruaje, observó en la acera un grupo de cuatro hombres que parecían observarle con mucha atención.

—¡Voto al diablo! —gritó uno de ellos. —¡Aquel es el inglés!

Esta exclamación llegó a los oídos de Glyndon en el momento en que el carruaje partía. Corrió gran peligro, pero pudo entrar en su casa sin más tropiezo.

La íntima familiaridad que existe siempre en Italia entre la nodriza y la criatura que ha criado, y que Shakespeare nos ha representado sin ninguna exageración en *Julieta y Romeo*, debía ser necesariamente más estrecha de lo usual en una situación tan desamparada como la en que se encontraba la actriz. Gionetta tenía grande experiencia en todo cuanto se refería a las debilidades del corazón, y cuando tres noches antes, al volver del teatro, Viola lloraba amargamente, la nodriza consiguió hacerla confesar que había visto a una persona, después de dos años de acontecimientos desgraciados, pero a la cual no había olvidado nunca, y que este sujeto no había hecho la más ligera demostración de alegría al verla. Gionetta, que era incapaz de comprender las vagas e inocentes emociones que envolvía esta tristeza, las redujo todas, en su ruda comprensión, a un sentimiento de amor. Tocante a este asunto, los consuelos de la anciana eran inagotables. Gionetta no había podido saber nunca muchas de las cosas que se albergaban en el corazón de Viola, porque este corazón no poseía palabras para revelar todos sus secretos; pero aquella pequeña confianza que la nodriza obtuviera, estaba pronta a pagarla con su tolerante compasión y a costa de cualquier servicio.

—¿Habéis sabido quién es? —preguntó Viola al verse sola con Gionetta en el carruaje.

—Sí: es el célebre señor Zanoni, que tiene trastornado el juicio a todas las grandes señoras de Nápoles. Se dice que es más rico que ninguno de los ingleses... pero no tanto como el señor Glyndon.

—¡Callaos! —interrumpió la joven actriz. —¡Zanoni!... No me habléis más del inglés.

El coche entraba en la parte más separada y solitaria de la ciudad, en la cual se encontraba la casa de Viola. De repente se detuvo.

Gionetta, algún tanto alarmada, sacó la cabeza fuera de la portezuela, y a la pálida luz de la luna vio que el cochero, arrancado violentamente de su sitio, había sido sujetado por dos hombres. En el mismo instante abrióse de pronto la portezuela, dejándose ver delante de ellas un hombre de elevada estatura, embozado en una capa y con el rostro cubierto mediante una careta.

—No tengáis miedo, hermosa Pisani, —dijo el hombre con amabilidad; —no se os hará ningún daño.

Y al decir esto, cogió a la linda actriz por la cintura para sacarla del carruaje. Sin embargo, Gionetta no era un enemigo despreciable, y rechazando al agresor con un vigor que le dejara admirado, le reprobó su acción de la manera más enérgica.

El enmascarado se hizo atrás a fin de reparar el desorden de su capa.

—¡Por vida de Baco! —exclamo medio riendo; —la joven tiene una terrible defensora. ¡Luigi... Giovanni! sujetadme a esa vieja bruja... Pronto... ¿Por qué titubeáis?

El enmascarado se retiró de la portezuela, apareciendo en seguida en ella otra máscara más atlético que el primero.

—¡No tengáis miedo, Viola Pisani, —le dijo éste en voz baja; — conmigo estáis enteramente segura!

Y levantando su máscara, dejó ver las nobles facciones de Zanoni.

—Tranquilizaos, no digáis nada... os salvaré —añadió.

Zanoni se retiró, dejando a Viola sumergida en un piélago de sorpresa, de agitación y de placer.

Había, entre todos, nueve hombres enmascarados: dos sujetaban al conductor, otro tenía cogidos los caballos por las riendas, el cuarto cuidaba de los caballos ricamente enjaezados, otros tres (además de Zanoni y el que se había acercado a Viola primeramente) permanecían algo separados al pie de un carruaje arrimado a un lado del camino. Zanoni habló con los tres últimos, y después de haberles señalado al primer máscara, que era, en efecto, el príncipe ***, se dirigieron hacia este personaje, que se quedó sorprendido al ver que le cogían por detrás.

—¡Traición! —gritó el príncipe... —Vendido por mis gentes!... ¿Qué significa esto?

—Metedle dentro de ese carruaje, —dijo Zanoni con impasibilidad. —Si se resiste, que recaiga sobre él la culpa de su muerte.
Zanoni se acercó a los que custodiaban al cochero.

—Estáis vendidos, —les dijo; —somos seis contra tres, y estamos armados de pies a cabeza. Id a reuniros con vuestro amo en seguida, y dadnos las gracias por haberos perdonado la vida... ¡Pronto!..

Los hombres obedecieron con sumisión, en tanto que el cochero volvía a ocupar su puesto.

—Cortad los tiros y las riendas a sus caballos —dijo Zanoni, — mientras se subía al coche de Viola. El vehículo partió con rapidez, dejando al vencido raptor en un estado de rabia y de estupefacción imposibles de describir.

—Permitidme que os explique este misterio —dijo Zanoni a la joven. —He descubierto, no importa cómo, el complot tramado contra vos, el cual he frustrado de la manera siguiente: El cabeza principal, es un noble que os ha perseguido mucho tiempo inútilmente. Este hombre, y dos criados suyos, os han expiado desde que entrasteis en el teatro, mientras que otros seis aguardaban en el sitio en donde vuestro coche ha sido atacado; yo y cinco criados míos, hemos ocupado su lugar; así es que el personaje nos ha tomado por gentes amigas. Para eso me he adelantado solo al sitio donde aquellos seis hombres aguardaban, y les he dicho que su amo no necesitaba sus servicios por esta noche. Me han creído y se han dispersado en seguida. Después he ido a buscar a mi partida, que ahora he dejado atrás. Ya sabéis el resto. Entre tanto, henos en la puerta de vuestra morada.

CAPÍTULO IV

INEXPLICABLES AFECTOS

Zanoni siguió a la joven hasta dentro de su casa. Gionetta se fue a sus quehaceres, dejando a los dos solos en aquel cuarto que con tanta frecuencia, en otros días más felices, llenaban las melodías de Pisani.

Cuando la joven vio a este misterioso e incomprensible, pero bello y majestuoso extranjero, en el mismo sitio en que ella se sentara tantas veces a los pies de su padre, un extraño estremecimiento recorrió todo su cuerpo. Como su fantasía lo personificaba todo, creyó que aquella música espiritual había tomado forma y vida, permaneciendo delante de ella bajo la sublime imagen que adoptara.

Viola se olvidó en aquel instante de su amabilidad y de su belleza, y después de haberse quitado la toca y el velo, dejó ver su cabello, algún tanto desordenado, cayendo sobre su cuello de marfil, descubierto, en parte, por la descompostura de su traje. De sus negros ojos cayeron lágrimas de agradecimiento, y sus mejillas se colorearon al recuerdo de su última emoción. Nunca el dios de la luz y de la música, en medio de los valles de la Arcadia, enamoró a una virgen o a una ninfa más hermosa, al adoptar la forma humana.

Zanoni la contempló con una mirada de compasiva admiración, y después de haber murmurado algunas palabras entre dientes, se dirigió a la actriz con estas palabras:

—Viola, os he salvado de un gran peligro; no solamente de la deshonra, sino quizá de la muerte. El príncipe de *** bajo un déspota débil y una administración venal, es un hombre superior a las leyes. Ese hombre es capaz de cualquier crimen; pero en medio de sus pasiones, tiene toda la prudencia que le sugiere su ambición. Si no os hubieseis conformado con vuestra vergüenza, nunca más hubieseis vuelto a ver la luz, y su infamia hubiese quedado ignorada. El raptor carece de sentimientos de humanidad, y es capaz de cometer un asesinato. Os he salvado, Viola. ¿Quizá quisierais saber por qué?...

Zanoni calló un instante, y después, sonriéndose con tristeza, añadió:

—Supongo que no me haréis la ofensa de pensar que es tan temible vuestro libertador como el que os ha injuriado. Bien veis que no os hablo en el lenguaje de vuestros aduladores: os compadezco demasiado para hablaros como ellos. Por otra parte, no soy insensible al afecto. ¿Por qué os ruborizáis? ¿Por qué tembláis al oír lo que digo? En este momento, leo en lo más profundo de vuestro corazón, y no veo nada en él que pueda causaros vergüenza. No os he dicho hasta ahora que me amaseis; felizmente, la imaginación puede interesarse mucho antes que el corazón. Con todo, ha sido mi estrella fascinaros e impresionaros. Si soy, en este momento, vuestro huésped, no es sino para advertiros contra lo que no os acarrearía más que disgustos y tristeza. Ya en otro tiempo os dije que os dispusieseis para sufrir grandes pesares. Glyndon, el joven inglés, os ama quizá más de lo que yo pudiera amaros, y si bien es verdad que ahora no es digno de vos, lo será cuando os conozca mejor. Puede ser vuestro esposo, y puede llevaros a su país, tierra libre y feliz como ninguna otra en el mundo; a la patria de vuestra madre. Olvidadme; aprended a corresponder y a merecer el amor de Glyndon, pues, os lo repito: seréis con él dichosa y respetada.

Viola escuchaba con religiosa atención, y sus mejillas se pusieron encendidas al oír la extraña recomendación de Zanoni. Cuando éste cesó de hablar, aquélla ocultó el rostro entre sus manos y se puso a llorar, y si bien muchas de las palabras de Zanoni fueron pronunciadas con objeto de humillarla o irritarla, no fueron estos sentimientos los que manifestaron sus lágrimas y agitaron su corazón. En este instante la mujer se había convertido en niña, y como niña, con todo su fuerte, pero inocente deseo de ser amada, lloraba de tristeza al ver su afecto tan austeramente desatendido... Por eso lloraba sin resentimiento y sin vergüenza.

Zanoni la contemplaba con cierto deleite en la posición y en el aspecto que le dieron, de una parte, su sentida pena, y de otra parte, la inclinación de su graciosa cabeza, cubierta de abundantes y sedosas trenzas. Por fin, acercándosele un poco, le dijo con voz cariñosa y con rostro sonriente:

—¿Os acordáis, Viola, de cuando os dije que luchaseis para haceros un lugar en el mundo, enseñándoos como ejemplo aquel árbol de vuestro jardín? Pues bien, hermosa niña; no os dije entonces que imitaseis a la mariposa, que pensando remontarse a las estrellas, cae abrasada por la llama de la lámpara. Venid, quiero hablaros. Ese inglés...

Viola se hizo atrás, redoblando su llanto.

—Ese inglés, tiene, a corta diferencia, vuestra edad, y su posición no aventaja mucho a la vuestra. Podéis vivir felices en esta vida... y descansar después en una misma tumba! Y yo... pero este aspecto de lo futuro, no viene ahora al caso. Consultad vuestro corazón, y encontraréis que otra vez mi imagen ha venido a interponerse en vuestra senda, y que, a no ser esto, el puro y tranquilo afecto que empezabais a sentir por ese joven, se hubiese convertido en amor. ¿No os habéis representado nunca un hogar, en el cual vuestro esposo fuese él?

—¡Nunca! —dijo Viola con repentina energía, —nunca he pensado en lo que decís.

La joven irguió su cabeza, echándose atrás las trenzas que cubrían su rostro, y en seguida, fijando sus ojos en Zanoni, prosiguió:

—Quien quiera que seáis que así leéis en mi alma y penetráis en mi porvenir, no equivoquéis el sentimiento que... que...

Viola titubeó un instante, y en seguida, bajando la cabeza, añadió:

—Que ha reducido mis pensamientos a vos. No creáis que yo pudiese alimentar un amor ignorado y no correspondido. Extranjero, lo que siento por vos no es amor. ¿Por qué tendría que amaros? Nunca me habéis hablado sino para advertirme... ¡y ahora para atormentarme!

Aquí Viola dejó de hablar otra vez, faltándole la voz, en tanto que las lágrimas brillaban en sus largas pestañas. Pasados unos instantes, y después de enjugarse los ojos, prosiguió:

—No, no es amor lo que siento por vos... Si el amor es tal como me lo han pintado, tal como he leído y tal como he procurado imitarlo en el teatro... Lo que siento es una especie de afecto solemne, temible; es una atracción sobrenatural, que me impele hacia vos; mezclada de imágenes que tan pronto me halagan como me aterrorizan. ¿Creéis que si os amase podría hablaros como lo hago en este momento? ¿Creéis —y levantó de repente sus ojos para buscar los de Zanoni, —que mis miradas se atreverían a encontrarse con las vuestras? ¡Extranjero, las más de las veces sólo pido veros y oiros! No me habléis de los demás. Predecidme lo que queráis, censuradme, torturad mi corazón, desechad, si os place, la pura gratitud que os ofrece; pero no os presentéis siempre delante de mí como un presagio de tristeza y de desgracias. Algunas veces, en mis ensueños, os he visto bajo una forma bien distinta, pues en vuestras radiantes miradas leía una alegría celestial que no veo ahora. ¡Me habéis salvado; os lo agradezco con toda mi alma, y os bendigo! ¿Desecharéis también este homenaje?

Y al decir esto, Viola cruzó sus brazos humildemente sobre su pecho, inclinándose profundamente delante de él. Este acto de humildad no era el de una mujer abyecta, el de una querida a su amante o el de una esclava ante su señor; era el respeto de la niña hacia su protector, el de la neófita de la religión antigua hacia su sacerdote.

La mirada de Zanoni era triste y meditabunda, y sus ojos se fijaron en la joven con una extraña expresión de bondad, de tristeza y de ternura; sin embargo, sus labios revelaban cierta austeridad, y su voz era fría, cuando respondió:

—¿Sabéis lo que pedís, Viola? ¿Sabéis el peligro que corréis... que corremos quizá los dos? ¿Ignoráis que mi existencia, separada de la vida turbulenta de los demás hombres, está reducida a adorar lo bello, sin que pueda entregarme a lo que inspira esta adoración? Evito siempre, como una calamidad, lo que parece ser la dicha más seductora del hombre: el amor de las hijas de la tierra. Ahora puedo predeciros los peligros que os amenazan y preservaros de ellos.

¿Tendría el mismo poder si pretendiese algo más de vos? No me comprendéis; pero lo que voy a deciros, os lo hará ver claramente. Os he dicho que borréis mi imagen de vuestro corazón y que no penséis más en mí, como un hombre a quien lo futuro os grita que evitéis. Si aceptáis los homenajes de Glyndon, os amará, hasta que la tumba se cerrará sobre vosotros. ¡Yo también —añadió con emoción, —yo también podría amaros!

—¡Vos! —exclamó Viola, con la vehemencia de un repentino impulso de alegría y de placer que no le fue dado reprimir; pero un momento después, la joven hubiese dado su existencia por haber dominado esta exclamación

—Sí, Viola, podría amaros; pero ¡cuánta tristeza os ofrecería con este amor! ¡Cómo cambiaría vuestro existencia! La flor comunica su fragancia a la roca en cuyo seno nace; al propio tiempo, la flor muere, pero la roca subsiste, a pesar de la nieve que la hiela y de los rayos del sol que la abrasan. No os precipitéis... meditadlo bien. El peligro os cerca todavía. Por algunos días os veréis libre de vuestro cruel perseguidor; pero no está lejos la hora en que sólo la fuga podrá salvaros. Si el inglés os ama de una manera digna, vuestro honor le será tan caro como el suyo; si no, existen otras tierras en donde el amor es más verdadero y en donde la virtud está menos expuesta al engaño y a la violencia. Adiós; mi destino es incierto y mi porvenir muy sombrío. Todo lo que puedo deciros es que nos volveremos a ver; pero sabed antes de entonces, que hay terrenos más suaves y más vivificantes que la roca que os he citado.

Zanoni se dirigió a la parte exterior de la puerta, donde permanecía la discreta Gionetta, y cogiéndola suavemente por el brazo, con el alegre acento de un joven festivo, le dijo:

—El señor Glyndon obsequia a vuestra ama y puede ser su esposo. Sé lo mucho que queréis a la señorita. Desengañadla si manifestase algún capricho por mí, pues soy ave de paso.

Al decir esto, puso un bolsillo lleno en la mano de Gionetta, y desapareció.

CAPÍTULO V

EL PALACIO DE ZANONI

El palacio que habitaba Zanoni estaba situado en uno de los barrios menos frecuentados de la ciudad. En el día, aún pueden verse sus ruinas: monumento del esplendor perteneciente a una época de caballerismo, desterrado desde mucho tiempo de Nápoles, junto con las ilustres razas normanda y española.

Al entrar en sus habitaciones reservadas, dos indios, vestidos con el traje de su país, recibieron a Zanoni en la puerta, con el grave saludo oriental. Estos hombres habían venido con Zanoni de lejanas tierras, en donde, según rumores había vivido muchos años. Los dos indios estaban imposibilitados de poder satisfacer la curiosidad ni justificar ninguna sospecha. No sabían hablar otro idioma que el suyo. Excepto estos dos, su regio séquito de servidores eran todos de la ciudad, a los cuales, su carácter imperioso y su espléndida generosidad, convertía en sumisos esclavos. Ni en el interior de su casa, ni en sus costumbres, había lo más mínimo que pudiese justificar los rumores que, respecto de Zanoni, circulaban por la ciudad. No estaba servido, como se nos dice del gran Alberto y del gran Leonardo de Vinci, por aéreas formas, ni tampoco ninguna imagen de bronce, invención del mecanismo mágico, le comunicaba la influencia de las estrellas. Tampoco se veían en sus habitaciones el crisol, los metales, ni ninguno de los aparatos del alquimista, de los cuales pudiesen deducirse sus riquezas, ni parecía ocuparse en esos graves estudios que podían comunicar a su conversación las nociones abstractas y el profundo saber que a veces manifestaba.

En sus momentos de soledad, no consultaba nunca sus libros; y si en otro tiempo sacara de ellos los vastos conocimientos que poseía, ahora sólo estudiaba en la inmensa página de la naturaleza; su gran memoria suplía lo demás. Sin embargo, según puede haberse deducido por algunas de las palabras de Zanoni, éste parecía cultivar las ciencias ocultas. Fuese en Roma o en Nápoles, o en cualquiera parte que residiese, escogía un cuarto separado del resto de la casa, y lo cerraba con un candado poco más grande que el sello de un anillo, y que, no obstante, bastaba para burlar los más ingeniosos instrumentos de cerrajero, como le sucedió en una ocasión a uno de sus criados, que, estimulado por la curiosidad, había intentado en vano saber lo que se encerraba en él. Aun cuando este hombre había elegido el momento más favorable para que su intento quedase secreto, una hora solitaria de la noche en que no había alma viviente a su alrededor y en que Zanoni se hallaba ausente, el caso es que su superstición o su conciencia, le advirtió el motivo por el cual al día siguiente el mayordomo le despidió amablemente. El criado, para consolarse de esta desgracia, se contentó con divulgar su historia, a la que agregara una infinidad de divertidas exageraciones. Decía que al acercarse a la puerta, se vio rechazado por manos invisibles, y que así que tocó la cerradura, cayó en tierra como atacado de perlesía. Un cirujano que estaba escuchando esta relación, observó, con gran disgusto de los admirados oyentes, que sin dada Zanoni empleaba la electricidad. Fuese como quiera, en este cuarto, cerrado de la manera dicha, no entraba nadie más que Zanoni.

La solemne voz del tiempo, desde la iglesia contigua, vino a sacar de su profunda y tranquila meditación al señor del palacio, meditación que tenía más bien carácter de éxtasis que de pensamiento.

¡Es otro grano más, escapado del reloj de arena —dijo Zanoni murmurando, —y sin embargo, el tiempo no da ni quita un átomo al infinito!... Alma del luminoso Augoeides, ¿por qué desciendes de tu esfera?... ¿Por qué, desde tu radiante y serena mansión, te trasladas a la oscuridad del Negro sepulcro? ¿Cuánto tiempo has habitado satisfecho en tu majestuosa soledad, sabiendo que nuestro afecto por las cosas que mueren no nos trae más que tristeza?

En tanto que Zanoni murmuraba estas palabras, una de las primeras aves matutinas que saludan la venida del día, empezó a gorgear alegremente entre los naranjos del jardín que había debajo de su ventana. Y cuando, de repente, otro canto respondió al primero; cuando la compañera de la primera avecilla, despertada por el trino de éste, le envió su dulce respuesta, Zanoni se puso a escuchar, y no oyó la voz del espíritu a quien preguntara. En vez de él, respondióle su corazón. Levantándose entonces de su asiento, empezó a pasearse precipitadamente por su pequeño cuarto.

—Fuera de este mundo —exclamó al fin con impaciencia, —¿no podrá romper el tiempo sus fatales lazos? La atracción que liga el alma a la tierra, ¿es igual a la atracción que encadena la tierra al espacio? ¡Deja el oscuro planeta, alma mía! ¡Rómpeos, cadenas! ¡Agitaos, alas!

Y al decir esto, Zanoni, atravesando las silenciosas galerías, subió la escalera que conducía a su gabinete secreto.

CAPÍTULO VI

VISITA INTERESANTE

Al día siguiente de la noche del frustrado secuestro, Glyndon se encaminó hacia el palacio de Zanoni. La imaginación del joven, naturalmente impresionable, se encontraba singularmente excitada por lo poco que había visto y oído respecto de este extraño personaje. Había algo secreto que el inglés no podía explicarse, y que, contra su voluntad, le impelía hacia el extranjero. El poder de Zanoni parecía tan grande como misterioso, y aun cuando a veces se presentaba amable y complaciente, con mucha frecuencia sus maneras eran frías y repugnantes. ¿Por qué aquel hombre desechaba, por una parte, la amistad de Glyndon, y por otra, le salvaba de un peligro? ¿Cómo había descubierto Zanoni a unos enemigos que el mismo joven ignoraba tener7 Este hecho, avivando doblemente su interés y despertando su gratitud, hizo que Glyndon se resolviese a probar un nuevo esfuerzo para conciliarse con el áspero botánico.

El señor se hallaba en casa, y Glyndon fue introducido en un vasto salón, en el cual Zanoni apareció a los pocos instantes.

Vengo a manifestaros mi reconocimiento por vuestro aviso de anoche —dijo el joven, —y a suplicaros que acabéis de colmar vuestra bondad informándome en qué barrio de la ciudad debo evitar la enemistad y el peligro.

—¿Sois un joven galante —respondió Zanoni con una sonrisa, hablando a Glyndon en su mismo idioma, —y conocéis tan poco el Mediodía para ignorar que los hombres galantes tienen siempre rivales?

—¿Habláis formalmente? —pregunto Glyndon, poniéndose encarnado.

—Formalmente —respondió Zanoni. —Amáis a Viola Pisani, y tenéis por rival a uno de los más poderosos y obstinados príncipes napolitanos. El peligro que os amenaza es realmente grande.

—¡Perdonad! pero, ¿cómo lo supisteis?

—No doy cuenta de mis cosas a ningún mortal, —replicó Zanoni con altivez. —Por lo demás, me importa poco que despreciéis o no mi advertencia.

—Bien; si no puedo preguntaros, sea así; pero al menos, aconsejadme lo que debo hacer.

—¿Seguiréis mi consejo?

—¿Por que no?

—Porque sois naturalmente valiente, porque amáis las emociones y los misterios, y porque os gusta representar el papel de héroe de novela. Si os aconsejase que dejaseis a Nápoles, ¿lo haríais, en tanto que esta ciudad os ofreciese un enemigo con quien medir vuestras fuerzas, o una querida a quien conquistar?

—Tenéis razón, —dijo el joven inglés con energía. —¡No! y supongo que no me vituperaréis esta resolución.

—Pero os queda otro camino. ¿Amáis de veras y ·apasionadamente a Viola Pisani? Si es así, casaos con ella, y marchaos a vuestro país.

—No, —respondió Glyndon, algún tanto desconcertado.·—Viola no es de mi clase; por otra parte, su profesión es también... En una palabra: me siento esclavizado por su belleza, pero no me puedo casar con ella.

Zanoni frunció las cejas, y objetó:

—Entonces, vuestro amor es indigno, y os advierto que no debéis esperar nunca ser feliz. Joven, el destino es menos inexorable de lo que parece. Los recursos del gran Regulador del universo, no son tan escasos ni tan duros que niegue a los hombres el privilegio divino del libre albedrío; todos nosotros podemos trazarnos nuestro camino, y Dios puede hacer que nuestras mismas contradicciones se armonicen con sus solemnes fines. Se os presenta una ocasión para elegir. Un amor noble y generoso puede labrar vuestra felicidad y salvaros; una pasión frenética e interesada no haría más que conduciros a la miseria y a la desgracia.

—¿Pretendéis leer en lo futuro? —interrogó Glyndon.

—He dicho todo lo que he querido decir, —respondió Zanoni.

—Ya que estáis haciendo el moralista conmigo, señor Zanoni, —repuso Glyndon sonriendo, —¿sois tan indiferente a la juventud y a la belleza, que podáis resistir estoicamente a sus halagos?

—Si fuese necesario ajustar esta práctica al precepto —contesto Zanoni con amarga sonrisa, —tendríamos muy pocos maestros. Las acciones o la conducta de un individuo, sólo pueden afectar a un circulo muy corto fuera de él, y el bien o el mal permanente que hace a los demás, reside, más que en otra cosa, en los sentimientos que difunde. Sus acciones son limitadas y momentáneas, en tanto que sus sentimientos pueden atravesar el universo e inspirar a las generaciones hasta la fin del mundo. Todas nuestras virtudes y todas nuestras leyes han sido sacadas de libros y de máximas, los cuales son sentimientos, y no acciones. En cuanto a las acciones, Juliano poseyó las virtudes de un cristiano, y Constantino, los vicios de un pagano. Los sentimientos de Juliano hicieron volver a millares de personas al paganismo, los de Constantino ayudaron, bajo la voluntad del cielo, a convertir al cristianismo todas las naciones de la tierra. En su conducta, el más humilde pescador de aquella playa que crea en los milagros de San Genaro, puede ser más hombre de bien que Lutero; no obstante, Lutero ha obrado una revolución en las ideas de la Europa moderna. Nuestras opiniones, joven inglés, forman en nosotros la parte divina, y nuestras acciones, la humana.

—Para ser italiano, habéis meditado muy profundamente.

—¿Quién os ha dicho que sea italiano?

—¿No lo sois? Y sin embargo, cuando os oigo hablar mi idioma cual pudiera hacerlo un inglés, casi...

—¡Bah! —interrumpió Zanoni volviéndole la espalda con impaciencia, y después de algunos momentos de silencio, prosiguió con afabilidad:

—Glyndon, ¿renunciáis a Viola Pisani? ¿Queréis algunos días para reflexionar sobre lo que os he dicho?

—¿Renunciar a ella?... ¡Jamás!

—¿Entonces, os casaréis con ella?

—¡Imposible!

—Entonces, Viola renunciará a vos. Os digo otra vez que tenéis rivales.

—Si, el príncipe de ***; pero no le temo.

—Tenéis otro mucho mas temible.

—¿Quién es?

—¡Yo!

Glyndon palideció y se levantó de su silla.

—¡Vos, señor Zanoni!... ¡Vos!... ¿Y os abrevéis a decírmelo?

—¡Atreverme! ¡Ah! Hay ocasiones en que mi deseo sería temer.

Estas palabras fueron dichas sin arrogancia: el tono de voz de Zanoni era triste y melancólico. Glyndon, a pesar de sentir su corazón henchido de ira, permanecía confuso casi aterrorizado. Sin embargo, era un joven valiente y recobró pronto su serenidad.

—Señor, —dijo con calma. —Estas frases solemnes y estas místicas advertencias, no son suficientes para engañarme. Podéis poseer poderes que yo no comprendo ni podría imitar, o quizá no sois más que un astuto impostor.

—Bien, ¡continuad!

—Quiero decir, pues —prosiguió Glyndon con resolución, aunque algún tanto desconcertado, —quiero haceros comprender que nadie me convencerá, ni menos me obligará a casarme con Viola Pisani, y que no obstante, tampoco me siento inclinado a cederla tranquilamente a otro.

Zanoni dirigió una grave mirada al joven, cuyos ojos brillantes, y el encendido color de su rostro, manifestaban que estaba resuelto a sostener la palabra.

—¿Tan animado os sentís? —le dijo. —No importa; esa es cuenta vuestra. Con todo, aguardad nueve días, y me diréis entonces si queréis o no casaros con la criatura más hermosa y más pura que existe sobre la tierra.

—Pero si vos la amáis, ¿por qué.... por qué?...

—Porque deseo que se case con otro para preservarla de mí. Escuchadme. Esa muchacha, aunque sea humilde y de escasa educación, posee todos los dones que pueden elevarla a las más altas cualidades y a las más sublimes virtudes; puede ser todo cuanto sea posible para el hombre a quien ame, todo cuanto el hombre es capaz de desear en una mujer. Su alma, dilatada por el afecto, elevará la vuestra; tendrá grande influencia sobre vuestra fortuna, ensalzará vuestro porvenir, y llegaréis a ser un hombre rico y poderoso. Si, al contrario, Viola fuese mía, no sé lo qué sería de ella; sólo sé que existe una prueba que pocos pueden resistir, y que hasta al presente, ninguna mujer ha sobrevivido a ella.

Mientras Zanoni decía esto, su semblante se puso pálido, y había algo en su voz que helaba la sangre del joven inglés.

—¿Cuál es, pues, el misterio que os rodea? —exclamó Glyndon, incapaz de reprimir su emoción. —¿Sois, efectivamente, diferente de los demás hombres? ¿Habéis salvado los limites de los legítimos conocimientos? ¿Sois, como algunos aseguran, un hechicero, o solamente un...

—¡Silencio! —interrumpió Zanoni afablemente y con una sonrisa que encerraba una singular y melancólica dulzura. —¿Habéis adquirido el derecho de hacerme semejantes preguntas? Aunque en Italia haya una Inquisición, su poder es tan débil como el de una hoja que la primera ráfaga de viento se llevará quién sabe a dónde. Los días de tortura y de persecución se han acabado; y en adelante, el hombre podrá vivir como quiera y hablar lo que le parezca, sin que deba temer la hoguera ni la rueda. Puesto que puedo desafiar la persecución, perdonad si no cedo a la curiosidad.

Glyndon, sonrojado, se levantó. A pesar de su amor por Viola y del temor que le infundiera un rival como el que tenía delante, el joven se sentía irresistiblemente arrastrado hacia el hombre del cual solo tenía motivos para sospechar y temer. Glyndon alargó su mano a Zanoni, y dijo:

—Bien; si hemos de ser rivales, las espadas decidirán nuestro derecho; pero hasta entonces, desearía que fuésemos amigos,

—¡Amigos! No sabéis lo que pedís.

—¿Otra vez enigmas?

—¡Enigmas! —exclamó Zanoni con enojo. —¡Ay! ¿Os sentís capaz de explicarlos?
Pues bien, hasta entonces no puedo daros mi mano ni llamaros mi amigo.

—Me siento capaz de todo para llegar a superar la humana sabiduría, —objetó Glyndon, cuyo semblante brilló con el fuego del más intenso entusiasmo.

Zanoni le contemplaba con silencio meditabundo

—El genio del abuelo vive aún en el joven —murmuró, —este muchacho puede... sin embargo...

Y saliendo de repente de su meditación, añadió en alta voz:

—Iros, Glyndon; nos volveremos a ver; de todos modos. no os pediré la respuesta hasta que apremie la hora de la decisión.

—¡Bravo, Glyndon! Ya estamos en casa. Dormid bien, y no soñéis con el señor Zanoni.

CAPÍTULO VII

DIVAGACIONES

Entre todas las debilidades que son objeto de burla por parte de los hombres de escasa inteligencia, ninguna es por ellos más ridiculizada que la tendencia a creer; y de todos los síntomas que revelan un corazón corrompido y una cabeza de pocos alcances, la tendencia a la incredulidad es el mas seguro.

La verdadera filosofía, prefiere mejor resolver que negar. Mientras oímos hablar uno y otro día de alquimia a pedantes que blasonan de hombres de ciencia y que no creen en su sueño de la piedra filosofal, otros hombres más eruditos confiesan que los más grandes descubrimientos científicos, se deben a los alquimistas. Existen todavía muchos secretos que nos sería muy fácil descifrar y que nos pondrían en camino de hacer preciosas adquisiciones, si poseyésemos la clave de la mística fraseología que los alquimistas se veían obligados a emplear. Parece que la piedra filosofal no ha sido mirada como una ilusión quimérica por algunos de los más grandes químicos que ha producido el siglo actual. Verdad es que el hombre no puede contrariar las leyes de la naturaleza; pero estas leyes, ¿están todas descubiertas?

"Dame una prueba de tu arte, dice todo investigador racional, y cuando haya visto el efecto, me esforzaré, con tu auxilio, a explicar las causas."

Cuando Clarencio Glyndon se separó de Zanoni, uno de sus primeros pensamientos fue acordarse de los efectos que viera. Clarencio Glyndon no era un *investigador racional*. Cuanto más vago era el lenguaje de Zanoni, tanta mayor impresión hacía en él. Una prueba hubiese sido para el joven una cosa tangible a la cual hubiese procurado asirse; y hallar lo sobrenatural reducido a la naturaleza, no hubiera sido más que un desengaño para su curiosidad. A veces se esforzaba, aunque en vano, por desprenderse de su credulidad y abrazar el escepticismo que tanto había invocado, para reconciliarse con lo que oyera decir de los probables motivos y designios de un impostor; pero Zanoni, cualesquiera que fuesen sus pretensiones, no hacía de sus poderes, como Mesmer y Cagliostro, un objeto de especulación, ni Glyndon era hombre cuya posición pudiese sugerir la idea de impresionar su imaginación para hacerle servir de instrumento a sus proyectos; fuesen éstos de avaricia o de ambición. No obstante, de vez en cuando, con la sospecha que es propia a la generalidad de los hombres, el joven se esforzaba en persuadirse de que Zanoni obraba, cuando menos, siniestramente, induciéndole a lo que su orgullo inglés y su manera de pensar consideraban como un envilecimiento: casarle con una pobre actriz. ¿No podía existir algún complot entre Viola y aquel hombre místico? ¿No podía toda esta jerigonza de profecías y amenazas, ser no más que artificios para engañarle? Glyndon sentía un injusto resentimiento para con Viola por haber dado lugar a tener que luchar con semejante rival; pero con este resentimiento había también mezclada su parte de celos. Zanoni le amenazaba con su rivalidad, y éste era un hombre, que además de su carácter y de sus artes, poseía todos los atributos exteriores que deslumbran y dominan. Impacientado por aquellas dudas, Glyndon se engolfó en la sociedad, frecuentándose más que antes con los amigos que se había hecho en Nápoles, los cuales, o al menos la mayor parte, eran artistas como él, literatos y ricos comerciantes, que si no gozaban del privilegio de la nobleza, competían con ella en esplendor. Entre estos amigos hablábase mucho de Zanoni, quien, para ellos, lo mismo que para la gente ociosa, era un objeto de curiosidad y de meditación.

Glyndon les participó como una cosa notable, que Zanoni le había hablado en inglés con una pureza tan exquisita, que pudiera bien pasar por un compatriota suyo. Por otra parte, Zanoni hablaba el italiano con igual perfección, y lo mismo sucedía con otros idiomas menos conocidos. Un pintor sueco que había hablado con él, aseguraba que era hijo de Suecia, mientras que un comerciante de Constantinopla, que le había vendido una partida de géneros, era de parecer que solamente un turco, o una persona nacida en Oriente, podía poseer tan perfectamente la suave entonación oriental. Sin embargo, en todos estos idiomas, cuando los comparaban, se notaba una diferencia apenas perceptible, no en la pronunciación ni en el acento, sino en la clave y en la armonía de la voz que le distinguía del natural del país cuyo idioma hablara. Esta facultad, según Glyndon pudo acordarse, era la que poseía una secta cuyo dogma y poder no han podido saberse nunca del todo, y que era designada bajo el nombre de *Rosacruces*. El joven ingles acordábase de haber oído hablar en Alemania de la obra de John Bringeret, en la cual se aseguraba que los individuos de la secta de los Rosacruces, conocían todos los idiomas de la tierra. ¿Pertenecía Zanoni a esta mística sociedad, que, desde los tiempos más remotos, hacía alarde de poseer secretos, entre los cuales el de la piedra filosofal era el más insignificante; que se consideraba heredera de todo lo que los caldeos, los magos, los gimnosofistas y los platónicos habían enseñado, y que difería de todos los tenebrosos hijos de la magia por las virtudes que practicaban, por la pureza de sus doctrinas, y por su insistencia, como base de toda sabiduría, en reprimir los sentidos y la intensidad de la fe religiosa? Si esta sociedad no mentía, era una secta útil. Además, si era verdad que Zanoni poseía poderes que le hacían superior a la raza actual de hombres científicos, parecía que no hacía de ellos ningún mal uso. Lo poco que se sabía de su vida, le favorecía. Citábanse de él algunos actos de generosidad y beneficencia justamente aplicados, que, al referirlos, dejaban sorprendidos a los oyentes, al ver que un extranjero se hallaba tan al corriente de las modestas e ignoradas necesidades que socorriera. Había visitado y devuelto la salud, con sólo su conversación, a dos o tres personas enfermas, las cuales habían sido ya desahuciadas del médico. Estas personas, que confesaban en alta voz deberle la vida, ignoraban enteramente la clase de medicinas que les restituyeran su vigor. No podían decir sino que aquel hombre se presentaba, y que después de haber hablado con ellos, les dejaba curados. Según parecía, antes de su restablecimiento, experimentaban, por lo general, un sueño profundo y apacible.

Otra circunstancia venía también en apoyo de este hombre misterioso. Los jóvenes con los cuales acostumbraba a reunirse, que eran siempre calaveras y hombres de vida airada de lo mas distinguido de la sociedad, se encontraban transformados sin advertirlo y sentían despertar en ellos pensamientos más puros y una cierta tendencia a reformar sus costumbres. Hasta el mismo Cetoxa, el príncipe de los galanteadores, de los jugadores y de los duelistas, dejó de ser el mismo hombre desde la noche que refiriera sus singulares aventuras a Glyndon. El primer paso de su reforma fue retirarse del juego; el segundo, su reconciliación con un enemigo hereditario de su familia, al cual, por espacio de seis años, había provocado siempre que se le ofreciera ocasión, para ver si podía ensayar en él su inimitable maniobra de la estocada. Y cuando Cetoxa y sus jóvenes amigos hablaban de Zanoni, ningún indicio hacía sospechar que este cambio se debiera, ni a consejos, ni a una austera lectura. Todos presentaban a Zanoni como a un hombre chistoso y propenso a la alegría, de maneras, no precisamente bulliciosas, sino iguales, serenas y joviales, y dispuesto siempre mas bien a escuchar la conversación de los demás, aunque insulsa, que a llamar la atención con su inagotable fondo de anécdotas brillantes y con su grande experiencia. Todas las costumbres, todas las naciones, todos los hombres parecían serle familiares. Solamente era reservado en los asuntos que podían tener relación con su nacimiento o historia. La opinión más general que se tenía de su origen, parecía la más plausible. Sus riquezas, su familiaridad en los idiomas orientales, su residencia en la India, cierta gravedad que no le abandonaba ni aún en sus momentos de íntima franqueza, el hermoso brillo de sus negros ojos y de su cabello, algunas particularidades de su forma, la delicada pequeñez de sus manos, y los contornos árabes de su noble cabeza, parecían revelar en él a un descendiente de alguna raza oriental. Y hasta hubo un mequetrefe que conociendo algún tanto los idiomas del Este, quiso reducir el simple nombre de Zanoni, que un siglo antes llevara un inofensivo naturalista de Bolonia, a las radicales de la lengua extinguida. *Zan* era el nombre que empleaban los caldeos para designar el sol, y aun los griegos que mutilaban todas las palabras orientales, conservaron en esta ocasión el verdadero nombre, como lo demuestra la inscripción cretense del sepulcro de Zeus. Item más: el *Zan* o *Zaun,* era, entre los sidonienses, un prefijo no desusado de *On,* en tanto que Adonis no era más que un segundo nombre dado a *Zanonas,* que, según nos lo recuerda Hesychius, era muy venerado en Sidonia. Mervale escuchó con grande atención esta profunda e incuestionable derivación, observando que, por su parte, se atrevía a mencionar un erudito descubrimiento que había hecho mucho tiempo antes, a saber: que la numerosa familia de los Smith, en Inglaterra, fueron indudablemente los antiguos sacerdotes de Apolo frigio.

En la Frigia se daba a este dios el sobrenombre de *Smintheus, y* por eso decía Mervale que las corrupciones del augusto nombre *Smintheus*, después de haber sufrido las alteraciones de *Smitheus* y *Smithé,* ha venido a ser Smith. "He observado también, añadió el joven, que en el día, las ramas más ilustres de esta distinguida familia, deseosas de acercarse, siquiera sea por una letra, al verdadero nombre, sienten un piadoso placer en firmarse Smithe."

El filólogo, sorprendido de semejante descubrimiento, suplicó a Mervale que le permitiese anotarlo como una cosa digna de figurar en una obra que iba a publicar relativa al origen de los idiomas. Esta obra, cuyo título sería *Babel,* constaría de tres tomos.

CAPÍTULO VIII

UN ANTIGUO CONOCIDO, UNA INTERRUPCION INESPERADA Y UNA SANA LECCIÓN

Después de la idea que Glyndon se formara de Zanoni, todas estas adiciones, recogidas por él en los cafés y en las reuniones de jóvenes ociosos que frecuentaba, le eran muy poco satisfactorias.

Viola no representó aquella noche; y al día siguiente, preocupada la imaginación de nuestro inglés por mil fantásticos pensamientos, y disgustado de la escéptica y sarcástica amistad de Mervale, el joven erraba meditabundo por los jardines públicos, deteniéndose al fin debajo del árbol donde oyera por primera vez la voz que había ejercido sobre su imaginación tan extraña influencia. Los jardines estaban desiertos; el joven se sentó a la sombra de los árboles, y al poco rato, en medio de su contemplación, volvió a experimentar el mismo frío temblor que Zanoni definiera tan exactamente, atribuyéndolo a una causa extraordinaria.

Glyndon hizo un violento esfuerzo para levantarse, y se sobresaltó al ver sentado junto a él a una persona bastante repugnante, que podía tomarse perfectamente por uno de esos seres malignos de los cuales habló Zanoni. Era éste un hombre de pequeña estatura y vestido con un traje extravagante. Afectaba una humildad y pobreza que rayaba su sociedad; llevaba unos pantalones anchos de tela muy grosera y una chaqueta hecha jirones, mientras que los negros y enmarañados bucles que salían de debajo de su gorro de lana, formaban extraño contraste con otras cosas que anunciaban en él una persona rica. Un broche de piedras preciosas cerraba el cuello de su camisa, al paso que dos cadenas de oro macizo dejaban ver la necedad de llevar dos relojes.

El aspecto de este hombre, si no del todo repugnante, hablaba poco en su favor. Era ancho de hombros y bastante cargado de espaldas; su pecho parecía hundido; sus manos eran gruesas, y sus dedos, cuyas nudosas articulaciones revelaban gran fuerza, contrastaban con sus delgadas muñecas; sus facciones, que afectaban los penosos gestos que se ven con frecuencia en el semblante de una persona epiléptica, eran anchas y exageradas, en tanto que su nariz casi le tocaba a la barba; sus ojos pequeños brillaron con el fuego de la astucia cuando se fijaron sobre Glyndon, y su boca hizo una mueca que dejaba ver dos filas de dientes sucios, rotos y desiguales. Sobre aquel horrible semblante se traslucía, además, una especie de desagradable inteligencia, como una expresión de sagaz osadía.

Cuando Glyndon, recobrado de su primera sorpresa, miró otra vez a su vecino, se ruborizó de su desmayo, reconociendo a un artista francés, conocido suyo, que poseía una grande habilidad en la pintura. Era cosa verdaderamente notable que esta criatura, cuyo exterior tan poco debía a las Gracias, se complaciese en las pinturas que respiraban majestad y grandeza. Aunque el colorido de sus cuadros era duro y sombrío, siguiendo en esto la costumbre de la escuela francesa de aquel tiempo, sus dibujos eran admirables por su simetría, por su sencilla elegancia y por su gusto clásico, si bien carecía de gracia ideal. Este hombre prefería los asuntos que se referían a la historia romana más bien que los que representaban las bellezas de la Grecia o los sublimes recuerdos de la Sagrada Escritura, que tantas veces inspiraron a Rafael y a Miguel Ángel. La grandeza de sus dibujos no era la de los dioses o de los santos, sino la de los mortales. La belleza de sus perfiles era del género que halaga la vista, pero que nada dice al alma. En una palabra: como se decía de Dionisio, era un antropófago o pintor de hombres. Notábase también en él una gran contradicción. Mientras se entregaba con frenético exceso a todas las pasiones, así al odio como al amor, pues era implacable en la venganza e insaciable en el vicio, acostumbraba también a hacer alarde de los mas bellos sentimientos de virtud y filantropía. El mundo actual no era bastante bueno para él. Este personaje era, valiéndonos de una frase alemana, un *reformador del mundo*. Con todo, el ademán sarcástico de sus labios parecía burlarse de los sentimientos que manifestara cuando quería dar a entender que era superior a su mundo ideal.

Añadamos aún que este pintor estaba en íntimas relaciones con los republicanos de París, y que se le tenía por uno de esos apóstoles de la revolución que los regeneradores del género humano se complacían en enviar a los Estados que aun gemían en la esclavitud, fuese por la tiranía de un hombre o por el despotismo de las leyes. Un historiador italiano dice que no había ninguna ciudad en Italia donde esas nuevas doctrinas encontrasen mejor acogida que en Nápoles, ya por la ardiente imaginación del pueblo, ya porque los más odiosos privilegios feudales, aunque mermados algunos años antes por el gran ministro Tanuccini, ofrecían cada día desmanes que presentaban más seductora esa forma que trastorna el juicio de un pueblo: la Novedad. Este hombre, a quien en adelante llamaremos Juan Nicot, era una especie de oráculo para los jóvenes de ideas mas exaltadas de Nápoles; y antes de que Glyndon conociera a Zanoni, no era el inglés de los que menos deslumbrados estaban por las elocuentes aspiraciones del repugnante filántropo.

—Cuánto tiempo hace que no nos habíamos visto, querido colega — dijo Nicot, acercando su silla a la de Glyndon; —por eso no debe extrañaros que os vea con tanto placer y que hasta me tome la libertad de interrumpir vuestras meditaciones.

—Por cierto que no eran muy agradables —respondió Glyndon; —el momento no podía ser más oportuno para interrumpirme.

—Os alegraréis de ello cuando sepáis, —añadió Nicot, sacando un paquete de cartas de su pecho, —que la grande obra marcha con maravillosa rapidez. Mirabeau ha muerto; pero, ¡qué importa, voto al diablo! Cada francés es ahora un Mirabeau.

Aprovechándose de esta observación, Nicot siguió leyendo y comentando muchos de los animados e interesantes pasajes de su correspondencia, en los cuales la palabra virtud figuraba veinte veces y ninguna se nombraba a Dios. Después, entusiasmado por el brillante porvenir que se presentaba a su vista, empezó a gozarse en esas prematuras delicias de lo futuro que hemos oído ya en los labios del elocuente Condorcet. Todas las eminentes virtudes de la antigüedad fueron exhumadas para adornar el moderno panteón: el patriotismo era la primera virtud, y tras ésta, venía la filantropía. El amor del hombre debía comprender ahora a todo el género humano, desde uno a otro polo. La opinión debía ser tan libre como el aire, y para conseguirlo, era necesario exterminar a todos aquellos cuyas ideas no fuesen las mismas que las de Nicot. Esto divertía tanto por un lado como repugnaba por otro a Glyndon; pero cuando el pintor pasó a una ciencia que todos pueden comprender y de cuyos resultados todos podríamos disfrutar, una ciencia que, teniendo por base la igualdad de instituciones y de instrucción, ofrecería a todas las razas humanas riqueza sin trabajo y una vida exenta de disgustos más larga que la de los patriarcas, entonces Glyndon escuchó con interés y admiración, si bien con cierta intranquilidad interior.

—Observad —decía Nicot, —que muchas cosas que miramos ahora como una virtud, serán entonces consideradas como bajezas. Nuestros opresores, por ejemplo, nos hablan de gratitud. ¡Gratitud! ¡La confesión de la inferioridad! ¿Qué puede haber más odioso para una imaginación noble y libre que el humillante sentimiento del reconocimiento? Entonces el poder no podrá esclavizar al mérito. El bienhechor y el cliente dejarán igualmente de existir, y...

—¿Y luego —dijo una voz baja junto á el, —y luego, Juan Nicot?

Los dos artistas se sobresaltaron. Glyndon reconoció a Zanoni y éste fijó su vista sobre Nicot con un entrecejo tan amenazador, que el pobre hombre le miraba de reojo con una expresión de miedo y de terror como si se sintiese fascinado.

—¡Hola, hola, señor Nicot! Tú, que no temes ni a Dios ni al diablo, ¿te asustas a la vista de un hombre? No es esta la primera vez que he sido testigo de tus opiniones acerca de la enfermedad de la gratitud...

Nicot reprimió una exclamación, y después, mirando a Zanoni de una manera cobarde y siniestra, pero en la que se revelaba un odio imponente e inexplicable, respondió:

—No os conozco; ¿qué me queréis?

—Que os vayáis de aquí y nos dejéis solos.

Nicot dio un paso hacia adelante con los puños apretados y enseñando dos largas filas de dientes que le llegaban de oreja a oreja, como si fuese un animal feroz. Zanoni, sin hacer el menor movimiento, le dirigió una sonrisa de desprecio. Nicot se detuvo de repente ante aquella imponente mirada que le hizo estremecer de pies a cabeza, y en seguida, haciendo un visible esfuerzo, como si obrase impulsado por una fuerza exterior, volvió la espalda y se fue.

Glyndon le vio alejarse lleno de sorpresa.

—¿De qué conocéis a ese hombre? —le preguntó Zanoni.

—Le conozco como compañero de arte, —respondió el joven.

—¡De arte! No profanéis esta palabra santa. La Naturaleza es, respecto de Dios, lo que el arte debiera ser para el hombre: una sublime y benéfica creación. Ese miserable podrá ser pintor, pero no artista.

—Perdonad si os pregunto qué motivos tenéis para hablar con tanta acritud de un hombre al cual parece conocéis.

—Son muchos los que tengo, y por lo mismo, debo deciros que estéis prevenido contra él. Su semblante dice bastante lo que puede ser su corazón. ¿Qué necesidad tengo de deciros los crímenes que ha cometido? ¡Todo en él habla de crimen!

—Según parece, señor Zanoni, no sois partidario de la revolución. ¿Quizá detestáis a ese hombre porque no participáis de sus ideas?

—¿Qué ideas?

Glyndon se vio bastante embarazado al quererlas definir, hasta que al fin, dijo:

—No quisiera ofenderos; pero vos, entre todos los hombres, sois el único que no podéis estar en contra de una doctrina que predica el mejoramiento indefinido de la especie humana.

—Tenéis razón; los pocos, en cada siglo, mejoran a los muchos; y ahora, los muchos deben saber tanto como supieron los pocos; pero, ¿cuándo se conseguirá esta mejora?

—Ya os comprendo, ¡no queréis convenir en la ley de la igualdad universal!

—¡La ley! Aun cuando todo el mundo es esforzase en entronizar la mentira, no conseguirían que fuese una ley. Nivelad todas las condiciones de hoy, y no haréis más que preparar el camino para la tiranía de mañana. Una nación que aspira a la *igualdad,* es incapaz de ser *libre.* En toda la creación, desde el arcángel al más humilde gusano, desde el Olimpo al guijarro, desde el radiante planeta hasta la nube que cruza por nuestro horizonte, la primera ley de la naturaleza, es la desigualdad.

—Doctrina dura cuando se aplica a los Estados, —dijo Glyndon. — ¿No desaparecerán nunca las crueles desigualdades de la vida?

—¿Las desigualdades de la vida física? —observó Zanoni. —En cuanto a éstas, debemos esperar que sí. ¡Pero las desigualdades de la vida moral e intelectual, nunca! ¡Igualdad universal de inteligencia, de imaginación, de genio y de virtud!... ¡Dejar el mundo sin un maestro, sin un hombre que sea más sabio y más bueno que los demás! Si esto no fuese una cosa imposible, ¡qué perspectiva tan desgarradora para la humanidad! No; mientras exista el mundo, el sol iluminará antes la cumbre de las montañas que la llanura. Difundid todos los conocimientos que contiene la tierra entre la humanidad de hoy, y mañana ya habrá hombres que aventajarán a los demás. Y esto no es una cosa dura, sino una ley benéfica: la verdadera ley del perfeccionamiento. ¡Cuántos menos sabios cuente una generación, tanto más ilustrada será la multitud de la venidera!

Mientras Zanoni decía esto, iban andando poco a poco por aquellos risueños jardines, y el sol de mediodía brillaba en la hermosa bahía. Una brisa fresca y suave temperaba aquella hora de calor rizando el agua del mar, y en la pura serenidad de la atmósfera había algo que regocijaba los sentidos. El alma parecía dilatarse en medio del cuadro encantador que ofrecía la naturaleza.

—¡Y esos hombres empiezan su era de perfeccionamiento y de igualdad, mostrándose celosos hasta del Criador! ¡Quisieran negar una inteligencia, un Dios! —dijo Zanoni, al parecer, hablando consigo mismo. —¿Es posible que, siendo artista, podáis oír semejante dogma, después de haber contemplado el mundo? Entre Dios y el genio existe una especie de lazo indispensable... un lenguaje misterioso... Una elevada inteligencia es el eco de la divinidad.

Sorprendido y admirado de unos sentimientos que no esperaba oír de un hombre al cual atribuyera aquel poder que la superstición de la niñez solo concede a los que están en contacto con los genios del mal, Glyndon dijo:

—Y, sin embargo, vos mismo habéis confesado que vuestra existencia, separada de la de los demás hombres, sería temible para cualquiera ¿Existe, pues, alguna relación entre la magia y la religión?

—¡Magia! —exclamó Zanoni. —¿Qué es la magia? Cuando el viajero contempla en Persia las ruinas de palacios y de templos, los toscos habitantes le dicen que aquellos monumentos fueron levantados por magos. Lo mismo sucede con todo lo que está fuera del alcance del vulgo, porque éste no comprende que haya quién pueda hacer grandes cosas sino por medios reprobados. Si por magia queréis significar el incansable estudio de lo que permanece oculto y envuelto entre las tinieblas de la naturaleza, os contestaré que profeso esa magia, porque es la que conduce a la fuente de la verdadera creencia. Acaso vos no conozcáis esa magia que se enseñaba en las escuelas de la antigüedad, ni sepáis cómo y por quién se enseñaba. Pues, sabed que la última y la más solemne lección, la daban los sacerdotes que servían los templos. Conviene, empero, que distingamos lo que es la magia, ¿Seríais pintor si no existiese una magia en el arte que profesáis? Después de largos estudios acerca de la belleza que ha existido, ¿no os entregáis a nuevas y aéreas combinaciones de la belleza ideal? ¿No veis que el arte mas sublime, así del poeta como del pintor, aunque busca lo *verdadero,* aborrece la *realidad,* y se trata con la naturaleza como señor y no como esclavo? Vos pedís con imperio al pasado un concepto para lo futuro. El arte que es verdaderamente noble, ¿no tiene a su disposición lo futuro y lo pasado? ¿Y qué es la pintura, sino el arte de dar forma y realidad a los seres invisibles que ha acariciado vuestra imaginación? ¿Estáis disgustado de ese mundo invisible? Ese mundo ha ofrecido siempre un vasto campo al genio, y si no existiese, sería necesario crearlo.

¿Qué más puede hacer un mago? o mejor dicho, ¿qué ciencia puede hacer otro tanto? Dos son los caminos que conducen al cielo y que se apartan del infierno: el arte y la ciencia; pero el arte es más divino que la ciencia, porque la ciencia descubre y el arte crea. Vos poseéis facultades que pueden dominar el arte; contentaos con vuestra suerte. El astrónomo que forma el catálogo de las estrellas, no puede añadir un átomo al mundo; el químico que combina substancias, puede curar con sus drogas las enfermedades del cuerpo humano: pero ni el astrónomo ni el químico pueden hacer lo que el pintor o el escultor, que revisten de una eterna juventud a formas divinas que no alterarán las enfermedades ni desfigurarán los años. Renunciad a esos frívolos caprichos que tan pronto os impelen hacia mí, como hacia ese reformador de la raza humana; los dos somos vuestros antípodas. Vuestro pincel es vuestra varita de virtudes, y vuestro lienzo puede crear utopías más bellas que las que producen los sueños de Condorcet. No os aconsejo que precipitéis vuestra decisión; pero, ¿qué más puede pedir el hombre de genio para engalanar la senda que conduce al sepulcro, que amor gloria?...

—¿Y si hubiere un poder para evitar la muerte? — objetó Glyndon, fijando con ansiedad su vista sobre Zanoni.

El semblante de éste se obscureció.

—Y aun cuando lo hubiese —respondió después de una pausa, — ¿creéis que sería una dicha sobrevivir a cuanto habéis amado, y renunciar a todos los lazos que constituyen la humana felicidad? Quizá la más grande inmortalidad que el hombre puede anhelar sobre la tierra, es la que puede proporcionar un nombre ilustre.

—Os equivocáis... o no queréis responderme. He leído que ha habido existencias que han durado mucho más tiempo de lo que el hombre acostumbra a vivir, y que este secreto lo han poseído algunos alquimistas. ¿Es una fábula lo del elixir de oro?

—Si no lo es, y esos hombres lo descubrieron y murieron, ¿por qué rehusaron vivir? Esto podría ser una triste respuesta a vuestra conjetura. Creedme: volved a vuestro caballete y a vuestro lienzo.

Al decir esto, Zanoni saludó con la mano a su interlocutor, y con los ojos bajos y paso lento, se encaminó hacia la ciudad.

CAPÍTULO IX

EL "BUEN JUICIO" PERVIRTIENDO IDEAS

Esta conversación produjo un saludable y tranquilizador efecto sobre la imaginación de Glyndon. En medio de la confusión que nublara su pensamiento, empezaron a tomar cuerpo los felices y dorados proyectos propios de la juvenil ambición de un artista, y a iluminar su horizonte los rayos de un sol benéfico. Con estos proyectos se mezcló también la visión de un amor puro y sereno, del cual no había gustado en su vida. Sus pensamientos retrocedieron a loa tranquilos días de su infancia, cuando el genio, no habiendo llegado aún al árbol prohibido, permanece en toda su lozanía, no conociendo otra tierra más allá del Edén amenizado por una Eva. Insensiblemente se fueron desenvolviendo ante sus ojos las apacibles escenas del hogar doméstico, sin necesidad de mas emociones que las que podía hacerle sentir su arte y el amor de Viola; y en medio de estas ilusiones de un porvenir que podía realizar, se vio restituido al presente por la sonora voz de Mervale, el hombre de gran sentido común.

Cualquiera que haya estudiado a las personas cuya imaginación es más fuerte que su voluntad, y sepa cuán fácil es impresionarlas, habrá observado la influencia que ejerce sobre ellas un carácter enérgico y conocedor del mundo. Esto sucedía con Glyndon. Su amigo le había sacado con mucha frecuencia de los peligros a que le expusieran sus imprudencias; y así se comprende que la voz de Mervale bastara para apagar su entusiasmo lo mismo que para hacerle avergonzar de sus nobles impulsos o para reparar un torcido proceder.

Mervale, aunque hombre justo y honrado, no podía simpatizar con la extravagancia de la generosidad, y menos con la presunción y la credulidad. Seguía el camino recto de la vida, despreciando al hombre que vagaba de eminencia en eminencia, fuese para cazar una mariposa, fuese para descubrir desde ella una vista agradable.

—Aunque no soy Zanoni —dijo Mervale riendo, —voy a deciros vuestros pensamientos, Clarencio. Los adivino al ver la humedad de vuestros ojos y la semisonrisa que asoma en vuestros labios. Estáis meditando acerca de aquella seductora ruina... el ruiseñor de San Carlos.

¡El ruiseñor de San Carlos! Glyndon se puso encarnado, y respondió:

—¿Hablaríais así de ella si fuese mi esposa?

—No, porque entonces, si me atreviese a sentir algún desprecio, sería por vos. Se puede mirar con repugnancia al engañador, pero siempre se desprecia al engañado.

—¿Estáis seguro que sería engañado llevando a efecto esa unión? ¿Dónde encontraría una mujer tan hermosa, y tan inocente... y cuya virtud hubiese resistido tantas tentaciones? ¿Hay la más leve sombra que empañe el nombre puro de Viola Pisani?

—No conozco el modo de pensar de todas las personas de Nápoles — respondió
Mervale, — y por lo mismo, no puedo reprenderos. Lo único que sé, es que en Inglaterra nadie creería que un joven inglés de buena fortuna, se casase con una actriz del teatro de Nápoles, a no haber sido lamentablemente engañado. Quiero salvaros de caer en una tentación que os colocaría en la posición más desgraciada. Pensad en las mortificaciones que tendríais que sufrir al ver que los jóvenes se apresurarían a frecuentar vuestra casa, mientras los jóvenes huirían de ella.

—Puedo adoptar un sistema de vida —observó Glyndon, — en el cual no se necesita para nada la vulgar sociedad. Puedo hacer que el mundo me respete por mi arte y no por los accidentes del nacimiento y de la fortuna.

—¿Es decir que persistís en vuestra segunda locura, en la absurda ambición de embarrar lienzo? Me guardaría bien de decir una palabra contra la laudable industria de una persona que sigue esta profesión para ganar con ella su subsistencia; pero vos, que tenéis medios y relaciones para adquiriros una posición en la sociedad, ¿por qué queréis reduciros a ser un mero artista? Enhorabuena que lo toméis como una diversión para entretener vuestros ratos de ocio; pero hacer de la pintura la ocupación de vuestra existencia, es un delirio.

—Los artistas han sido amigos de los príncipes, —exclamó Glyndon.

—Muy rara vez en la grave Inglaterra, — repuso Mervale. — Allí, en el gran centro de la ilustrada aristocracia los hombres respetan lo práctico y no lo ideal. Permitidme que os presente dos cuadros pintados por mí. Clarencio Glyndon regresa a Inglaterra, y se casa con una joven de fortuna igual a la suya, hija de amigos o parientes que pueden realizar su racional ambición. Clarencio Glyndon, transformado en un hombre rico y respetable, con su talento y su energía hasta entonces concentrados, entra en la vida práctica. Posee una casa en la cual recibe a las personas cuyas relaciones pueden honrarle y serle ventajosas al mismo tiempo; puede dedicar a útiles estudios los ratos que le quedan; su reputación, fundada sobre una sólida base, es respetada por todo el mundo. Glyndon se adhiere después a un partido, entra en la vida política, y sus nuevas relaciones y su parentesco le ayudan a conseguir su objeto. ¿Qué es lo que Glyndon tiene probabilidad de ser a la edad de cuarenta y cinco años? Puesto que sois ambicioso, os dejo a vos el cuidado de responderos. Vamos ahora a la otra pintura. Clarencio Glyndon vuelve a Inglaterra con una mujer que no le lleva dote alguno, a no ser que la deje en el teatro; esta mujer es tan hermosa, que todo el mundo pregunta quién es, y al poco tiempo todo el mundo sabe que es la célebre artista Viola Pisani. Glyndon se aisla con sus colores y empieza a copiar grandes cuadros de la galería histórica, que nadie le compra. El pintor Glyndon tiene otra contra: no siendo más que un aficionado, no ha estudiado en la Academia... ¿Quién es monsieur Clarencio Glyndon? ¡Ah; el célebre marido de la Pisani! ¿Qué más? ¡Oh! posee magníficos cuadros. ¡Pobre hombre! Verdad es que son pinturas de mérito; pero los de Teniers y Watteau son más de moda, y casi cuestan lo mismo. Clarencio Glyndon, con una fortuna regular mientras permanezca soltero, tiene una numerosa familia; pero su fortuna, no habiendo mejorado con su casamiento, le impone ciertas privaciones. Se retira a la campiña para precaverse de la necesidad y para pintar; vive abandonado y descontento. "El mundo no hace caso de mí", dice, y se retira del mundo. Y a la edad de cuarenta y cinco años, ¿qué será Clarencio Glyndon? ¡Vuestra ambición os dará también la respuesta!

—Si todos los hombree pensasen tan profanamente como vos, no habría en el mundo un artista ni un poeta.

—Y quizá lo pasaríamos más perfectamente. Me parece que es hora de pensar en la comida. Los mariscos son aquí sabrosísimos. ¿Vamos a comer?

CAPÍTULO X

COMENTARIOS AL ANTERIOR

Así como algunos indiscretos maestros rebajan y corrompen el gusto del discípulo fijando su atención en lo que llaman lo natural, pero que en realidad no es más que una vulgaridad, porque no comprenden aquella belleza del arte creada por lo que Rafael llama *la idea de la belleza en la imaginación del autor,* y porque no saben que en todo arte la servil imitación de la naturaleza, bien esa expresado en. palabras o en mármol, en colores o en sonidos, no es más que el trabajo de operarios o bisoños, así, respecto de la conducta, el hombre de mundo pervierte y vicia el noble entusiasmo de los caracteres más débiles, por la continua reducción de todo lo que es generoso y confiado a lo rústico y vulgar. Un gran poeta alemán ha definido exactamente la distinción entre la discreción y la ilimitada sabiduría, diciendo que hay en la última cierta temeridad que la primera desdeña.

Sin embargo, en la lógica del hombre prudente y del hombre de mundo, se encuentra con mucha frecuencia un razonamiento de un género incomprensible.

Tenéis, por ejemplo, un sentimiento, una fe en cualquier cosa que os parece noble y digna, sea en religión o en arte, en gloria o en amor. Pues bien: el hombre de mundo os presentará un silogismo que dejará lo noble y lo divino reducido a un objeto mercantil.

Todos los críticos de obras de arte, desde Aristóteles y Plinio, Winkelman y Vasari, hasta Reynolds y Fuseli, se han esforzado en convencer al pintor que la naturaleza no debe copiarse, sino engrandecerse; que el arte de orden más elevado, buscando solamente las más sublimes combinaciones, es la perpetua lucha de la humanidad para acercarse a los dioses. El gran pintor, lo mismo que el grande autor, imita al hombre todo lo que es posible, es verdad; pero aquella imitación no es común al género humano. Hay verdad en Hamlet, en Macbeth y sus hechiceras, en Desdémona, en Otelo, en Próspero y en Caliban; hay verdad en los cartones de Rafael; hay verdad en el Apolo, en Antineo y en Lacoonte; empero no encontraréis el original de las palabras, de los cartones o del mármol, ni en Oxford-street, ni en el palacio de San James. Todas éstas, volviendo a Rafael, son producciones de lo ideal inspiradas por la imaginación del artista. La idea ha nacido a fuerza de estudio, es decir, a fuerza de estudiar lo ideal, que no es más que elevar lo positivo y lo existente a un grado de grandiosa belleza. El mas vulgar modelo puede ser llevado a una exquisita perfección por el mismo que ha concebido su idea. Una Venus de carne y hueso sería vulgarizada por la imitación del que no la tiene.

Un día, habiéndose preguntado a Guido de dónde sacaba sus modelos, llamó a un portero de su casa e hizo ver que de un rústico original, sacó una cabeza de una belleza sorprendente. Aquella cabeza se parecía a la del portero; pero el pincel de su amo la había idealizado, transformándola en una cabeza de héroe. Aquella pintura era verdadera; pero no era real. Hay críticos que os dirán que el aldeano de Teniers es mas natural que el portero de Guido. El vulgo comprende apenas el principio idealizador, aun en las artes. El arte sublime es un gusto adquirido.

Volvamos a la comparación.

Aun se comprende menos que el principio idealizador, el de benevolencia en la conducta del hombre. Así resulta que los consejos de la mundana prudencia, desvían tan frecuentemente de los peligros de la virtud como de los castigos del vicio. Sin embargo, en la conducta, como en el arte, existe una idea de lo grande, de lo sublime, por medio de la cual los hombres podrían engrandecer las acciones más vulgares de la vida.

Glyndon, sintiendo los prudentes efectos del razonamiento de Mervale, apartó su vista del cuadro seductor que se presentara ante sus ojos, tanto por miramiento a su arte, como por no ceder a una pasión, que, bien dirigida, podía purificar su existencia como una fuerte ráfaga de viento purifica la atmósfera; pero no podía tampoco resolverse a seguir los consejos de su amigo, ni mucho menos a separarse de repente de Viola.

Temeroso de que los consejos de Zanoni ejercieran una influencia demasiado grande en su corazón, hacía dos días que evitaba la vista de la joven actriz; mas esta precaución no le evitó que la noche después de su última conversación con Zanoni, y la que siguió a la que sabemos con Mervale, tuviera unos sueños tan distintos del cuadro que le describiera su amigo y tan acordes a lo que respecto a su porvenir le había predicho Zanoni, que llegó a dudar si éste se los habría enviado desde el palacio del sueño para calmar los punzantes pensamientos que le atormentaran. Impresionado por estos sueños, resolvió ver otra vez a Viola, impulsado solamente por los deseos de su corazón.

CAPÍTULO XI

COLOQUIO EXTRAÑO Y EXTRAÑOS PRESAGIOS

La joven actriz estaba sentada en la parte exterior de la puerta de su casa. El mar, en la encantadora bahía que tenía delante de sus ojos, parecía dormir en los brazos de la playa. A su derecha, a no muy larga distancia, se elevaban las negras y amontonadas rocas donde el viajero de hoy va a contemplar la tumba de Virgilio, o a comparar, con la caverna de Posílipo, la bóveda de Highgate-hill. Algunos pescadores vagaban por aquellas rocas, sobre las cuales habían puesto a secar sus redes, y de vez en cuando, el sonido de alguna flauta, más común entonces que ahora, se mezclaba al ruido de lea campanillas de los perezosos mulos y venía a interrumpir aquel voluptuoso silencio que reina en las playas de Nápoles al acercarse la hora de mediodía. Nunca, hasta que hayáis disfrutado de él; nunca, hasta que hayáis sentido su deliciosa languidez, creáis poder comprender todo el significado del *dolce far niente; y* una vez conocida esa molicie, cuando habréis respirado la suave atmósfera de aquella tierra, entonces no os admirará que el corazón sienta tan pronto bajo el rosado cielo y los radiantes rayos solares del Sur.

Los ojos de la actriz se habían fijado en aquel mar azulado y tranquilo que tenía delante... y el negligente descuido de su traje revelaba la abstracción de sus pensamientos. Su hermosa cabellera estaba rollada sin arte, y parte de ella aprisionada en un pañuelo cuyo color de púrpura hacía resaltar más el brillo de sus trenzas Un rizo, que se desprendiera inadvertidamente, caía sobre su gracioso y nevado cuello. Llevaba una ancha bata de mañana ajustada al talle por un cinturón, y el ligero soplo de la brisa que el mar enviaba de vez en cuando, venía a expirar en su pecho medio descubierto, mientras que su pequeña chinela, que la misma Cioderella no hubiese desdeñado llevar, parecía un mundo demasiado espacioso para el delicado pie que solo en parte cubría. Quizá era el calor del día lo que había aumentado el rosado color de sus mejillas y lo que daba una extraordinaria languidez a sus grandes y negros ojos. Nunca Viola, con toda la pompa de su traje teatral, ni a favor del brillo que comunicara a su semblante el resplandor de las bujías, había parecido tan hermosa.

Al lado de la actriz, en el umbral de la puerta, se veía a Gionetta con las manos metidas en las enormes faltriqueras de su delantal.

—Os aseguro, —decía la nodriza con ese tono duro y desapacible de las mujeres ancianas del Sur, —os aseguro, querida mía, que no hay en todo Nápoles un caballero más fino ni mas elegante que ese inglés; y por otra parte, he oído decir que los ingleses son mucho más ricos de lo que aparentan. Aunque esas pobres gentes no tienen árboles en su país, y sus días no son más que de doce horas, me han asegurado que sus caballos llevan herraduras de oro, y como esos infelices heréticos tampoco pueden hacer vino, porque no tienen uvas, preparan medicinas de oro, y se toman un vaso o dos de *pistolas* cuando se sienten atacados de cólico.
¡Pero no me escucháis, querida niña de mis ojos, no me escucháis!

—¡Todas estas cosas os las hace decir Zanoni! —dijo Viola entre dientes, sin hacer caso de los elogios que Gionetta tributaba al inglés.

—¡Ave María! No habléis del terrible Zanoni. Podéis estar bien cierta que su belleza, lo mismo que sus hermosas monedas de oro, es todo brujería. Cada cuarto de hora voy a mirar el dinero que me dio la otra noche, para ver si se ha convertido en guijarros.

—¿Creéis realmente —preguntó Viola con tímido interés —que existe la brujería?

—¡Sí lo creo!... Lo mismo que creo en el bendito San Genaro. ¿Como pensáis que curó al viejo Filipo, el pescador, cuando el médico le dejó porque no tenía remedio? ¿Cómo puede haberlo hecho para vivir al menos trescientos años? ¿Cómo puede fascinar a los que mira y hacer que se sometan a su voluntad, lo mismo que los vampiros?

—¡Ah! ¿eso es brujería? Sí, debe de serlo, debe de serlo por fuerza! —murmuró Viola, poniéndose pálida.

Gionetta no era más supersticiosa que la hija del músico; así es que la inocencia de la joven se alarmó al sentir los efectos de una virginal pasión, atribuyendo a magia lo que otros corazones mas experimentados hubiesen tenido por amor.

—Y además, ¿cómo es que ese gran príncipe de *** aterrorizado por él, ha dejado de perseguirnos? ¿Cómo se ha estado tan tranquilo? .¿No hay en todo esto brujería? — continuó Gionetta.

—¿Creéis, pues —dijo Viola con tímido placer, —que debo esta seguridad a su protección? ¡Ah, dejadme que lo crea así! No me digáis nada más, Gionetta. ¿Por qué no tengo sino a ti y a mis terrores a quien poder consultar, divino sol? — añadió la joven, poniendo la mano sobre su corazón con delirante energía. —Tú lo vivificas todo menos esto, —prosiguió. —¡Iros, Gionetta! ¡Quiero quedarme sola!... ¡Dejadme!

—Y en verdad que es ya hora de que os deje, pues de lo contrario, se echaría a perder la polenta, y no habéis probado nada en todo el día. Si no coméis, querida mía, perderéis vuestra belleza y nadie os mirará; esto es lo que sucede a las mujeres cuando se vuelven feas.

—Desde que he conocido a ese hombre —decía Viola a media voz, —desde que sus negros ojos me miraron, me siento enteramente cambiada. Quisiera huir de mí misma... desaparecer como los rayos del sol detrás del horizonte... convertirme en no sé qué que no es de este mundo. Por la noche, multitud de fantasmas cruzan por delante de mis ojos, en tanto que siento en mi corazón una agitación como si fuesen las alas de una ave... casi me atrevería a creer que mi aterrorizado espíritu quiere huir de su prisión.

Mientras la actriz pronunciaba estas incoherentes palabras, un hombre se acerco a ella sin ser oído, y tocándole el brazo ligeramente, dijo:

—¡Viola... bella Viola!

La joven se volvió de repente, manifestando cierta alegría al ver a Glyndon. La presencia de éste la tranquilizó algún tanto.

—Viola —dijo el inglés, cogiendo su mano, para hacerla sentar otra vez en el banco del cual se había levantado; y en seguida, sentándose a su lado, prosiguió: — Es preciso que me escuchéis... ¡que sepáis que os amo! No ha sido solamente la admiración lo que me ha llamado a vuestro lado. Si antes de ahora no he hablado más que con los ojos, poderosas razones me lo impedían; pero hoy, sin saber la causa de ello, me siento con más valor para dirigirme a vos, y saber de una vez mi felicidad o mi desgracia. Sé que tengo rivales... rivales que son más poderosos que el pobre artista. ¿Serán también más dichosos que yo?

Viola se sonrojó ligeramente; pero su aspecto era grave y algún tanto abatido. La joven permanecía con los ojos bajos, y en tanto que con la punta de su chinela trazaba algunos jeroglíficos en la arena, respondió:

—Señor, cualquiera que ponga sus pensamientos en una actriz, es necesario que se conforme a tener rivales. Nuestro cruel destino nos condena a no ser respetadas de nadie.

—Y por lo mismo, por brillante que este destino sea, —respondió Glyndon, —no debe agradaros mucho. Me parece que vuestro corazón no tiene vocación a la carrera en la cual habéis alcanzado tantos tributos.

—¡Ah! ¡no! —dijo la actriz con sus ojos anegadas en llanto. —En otro tiempo anhelé ser sacerdotisa del canto y de la música; ahora sólo siento que es una triste suerte ser esclava de la multitud.

—Huid de ella conmigo; abandonad para siempre la profesión que me roba parte de ese corazón que yo sólo quisiera poseer; compartid mi suerte ahora y siempre... Seréis mi orgullo, mi delicia, mi ideal. Vos inspiraréis mi pincel; vuestra belleza será santa y admirada al mismo tiempo. La multitud es apiñará en los museos de los príncipes para contemplar la efigie de una Venus o de una Santa, en tanto que un murmullo de entusiasmo dirá: "¡Es Viola Pisan!" ¡Ah! ¡Viola, os adoro! ¡Decidme que no os adoro en vano!

—Vos sois joven y bueno, —repuso Viola contemplando a su amante, mientras que éste la miraba con pasión y estrechaba su mano. —¿Y qué es lo que puedo daros en cambio?

—¡Amor... amor... nada más que amor!

—¿Un amor de hermana?

—¡Ah! No habláis con esa cruel frialdad, —opuso Glyndon.

—No puedo amaros de otra manera, —repuso la joven. — Escuchadme, señor: Cuando miro vuestro semblante y oigo vuestra voz, siento que una calma dulce y tranquila adormece mis ardientes y extraños pensamientos. Cuando os vais, me parece que una nube obscurece el día; pero esa nube no tarda en desaparecer. No quiero engañaros: no pienso en vos; no os amo, y mi amor será solamente para la persona a quien ame.

—Bien, yo os enseñaré a amarme, no temáis. El amor que acabáis de describirme, en nuestros climas tranquilos, es el amor de la inocencia y de la juventud.

—¡De la inocencia! —repuso Viola. — ¿Es cierto? Quizá...

La joven meditó un instante, y haciendo un gran esfuerzo, añadió:

—¡Extranjero! ¿Daríais vuestra mano a la huérfana? Al menos sois generoso; ¡no queréis destruir la inocencia!

El inglés se sobresaltó como impulsado por un resorte interior.

—¡No, no, es imposible! —prosiguió la joven levantándose, aunque sin sospechar los pensamientos de semivergüenza y de desconfianza que cruzaron por la mente de su amante. — Retiraos y olvidadme. Es imposible que comprendáis la naturaleza ni el carácter de la que creéis amar. Desde mi infancia hasta ahora, he sentido siempre como si estuviese destinada a no sé qué fin extraño y sobrenatural; me parece que soy el único ser de mi especie, y este sentimiento, que tan pronto me deleita como me aterroriza, y que me domina de día en día, es como la sombra del crepúsculo esparciendo tranquila y solemnemente la noche sobre la tierra. Mi hora se acerca; ¡dentro de un rato será de noche!

Mientras la joven hablaba de esta manera, Glyndon escuchaba, visiblemente conmovido, como si fuese preso de una fuerte agitación.

—¡Viola! —exclamó, cuando la joven dejó de hablar. — Vuestras palabras no hacen más que estrechar los lazos que me ligan a vos. Siento lo mismo que sentís. Yo también he sufrido siempre bajo la influencia de una voz terrible y misteriosa que no pertenece a la tierra, y me he sentido solo en medio de la multitud que me ha rodeado. En mis placeres, en mis afanes y en todos mis intentos, esa voz ha murmurado siempre en mi oído: "El tiempo te reserva un negro misterio para probar tu valor". Cuando habláis, Viola, me parece oír el eco de mi alma.

Viola le contempló con una especie de temor mezclado de admiración. El semblante de la joven se había vuelto blanco como el mármol, y aquellas facciones, tan divinas en su rara simetría, podían haber servido al pintor griego para representar a la Pitonisa, cuando en su mística caverna y sentada junto al manantial, oía la voz de la inspiración. La rigidez y la tensión de su maravilloso semblante fue desapareciendo poco a poco; el color volvió a sus mejillas, latió el pulso, y el corazón, reanimado, comunicó otra vez movimiento a su cuerpo.

—Decidme, —repuso Viola, volviendo un poco la cabeza, —¿conocéis... o habéis visto a un extranjero en esta ciudad?... a un sujeto del cual se cuentan mil extrañas historias?

—¿Habláis de Zanoni? Sí, le he visto... y le conozco... ¿Y vos? ¿Acaso sería también un rival... que quisiera arrebatarme vuestro amor?

—Os equivocáis —contestó Viola con precipitación, exhalando un penoso suspiro. —Zanoni aboga por vos; es el que me ha informado de vuestro amor, y el que me aconseja que... lo acepte.

—¡Enigma incomprensible, ser misterioso! ¿Por qué me le habéis nombrado? — dijo Glyndon.

—¿Por qué? ¡Ah! ¡Porque quería preguntaros si cuando le visteis por primera vez, el instinto de que me habéis hablado se presentó a vuestra mente más aterrador, más inteligible que antes...; si experimentasteis un sentimiento que os arrastraba hacia él al mismo tiempo que otra cosa os mandaba huir de su presencia...; si sentisteis que aquel hombre poseía el secreto de vuestra vida!...

—Sí, —respondió Glyndon con voz conmovida, —sentí lo que decís la primera vez que me encontré en su presencia. Aun cuando todo lo que me rodeaba era alegre, música, iluminación entre los árboles, chistosa conversación y el cielo sin una nube, mis rodillas temblaron, se erizaron mis cabellos, y me pareció que la sangre se helaba en mis venas. Desde entonces, ese hombre ha compartido con vos mis pensamientos.

—¡Basta! ¡basta! —exclamó Viola con voz apegada. — Es preciso que la mano del destino se mezcle en todo esto. Por ahora, me es imposible hablar más con vos. ¡Adiós!

Y al decir esto, entrando precipitadamente en su casa, cerró la puerta con violencia.

Glyndon, aun cuando parezca una cosa extraña, no hizo el menor ademán de seguirla. El recuerdo de aquella brillante noche del jardín y de la misteriosa conversación de Zanoni, sofocaron en su corazón las humanas pasiones. En aquel momento la imagen de Viola se retiró como una sombra a lo mas recóndito de su corazón. Cuando se levantó para retirarse, sintió que tenía frío, a pesar de los ardientes rayos del sol, y en seguida, con paso lento y ademán meditabundo, se encaminó hacia la parte más populosa de la alegre ciudad.

LIBRO TERCERO
TEURGIA

CAPÍTULO PRIMERO

TRIPLE EFECTO DE UNA DROGA

Una oportunidad se le presentó a Viola para pagar al músico amigo de su padre el favor que le hiciera, cuando, al verla sola y desamparada, le ofreció un asilo entre su familia. El viejo Bernardi tenía tres hijos que habían emprendido la profesión de su padre, y los tres habían abandonado a Nápoles para buscar fortuna en otras ciudades más ricas del Norte de Europa, donde la música era menos general. No quedaba en la casa de Bernardi más que su anciana mujer y una linda y vivaracha niña de ojos negros, hija de su hijo segundo, cuya madre murió al darla a luz. Esta niña era la alegría de los dos ancianos. Un mes antes de la fecha en que empieza esta parte de nuestra historia, un ataque de perlesía impidió a Bernardi el llenar los deberes de su profesión. Este hombre había sido siempre bueno y generoso, gastando su paga diariamente, como si la vejez y las enfermedades no debieran llegar nunca. Aun cuando percibía una asignación por sus pasados servicios, ésta era tan corta, que no bastaba para cubrir sus necesidades; además, tenía bastantes deudas. La pobreza se había apoderado de su morada, cuando la agradecida Viola arrojó de ella, con mano generosa, a este feo enemigo. Pero, para un corazón verdaderamente generoso, no es bastante el dar necesita también visitar y consolar. "No olvides al amigo de tu padre." El ídolo de Nápoles no faltaba ningún día a casa de Bernardi. De pronto, una nueva aflicción, más grave que la parálisis, vino a contristar al infeliz anciano; su nieta, la pequeña Beatriz, se puso enferma de peligro, atacada de una de esas terribles calenturas tan comunes en los países meridionales, y Viola abandonó sus extrañas y tétricas meditaciones para trasladarse a la cabecera de la cama de la niña.

Esta criatura quería entrañablemente a Viola, y sus abuelos pensaron que bastaría la presencia de su bienhechores para restituir la salud a la enferma. Con todo, cuando Viola llegó, Beatriz había perdido el conocimiento. Afortunadamente aquella tarde no había función en San Carlos, y la joven resolvió pasar la noche velando la peligrosa enfermedad de la niña.

Por la noche, Beatriz se agravó. El médico (el arte de curar nunca ha hecho muchos progresos en Nápoles) meneó su empolvada cabeza, olió sus frasquitos de espíritus, y después de administrar sus paliativos, es retiró. El anciano Bernardi vino también a sentarse al lado de su nieta con grave silencio: era el único lazo que le ligaba a la vida. Si se rompe el ancla, el buque se va a pique. Su resolución de hierro era mil veces más terrible que la tristeza. Uno de los más aterradores espectáculos que pueden ofrecer las calamidades de la vida, es un anciano, con un pie en la sepultura, velando junto al lecho de una criatura moribunda. La abuela parecía más activa; acudía a todo, y aunque lloraba mucho, tenía esperanza. Viola les consolaba; pero al amanecer, el estado de Beatriz empezó a ser tan alarmante, que Viola sintió desvanecerse toda esperanza. En este momento la joven, vio que la anciana, levantándose de pronto de delante de la imagen donde estuviera arrodillada, se envolvía en su capa y salía silenciosamente del cuarto. Viola corrió tras ella.

—El tiempo es demasiado frío para que salgáis al aire, buena madre, —dijo la joven.—Permitidme que vaya a buscar al médico.

—Hija mía, no voy a casa del médico. He oído decir que hay un sujeto en la ciudad muy amante de los pobres, y que ha curado a muchos de ellos cuando el médico los había desahuciado. Iré a verle, y le diré: "Señor, somos muy pobres, pero ayer éramos muy ricos en amor. Nos hallamos al borde de la tumba; pero vivimos de la vida de nuestra nieta. Dadnos nuestra riqueza... dadnos nuestra juventud. Haced que podamos morir dando gracias a Dios por haber dejado sobrevivirnos a la criatura que adoramos..

La buena anciana se fue.

¿Por qué late tu corazón, Viola?

Un grito agudo de dolor de la niña, llamó a la actriz al lado de la cama, donde el anciano permanecía todavía, mirando con ojos aterrorizados los movimientos de agonía de aquel ángel. Los ayes arrancados por el dolor, fueron reduciéndose gradualmente a un sofocado gemido... las convulsiones se hicieron más débiles... el color encendido de la calentura se convirtió en un tinte cárdeno, indicio de la velocidad con que se escapaba la vida.

La claridad del día empezaba a iluminar el cuarto, cuando oyeron pasos precipitados en la escalera. La anciana entró corriendo, y después de echar una ojeada a la paciente, exclamó:

—¡Vive todavía, señor, vive!

Viola levantó los ojos, y vio a Zanoni. La joven tenía la cabeza de la niña apoyada en su pecho. Zanoni le dirigió una satisfecha mirada de aprobación, y tomó a la niña en sus brazos. En el momento en que vio la cabeza de Zanoni sobre el desencajado semblante de la criatura, un supersticioso terror vino a mezclarse con sus esperanzas. ¿Curaba aquel hombre por medios lícitos y santos? Estas preguntas que Viola se hacía interiormente, cesaron de pronto, pues observó que Zanoni la miraba como si leyese en su alma. Viola sintió que su conciencia le reprendía aquella sospecha con cierto desdén.

—Tranquilizaos, —dijo Zanoni, dirigiéndose al anciano, —el peligro puede aún desaparecer ante la práctica del hombre.

Y sacando de su pecho un pequeño frasquito de cristal, echó unas cuantas gotas de su contenido en un vaso de agua. Apenas esta medicina humedeció los labios de la niña, pareció producir un efecto maravilloso. El color reapareció enseguida en sus labios y en sus mejillas y un sueño tranquilo sucedió a su agitación. Un instante después, el anciano se levantó... bajó los ojos... escuchó, y dirigiéndose a un rincón del cuarto, lloró y dio gracias a Dios.

El viejo Bernardi había sido hasta este momento un frío creyente; la tristeza no le había dejado erguir la cabeza en toda su vida. A pesar de su edad, nunca había pensado en la muerte como debe hacerlo una persona anciana; así es, que el peligro de su nieta vino a despertar su alma aletargada en el sueño de la indiferencia. Zanoni habló en voz baja con la anciana, y ésta se llevo a su esposo fuera del cuarto.

—¿Me permitiréis, Viola, que me quede una hora con la niña? ¿Creéis todavía que debo mis conocimientos al poder de un genio maléfico?

—¡Ah! —dijo Viola humillada y regocijada al mi tiempo, — ¡perdonadme, señor, perdonadme! Habéis restituido la vida a la niña y arrancado el rezo al anciano. Nunca volverán a injuriáros mis pensamientos!

Antes de salir el sol, Beatriz estaba fuera de peligro, y al mediodía, Zanoni pudo librarse de las bendiciones de la anciana pareja. Al cerrar la puerta, Zanoni encontró a Viola le aguardaba.

La joven permaneció delante de él con aire tímido y con los brazos cruzados graciosamente sobre su pecho, en tanto que de sus ojos, que no se atrevía a levantar, caían abundantes lágrimas.

—¡Que no sea yo la única a quien dejéis desconsolada! —dijo Viola.

—¿Qué efecto queréis que obren en vos las hierbas y los anodinos, — repuso Zanoni —si podéis con tanta facilidad pensar mal de aquellos que os han favorecido y que os favorecerán otra vez? Vuestra enfermedad está en el corazón; y … no lloréis, providencia de los enfermos y consuelo de los afligidos: no tengo motivos para reñir. ¡Perdonaros! La persona que en toda su vida ha tenido necesidad de ser perdonada, es muy digna de serlo en su primera falta.

—No, no me perdonéis todavía: no lo merezco, pues aún en este instante, mientras siento cuán ingrata he sido en sospechar cosas injustas contra mi libertador, mis lágrimas caen de placer y no arrancadas por el remordimiento. ¡Ah! —prosiguió la joven con sencillo fervor, sin que su inocencia y sus generosas emociones le dejaran conocer los secretos que revelara. —No podéis saber cuán amargo es no creéros más bueno, más puro y más santo que todos los demás hombres. Y cuando veo al rico y al noble convertirse en el consuelo de todos, cuando le veo abandonar su palacio para socorrer al infeliz que gime en la cabaña, cuando oigo las bendiciones de los pobres, aun despúes que ha cesado el ruido de vuestros pasos, siento que mi alma se exalta, que soy buena por vuestra bondad, y noble, al menos en aquellos pensamientos que no os injurian.

—¿Y pensáis, Viola, que hago esto sólo por virtud? Los médicos vulgares podrán visitar a los enfermos por su peculio; pero, ¿creéis que las bendiciones y las plegarias son una recompensa menos digna que el oro?

—¿Creéis que las mías son indignas de vos? ¿Queréis aceptarlas?

—¡Ah! ¡Viola! —exclamó Zanoni con una repentina vehemencia que le hizo ruborizar; —¡vos sois la única, en toda la tierra, que puede hacerme sufrir o gozar!

Zanoni se contuvo, y su semblante volvió a ponerse grave y triste.

—Y esto, —prosiguió en voz conmovida, —porque si quisiéseis oír mis consejos, me parece que podría guiar vuestro puro corazón a un destino feliz.

—¡Vuestros consejos! estoy dispuesta a seguirlos. Mandadme lo que queráis. Cuando estáis lejos de mí, soy como niña que se asusta de su misma sombra; pero en viéndome delante de vos, mi alma se dilata y todo el mundo me parece gozar de una calma celestial. No me privéis, pues, del consuelo de vuestra presencia. ¡Soy huérfana, ignorante y sola!

Zanoni volvió la cabeza para ocultar su emoción, y después de un momento de pausa, replicó tranquilamente:

—¡Bien, hermana mía; os visitaré otra vez!

CAPÍTULO II

MOMENTOS DE DICHA

¡Cuán feliz era entonces Viola! Parecía que se había quitado un peso enorme de su corazón.

Cuando se fue a su casa, su paso era ligero y airoso, y tenía deseos de cantar: tanta era su alegría.

Para el que ama, ¿puede haber mayor dicha que la de creer superior a todo lo del mundo al objeto amado? Ente los dos podían existir obstáculos humanos, como la riqueza y la condición; pero no aquel negro abismo en el cual se retira la imaginación, que separa para siempre el alma del alma.

Zanoni no la amaba. ¡Amarla! ¿Pedía Viola amor? ¿Le amaba tampoco ella? No: si le hubiese amado, no hubiese sido tan humilde y tan osada al mismo tiempo.

—¡Cuán alegremente murmuraba el mar a su oído! ¡Todo tenía para ella un aspecto alegre y risueño! La joven llegó a su casa, y al entrar en el jardín, vio cómo el Árbol de la roca extendía sus ramas hacia el sol.

—¡Sí, hermano mío! —le dijo riendo de placer. —¡Cómo tú, me he esforzado en vivir!

Nunca, hasta entonces, como sucede con las instruidas hijas del Norte, Viola había probado ese delicioso placer de trasladar sus pensamientos al papel. De repente, la artista sintió un impulso, un nuevo instinto hasta entonces desconocido, que le inspiró el deseo de mirar en lo más recóndito de su corazón como a través de un cristal. Este instinto era el fruto del alma y del amor, de Cupido y de Psiquis: ¡era el Genio! Mientras escribía, suspiraba, se estremecía y ruborizaba, y del nuevo mundo que acababa de crearse, tuvo que trasladarse al teatro. La música, tan deliciosa en otro tiempo, ¡cuán insulsa le parecía entonces! ¡Qué opaca se presentaba a sus ojos la deslumbrante escena! El teatro es la brillante ilusión de las personas que aman la gloria del mundo; pero la imaginación, ese templo cuya música no pueden oír los hombres y cuyas decoraciones no cambia ninguna mano humana, representa, como el teatro al mundo presente, lo futuro y lo pasado.

CAPÍTULO III

¡DISPONED DE MÍ!

Al día siguiente, a mediodía, Zanoni fue a ver a Viola, y siguió visitándola algunos días consecutivos. Estos días parecieron a la joven una época separada del resto de su vida, a pesar de que Zanoni no empleó nunca para con ella el lenguaje adulador y casi de adoración que estaba acostumbrada a oír. Quizá la misma frialdad del misterioso personaje, apacible como era, aumentaba para ella su encanto. Le hablaba con frecuencia del pasado, y Viola apenas se sorprendía al ver de la manera que conocía los pormenores de toda su vida.

Zanoni hacía muchas preguntas a la diva respecto a su padre, y se hacía cantar algunos de aquellos tempestuosos trozos de música de Pisani, cuyos sonidos parecían extasiarle y hacerle caer en una especie de dulce abstracción.

—La ciencia, para los sabios, es lo mismo que era la música para vuestro padre — decía Zanoni. —La imaginación de Pisani necesitaba un campo muy vasto. Sus finas simpatías se encontraban sólo en las armonías que día y noche remontaban su alma a los cielos. La vida, con sus ruidosas ambiciones y sus pasiones rastreras, ¡es tan pobre cosa! Pisani sabía crearse la vida y el mundo que necesitaba su alma. Viola, vos vivís de aquella vida, y habitaréis, por lo tanto, aquel mundo.

En sus primeras visitas, Zanoni nunca habló de Glyndon; pero llegó el día en que tocó esta conversación. ¡Era tan grande el dominio que este hombre llegó a adquirir sobre el corazón de la joven, que, a pesar de que este asunto le disgustaba en extremo, dominaba su corazón y escuchaba en silencio!

Zanoni dijo:

—Me ofrecisteis que seguiríais mis consejos; pues bien: si ahora os dijera: "Viola, aceptad la mano de ese extranjero y compartid su suerte", ¿admitiríais, si Glyndon os lo proponía?

Viola reprimió las lágrimas que asomaron a sus ojos, y enseguida, con un extraño placer mezclado de angustia, con el placer que afecta al que sacrifica su corazón a otro que domina en él, respondió con vos desfallecida:

—Si sois capaz de *mandarlo*...

—Hablad, —repuso Zanoni.

—¡Disponed de mí como gustéis! —dijo la joven con abatimiento.

Zanoni permaneció silencioso algunos momentos viendo la lucha que Viola trataba de ocultar; y, como si obrara impulsado por un movimiento involuntario, cogióle la mano y la llevó a sus labios. Era la primera vez que Zanoni se despojaba de la austeridad que conservaba aún en medio de su intimidad con Viola, austeridad que hacía que la joven temiese que adivinara sus pensamientos.

—Viola— dijo Zanoni con voz conmovida; —el peligro, que no estará ahora en mi mano evitar, se acerca por momentos si permanecéis más tiempo en Nápoles. Dentro de tres días vuestra suerte debe quedar fijada. Acepto vuestra promesa. Antes de la última hora de aquel día, suceda lo que suceda, volveré a veros aquí, en vuestra casa. ¡Hasta entonces, adiós!

CAPÍTULO IV

TINIEBLAS Y LUZ

Cuando Glyndon se separó de Viola en la disposición que hemos visto al final de la segunda parte de esta obra, se encontró otra vez sumergido en aquellos místicos deseos y conjeturas que le asaltaban siempre que se acordaba de Zanoni. Vagaba por las calles de Nápoles sin saber á donde se dirigía, e impulsado por el mecanismo de costumbre, encontróse al fin en medio de una de las ricas galerías de pinturas que constituyen el lujo de esas ciudades de Italia, cuya gloria está toda en el pasado. Glyndon solía visitar este sitio diariamente, pues la galería contenía algunas pinturas de gran mérito, especialmente de las que eran objeto de su entusiasmo y estudio. El joven se paraba las más de las veces a contemplar las obras de Salvador, obras que le inspiraban un sentimiento de admiración y de respeto. El rasgo característico de este artista, era la *fuerza de voluntad*. Libre de la elevada idea de abstracta belleza que presenta un modelo y arquetipo al genio de orden más elevado, la singular energía del hombre saca de la piedra una dignidad que le es propia. Sus imágenes tienen la majestad del hombre inculto. Enteramente libre, como las más sublimes escuelas, de la vulgar imitación, excepto en aquella pequeña parte que es indispensable a la realidad, el artista se apodera de la imaginación obligándola a seguirle, no al cielo, sino por todo lo que hay más agreste y fantástico sobre la tierra. Es un hechizo que en nada se parece al del mago astrólogo, sino al del tenebroso brujo...; es un hombre de novela cuyo corazón late fuertemente, asiendo el arte con mano de hierro y forzándole a idealizar las escenas de su vida actual. Ante esta poderosa voluntad, Glyndon se sintió más impresionado que antes, y se fue enseguida a admirar la serena belleza que brotaba del alma de Rafael, como la Venus del seno del mar. Y ahora, despertando de sus meditaciones, se encontró enfrente de aquella imponente y magnífica gravedad de la naturaleza que le miraba airada, y cuyos desgajados troncos parecían llevar sibilinos secretos a su oído. Los silenciosos y sombríos Apeninos, con su soberbia catarata, estaban más acordes con sus pensamientos que las escenas que le rodeaban en esta vida. Las figuras humanas que se veían por encima de las rocas, seres raquíticos al lado de las gigantescas proporciones de la materia, le hacían ver el poder de la naturaleza y la pequeñez del hombre. Lo mismo que en los cuadros de los genios más espirituales el hombre es presentado como la imagen más prominente, descuidándose en ellos las escenas de la naturaleza hasta el punto de mirarlas como meros accesorios para demostrar que el desterrado del Paraíso es todavía el monarca del universo, asimismo en los paisajes de Salvador, el árbol, la montaña y la cascada, figuran como el objeto principal, y el hombre, como accesorio. La materia parece dominar en ellos, en tanto que su verdadero señor queda invisible bajo su inmensa sombra. La materia es allí la que da interés a la figura humana, y no ésta a la materia. ¡En el arte, esta filosofía es terrible!

Mientras Glyndon estaba sumergido en estos pensamientos, Nicot que estaba a su lado, le tocó ligeramente el brazo.

—Es un gran autor —dijo Nicot; —pero no gusto de su escuela.

—Tampoco yo —respondió el inglés; —pero hay algo en estas pinturas que me impresiona terriblemente. Amamos todo lo que es bello y sereno; pero hay en nosotros un sentimiento que nos hace admirar lo sombrío y lo tétrico.

—Es verdad, —repuso Nicot con aire pensativo. —Y, sin embargo, este sentimiento no pasa de ser una mera superstición. La infancia, con sus cuentos de espíritus y fantasmas, es el origen de la mayor parte de nuestras impresiones actuales. Pero el arte no debiera alimentar nuestra ignorancia; el arte no debería representar más que la verdad. Rafael me gusta mucho menos, porque no simpatizo con sus asuntos. Sus Santos y sus Vírgenes no son para mí sino hombres y mujeres.

—Entonces, ¿de dónde tomarían sus temas los pintores?

— De la historia, —respondió Nicot flemáticamente; — de aquellas grandes acciones de los romanos, que inspiran a los hombres sentimientos de libertad y de valor, enseñándoles las virtudes de un republicano. Quisiera que los cuadros de Rafael hubiesen ilustrado la historia de los Horacios; pero toca a la Francia republicana el legar a la posteridad la nueva y verdadera escuela, que no hubiese prosperado nunca en un país dominado por el fanatismo religioso.

—Y los Santos y Vírgenes de Rafael, ¿no son, para vos más que hombres y mujeres? —repitió Glyndon, volviendo lleno de admiración, a la cándida confesión de Nicot, y sin atender casi a las deducciones del francés.

—Seguramente, —repuso Nicot riendo horriblemente. —¡Ja! ¡Ja! ¿Quisiérais, acaso, hacerme creer en el calendario?

— Pero, ¿y el ideal?

—¡El ideal! —interrumpió Nicot. —¡Callad! Los críticos italianos, y vuestro inglés
Reynolds, os han trastornado el juicio. Hay en ellos tal profusión de eso que llaman "¡gran gusto y belleza ideal que habla al alma!..." "¡alma!..." ¿Dónde está el alma? Comprendo a un hombre cuando habla del buen gusto de una composición, dirigiéndose a una persona de elevada inteligencia, o que comprende la verdad; pero en cuanto al alma... ¡bah!... Nosotros no somos más que modificaciones de la materia, lo mismo que la pintura.

Glyndon paseaba sus miradas del cuadro que tenía delante a Nicot y de éste al cuadro. El dogmático dotó de voz los pensamientos que despertara la vista de aquel cuadro; y el inglés meneó su cabeza sin replicar.

—Decidme, —añadió Nicot de repente; —aquel impostor... ese Zanoni, cuyo nombre y farsas he sabido de una manera cierta, ¿qué os dijo de mí?

—¿De vos? Nada; sino que mirase con prevención vuestras doctrinas.

—¡Ah! ¡ah! ¿Nada más? Ese hombre es un gran inventor, y como la última vez que nos encontramos descubrí sus mentiras, pensé que no se vengase refiriendo alguna historia de calumnias.

—¡Descubristeis sus mentiras! —dijo Glyndon. —¿Y cómo?

—¡Oh! es una historia tan larga como insulsa. Quiso enseñar a un anciano, al cual yo amaba mucho, sus secretos acerca de la alquimia filosófica y el modo de prolongar la existencia. Os aconsejo que no creáis en esa ciencia tan desacreditada.

Y al decir esto, hizo un saludo significativo, y no deseando que Glyndon le hiciera más preguntas respecto de este asunto, se retiró.

La imaginación de Glyndon no se ocupaba ya en este momento de su arte, pues los comentarios y la presencia de Nicot habían venido a interrumpir sus meditaciones de una manera desagradable. El joven dejó los paisajes de Salvador, y fijando su vista en el nacimiento de Corregio, se quedó admirado al ver el contraste que ofrecían aquellos dos genios de naturaleza tan opuesta. Glyndon miró esto como un gran descubrimiento. Aquella calma exquisita, aquel perfecto sentimiento de belleza, la naturalidad, la sublime moral que respira el arte cuando hablando a la imaginación despierta en ella, por medio de la ternura y del amor, pensamientos que la elevan a las regiones de una religiosa admiración. ¡Ah! Aquella era la verdadera escuela. Glyndon abandonó la galería con cierto sentimiento: la vista del último cuadro había verificado un cambio en sus ideas, tanto, que se fue a su casa profundamente impresionado. El joven se alegró de no encontrar en ella a Mervale, y sentándose, con su frente apoyada entre sus manos, se esforzó en recordar una por una las palabras de Zanoni en su última conversación. Glyndon sintió que lo que Nicot había dicho acerca del arte, era un crimen, puesto que reducía la imaginación a una mera máquina. ¿Podía aquel hombre, que solo veía en el alma una combinación de la materia, hablar de escuelas superiores a la de Rafael? Sí, el arte es mágico; y como el joven reconoció la verdad del aforismo, comprendió que en la magia puede haber religión, puesto que la religión es esencial en el arte. Su antigua ambición, libre ahora de la fría prudencia con la cual Mervale trataba de profanar todas las imágenes menos substanciales que el becerrillo de oro del mundo, se avivó, volviendo a encenderse de nuevo. El sutil descubrimiento de lo que creyera un error en la escuela que había adoptado hasta entonces, patentizado más y más por los repugnantes comentarios de Nicot, parecía ofrecer a su vista un mundo de nueva invención. Aprovechando aquel feliz momento, cogió sus colores y se sentó delante del caballete. Perdido en los conceptos de un nuevo ideal, su imaginación se sintió transportada a las aéreas regiones de la belleza, al paso que se desvanecían en ella los profanos pensamientos. Zanoni tenía razón: el mundo material desapareció de su vista; parecíale que veía la naturaleza desde la cumbre de una montaña, y cuando se sosegaron las olas de su agitado corazón, otra vez los ojos de Viola aparecieron en el nuevo horizonte como una santa estrella.

Encerrado en su habitación, no quiso recibir ni aún las visitas de Mervale. Embriagado con el aire puro de su nueva existencia, permaneció tres días y casi tres noches absorto en su trabajo, hasta que, en la mañana del cuarto día, empezó a verificarse la reacción a la cual está expuesto todo trabajo. Glyndon se despertó indiferente y fatigado; y cuando miró su cuadro, le pareció que la gloria había desaparecido de él, en tanto que defectos, hasta entonces desapercibidos, vinieron a aumentar las deformidades que iba notando en su obra. El artista tocó y retocó una y otra vez su pintura; pero su mano se mostraba rebelde, y al fin, cansado de este suplicio, arrojó sus pinceles y fue a asomarse a la ventana. El día estaba sereno y magnífico, y en las calles reinaba esa bulliciosa animación que se advierte siempre en la alegre ciudad de Nápoles. Glyndon veía pasar al amante hablando con su querida por medio de esos mudos gestos que han sobrevivido a todos loa cambios de idiomas, y que son lo mismo ahora que cuando los etruscos pintaron los magníficos vasos del Museo borbónico. La vida exterior convidó a su juventud a la alegría y al placer, y las paredes de su cuarto, poco ha bastante inmenso para contener el cielo y la tierra, le parecían las de una fea y triste prisión. Glyndon abrió su puerta y vio entrar con alegría a su amigo Mervale.

—¿Y es esto todo lo que habéis hecho? —dijo el recién llegado mirando al lienzo desdeñosamente. —¿Y para eso os habéis encerrado tantas horas, privándoos de los hermosos días y de las encantadoras noches de Nápoles?

—Mientras he estado bajo la influencia de ese paroxismo de entusiasmo, he disfrutado de un sol más brillante y de una luna más bella y majestuosa.

—Según eso, os ha dejado ya el paroxismo. Me alegro; esto indica que habéis vuelto a recobrar la razón. Y después de todo, vale más pintorrotear un lienzo tres días, que convertiros en un mentecato por toda vuestra vida. ¿Y vuestra sirena?

—Quisiera que no volvieseis a nombrarla, —dijo Glyndon.

Mervale acercó su silla a la de su amigo, y después de meter las manos en los bolsillos del pantalón, estiró sus piernas. Iba a empezar entre los dos un serio altercado, cuando llamaron a la puerta, y sin aguardar el permiso, Nicot asomó su fea cabeza dentro del cuarto.

—Buenos días, querido colega, —dijo el francés.—Deseaba hablaros. ¡Hola! según parece, habéis trabajado... ¡Bien... muy bien! Atrevido contorno... gran ligereza de mano. Pero, ¡calla! ¿y el conjunto? No habéis adoptado la forma piramidal. ¿No observáis también que en esta figura habéis descuidado la ventaja del contraste? Ya que la pierna derecha es llevada adelante, el brazo izquierdo debía estar dirigido hacia atrás. ¡Zape! ¡aquel dedo pequeño es magnífico!

Mervale detestaba a Nicot, como a todos los especuladores utopistas y reformadores del mundo; sin embargo, en aquel instante hubiese abrazado al francés, pues la expresiva fisonomía de Glyndon revelaba todo el fastidio y disgusto que sufría. ¡Después de un estudio hecho en un arrebato de entusiasmo, oír hablar de forma piramidal... de brazos y piernas...; de rudimentos del arte... de falta de armonía en el concepto... y ver terminar la crítica ensalzando el mérito del dedo meñique!...

—¡Ah! —dijo Glyndon, cubriendo su dibujo con un gesto de malhumor. —
Bastante habéis criticado mi pobre trabajo. ¿Qué teníais que decirme?

—En primer lugar, —dijo Nicot, sentándose sin más ceremonia en un banquillo, — en primer lugar, que ese señor Zanoni, ese segundo Cagliostro que ataca mis doctrinas, es, no lo dudéis, un espía del hombre Capeto. No soy vengativo, pues, como dice Helvecio, "nuestros errores nacen de nuestras pasiones". Yo sé poner freno a las mías; pero es poco noble y virtuoso odiar la causa de la humanidad. Quisiera ser el denunciador y el juez del señor Zanoni en París.

Al decir esto, los dientes de Nicot rechinaban de cólera, en tanto que sus pequeños ojos arrojaban un brillo infernal.

—¿Os ha dado algún nuevo motivo de odio? —preguntó Glyndon.

—Sí, —respondió Nicot con frenesí. —He oído decir que hacía el amor a la muchacha con quien pensaba casarme.

—¡Vos! —repuso Glyndon. — ¿Y quién es esa mujer?

—¡La célebre Pisani! ¡Es una mujer divina que haría mi fortuna en una república, y ésta la tendremos antes de concluir el año!

Mervale se restregaba las manos de placer, en tanto que reía a grandes carcajadas. Glyndon se ruborizó de rabia y de vergüenza.

—¿Conocéis a la señora Pisani? — preguntó el pintor inglés. —¿Le habéis hablado alguna vez?

—Todavía no, —respondió Nicot; —pero cuando concibo un proyecto, lo llevo a cabo. Debo volver pronto a París, me han escrito que una mujer hermosa adelanta la carrera de un patriota; ha pesado el tiempo de las preocupaciones, y empiezan a comprenderse las sublimes virtudes. Llevaré a París a la mujer más hermosa de Europa...

—¡Tranquilizaos! ¿Qué vais a hacer? —dijo Mervale, deteniendo a Glyndon al verle abalanzarse sobre el francés, con los puños cerrados y los ojos centelleantes.

—¡Caballero! —gritó Glyndon rechinando los dientes, —¿Sabéis de quién habláis? ¿Creéis que Viola Pisani os aceptaría?

—No, si se le presentaba un partido más ventajoso, —dijo Mervale, mirando al techo.

—¿Un partido más ventajoso? —repuso Nicot. —Sin duda no me comprendéis Yo, Juan Nicot, ofrezco mi mano a la muchacha, y me caso con ella. Encontrará muchos que le hagan ofertas más liberales; pero ninguna será tan honrosa como la mía. Solamente yo puedo compadecerme de su triste situación. Por otra parte, según se preparan las cosas, siempre será fácil en Francia deshacerse de una mujer cuando a uno le convenga. Hacemos una nueva ley de divorcio. ¿Creéis que una joven italiana?... Entre paréntesis: en ningún otro país del mundo, según parece, las doncellas son más recatadas, aunque las mujeres tendrán que adoptar costumbres más filosóficas. ¿Creéis que una joven italiana, repito, rehusará la mano de un artista por los regalos de un príncipe? No; tengo formado de la Pisani mejor concepto que vos. Pienso hacer todo lo posible para entrar en relaciones con ella.

—Os deseo un completo triunfo, Nicot, —dijo Mervale, levantándose y apretándole la mano con efusión.

Glyndon le dirigió una mirada de desprecio, y objetó, dibujando una amarga sonrisa:

—Quizá, señor Nicot, tendréis rivales.

—Tanto mejor, —replicó el aludido con indiferencia, haciendo sonar sus tacones uno contra otro y como si mirase admirado el gran tamaño de sus anchos pies.

—Habéis de saber que yo también admiro a Viola Pisani, —volvió a decir Glyndon.

—No lo extraño; todo pintor debe admirarla, —respondió el francés.

—Y puedo ofrecerle mi mano lo mismo que vos, —observó Glyndon.

—Lo que en mí sería sabiduría, sería en vos un solemne disparate. Vos no sabríais especular con ella, querido colega. Sois demasiado preocupado.

—¿No os da vergüenza decir que especularíais con vuestra mujer?

—El virtuoso Catón prestó la suya a un amigo, y yo, que amo la virtud, tendría un placer en imitar a Catón. Esto aparte, hablando seriamente, debo deciros que no os temo como rival. Vos sois bien parecido y yo muy feo; pero yo soy resuelto y vos divagáis. Mientras vos perderéis el tiempo pronunciando frases escogidas, yo diré simplemente. Tengo una buena fortuna; ¿queréis casaros conmigo? ¡Perderéis la partida, querido colega! Adiós. Nos volveremos a ver detrás de los bastidores.

Al decir esto, Nicot se levantó, y después de estirarse; bostezó tan descompasadamente, que enseñó dos largas filas de dientes que le llegaban de oreja a oreja. Enseguida con aire desconfiado, se caló el gorro en su lanuda cabeza, y dirigiendo por encima del hombro una triunfante y maliciosa mirada al irritado Glyndon, salió precipitadamente del cuarto.

Mervale soltó una estrepitosa carcajada, en tanto que decía a su amigo:

—Ya veis de la manera que vuestro amigo estima a Viola. No hay duda que alcanzaríais una gran victoria triunfando de ese Cuasimodo.

Glyndon estaba demasiado irritado para poder responder; pero, aun cuando hubiese querido hacerlo, se lo hubiese impedido una nueva visita: la de Zanoni.

Mervale, a quien la presencia y el aspecto de este hombre impusieran una especie de forzada deferencia que no quería confesar, y mucho menos dejar traslucir, saludó a Glyndon, diciéndole:

—Cuando nos volvamos a ver, hablaremos de este asunto. Adiós.

Y dejó al pintor y a su inesperada visita.

—Veo —dijo Zanoni destapando la pintura, —que no habéis olvidado el consejo que os di. Valor, joven artista; esta es una excursión fuera de las escuelas; es una pintura de confianza y de verdadero genio. ¡Cuando concebisteis esta bella imagen, a buen seguro que no teníais a vuestro lado a Mervale ni a Nicot!

Reanimado por este ligero elogio, Glyndon replicó con modestia:

—Mi dibujo me ha gustado hasta esta mañana; pero después, se ha desvanecido mi ilusión.

—Decid más bien que no estando acostumbrado a un trabajo continuado, os sentíais fatigado de vuestra tarea.

—Es verdad, ¿por qué negarlo? —confesó Glyndon.—He empezado a mirar el mundo exterior, y me ha parecido que, mientras sacrificaba mi corazón y mi juventud a una visionaria belleza, perdía las hermosas realidades de la vida. Hasta he llegado a envidiar la alegría del pescador cuando pasaba cantando por debajo de mi ventana, y al feliz amante al verle conversar con su querida.

—¿Y os reprendéis, —interrumpió Zanoni con afectuosa sonrisa, —el haber vuelto a las cosas de la tierra, en la cual aún los genios más elevados que habitan las etéreas regiones de la invención, buscan siempre su reposo? El genio del hombre es un ave que no puede volar continuamente. Cuando se siente la necesidad del mundo real, debe satisfacerse. Los que dominan más el ideal, son los que mejor disfrutan de la realidad. Reparad, sino, en el verdadero artista cuando se encuentra en sociedad, observando siempre, siempre profundizando en el corazón, siempre atento a las más insignificantes como a las más grandes verdades de la existencia, y descendiendo a lo que los necios llamarían frivolidades. El verdadero artista saca una gracia de cada eslabón de la cadena social, y los átomos más insignificantes toman una forma dorada cuando flotan entre los rayos del sol. ¿No sabéis que alrededor del invisible insecto que juega en el agua, brilla un halón, como en torno de la estrella que serpentee por el espacio? El verdadero arte encuentra la belleza en todas partes: en la calle, en la plaza, en la cabaña; por doquiera halla pasto para el enjambre de sus pensamientos. A los ojos de los políticos, Dante y Milton escogieron perlas para trenzar en la corona del canto. Quién os dirá que Rafael no disfrutó de la vida real, llevando siempre consigo el sentimiento interior de la belleza que poetizaba hasta las pajas que el pie del hombre tosco pisa con indiferencia? Así como esos grandes carnívoros de los bosques andan en busca de su presa, olfateándola y siguiéndola por el monte y a través de la llanura, hasta que al fin se apoderan de ella para llevarla a su escondida cueva, de la misma manera el genio busca por entre el bosque y a través del desierto, infatigable y con anhelo, todos los objetos que le ofrecen las desparramadas y fugitivas imágenes de la naturaleza, que apresa, al fin, con mano fuerte, para llevársela a los parajes solitarios que ningún pie puede hollar. Si recorréis el mundo exterior, hallaréis en él el inagotable manantial que da vida al mundo ideal.

—Me consoláis, —dijo Glyndon con alegría. —¡Creí que mi cansancio era una prueba de mi incapacidad!... Pero en este momento no quisiera hablaros de estos trabajos... Perdonad si paso del trabajo a la recompensa. Pronunciasteis en anterior entrevista incomprensibles profecías acerca de mi porvenir si me enlazaba con una joven, que, según opinan personas muy sensatas, sería tan sólo un obstáculo para realizar mis sueños futuros. ¿Habláis con la sabiduría que inspira la experiencia o con la que aspira a la predicción?

—¿Acaso no son aliadas la una de la otra? —contestó Zanoni. —El hombre más acostumbrado al cálculo, ¿no es el que más pronto puede resolver un problema en los laberintos de la aritmética?

—Eludís mi pregunta.

—Os engañáis; quiero que comprendáis más fácilmente mi respuesta, pues os quería atraer a este terreno.

Zanoni fijó sus ojos en el joven artista, y prosiguió:

—Para la realización de todo lo que es grande y noble, la clara percepción de la verdad es uno de los primeros requisitos... pues las verdades se adaptan al objeto deseado. Por eso el guerrero reduce la suerte de una batalla a combinaciones casi enteramente matemáticas, y puede prever el resultado si cuenta fijamente con los elementos que se ve obligado a emplear. En caso de ser rechazado, pasará tal puente; en tanto tiempo puede apoderarse de aquel fuerte, etc. Con más exactitud que el guerrero, pues depende menos de las causas materiales que de las ideas de que dispone, puede el hombre que posee una ciencia más pura o en arte más divino, si llega a penetrar las verdades que le rodean, predecir lo que podrá llevar a cabo y lo que está condenado a ver fracasar. Pero esta percepción de la verdad de las cosas se ve interrumpida por muchas causas, como la vanidad, las pasiones, la indolencia y la ignorancia de los medios que debe emplear para conseguir lo que se ha propuesto. El guerrero puede calcular mal sus fuerzas; puede faltarle el mapa del terreno que quiere invadir. Solamente cuando la imaginación del hombre se encuentra en cierto estado es capaz de percibir la verdad; este estado es una completa serenidad. Vuestra imaginación se afana tras un deseo de verdad; quisierais hacerla tan grande como vuestros deseos; quisierais que os presentase, sin ninguna prueba ni preparación, los secretos más grandes que existen en la naturaleza. Pero la verdad no puede ser descubierta por una imaginación que no está preparada para ello, lo mismo que es imposible que el sol salga a media noche. En este caso, la imaginación llega a la verdad solamente para corromperla. Os diré la parábola de uno que discurrió mucho tiempo acerca del secreto de la sublime Grecia, o la magia que existe en la naturaleza, como la electricidad en la nube: "El que echa agua en un manantial cenagoso, no hace más que enturbiar el agua.."

—¿A dónde iréis a parar? —objetó Glyndon.

—A esto: Que poseéis facultades que pueden daros un poder extraordinario, contándoos en el número de aquellos que, más respetados que los magos, dejan tras sí una grande influencia, adorada en donde quiera que se comprenda la belleza y en cualquiera parte en que el alma tenga la conciencia de un mundo más sublime que aquél en el cual la materia lucha por una existencia incompleta e imperfecta. Pero, para sacar provecho de estas facultades, no necesito ser profeta para deciros que es necesario que aprendáis a concentrar todos vuestros deseos en grandes objetos. Por más que el corazón permanezca tranquilo, la imaginación será siempre activa. Al presente no hacéis más que vagar de proyecto en proyecto. La fe y el amor son para el alma lo que el lastre para un buque. Aunque vuestro corazón, vuestras afecciones y el sentimiento de la humanidad se concentren en un solo objeto, vuestra imaginación y vuestras aspiraciones serán igualmente enérgicas e invariables. Aun cuando Viola es muy niña todavía, ¿no percibís el gran carácter que las vicisitudes de la vida pueden desenvolver en ella? Perdonad si os digo que su alma, más pura y más noble que la vuestra, elevará vuestras ideas como un himno sagrado eleva al cielo las almas sensibles. Vuestra índole necesita la armonía y la música, que, como decían los discípulos de Pitágoras, transporta y calma al mismo tiempo. Os ofrezco que hallaréis esta música en su amor.

—Pero estoy seguro de que Viola no me ama, —repuso el joven.

—Tenéis razón, artista; no os ama ahora, porque ha consagrado todo su afecto a otro. Pero si puedo transmitiros el amor que siente al presente por mí, como el imán transmite su atracción al acero; si puedo conseguir que vea en vos el ideal de sus sueños...

—¿Y qué hombre tiene bastante poder para hacer esto?

—Yo os ofrezco hacerlo... si vuestro amor es noble, si vuestra fe en la virtud y en vos mismo es verdadera y leal. Si no fuese así, ¿creéis que la desencantaría de la verdad para hacerle adorar una mentira?

—Pero, —persistió Glyndon, —si esa joven es todo lo que decís, y os ama, ¿cómo os despojáis de un tesoro tan inapreciable?

—¡Oh! ¡necio y vil corazón humano! —exclamó Zanoni en un acceso de ira y con una vehemencia no acostumbrada. —¿Es posible que tengas una idea tan pobre del amor, que no creas que el hombre puede sacrificarlo todo, incluso su pasión, para labrar la dicha de la persona que ama? ¡Escuchadme! —y al decir esto, el semblante de Zanoni se puso pálido. —Os propongo esto, porque la amo, y porque temo que conmigo no sería tan feliz como con vos. Porque... pero no me lo preguntéis, pues no os lo quiero decir. ¡Basta ya! Es tiempo de que sepa vuestra respuesta; es imposible dilatarla más. Antes de la noche del tercer día, contando desde hoy, no tendréis derecho para escoger.

—¿Por qué tanta prisa? — preguntó Glyndon titubeando.

—Joven, vuestras preguntas os hacen indigno de ella. Todo lo que puedo deciros ya deberíais ya saberlo vos. El raptor, el hombre poderoso, el hijo del viejo Visconti, y en esto no se parece a vos, es firme, resuelto y enérgico hasta en sus crímenes... ese hombre no retrocede nunca. Hoy su torpe deseo se ve tan sólo detenido por su avaricia. El día después de haber intentado robar a Viola, su tío, el cardenal, de quien espera heredar inmensas tierras y riquezas, le envió a llamar, prohibiéndole, so pena de desheredarle, proseguir sus innobles designios contra la joven a la cual cardenal protegiera y amara desde la infancia. Esta es la causa que le ha detenido en sus inicuos proyectos. Mientras nosotros hablamos, la causa desaparece. Antes de las doce, el cardenal... ¡habrá dejado de existir! En este mismo instante, vuestro amigo Juan Nicot está hablando con el príncipe de ***

—¡El! ¿con qué objeto?

—Para preguntarle qué dote dará a Viola Pisani la mañana que deje su palacio.

—¿Y como sabéis esto?

—Lo sé, porque un amante no duerme de día ni de noche, cuando algún peligro amenaza al objeto de su amor.

—Y vos, ¿informásteis de todo al cardenal?

—Sí, y lo que yo hice, podíais haberlo hecho también vos. Pero... vuestra respuesta...

—La sabréis dentro de tres días.

—Sea así, joven inconstante; dejad vuestra felicidad para el último momento. Dentro de tres días vendré a saber vuestra respuesta.

—¿Dónde nos veremos?

—Antes de media noche, en el sitio donde menos os penséis. Así, aun cuando quisieseis evitarme, no podríais hacerlo.

—Aguardad un instante, —repuso el artista. —Me habéis dicho que soy desconfiado, poco resuelto y suspicaz. ¿No tengo motivo para serlo? ¿Queréis que ceda sin resistencia a la extraña fascinación que ejercéis sobre mi imaginación? ¿Qué interés puede llevaros a imponer a un desconocido la acción más grave de la vida del hombre? ¿Creéis que cualquiera que esté en su sano juicio, no querrá un plazo para deliberar y preguntarse, por qué ese extranjero se ocupa tanto de mí?

—Y sin embargo, si os dijese que puedo iniciaros en los secretos de esa magia que la filosofía de todo el orbe tiene por una quimera, o por una impostura... si os prometiese enseñaros la manera de dominar los seres del aire y del Océano, de poder acumular riquezas con tanta facilidad como un niño recoge guijarros en la playa, poner en vuestras manos la esencia de las hierbas que prolongan la vida de siglo en siglo, el misterio de esa atracción por medio de la cual se evitan los peligros, se desarma la violencia y se subyuga al hombre como la serpiente encanta a la avecilla; si os dijese que yo poseo todo este poder y que puedo comunicároslo, ¡entonces me escucharíais y obedeceríais sin duda!

— ¡Ah! conozco esa ciencia solamente por recuerdos imperfectos de mi niñez... por tradiciones que existen en casa de…

—De vuestro abuelo, el cual, queriendo restablecer la ciencia, buscó los secretos de Apolonio y de Paracelso.

—¡Cómo! —exclamó Glyndon pasmado.—¿Conocéis los anales de un linaje tan oscuro?

—El hombre que aspira al saber —contesto Zanoni, —no ignora el nombre del más humilde estudiante de la ciencia. Me habéis preguntado por qué me interesaba tanto por vos: por una razón que no os he explicado todavía. Existe una sociedad cuyas leyes y misterios ignoran los hombres más estudiosos. Estas leyes imponen a todos sus afiliados al deber de prevenir, ayudar y dirigir a los más remotos descendientes de los que se han afanado, aunque en vano, como vuestro abuelo, por conocer los misterios de la orden. Debemos aconsejarles todo lo que puede hacer su felicidad; más todavía: si nos lo mandan, debemos aceptarles por discípulos. Yo soy un miembro de esta sociedad cuya memoria se pierde en los siglos, y eso es lo que me ha hecho mirar por vos desde el principio, y eso es lo que quizá, sin advertirlo, os ha atraído a mí, hijo de nuestra hermandad.

—¡Entonces, en nombre de las leyes a que obedecéis, os mando que me recibáis por discípulo!

—¿Qué os atrevéis a pedirme, —objetó Zanoni irritado. —Sabed primero las condiciones. Ningún neófito debe tener, desde su iniciación, ningún deseo ni ningún afecto que le ligue al mundo. No ha de haber sentido el amor, debe estar libre de avaricia y de ambición, libre de toda ilusión, aun la que inspira el arte o la esperanza de un nombre ilustre. El primer sacrificio que deberíais hacer… ¡sería renunciar a Viola! ¿Y por qué? Por pertenecer a una secta en la cual solamente pueden entrar hombres de gran valor, pues se ha de pasar por unas pruebas que no pueden resistir sino las naturalezas privilegiadas. Vos no sois apto para la ciencia que me ha hecho a mí, y a otros, lo que somos, ¡tenéis demasiado miedo!

—¡Miedo! —exclamó Glyndon, poniéndose encendido de ira, en tanto que erguía soberbiamente su cabeza.

—Sí, y del de peor género: el miedo del *qué dirán*, el miedo de Nicot y de Mervale; miedo de vuestros impulsos, aun cuando sean generosos; miedo de vuestro mismo poder, cuando vuestro genio os inspira cosas atrevidas; miedo de que la virtud no es eterna; miedo de que Dios no vive en el cielo para velar sobre la tierra; miedo, sí: el miedo de los hombres de corazón pequeño, y el que no conocen nunca los grandes hombres.

Al concluir de decir estas palabras, Zanoni desapareció, dejando al artista humillado y estupefacto, pero no convencido. Este permaneció solo con sus pensamientos, hasta que le hizo volver en sí el sonido del reloj; entonces se acordó de la predicción de Zanoni acerca del cardenal, y apoderándose de él un intenso deseo de saber la verdad, salió corriendo a la calle para dirigirse al palacio del prelado. Su Eminencia había expirado cinco minutos antes de las doce, y su enfermedad apenas había durado una hora. La visita de Zanoni había sido más larga que la indisposición del cardenal. Aterrorizado y perplejo, abandonó Glyndon el palacio del cardenal, y mientras pasaba por la Chiaga, vio a Juan Nicot que salía del suntuoso domicilio del príncipe de ***.

CAPÍTULO V

EL CONFESIONARIO DEL CORAZÓN

El mismo día que Viola resolvió someterse sin miedo a la influencia de Zanoni, resolvió también traducir a palabras sus pensamientos y dejarlos estampados sobre el papel.

Veamos una parte de ese manuscrito:

"¿Es la luz del día la que me ilumina, o es el recuerdo de tu presencia? Por doquiera que dirija mi vista, el mundo me parece lleno de tu imagen; en el rayo de sol que vacila en el agua y que juguetea sobre las hojas, no veo más que la semejanza de tus ojos. ¿En qué consiste este cambio que ha alterado, no solamente mi ser, sino que ha hecho variar el aspecto del universo?

"¡Cuán instantáneamente penetró en mi alma el poder con el cual dominaste a mi corazón en su abatimiento!... Aun cuando había millares de personas delante de mí, solamente te vi a ti. Aquella fue la primera noche que entré en ese mundo que reduce la vida a un drama y que no tiene otro lenguaje que la música. Tu presencia era para mí lo que era para los demás la ilusión del teatro. Mi vida me pareció concentrarse en aquellas cortas horas, y de tus labios oía una música imperceptible para todos los oídos menos para el mío. Estoy sentada en el cuarto que mi padre habitaba. Aquí, aquella noche feliz, olvidando que mis padres eran dichosos, me entregué a la tristeza, buscando adivinar la impresión que me causaste. Cuando la voz de mi madre vino a sacarme de mi distracción, corrí a sentarme al lado de mi padre, y mis pensamientos me daban tanto miedo que me así a él.

"¡Qué triste fue la mañana que siguió a tal noche, cuando me advertiste de mi porvenir! Y ahora, pobre huérfana, ¿en qué puedo pensar, en qué he de soñar y a quién puedo respetar sino a ti?

"¡Con qué ternura me has reprendido los pensamientos injuriosos que formé de ti! ¿Por qué temblaba cuando sentía que tu mirada penetraba mis pensamientos, como el rayo de sol llega hasta el árbol solitario, con el cual me comparaste tan bien? Era... era porque mi vida se asemejaba a la de ese árbol, y porque, como él, luchaba por la luz. La luz vino al fin. Me han hablado de amor, y en el teatro, tengo siempre en mis labios su lenguaje. ¡No, una y mil veces; no es amor lo que siento por ti!... ¡No es pasión, es un pensamiento! Nunca más volveré a pedir el ser amada. No volveré a quejarme de que tus palabras sean duras, y frías tus miradas. No preguntaré si tengo rivales; no busco parecer hermosa a tus ojos. Mi alma es la que desea mezclarse a la tuya. Daría todo lo del mundo, aun cuando estuviésemos separados, aun cuando hubiera entre nosotros el inmenso Océano, por saber la hora en que tus ojos miran las estrellas... y en que tu corazón eleva sus plegarias al cielo. Me dicen que eres más bello que las estatuas de mármol a las cuales no puede compararse ningún mortal; yo no me he atrevido a mirar nunca fijamente tu semblante, para que mi memoria pudiese compararte después con los demás. Solo recuerdo tus ojos y tu afable y tranquila sonrisa. Todo lo que pasa en mi corazón es misterioso, tan misterioso como misteriosa me resulta la luna cuando la contemplo.

"A veces, cuando el aire es sereno, me parece que oigo tocar a mi padre, y aunque hace mucho tiempo que los autores de mis días reposan en la tumba, creo que varias veces han venido a interrumpir mi sueño en medio de la solemne noche. Parecíame que me anunciaban tu venida, y que lloraban y se lamentaban cuando tu partida me dejó sumergida en la aflicción.

"¡Mi padre debe haberte conocido, y quizá visitaba las regiones donde habitabas cuando los vientos se paraban para escuchar sus sonidos y el mundo le creía loco! Tu espíritu y tu género de vida son hijos de aquella música. Cuando estoy sentada, oigo el lejano murmullo del mar. ¡Murmurad, benditas aguas! Las olas son el pulso de la playa. Las olas laten con la alegre brisa de la mañana... Así late mi corazón cuando pienso en ti.

"Muchas veces, en medio de mis meditaciones de niña, me había preguntado para qué había venido al mundo, y mi alma, respondiendo a mi corazón, decía: Has nacido para amar. Sí; conozco ya por qué el mundo real me ha parecido siempre tan falso y tan frío; conozco por qué me era tan grato sentarme en un sitio solitario y verme sola en medio de la naturaleza; conozco por qué el teatro me encantaba y me seducía. No he nacido para esta vida que tan feliz parece a los demás. ¡Mi alma necesita tener siempre delante alguna imagen más grande que ella misma! Extranjero, cuando haya descendido a la tumba, ¿en qué región podrá mi alma adorar hora tras hora lo que adore la tuya?

"En los jardines del lado de mi casa hay una fuente. Esta mañana, después de salir el sol, estaba sentada junto a ella. Su espumosa corriente brillaba bajo los rayos del luminoso astro, y cuando después me acordé que debía verte este día, mi corazón se regocijó a la idea de la nueva aurora que me habías traído del cielo.

"¡Te he visto y te he oído otra vez! ¡Cuán osada me he vuelto! He corrido hacia ti para contarte los pensamientos, las historias de mi infancia, y mis recuerdos de lo pasado, como si te hubiese conocido desde niño. De repente la idea de mi presunción me ha dejado sorprendida, y deteniéndome, he buscado tímidamente tus miradas.

—Bien —me has dicho, —y ¿cuándo visteis que el ruiseñor no quería cantar?

—¡Ah! —te he contestado —¿qué te importa a ti la historia del corazón de una niña?

—Viola —me has objetado con esa voz tan tranquila y bondadosa... —Viola, la oscuridad del corazón de una niña, es, a veces, la sombra de una estrella. ¡Habla! ¿Conque cuando cogieron tu ruiseñor y lo metieron en la jaula, no quiso cantar?

"Entonces cogí la jaula y la coloqué en medio de aquella parra, y tomando mi laúd, quise hablarle en música, pues creí que era su lenguaje natural, y por este medio, trataba de hacer comprender al ruiseñor que quería consolarle.

—Sí —dijiste tú, —al fin te respondió, pero no cantando, sino con un grito tan agudo y lastimero, que tus manos dejaron escapar el laúd y tus ojos vertieron lágrimas. En seguida abriste la puerta de la jaula y el ruiseñor se fue volando a la espesura. Entonces oíste moverse el follaje, y mirando a través de los rayos de la luna, viste que la avecilla había encontrado a su compañera. El ruiseñor te hizo oír en seguida, desde las ramas, su canto de jubilo. Después de meditar un rato, sentiste que no eran las hojas ni la luna lo que hacía cantar tan melodiosamente al ruiseñor, sino que el secreto de su canto, era la presencia de una cosa querida.

"¿Por qué sabías mis infantiles pensamientos mejor que yo misma? ¿Cómo es, hermoso extranjero, que la humilde vida de mis pasados años, con los más minuciosos pormenores, te es tan conocida? Ahora te admiro... pero nunca más me atreveré a tenerte miedo.

"Un día, su memoria me agobiaba. Como una criatura que llora sin saber por qué; así sentía en mi corazón un vago deseo de una cosa que ignoraba. Ahora, al contrario, pensando en ti, se desvanece cualquiera pesar que oprima mi alma. Vago en el tranquilo mar de la luz, y nada parece demasiado elevado a mis alas ni demasiado brillante a mis ojos. Me parece que de ti se desprenden conocimientos que no están en los libros y que te envuelven como una atmósfera. ¡Cuán poco he leído!... ¡cuán poco he aprendido! Pero cuando estás a mi lado, paréceme que se descorre el velo de toda ciencia. Me sobresaltó al ver las palabras que he escrito, y me parece que no han salido de mí, sino que son signos de otro idioma que tú has enseñado a mi corazón, y que mi mano traza rápidamente, como si otro me las dictara. A veces, mientras escribo o medito, se me figura que oigo unas alas que se agitan en derredor de mí, y cuando miro, veo opacas formas que se desvanecen sonriéndome. Ningún sueño pesado y medroso viene ahora a inquietar mi noche, y sin embargo, creo que mi vida es un sueño continuado, aun cuando esté despierta. Cuando duermo, viajo contigo, no por las sendas de la tierra, sino por un aire misterioso que parece una armonía... ¡que se eleva como el alma a los sonidos de la lira! Hasta que te conocí, fui esclava de la tierra; ¡tú me has dado la libertad del universo! ¡Antes vivía; ahora se me antoja que he empezado a ser eterna!

"Antes, cuando tenía que salir a escena, mi corazón latía más fuerte: temblaba de tener que aparecer delante del auditorio cuya voz da vergüenza o fama; ahora no le temo. Le veo, le observo, ¡y no le oigo! Conozco que hay música en mi voz, pues es un himno que canto para ti. Nunca vienes al teatro, y con todo, esto no me mortifica. Eres demasiado sagrado a mis ojos para que me parezcas igual a los demás, y siendo un placer en que no estés presente cuando la multitud tiene derecho a juzgarme.

"¡Me habló de otro! ¡Quería consignarme a otro! No; no es amor lo que siento por ti, Zanoni. ¿Por qué te escucho sin resentirme? ¿Por qué no me parece imposible nada de cuanto me mandas? Lo mismo que las cuerdas de un instrumento obedecen a la mano del que las pulsa, tu mirada modula todos los deseos de mi corazón sometiéndolos a tu voluntad. Si, si lo quieres.. sí... te obedeceré. Tú eres el árbitro de mi suerte; ¡no puedo rebelarme contra ti! Hasta me parece que amaría a quien quiera que fuese, con tal que le transmitieses los rayos que se desprenden de ti. Amo todo lo que has tocado, y amo al que ha merecido que hables de él. Tus manos han jugado con estos pámpanos, y yo los llevo en mi pecho. Me parece que eres el origen de todo amor, y que, demasiado grande y demasiado brillante para amarte a ti, reflejas tu luz en otros objetos que la vista puede contemplar sin ofuscarse. No, no es amor lo que siento por ti y por lo mismo, en adelante no me avergonzaré de confesarlo. ¡Sería para mí un oprobio amarte, conociendo que soy indigna de merecerte!

"¡Otro!... Mi memoria repite esta palabra. ¡Otro! ¿Pretendes decirme con eso que no te veré más? No es tristeza... no es pesar lo que se apodera de mí, pues no puedo llorar. Es un sentimiento inexplicable de desolación. ¡Volveré a quedar sumergida en la vida vulgar! Tiemblo al considerar mi soledad; pero te obedeceré si lo quieres. ¿No te volveré a ver al otro lado de la tumba? ¡Oh, qué grato me sería morir!

"¿Por qué no lucho por romper el lazo que encadena así mi voluntad? ¿Quién te ha dado el derecho para disponer de mí? Vuélveme, vuélveme la vida que conocí antes de verte; vuélveme los tranquilos sueños de mi infancia y la libertad de mi corazón, que cantaba cuando estaba alegre. Me has hecho perder la ilusión de todas las cosas que no se refieren a tu persona. ¿Era un crimen el pensar en ti, el verte? Tu beso quema todavía mi mano, esta mano que sólo yo puedo otorgar. Tu beso me pidió esta mano para ti. Extranjero, no quiero obedecerte.

"¡Otro día!... ¡Otra hoja más desprendida del árbol de la vida! El sueño de la última noche ha derramado en mi corazón una calma incomprensible. Me siento tan tranquila respecto de que nuestras existencias forman parte la una de la otra, que no puedo creer que mi vida pueda separarse de la tuya. Esta convicción hace que me ría de tus palabras y de mis temores. Profesas una máxima que repito a cada momento, revistiéndola de mil formas diferentes. Dices que la belleza del alma es la fe... que ésta es para el corazón lo que la belleza ideal es para el escultor... que la fe bien comprendida se extiende a todas las obras del Criador, a quien sólo podemos conocer por medio de ella... que la fe nos infunde una tranquila confianza en el presente y nos nace mirar con serenidad el porvenir... que la fe es la luna que domina el flujo y reflujo en el mar de la humanidad. Esta fe, que comprendo ahora, me hace desechar toda duda y todo temor. Conozco que he entrelazado de una manera indivisible la madeja de nuestras vidas y que no podrías separar la tuya aun cuando lo quisieras. Y este cambio de la lucha a la calma, se ha verificado durmiendo un sueño tranquilo, libre de toda pesadilla. Cuando desperté, tuve un sentimiento misterioso de felicidad... un confuso recuerdo de alguna cosa agradable, como si desde lejos hubieses arrojado usa sonrisa sobre mi sueño. ¡A la noche estaba tan triste! No quedaba una flor que no se hubiese cerrado, como si nunca más debiera volver a abrir su cáliz al sol; y la noche, así en el corazón como en la tierra, ha descogido todas las flores. El mundo vuelve a parecerme bello en medio de su calma... Ni la más ligera brisa mece los árboles... ni la más leve duda oscurece mi alma!".

CAPÍTULO VI

INESPERADAS SORPRESAS

Nos encontramos en un pequeño gabinete cuyas paredes están cubiertas de pinturas, una de las cuales es más magnífica que las demás. Zanoni tiene razón: el pintor es un mago; el oro que al fin extrae de su crisol, no es una ilusión. Un noble veneciano puede ser un necio o un asesino, un hombre vil o un imbécil. Pues bien; a pesar de ser un hombre indigno, puede haberse hecho retratar por Ticiano y su retrato ser de un valor inapreciable. Unas cuantas pulgadas de lienzo pintado, pueden valer mil veces más que un hombre de carne y hueso con su cerebro, con su voluntad, con su corazón y con su inteligencia.

En este gabinete se veía sentado a un hombre de unos cuarenta y tres años, de ojos negros, de color parido, de facciones pronunciadas, de boca grande, en cuyos gruesos labios se veía pintada la sensualidad y la resolución. Este hombre era el príncipe de ***. Su estatura era algo más que mediana y su forma un poco inclinada a la corpulencia; llevaba una ancha bata bordada de oro. Encima de una mesa que había delante de él, se veía una espada antigua, un sombrero, una careta, dados y cubilete, una cartera, y un tintero de plata ricamente cincelado.

—¡Bien, Mascari! —dijo el príncipe, mirando a su parásito, que permanecía en el alféizar de una honda ventana con reja de hierro. —¡Bien! El cardenal duerme con sus padres; necesito consolarme de la pérdida de un pariente tan excelente, y ¿qué otra cosa pudiera ofrecerme mayor distracción que la dulce voz de Viola Pisani?

—¿Habla V. E. de veras? —repuso el hombre. —Hace tao poco tiempo que ha muerto Su Eminencia...

—Por esa misma razón, nadie sospechará de mí, —dijo el príncipe. —¿Has sabido el nombre del insolente que nos burló aquella noche y que avisó al cardenal al día siguiente?

—Todavía no, —respondió Mascari.

—Pues bien, sapientísimo Mascari, ¡yo te lo diré! Fue el misterioso extranjero.

—¡El señor Zanoni! —exclamó el criado. —¿Estáis seguro de ello, señor príncipe?

—Sí, Mascari. En la voz de ese hombre hay algo que no me deja engañar; su tono es tan claro y tan imperioso, que cuando le oigo me parece que existe lo que llaman conciencia. Sin embargo, debemos deshacernos de ese impertinente, Mascari, el señor Zanoni no ha honrado todavía nuestra pobre casa con su presencia. Siendo un extranjero tan distinguido, debemos obsequiarle con un banquete.

—¡Ah —dijo Mascari, —el vino de Chipre! Este vino es el mejor emblema de la tumba.

—Pero esto ha de ser pronto —repuso el príncipe; — soy supersticioso, y se cuentan tantas cosas de su poder y de su previsión... Acuérdate de la muerte de Ughelly. Pero no importa; aunque estuviese aliado con el demonio, no me robará mi dicha ni evitará mi venganza.

—V. E. tiene el juicio trastornado, y jurarla que la actriz le ha hechizado.

—Mascari, por estas venas corre la sangre de los Visconti... de aquellos que se vanagloriaban de que ninguna mujer se escapó de sus persecuciones ni ningún hombre a su resentimiento. La corona de mis padres se ha convertido en un juguete; su ambición y su espíritu han de conservarse. Mi honor está comprometido en esta empresa. ¡Es menester que Viola sea mía!

—¿Otra emboscada? —preguntó Mascari para descubrir terreno.

—No, —contestó el príncipe. —¿Por qué no hemos de penetrar en la casa? Está en un paraje muy solitario y la puerta no es de hierro.

—Pero, al regresar a su casa —observó Mascari, — referirá nuestra violencia. ¡Una casa asaltada... una doncella robada! Reflexionadlo bien. Aunque los privilegios feudales se conservan, no creáis que la ley no puede alcanzar a un Visconti.

—¿Sí, Mascari? ¡Loco! ¿En qué época del mundo, aun cuando los maniáticos de Francia realizasen sus quimeras, la férrea ley no se doblará como un débil mimbre ante el poder y el oro? No te pongas pálido, Mascari; lo he combinado todo perfectamente. El día que Viola deje este palacio, saldrá para Francia con el señor Juan Nicot.

Antes de que Mascari pudiera replicar, el gentilhombre de cámara anunció al señor Zanoni.

El príncipe, por medio de un movimiento maquinal, echó mano a la espada que había encima de la mesa; pero en seguida, riéndose de su impulso, se levantó, yendo a recibir a su visita a la puerta con toda la fina y respetuosa cortesanía del disimulo italiano.

—Es un honor que no esperaba —dijo el príncipe. — Hacía mucho tiempo que deseaba estrechar la mano de una persona tan distinguida.

—Y yo os la tiendo con todo el placer que sentís vos mismo al recibirla, —replicó Zanoni.

El napolitano se apresuró a coger la mano de Zanoni; pero apenas la tocó, experimentó un fuerte estremecimiento y su corazón cesó de latir. Zanoni fijó en el príncipe sus negros ojos, y, sonriendo, fue a sentarse junto a él con aire familiar.

—Entonces, quede firmada y sellada, noble príncipe. Hablo de nuestra amistad. Ahora, os manifestaré el objeto de mi visita. Me parece, príncipe, que sin saberlo, somos rivales. ¿No podemos arreglar nuestras pretensiones?

—¡Ah! —contestó el príncipe afectando indiferencia.— ¿Entonces sois vos el caballero que me arrebató el premio de mi trabajo? En la guerra y en el amor, todos los ardides son legales. ¡Arreglemos nuestras pretensiones! Mirad, aquí están los dados; que las decida la suerte. El que saque el punto más bajo, renunciara a ella.

—¿Y me prometéis someteros a la decisión de la fortuna? —preguntó Zanoni.

—Sí, bajo palabra de honor.

—Y al que falte a su palabra, ¿qué castigo se le impone? —volvió a preguntar Zanoni.

—La espada está junto a los dados, señor Zanoni. El que falte a su promesa, que caiga bajo la espada.

—Príncipe, ¿invocáis esta sentencia para cualquiera de los dos que falte a su palabra? Corriente; que tire el señor Mascari por nosotros.

—¡Tenéis razón!.. ¡Mascari, los dados!

El príncipe se arrellanó en su silla, y, a pesar de toda su flema mundanal, no pudo dominar la emoción que hizo colorear su semblante a la idea de su seguro triunfo.

Mascari cogió los tres dados y los hizo rodar ruidosa mente por el cubilete.

Zanoni, con la mejilla apoyada en su palma, e inclinándose sobre la mesa, fijó su mirada sobre el parásito.

En vano Mascari se esforzaba por eludir aquella escudriñadora mirada. Palideció, y, temblando, dejó el cubilete encima de la mesa.

—La primera tirada será para vos, príncipe —dijo Zanoni. —Vamos, señor Mascari, tened la bondad de sacarnos pronto de dudas.

Mascari volvió a coger otra vez el cubilete; los dados volvieron a sonar de una manera estrepitosa, y, tirando la jugada, sacó dieciséis puntos.

—¡Es un número bien alto! —dijo Zanoni con calma; —sen embargo, señor Mascari, aun no desconfío.

Mascari recogió los dados, y, agitando el cubilete, vació otra vez el contenido sobre la mesa. El número era el más elevado que podía tirarse: dieciocho.

El príncipe arrojó una irritada mirada a su criado, que contemplaba los dados con la boca abierta, en tanto que temblaba de pies a cabeza.

—Ya lo veis, he ganado, —dijo ZaDoni. —¡Supongo que seremos amigos! —Caballero —objetó el príncipe, esforzándose en dominar su rabia y su confusión, —la victoria es vuestra; pero, perdonad:

habéis hablado de esa joven con mucha frialdad.. ¿Habría alguna cosa que pudiera haceros renunciar a vuestro derecho?

—¡Ah! no juzguéis tan mal de mi hidalguía.

Y con voz grave y en tono bajo, Zanoni prosiguió:

—No olvidéis la sentencia que vuestros labios han pronunciado.

El príncipe frunció el entrecejo; pero reprimió la altiva respuesta que le puso en los labios su primer impulso.

—¡Basta! —dijo al fin con fingida sonrisa. —Cedo; pero permitidme probaros que cedo de buena voluntad. ¿Queréis honrar con vuestra presencia una pequeña fiesta que me propongo dar?...

Y con risa sardónica, añadió:

—En honor de la elevación de mi pariente, el difunto cardenal, de piadosa memoria, a la verdadera silla de San Pedro.

—Será para mí una dicha obedecer vuestras órdenes, —contestó Zanoni.

Este cambió de conversación, habló algunos instantes con alegre ligereza, y después se despidió.

—¡Villano! —exclamó el príncipe, cogiendo a Mascari por el cuello. —Me has vendido.

—Aseguro a V E. —dijo el criado —que los dados estaban bien preparados: para él no debían salir más que diez puntos; pero este hombre es el diablo; helo aquí explicado todo.

—No perdamos tiempo, —repuso el príncipe soltando al criado, que se puso a arreglar tranquilamente su corbata. —Mi sangre hierve... Quiero esa muchacha, aun cuando debiese costarme la vida. ¿Qué ruido es ese?

—Nada, señor; la espada de vuestro ilustre abuelo que ha caído de la mesa.

CAPÍTULO VII

CARTA DE ZANONI A MEJNOUR

"Mi arte empieza ya a obscurecerse. He perdido la serenidad que es la que da el poder. Mi influencia no ha podido dominar a quienes más empeño tenía en guiar a la playa; al contrario, cada vez les veo mas engolfados en el inmenso Océano donde nuestros buques navegan eternamente, y dirigirse al horizonte que desaparece de nuestra vista. Absorto y alarmado de ver que solo puedo aconsejar cuando quisiera mandar, he dirigido una mirada a lo más recóndito de mi alma. Es verdad que terrenales deseos me ligan al presente, y que por esto se me obscurecen los secretos que solamente la inteligencia purificada de toda escoria material, puede examinar y penetrar. Las duras condiciones bajo las cuales nos está concedido el más noble y el más divino de los dones, nublan nuestra vista cuando miramos el futuro de aquellos que nos han inspirado las enfermedades humanes de los celos, el odio o el amor. ¡Mejnour, una densa niebla se levanta en torno mío; nuestra sublime existencia degenera en mí, y del seno de la imperecedera juventud, que florece solamente en el espíritu, brota negra y envenenada la flor del humano amor!

"Este hombre no es digno de ella... conozco esta verdad. Sin embargo, su naturaleza encierra la semilla de todo lo que es bueno y grande; semilla que la cizaña y la mala hierba de las vanidades y preocupaciones mundanas no dejan germinar. Si ella fuese suya y yo pudiera transplantar de esta manera en otro suelo la pasión que obscurece mi vista y desarma este poder que nadie ve, oye, ni sospecha, podría velar por su suerte, inspirarle secretamente sus acciones y hacerla feliz por medio de él. ¡Pero el tiempo urge! Por entre las nieblas que obscurecen mi vista, veo amontonarse sobre su cabeza los más terribles peligros. No queda otro recurso que la fuga... y no puede salvarse sino con él o conmigo. ¡Conmigo!... ¡Idea seductora... terrible convicción! ¡Conmigo! Mejnour, ¡quisiera salvarla de mí! Un momento en la vida de los siglos... una burbuja en medio del inmenso mar. ¿Qué otra cosa pudiera ser para mí el humano amor? Y en esta exquisita naturaleza, más pura y más espiritual en sus juveniles afecciones que todo lo que he podido contemplar en el pasado en los innumerables volúmenes del corazón, generación tras generación, existe, no obstante, un oculto sentimiento que me anuncia males inevitables. Tú, austero e insensible Hierofante; tú que has querido atraer a nuestra sociedad a los genios de sentimientos más elevados y atrevidos, inspírame Pero ¡ah!... también a ti te ha enseñado la fatal experiencia cuán vana es la esperanza de desterrar el *miedo* del corazón de la mujer.

Mi vida sería una maravilla para ella, es cierto; pero, al pensar que pudiera probar de guiar sus pasos por la senda del terror para hacerla llegar a la luz, me acuerdo del Espectro del *Umbral*, y tiemblo al imaginarme el terrible azar.

Me he esforzado en despertar en el corazón del inglés la ambición que inspira la verdadera gloria de su arte, más el espíritu inconstante de su abuelo parece inspirar a este joven y atraerle hacia las esferas donde se extravían sus inciertos pasos. Existe un misterio en esa transmisión de sentimientos de padre a hijo. Ciertas particularidades de la imaginación, lo mismo que las enfermedades del cuerpo, parecen dormir durante algunas generaciones para revivir después en algún lejano descendiente y confundir la ciencia.

¡Abandona las solitarias ruinas de Roma y ven a prestarme tu auxilio! Deseo con ansia un confidente... un hombre que, como tú, haya sentido en otro tiempo los celos y el amor. He querido hablar con Adonai, y su presencia y sus conocimientos, que algún día me inspiraban una celestial alegría y una tranquila confianza en el destino, ahora no hacen más que confundirme y hacerme titubear. Desde la altura de la cual me esfuerzo en penetrar las sombras del porvenir, veo confusos espectros de aspecto airado y amenazador. Me parece distinguir el fin horrible de la maravillosa existencia que he disfrutado... se me figura que, después de muchos siglos de una vida ideal, mis días se precipitan en el tempestuoso mar de la realidad.

En el paraje donde las estrellas me abrían sus puertas, veo aparecer un cadalso, y densos vapores de sangre se levantan de la tierra. Lo que encuentro más extraño es que una criatura humana, un tipo del falso ideal de los hombres vulgares, un hombre disforme de cuerpo y de imaginación, un sarcasmo del arte que crea la belleza y un escarnio del deseo que busca la perfección, ahuyenta siempre mi visión en medio de esas confusas y negras sombras que me ocultan el porvenir. Siempre le veo junto a ese cadalso, y cuando me habla, brota cieno y sangre de sus labios.

Ven, amigo de los remotos tiempos; sé que cuando se trata de mí, tu sabiduría no ha apagado en tu corazón las humanas afecciones. Según los vínculos de nuestra solemne orden, reducida ahora a nosotros dos, únicos restos de unas doctrinas tan sublimes, estás también obligado a advertir al descendiente de aquel a quien quisiste iniciar en otros tiempos en el gran secreto. El último de aquel intrépido Visconti que fuera tu discípulo, es el infatigable perseguidor de esta hermosa joven. Con sus ideas impuras y de asesinato se está abriendo su sepultura. Todavía puedes hacerle estremecer mostrándole el precipicio. Y yo también, misteriosamente, por los mismos vínculos, me veo obligado a obedecer, si él lo manda, al menos culpable descendiente de un desengañado, pero más noble discípulo. Si desoye mi consejo e insiste en que le cumpla mi promesa, tendrás un nuevo neófito. ¡No quieras otra víctima!

¡Ven! Esta carta llegará a tus manos lo más pronto posible. Haz que la contestación sea ver entre las mías, una mano que aun me considero digno de estrechar.

CAPÍTULO VIII

PICADURA DE ÁSPID

La tumba de Virgilio, situada sobre la caverna de Posílipo, es venerada en Nápoles, no con los sentimientos que deberían honrar a la memoria del poeta, sino con el terror que inspira el recuerdo del mago.

Los napolitanos atribuyen a sus hechizos la cavidad de aquella montaña, y la tradición todavía hace guardar su tumba por los espíritus que evocara para construir la caverna.

Este sitio, muy inmediato a la casa de Viola, había sido por su soledad, con frecuencia, el paseo favorito de la joven, que se complacía con las tétricas y solemnes ideas que le inspirara la vista de aquella profunda y tenebrosa gruta; y a veces subía hasta la tumba del poeta para contemplar desde aquella elevada roca las pequeñas figuras de la afanada multitud, que parecían arrastrarse como insectos por lee tortuosidades de la ciudad.

En el momento que ahora describimos, que era mediodía, la joven se dirigía a este sitio con aire contemplativo. Marchaba por la angosta senda, y después de cruzar el sombrío emparrado que trepa por la roca, llegó al punto mas elevado, cubierto de musgo y de verde follaje, donde se cree reposan los restos de aquel que, aun en el día, inspira a los hombres los mas sublimes pensamientos.

A lo lejos se levanta la inmensa fortaleza de San Telmo, en medio de torres y obeliscos que brillan espléndidamente bajo los rayos del sol.

Arrullada por el suave murmullo de las olas, la sirena duerme en el azulado mar, en tanto que a lo lejos el Vesubio eleva hacia el lúcido cielo una columna movible de humo.

Absorta en la orilla del precipicio, Viola contemplaba el hermoso panorama que se dilataba ante su vista, y el negruzco vapor del Vesubio la fascinaba más todavía que los risueños jardines, o la brillante Caprea, sonriendo en medio del mar. Viola, que no había notado el ruido de los pasos que seguían su misma huella, se sobresaltó al oír una voz junto a ella. La aparición de aquella forma fue tan repentina, y su fealdad se armonizaba tanto con lo salvaje de la escena que la rodeara y con las tradiciones misteriosas de aquel sitio, que la joven palideció, en tanto que de sus labios se escapaba un débil grito.

—¡Silencio, tímida paloma! no tengáis miedo de mi rostro —dijo el hombre, sonriendo con amargura. —Después de tres meses de matrimonio, no existe la menor diferencia entre la hermosura y la fealdad. La costumbre lo nivela todo. Me dirigía a vuestra morada cuando vos salíais de ella, y como tengo que comunicaros asuntos de importancia, me he atrevido a seguir vuestros pasos. Me llamo Juan Nicot, nombre bastante conocido como artista francés. La pintura y la música son hermanas, y el teatro es el altar que las une a las dos.
En la conversación de este hombre había una cierta franqueza que desvaneció el miedo que causara a primera vista. El artista se sentó en una piedra al lado de la joven, y fijando en ella sus ojos, prosiguió:

—Sois muy hermosa, Viola Pisani, y por eso no me sorprende el que tengáis tantos admiradores. Si me atrevo a figurar entre ellos, es porque soy el único que os ama honestamente y que os galantea cual merecéis. ¡No me miréis con ese ceño! Escuchad. ¿Os ha hablado alguna vez de matrimonio el príncipe de ***? ¿Os ha dicho algo de eso Zanoni, el bello impostor, o Clarencio Glyndon, el inglés de ojos azules? Yo, al menos, os ofrezco mi mano, un hogar, seguridad y reputación. Estos son bienes que duran cuando el peso de la vejez encorva las personas y apaga el brillo de los ojos. ¿Qué decís?

Al hacer esta pregunta, Nicot hizo ademán de cogerle la mano.

Viola se retiró, y volviéndole la espalda, tomó el camino de su casa. Nicot, al ver la intención de la joven, corrió a interceptarle el paso.

—Actriz —exclamó Nicot, —¡me oiréis! ¿Sabéis lo que es la carrera del teatro a los ojos de las personas preocupadas, es decir, para la mayoría de la sociedad? Os lo diré. De noche, al resplandor de las bujías, sois una princesa; a la luz del día, no sois más que una ilota. Nadie cree en vuestra virtud ni en vuestros votos; sois la muñeca que el público viste de oropel para que le divierta, pero de ningún modo un ídolo digno de su admiración. ¿Tanta afición tenéis a esa carrera, que despreciéis por ella la seguridad y la honra? Quizá sois diferente de lo que parecéis. Tal vez os reís de la preocupación que os degrada, y tratáis de sacar partido de ella. Habladme con franqueza; yo tampoco tengo preocupación alguna. Querida mía, estoy seguro de que nos convenimos el uno al otro. Ahora es preciso que sepáis que tengo que cumplir un encargo del príncipe de ***, el cual os voy a decir.

Nunca Viola se sintió tan abatida como en este instante; nunca había visto tan claramente como ahora todos los peligros de su desamparada condición y de su triste renombre. Nicot prosiguió:

—Zanoni no haría más que divertirse con vuestra vanidad; Glyndon se despreciaría a sí mismo si tenía la debilidad de ofreceros su nombre... y a vos, si lo aceptabais; pero el príncipe os codicia, y es rico. ¡Escuchad!

Nicot acercó sus labios al oído de la joven y le dijo algunas frases que Viola no quiso acabar de oír. La bella actriz retrocedió, dirigiéndole una mirada de solemne desprecio. Nicot hizo entonces un esfuerzo para cogerle el brazo y detenerla, pero resbalándosele un pie, cayó al otro lado de las rocas, hasta que al fin, medio magullado, se detuvo en una rama de pino, sin lo cual hubiese ido a parar al fondo del abismo. Viola, oyendo su exclamación de rabia y de dolor, echó a correr por la senda, y sin volver la vista atrás una sola vez, llegó a su casa. En el portal, Glyndon estaba hablando con Gionetta; pero Viola, pasando precipitadamente por el lado del inglés, se dirigió adentro sin detenerse, y dejándose caer en el suelo, se puso a llorar amargamente. Glyndon, al ver entrar a la joven de aquella manera, fue tras ella admirado de verla en semejante situación, y todos cuantos esfuerzos hizo para calmarla y consolarla fueron infructuosos. Viola se negó a responder a sus preguntas; ni parecía tampoco hacer el menor caso de sus protestas de amor, hasta que de repente, acordándose de la terrible pintura que Nicot le hiciera del juicio que de su carrera tenía formado la sociedad, de esa profesión que fue en otro tiempo el encanto de sus infantiles pensamientos, levantó su cabeza, y mirando fijamente al artista, le dijo:

—Hombre falso, ¿os atrevéis a hablarme de amor?

—Os juro por mi honor que me faltan palabras para expresar la pasión que siento por vos!

—¿Queréis ofrecerme vuestra casa... y darme vuestro nombre? ¿Queréis hablarme como si fuese vuestra esposa?

Si en este momento Glyndon hubiese respondido lo que le aconsejara su ángel bueno, quizá, en la terrible revolución que se operaba en la imaginación de la joven a causa de las palabras de Nicot, palabras que la hacían despreciarse a sí misma, y que después de arrebatarle sus ilusiones, la hicieron desesperar de su porvenir, quizá, repito, rehabilitándola en su concepto, se hubiese granjeado su confianza y asegurado últimamente su amor; pero, venciendo el primer impulso de sus generosos sentimientos, esta inesperada pregunta despertó en su corazón todas las dudas, que, como Zanoni había dicho tan acertadamente, eran los verdaderos enemigos de su alma. ¿Iba a ceder tan repentinamente, para caer en el lazo que habían, tal vez, tendido a su credulidad? ¿Sería todo esto una cosa fingida para sorprenderle y arrancarle una promesa, de la cual la fría prudencia le haría arrepentir después? ¿No podía aquella grande actriz representar un papel estudiado de antemano? Estos pensamientos, que cruzaron por su mente con la velocidad del rayo, le pusieron sobre sí, y hasta llegó a figurársele que oía al exterior la sarcástica risa de Mervale. No se engañó. Mervale pasaba en aquel momento por delante de la puerta, y Gionetta le había dicho que su amigo estaba adentro. ¿Quién es el que no conoce el efecto que causa la risa del mundo, cuya personificación era Mervale? En la carcajada de su amigo, Glyndon pareció oír el grito de burla de todo el género humano. El joven artista se hizo atrás... y Viola le seguía con ansiosa e impaciente mirada. Al fin, Glyndon balbuceó:

—¿Exigen todas las de vuestra profesión el matrimonio, hermosa Viola, como la única prueba de amor?

—¡Terrible pregunta!... ¡Cruel escarnio! Glyndon, conociendo su injusticia, se arrepintió en seguida, en tanto que la razón, el sentimiento y la conciencia, le reprochaban su comportamiento. El joven notó el movimiento de dolor que hizo Viola al oír sus crueles palabras; vio que el color de sus mejillas cambió una infinidad de veces en un instante para dejarla al fin pálida como el mármol. La actriz le dirigió después una mirada de indecible tristeza, en la cual no se revelaba el más ligero reproche, y apoyando ambas manos fuertemente contra su corazón, dijo:

—¡Tenía razón! Perdonadme, extranjero: ahora veo que soy efectivamente la ilota y la criatura despreciable.

—¡Escuchad, Viola! Me retracto de cuanto os he dicho; ahora soy yo quien os pide perdón!

La joven, por toda contestación, le despidió con la mano, y dirigiéndole una sonrisa llena de amargura, se deslizó dentro de su habitación, sin que Glyndon se atreviera a detenerla.

CAPÍTULO IX

EL "BUEN SENTIDO" EQUIVOCÁNDOSE

Cuando el artista estuvo fuera de la casa de Viola, Mervale, que se estaba paseando por allí cerca, fue a cogerse de su brazo. Glyndon le rechazó con aspereza.

—Vuestros consejos —dijo el artista con amargura a su amigo, —han hecho de mí un cobarde y un desgraciado. Pero iré a mi casa y le escribiré en seguida. Mi alma necesita este desahogo. Viola me perdonará.

Mervale , cuyo carácter no cedía tan fácilmente , empezó a arreglarse los rizados puños de su camisa, que el brusco movimiento de su amigo dejara bastante arrugados, y hasta que vio que Glyndon se había desahogado arrojando mil exclamaciones y reproches, no principió a dirigirle alguna palabra suave. Entonces pudo conseguir que Glyndon le explicara lo que había pasado, poniendo en juego todo su arte para tranquilizarle. Si hemos de decir la verdad, Mervale no tenía malos sentimientos, sino que su moral era mucho más severa de lo que se acostumbra a ver en jóvenes de su edad, y, por lo mismo, reprendía a su amigo porque sus miras, respecto de la actriz, eran poco honrosas.

—Sentiría —le decía Mervale, —que esa joven fuese vuestra esposa; pero nunca he soñado que pudieseis degradarla hasta el extremo de hacerla vuestra querida. Prefiero un casamiento imprudente antes que un trato ilícito. Reflexionadlo bien; no obréis bajo el impulso del momento.

—Pero no hay tiempo que perder. Ofrecí a Zanoni que mañana a la noche sabría mi respuesta. Después de este plazo, es inútil toda resolución.

—¡Ah! —dijo Mervale, —esto es sospechoso Explicaos.

Glyndon, obcecado por el fuego de su pasión, contó a su amigo todo lo que había mediado entre él y Zanoni, suprimiendo solamente, sin que supiera por qué, la parte que hacía referencia a su abuelo y a la misteriosa secta.

Esta relación facilitó a Mervale poderosas razones para combatir la idea de su amigo, lo cual hizo empleando argumentos llenos de buen sentido ¡Cuán evidente parecía que mediaba una alianza entre la actriz, y quizá —¿quién sabe?— su clandestino protector, cansado ya de su posesión! ¡Cuán equívoco era el carácter de él... y la posición de ella! ¡Qué sagacidad envolvía la pregunta de la actriz! ¡Con qué perspicacia, a la primera sugestión de su preocupada razón, había Glyndon penetrado hasta si fondo de la intriga! ¡Cómo! ¿Debía lanzarse a contraer un enlace precipitado y quizá temerario, porque Zanoni, un simple extranjero, le dijese en tono grave que era menester decidirse antes que el reloj diese cierta hora?

—Al menos, haced lo que voy a deciros, —observó Mervale bastante razonablemente. —Aguardad que el tiempo expire; al fin, no es más que otro día.
Burlad a Zanoni. Os ha dicho que vendría a encontraros mañana antes de la media noche, y os desafía a que le evitéis. ¡Pues bien! vámonos a cualquiera parte, a cualquier punto de las cercanías de Nápoles, en donde, a no ser que sea el mismo demonio, le será imposible encontrarnos. Hacedle ver que no queréis que os lleve con los ojos vendados a celebrar un acto que vos mismo meditáis. No escribáis ni veáis a Viola hasta pasado mañana. Esto es todo lo que os pido. Después, visitadla y haced lo que mejor os plazca.

Glyndon vacilaba. No podía combatir las razones de su amigo; no estaba convencido, y sin embargo, titubeaba. En aquel instante, Nicot acertó a pasar por allí y se detuvo al ver a Glyndon.

—¿Todavía pensáis en Viola Pisani? —preguntó el francés.

—Sí; ¿y vos?... —le dijo Glyndon.

—La he visto y he hablado con ella. ¡Viola será madama Nicot antes de una semana! Me voy al café. ¡Ah! escuchad. Cuando veáis a vuestro amigo Zanoni, decidle que le he encontrado dos veces en mi camino. Juan Nicot, aunque simple pintor, es un hombre sencillo y honrado que paga sus deudas.

—Es una buena doctrina en cuestiones de dinero — dijo Mervale, — pero, para vengarse, es poco moral, y ciertamente no muy discreta. ¿Acaso Zanoni ha estorbado vuestros proyectos amorosos? ¿No acabáis de decir que este asunto os va tan bien?

—Esta pregunta podéis hacerla a Viola Pisani ¡Bah! Glyndon, esa joven hace la mojigata solamente con vos. Yo soy muy despreocupado, ya lo sabéis. Adiós.

—¡Volved en vos, amigo! —dijo Mervale, dando un golpecito en el hombro de Glyndon. —¿Qué pensáis ahora de vuestra linda actriz?

—Ese hombre miente, —respondió Glyndon.

—¿Queréis escribirle ahora mismo? —repuso Mervale.

—No. Si es verdad que está representando tan triste papel, renunciaré a ella sin exhalar un suspiro. La vigilaré de cerca; pero, de todos modos, Zanoni no será el árbitro de mi suerte. Voy a seguir vuestro consejo. Mañana, al amanecer, saldremos de Nápoles.

CAPÍTULO X

¡AL VESUBIO!

Al día siguiente; muy de mañana, los dos jóvenes ingleses montaron a caballo, tomando la ruta de Baiæ. Glyndon dejó dicho en su casa que si iba a buscarle el señor Zanoni, le hiciesen saber que había salido de excursión al sitio tan celebrado de los antiguos por sus magníficas baños, y que allí le encontraría.

Los dos amigos pasaron por delante de la casa de Viola, y Glyndon tuvo grandes deseos de detenerse en ella. Dirigiéronse hacia la gruta de Posílipo, y desde allí, haciendo un rodeo para llegar a los arrabales de la ciudad, tomaron el camino que conduce a Pórtici y a Pompeya. Era ya más de mediodía cuando llegaron a la primera de estas ciudades, y resolvieron comer en ella, pues Mervale había oído celebrar mucho los macarrones de Pórtici, y Mervale era buen gastrónomo.

Los dos viajeros subieron a una posada de modesta apariencia y comieron a la sombra de un toldo. Mervale estaba más alegre de lo acostumbrado; acercaba con frecuencia el lácrima a su amigo, y hablaba con chiste y ligereza.

—Bien, amigo mío, —dijo Mervale; —hemos hecho quedar mal al señor Zanoni en una de sus predicciones. En adelante, no tendremos tanta fe en él.

—Los *idus* han venido, no se han ido, —repuso Glyndon.

—¡Silencio! Si él es el adivino, vos no sois el César, — repuso Mervale. —Vuestra vanidad os hace ser crédulo. Gracias a Dios, no me considero de tanta importancia que crea que las operaciones de la naturaleza cambien su orden para espantarme.

—Pero, ¿por qué tendría de alterarse la marcha de la naturaleza? Puede existir una filosofía más profunda que la que nosotros soñamos... una filosofía que descubra los secretos de la naturaleza, no alterando, sino penetrando su curso.

—¡Ah! volvéis a caer en vuestra herética incredulidad. ¡Según eso, suponéis que Zanoni es profeta, un hombre que lee en el porvenir, un hombre que está quizá en contacto con los genios y los espíritus!

En este instante el posadero, hombre pequeño, grueso y grasiento, entró con otra botella de lácrima, diciendo que esperaba que sus Excelencias estarían contentos. El buen hombre se enterneció casi de veras cuando les oyó decir que les habían gustado muchísimo los macarrones.

—¿Van sus Excelencias al Vesubio? —preguntó el fondista. —Ha habido una pequeña erupción. Desde aquí no puede verse; pero es una vista magnífica, y lo es mucho más después de puesto el sol.

—¡Soberbia idea! —exclamó Mervale. —¿Qué os parece, Glyndon?

—Nunca he visto una erupción —repuso Glyndon, — y sería un espectáculo que me gustaría mucho presenciar.

—¿Supongo que no habrá peligro alguno? —preguntó el prudente Mervale.

—¡Oh! no, señor, —respondió el posadero; —la montaña es ahora muy tratable. Solamente juega un poquito, lo bastante para divertir a sus Excelencias los ingleses.

—Entonces, bien; haced que nos arreglen dos caballos y traednos la cuenta. Iremos allá antes que anochezca. Clarencio, amigo mío. *Nunc est bibendum;* pero, ¡no olvidéis el *pede Iibero,* que no sé si será bastante bueno para andar por encima de la lava!

Los dos amigos, después de apurar la botella, pagaron su cuenta y montaron a caballo; el posadero les hacía mil cortesías en tanto que tomaban el camino de Resina, acompañados de la fresca brisa de aquella tarde deliciosa.

El vino, o quizá la excitación de sus pensamientos, animó sobremanera a Glyndon, cuyas inconstantes ideas eran a veces elevadas y brillantes como las del estudiante que se ve libre de la escuela; así es que las estrepitosas carcajadas de los viajeros del norte, resonaban con frecuencia, en medio de la melancolía que debieran inspirarles unos sitios bajo los cuales yacían ciudades sepultadas.

Héspero había encendido su lámpara en medio del rosado espacio, cuando los viajeros llegaron a Resina. Aquí dejaron los caballos para tomar dos mulos y un guía. A medida que el día desaparecía, la montaña presentaba una brillantez más intensa. Una fuente de fuego se precipitaba por diferentes regueros desde la negra cúspide, y los ingleses, a medida que adelantaban, empezaban a sentir esa solemne sensación de terror que inspira la atmósfera que rodea al gigante de las llanuras.

Era ya de noche; dejando los mulos, los viajeros resolvieron subir a pie, acompañados de su guía, y de un campesino que llevaba una grande antorcha. El guía era un hombre vivaracho y hablador, como lo son los más de su país que ejercen tal profesión; y Mervale, cuyo genio era muy sociable, gustaba de pasar el tiempo e instruirse siempre que se le ofreció una ocasión.

—¡Ah! Excelencia —dijo el guía, —las gentes de vuestro país sienten una fuerte pasión por el volcán. ¡Dios se la conserve! pues nos traen mucho dinero. Si tuviésemos que vivir con lo que nos dan los napolitanos, pronto nos moriríamos de hambre.

—Es verdad, los napolitanos son poco curiosos —repuso Mervale. — ¿Os acordáis, Glyndon, con qué desprecio aquel anciano conde nos dijo: supongo que iréis al Vesubio? Yo nunca he estado allí; y, ¿para qué? para pasar frío, hambre, cansarse y exponerse, y todo esto, para ver fuego, que es lo mismo en un brasero que en la montaña. ¡Ja! ¡ja! ¡ja! El viejo tenía razón.

—Pero no es esto todo, Excelencia —opuso el guía. — Algunos caballeros se creen capaces de subir a la montaña sin nuestro auxilio. Esos hombres merecerían precipitarse dentro del cráter.

—Se necesita mucho valor para andar solo por estos sitios, y me parece que no serán muchos los que se atrevan a ello.

—Suelen hacerlo bastante los franceses, señor. Pero la otra noche (en mi vida pienso pasar un susto más grande) acompañé una expedición de varios ingleses. Una señora se dejó olvidado en lo alto de la montaña un libro de memorias en el cual había hecho algunos dibujos, y me ofreció una buena suma si quería írselo a buscar y llevárselo a Nápoles. Por la tarde subí a la montaba, y hallé, efectivamente, el librito en el mismo sitio; pero cuando iba a volverme, vi una figura que me pareció salir del mismo cráter. El aire era tan pestilencial, que parecía imposible que una criatura humana fuese capaz de respirarlo y vivir. Me quedé tan sorprendido, que por un buen rato me estuve quieto como una estatua, hasta que aquella figura, pasando por encima de las ascuas, vino a ponerse enfrente de mí. ¡Virgen María, qué cabeza!

—Tan horrible, ¿no es verdad? —dijo Mervale.

—No, —repuso el guía, —era un semblante bello, pero tan terrible, que su aspecto no tenía nada de humano.

—¿Y qué os dijo la salamandra? —preguntó Mervale.

—¡Nada! Ni siquiera pareció haber reparado en mí, aunque estaba tan cerca de él como lo estoy ahora de vos; sus ojos se dirigían al cielo como si hiciera alguna plegaria, y pasando por mi lado precipitadamente, cruzó una corriente de lava encendida, desapareciendo al otro lado de la montaña. La curiosidad me hizo audaz y quise probar si podría aguantar la atmósfera que había respirado aquel viajero; y a pesar de que no adelanté más que unos treinta pasos hacia el sitio donde él apareciera primeramente, me vi rechazado por un vapor que estuvo a punto de asfixiarme. ¡Caspita! desde entonces escupo sangre,

—Apostaría cualquiera cosa a que os figuréis que este rey del fuego era Zanoni, — murmuró Mervale riendo.

La pequeña partida se encontraba cerca de la cúspide de la montaña; el grandioso espectáculo que se ofrecía a su vista sería difícil de describir. Del fondo del cráter salía un vapor negruzco que se esparcía por el espacio y ocultaba el resplandor de las estrellas; en el centro del vapor se veía una llama de forma y color singularmente bellos. La cresta de la montaña podía compararse con un plumero de gigantescas plumas coronadas de brillantes, formando un gracioso arco de variados colores, a los que las sombras de la noche venían a dar encantadores matices, mientras que el todo ondeaba como el plumaje del casco de un guerrero. El rojizo resplandor de la llama iluminaba el terreno que pisaban, y cada piedra, y cada hoyo, producía una sombra particular. La atmósfera sulfúrea y sofocante acababa de aumentar el tenebroso y sublime terror del sitio. Si se apartaba la vista de la montaña para dirigirla al distante piélago, el contraste era verdaderamente grandioso. El cielo, puro y sereno, estaba salpicado de estrellas que brillaban tranquilamente como los ojos del divino amor. ¡Parecía que los mundos de los opuestos principios del bien y del mal se presentaban en un solo cuadro a la vista del hombre! Glyndon, con su entusiasta imaginación de artista, se sentía encadenado en aquel sitio, experimentando vagas e indefinibles sensaciones de placer y de dolor. Apoyado en el hombro de su amigo, el artista miraba a su alrededor, y escuchaba con cierto terror el sordo ruido que se oía bajo sus pies, pareciéndole que era producido por las ruedas de la máquina y las voces de los agentes de la naturaleza, trabajando en sus negras e impenetrables cavernas. De repente, como una bomba arrojada por un mortero, una enorme piedra fue volando por los aires a una altura inmensa, y cayendo con toda la fuerza de su gravedad sobre las rocas, saltó hecha millares de pedazos, que fueron rodando estrepitosamente por la pendiente de la montaña. Uno de estos fragmentos vino a caer en el estrecho espacio que había entre los ingleses y el guía, a unos tres pies de distancia de los primeros. Mervale arrojó un grito de espanto, en tanto que Glyndon, faltándole casi la respiración, temblaba de pies a cabeza.

—¡Diablo! —exclamo el guía. —¡Vámonos, señores, vámonos! No perdamos un instante, ¡seguidme tan de cerca como os sea posible!

Al decir esto, el guía y el campesino echaron a correr con toda la velocidad que el terreno permitió. Mervale, más resuelto y más pronto en sus resoluciones que su amigo, imitó su ejemplo, en tanto que Glyndon, más confuso que alarmado, siguió detrás de Mervale. No habían tenido tiempo de andar sino algunas varas, cuando, con un ruido terrible, salió del cráter una enorme columna de vapor que les perseguía, y, alcanzándole en un instante, les envolvió. Este vapor, absorbiendo la luz del cielo, dejó la tierra en la más espantosa oscuridad, mientras que a una larga distancia, por entre las tinieblas, se oían los gritos del guía, que quedaron en un momento sofocados por el ruido del volcán y los crujidos que daba la tierra bajo sus plantas.

Glyndon se detuvo. Encontrábase ya separado de su amigo y del guía; veíase solo... con la oscuridad y el terror. El vapor se adelantaba amenazador hacia la base de la montaña. Otra vez volvió a verse, aunque confusamente, el plumero de fuego que salía del cráter, arrojando una luz rojiza e indecisa sobre la escabrosa senda. Glyndon se revistió de valor y siguió adelante. Un momento después oyó la voz de Mervale que le gritaba desde abajo; pero no podía distinguirle. Sin embargo, el eco era para él una especie de guía. Aturdido, y pudiendo apenas respirar, el artista andaba tan deprisa como le era posible, cuando de pronto llego a su oído un nuevo ruido. Glyndon se detuvo, y volviendo la cabeza atrás para mirar lo qué era, vio que bajaba un torrente de fuego por el camino que seguía, formando un ancho surco por la vertiente de la montaña. ¡La corriente le perseguía, le alcanzaba por momentos, pues sentía más y más a cada instante, en su rostro, el abrasador aliento de aquel enemigo sobrenatural! El joven, abandonando la senda, se hizo a un lado, agarrándose desesperadamente a una roca que había a la derecha, y haciendo sublime esfuerzo para subirse a ella, a fin de evitar el río de fuego que devastaba el suelo. El torrente pasó primeramente por el pie de la roca; pero en seguida, haciendo un pequeño rodeo, cercó la piedra por tres lados, formando una ancha barrera de líquida llama que le tapaba el único punto que le quedaba libre para escaparse. Ahora no quedaba a Glyndon otra alternativa que permanecer allí o retroceder hasta el cráter; pero carecía de guía y no sabía ningún otro camino. Se sintió desfallecer, y con voz desesperada, empezó a llamar al guía y a Mervale para que viniesen a socorrerle.

Nadie le respondió, y al verse solo y abandonado a sus propios recursos, se revistió de valor, disponiéndose a luchar contra el peligro. Bajó de la roca, y volviendo atrás, se adelantó hacia el volcán tanto como se lo permitió la impregnada y sofocante atmósfera que le rodeaba. Al llegar allá se puso a mirar con mucha calma y atención la vertiente de la montaña, y vio una senda por la cual podía marchar, desviándose de la dirección que el fuego había tomado. Andó por ella unos sesenta pasos, cuando se paró de repente, sintiéndose sobrecogido de un inexplicable terror que no había experimentado ni aun en medio de su más inminente peligro. Temblando de pies a cabeza, sus músculos no querían obedecer a su voluntad, y le parecía que se había quedado paralizado y herido de muerte. Este miedo era inexplicable, pues, como acabo de decir, la senda parecía buena y no presentaba ningún peligro. El fuego del volcán, y el que había dejado atrás, alumbraban su camino a larga distancia, y a lo lejos, las estrellas le ofrecían un norte para guiarse. No se veía obstáculo alguno, ni el menor peligro le amenazaba en aquel instante.

Mientras permaneció de esta manera como encantado y clavado en el suelo, su pecho respiraba con dificultad y gruesas gotas de sudor rodaban por su frente; sus ojos, como si quisiesen salirse de sus órbitas, miraban fijamente a cierta distancia delante de él una cosa que gradualmente iba tomando una forma colosal... una especie de sombra que se parecía algún tanto a una figura humana, pero de una estatura sobremanera extraordinaria, vaga, indecisa y casi disforme, que difería, sin que el joven supiese como ni en qué, no solamente en las proporciones, sí que también en su estructura, de las regulares formas de un hombre.

El resplandor del volcán, que quedaba cortado por aquella colosal aparición, arrojaba su luz rojiza e intensa sobre otra figura que había al lado de la primera, la cual permanecía de pie sin hacer el menor movimiento; quizá era el contraste de la luz y las tinieblas lo que impresionara al joven con la diferencia que ambas ofrecían; es decir, el hombre y el ser sobrenatural. Sin embargo, esta vista, para el pobre extraviado, fue una cosa instantánea. Otra erupción de vapores sulfúreos, más rápida y más densa que la primera, volvió a obscurecer la montaña, y fuese la impresión producida por este fenómeno, o bien el exceso de miedo, lo cierto es que Glyndon, después de hacer un esfuerzo desesperado para respirar, cayó sin sentido en el suelo.

CAPÍTULO XI

¡VIOLA POSPUESTA!

Mervale y los italianos llegaron sin novedad al sitio donde dejaran los mulos, y no se acordaron de Glyndon hasta que, recobrados del susto, empezaron a respirar con libertad. Habiendo transcurrido algunos minutos sin que el joven apareciese, Mervale, cuyo corazón era tan bueno, al menos, como puede serlo el de la generalidad de los hombres, principió a temer por su amigo. Entonces manifestó el deseo de volver atrás para ver si le encontrarían, y después de grandes promesas, pudo conseguir que el guía le acompañase. La parte más baja de la montaña estaba tranquila y bastante clara con el suave resplandor de las estrellas; de modo que el ojo práctico del guía, podía descubrir todos los objetos a una distancia bastante larga. Al poco rato vieron dos figuras humanas que se adelantaban poco a poco hacia ellos.

Cuando estuvieron bastante cerca, Mervale reconoció a su amigo, y, dirigiéndose al guía, exclamó:

—¡Gracias a Dios, vive!

—¡Ángeles del cielo, protegednos! —dijo el italiano temblando. —He aquí el mismo que cruzó por delante de mí el viernes por la noche. ¡El es, sí! solamente que su semblante es ahora humano.

—Señor inglés —dijo Zanoni, mientras Glyndon, pálido, medio desmayado y silencioso, correspondía al saludo de Mervale. —Señor inglés, —repitió Zanoni, — dije a vuestro amigo que nos encontraríamos esta noche. Ya veis que no podéis burlaros de mi predicción.

—¿Pero como?... ¿en donde?... —balbuceó Mervale, lleno de confusión y sorpresa.

—He encontrado a vuestro amigo tendido en el suelo, medio asfixiado por la mefítica exhalación del cráter. Le he conducido a un sitio donde la atmósfera era más pura, y como conozco la montaña perfectamente, he podido devolvérosle sano y salvo. Esta es toda la historia. Ya veis, caballero, que a no ser por esa profecía que os habéis empeñado en frustrar, vuestro amigo, en este momento, no existiría. Solo faltaba un minuto para que el vapor concluyese con él. Adiós; buenas noches y felices sueños.

—Aguardad, mi libertador; ¡ah! ¡no nos dejéis! —exclamó Glyndon con ansiedad, hablando por primera vez.— ¿Por qué no venís con nosotros?

Zanoni se detuvo, y llevándose a Glyndon a un lado, le dijo con acento grave:

—Joven, es necesario que nos veamos otra vez esta noche. Es necesario que antes de amanecer se decida vuestro destino. Sé que habéis insultado a la que amáis. Aun no es tarde si queréis arrepentiros. No consultéis nada con vuestro amigo: aunque sensible y prudente, por ahora, su discreción nos es inútil. Hay momentos en la vida en que la prudencia viene de la imaginación y no de la razón: vos os halláis ahora en uno de esos momentos. En este instante no quiero saber vuestra resolución Coordinad vuestras ideas... serenad vuestro fatigado espíritu; para esto necesitáis un par de horas. Antes de media noche estaré con vos.

—¡Ser incomprensible! —replico el inglés. —Pongo en vuestras manos esta vida que acabáis de salvarme. Lo que he visto esta noche, ha apartado más y mas a Viola de mi pensamiento. Siento en mi corazón un deseo más ardiente que el amor: el deseo de sobrepujar a mi especie, el deseo de penetrar y de participar del secreto de vuestra existencia, el deseo de un conocimiento sobrenatural y del poder que poseéis. Ya estoy decidido. En nombre de mi abuelo, os recuerdo y os conjuro a que me cumpláis vuestra promesa. Instruidme, hacedme vuestro discípulo: os pertenezco. Desde este instante os cedo sin murmurar a la mujer, la cual, hasta que os vi, hubiese disputado al mundo entero.

—Os mando que lo reflexionéis bien. En un lado, Viola y una vida tranquila; en el otro, tinieblas y nada más que tinieblas, en las cuales mis ojos no pueden penetrar.

—Pero me dijisteis que si me casaba con Viola, tendría que contentarme con una existencia vulgar. Si renuncio a ella, es para aspirar a vuestro conocimiento y a vuestro poder.

—¡Insensato!... El conocimiento y el poder no constituyen la felicidad.

—Pero valen más que ella. Decidme: si me caso con Viola, ¿seréis mi maestro, mi guía? Respondedme que sí, y me decido ahora mismo.

—Sería imposible.

—Entonces, ¡renuncio a ella! ¡renuncio al amor! ¡no quiero la felicidad! Venga la soledad, venga la desesperación, si ellas me hacen penetrar vuestro obscuro y sublime secreto.

—Ahora no acepto vuestra respuesta. Antes de dar la última hora de la noche lo sabréis con una sola palabra... o no. Hasta entonces; adiós.

Zanoni saludó con la mano, y descendiendo rápidamente de la montaña, desapareció en la oscuridad.

Glyndon fue a reunirse con su impaciente y admirado amigo, y éste, mirándole al semblante al primero, vio que se había verificado en él un gran cambio. La flexible y dudosa expresión de la juventud, acababa de desaparecer de él para siempre; sus facciones se habían vuelto rígidas y severas, y hasta tal punto se marchitara en juventud, que aquella hora parecía haber obrado en el artista el efecto de muchos años.

CAPÍTULO XII

¡CONSUMATUM EST!

Cuando se regresa del Vesubio o de Pompeya, se entra en Nápoles por el barrio más bullicioso y animado, por el barrio cuya vida moderna tiene muchos puntos de contacto con la antigua, y en el cual, en un bello día, las calles ofrecen al mismo tiempo el aspecto del tráfico y de la indolencia. El viajero, entonces, no puede menos de recordar aquella raza activa e infatigable de la cual desciende la población napolitana; así es que en un día pueden verse en Pompeya las habitaciones de una edad remota, al paso que en la Mola, en Nápoles, os creéis tener a la vista las mismas personas que habitaran aquellas casas.

A la hora en que los dos jóvenes ingleses andaban pausadamente por aquellas calles, estaban desiertas, no tenían más luz que el opaco resplandor de las estrellas, y toda la alegría del día se había refugiado en los brazos del sueño. Acá y acullá, tendidos bajo un pórtico o en una obscura cabaña, veíanse varios grupos de lazzaroni, durmiendo en estos sitios por carecer de hogar. Esta tribu, sumergida en la indolencia, contrasta de una manera notable con la energía y actividad de aquella población.

Los dos ingleses marchaban sin decirse una palabra. Glyndon pareció no oír las preguntas ni prestaba tampoco la menor atención a los comentarios de Mervale, en tanto que éste se sentía casi tan pesado como el fatigado animal, que montaba.

De repente el silencio fue interrumpido por el sonido de un lejano reloj que daba los cuartos precursores de la última hora de la medianoche. Glyndon, saliendo de su meditación, miró con ansiedad a su alrededor. Al sonar la última campanada oyéronse las herraduras de un caballo azotando el pavimento, y de un callejón que había a mano derecha, salió un hombre montado. En cuanto se acercó un poco a ellos, Glyndon reconoció el semblante de Zanoni.

—¿Estáis aquí otra vez, caballero? —preguntó Mervale en tono áspero, pero como si su voz estuviese fatigada.

—Vuestro amigo y yo tenemos que arreglar ciertos asuntos, —replicó Zanoni, en tanto que ponía su caballo al lado del de Glyndon. —Sin embargo, será cosa de pocos momentos. Quizá tendréis ganas de iros a vuestra posada.

—¿Solo? —observó Mervale

—No os amenaza ningún peligro —repuso Zanoni, dando a su voz un acento algún tanto desdeñoso.

—¿Y a Glyndon? —preguntó Mervale

—¡Yo peligroso para Glyndon! —contestó Zanoni. —¡Ah! Quizá tenéis razón.

—Y a vos, querido Mervale, —dijo Glyndon, —os alcanzaré antes de llegar a vuestra casa.

Mervale saludó, y, silbando una canción, hizo tomar a su caballo una especie de paso de andadura.

—Vuestra respuesta, ahora mismo, —dijo Zanoni.

—Estoy decidido, —respondió el inglés. —El amor de Viola se ha desvanecido de mi corazón. No la importunaré más.

—¿Estáis resuelto? —repitió Zanoni

—Sí, —contestó Glyndon. —Ahora, mi recompensa.

—¡Vuestra recompensa! Bien; la tendréis mañana, antes de esta hora.

Zanoni espoleó su caballo, que partió como un relámpago Mil chispas de fuego brotaban de las herraduras del corcel al desaparecer con su jinete en las tinieblas de la misma callejuela de donde saliera.

Mervale se quedó sorprendido al ver tan pronto a su amigo a su lado, pues apenas hacía un minuto que se había separado de él.

—¿Qué pasa entre vos y Zanoni? —preguntó Mervale.

—Mervale, —respondió Glyndon, —no me preguntéis nada esta noche; sueño.

—No lo extraño, pues también yo estoy medio dormido. Sigamos adelante.

Así que Glyndon estuvo solo en su cuarto, trató de coordinar sus ideas. Sentado a los pies de su cama, apretábase fuertemente las sienes con las manos. Los acontecimientos de las últimas horas; la gigantesca aparición en medio de las llamas y de los vapores del Vesubio, y el extraño encuentro de Zanoni en un sitio en el cual éste no podía encontrarle sino por un cálculo sobrenatural, le hicieron experimentar sensaciones en las cuales el miedo tenía muy poca parte. Encendióse en su corazón una llama que parecía como oculta debajo de cenizas; la llama del amianto, que, una vez encendida, no se apaga más. Todas sus primeras aspiraciones, su juvenil ambición y sus deseos de ceñirse la corona de laurel, se transformaron en un ardiente anhelo de traspasar los límites del común saber del hombre, y de alcanzar un solemne lugar entre los dos mundos donde el misterioso extranjero pareció haber fijado su morada.

Lejos de intimidarse al recordar la aparición que le dejara encantado, su memoria servía solamente para avivar y reconcentrar su curiosidad en un foco devorador. Tenía razón cuando dijo que *el amor se había desvanecido de su corazón;* ya no quedaba un sereno espacio en medio de sus desordenados elementos donde pudiesen agitarse ni respirar las humanas afecciones. Su entusiasmo le separó de la tierra, y en este instante, el joven hubiese dado todas las bellezas, toda la felicidad ofrecida, por pasar una hora en compañía de Zanoni fuera de los límites del mundo visible.

Al fin, levantándose de aquel sitio, con el pecho oprimido y en estado calenturiento, agitado por los nuevos pensamientos que le devoraban, se fue a la ventana para respirar la fresca brisa de la noche. El mar, a lo lejos, se mezclaba con la luz de las estrellas, en tanto que la pura serenidad del cielo pareció aconsejar con muda elocuencia el reposo a las delirantes pasiones de la vida. Pero era tal la disposición de ánimo de Glyndon, que aquella tranquilidad servía solamente para aumentar más la vehemencia de los deseos que le dominaban. Las solemnes estrellas, que son otros tantos misterios, parecían llamar a sí al espíritu del joven, fatigado de su estrecha prisión.

Mientras contemplaba el firmamento, una estrella, separándose de las demás, ¡fue a perderse en el inmenso espacio!

CAPÍTULO XIII

DEL ANGEL BUENO A LUZBEL

La joven actriz y Gionetta habían regresado del teatro. Viola, fatigada y rendida, se había dejado caer encima del sofá, mientras su nodriza se entretenía en arreglarle las trenzas, que, habiéndosele escapado de la redecilla que las sujetara, la cubrían como si fuese un velo de hilos de oro. En tanto que alisaba aquella rica cabellera, la anciana hablaba de los acontecimientos de la noche, de los pequeños escándalos del escenario, y de los trajes.

Gionetta era una mujer excelente. Almanzor, en la tragedia de *Almahida*, no cambia de bando con la atrevida indiferencia que la buena nodriza variaba de conversación. Al fin, vino a manifestar que estaba disgustada al ver que Viola no había escogido un buen caballero. Esta elección, sin embargo, corría de su cuenta Zegrí o el Abencerraje, Glyndon o Zanoni, eran iguales para ella; solamente que los rumores que había oído respecto del último, combinados con las recomendaciones que le hiciera en favor de su rival, le habían hecho decidirse por el inglés.

Gionetta daba una mala interpretación a la impaciencia y a los suspiros con que Viola acogiera sus alabanzas en favor de Glyndon, y se admiraba de que éste hubiese cesado en los entreactos de prodigar sus atenciones a su ama. Creyendo que este era el motivo de los suspiros de Viola, la anciana hacía todos los esfuerzos imaginables para disculpar a su protegido.

—Y por otra parte —añadía Gionetta, —aunque no puede decirse nada contra el otro señor, es suficiente motivo para no pensar en él saber que está a punto de abandonar a Nápoles.

—¿Zanoni se va de Nápoles? —preguntó Viola.

—Sí, querida mía. Al pasar hoy por la Mola, había una porción de gente mirando a unos marineros, que parecían de unas tierras muy remotas. El buque de su señor, que ha llegado esta mañana, se halla fondeado en la bahía. Los marineros han dicho que tienen la orden de estar dispuestos para hacerse a la vela tan luego como el viento fuese favorable, y estaban renovando las provisiones. Además...

—¡Dejadme, Gionetta! ¡Dejadme! —dijo la joven.

La nodriza no merecía ya la confianza de la joven, pues ésta había llegado a aquel estado de desenvolvimiento intelectual en que el corazón se priva de hacer confianzas, sintiendo que no pueden ser comprendidas.

Sola ya, en la habitación principal de la casa, paseábase Viola agitadamente por su reducido espacio y temblando de pies a cabeza. Vínole a la memoria el terrible encuentro de Nicot, y acordóse también de las injuriosas palabras de Glyndon. La idea de que los entusiastas aplausos que el público le prodigara iban dirigidos a la actriz, y no a la mujer, expuesta siempre a verse insultada y vilipendiada, la sumergía en un mar de tristeza. En aquel instante acudió a su mente la muerte de sus padres, la marchitada corona de laurel y las cuerdas del violín hechas pedazos. Entonces sentía que su destino era muy cruel. La lámpara ardía con una llama pálida y opaca, y los ojos de Viola se apartaron instintivamente del rincón más oscuro del cuarto. ¡Huérfana! ¿temes, acaso, la presencia de los muertos en el hogar de tus padres?

¿Era verdad que Zanoni iba a dejar a Nápoles? ¿No debía verle más? Si esto era cierto, ¡ningún otro pensamiento podía ya causarle tristeza! ¡El pasado no existía!... ¡El porvenir!... No había porvenir para ella hallándose ausente Zanoni. Empero, estaba en la tercera noche del día en que Zanoni le dijo que, sucediera lo que quisiera, la visitaría otra vez. Según eso, Viola debía creer que su destino estaba pasando por una nueva crisis. Por otra parte, ¿cómo lo hacía para hacerle saber las odiosas palabras que le dijera Glyndon? Las imaginaciones puras y orgullosas no pueden confiar nunca a otros sus agravios, pues, para los demás, solamente saben guardar los triunfos y las glorias. Pero, y si Zanoni venía a visitarla aquella noche, ¿le recibiría?...

Iba a dar la hora de la medianoche. A pesar de ser tan tarde, Viola vagaba aún por el cuarto, presa de una inexplicable ansiedad. Empezaron a dar las doce en un reloj distante, y todo permaneció en silencio. La joven se disponía ya a trasladarse a su dormitorio, cuando oyó el ruido de un caballo que corría a todo escape. El ruido cesó, y en seguida sonó un aldabazo en su puerta. Su corazón palpitaba con violencia; pero el miedo hizo lugar a otro sentimiento cuando oyó que una voz tan conocida la llamara por su nombre. Viola titubeó un instante, y después, con el arrojo que inspira la inocencia, bajó a abrir la puerta.

Zanoni entró con paso ligero y precipitado. Su capa de montar daba un bello aspecto a su figura, en tanto que su sombrero de anchas alas sombreaba sus melancólicas facciones.

La joven le siguió al cuarto que acababa de dejar, temblando y sonrojándose al mismo tiempo. Viola permanecía delante de él con la lámpara en la mano, cuya luz le daba de lleno en su rostro, mientras que su largo cabello, que caía como una lluvia de brillantes sobre sus hombros medio desnudos, cubría su hermoso busto.

—Viola —dijo Zanoni con una voz alterada por la emoción, —otra vez estoy a vuestro lado para salvaros. No hay que perder un solo instante. Es necesario que huyáis conmigo o que seáis la víctima del príncipe de ***. Quería confiar a otro este cuidado, bien lo sabéis, y conocéis también el sujeto a quien aludo; pero ese frío inglés ¡no es digno de vos! Yo soy el que se arroja ahora a vuestros pies para deciros que tengáis confianza y que huyáis conmigo.

Zanoni le cogió su mano apasionadamente al arrodillarse a sus pies, mientras que la contemplaba con ojos suplicantes.

—¡Huir con vos! —dijo Viola, creyendo apenas lo que oía.

—Sí, conmigo. Si no lo hacéis, sacrificáis nombre, fama y honor.

—Entonces... entonces, —repuso la joven con voz débil y volviendo la cabeza, — ¿no os soy indiferente? ¿no me cederéis a otro?

Zanoni no respondió, pero su pecho respiraba con dificultad, en tanto que sus mejillas se coloreaban y sus ojos arrojaban miradas de fuego.

—¡Hablad! —exclamó Viola, sospechando de su silencio.

—¡Si me sois indiferente! No; pero todavía no me atrevo a deciros que os amo.

—Entonces, ¿qué os importa mi suerte? —dijo Viola, poniéndose pálida y retirándose de su lado. —Dejadme... no temo los peligros. ¡Mi vida y mi honor!... en mi mano está el guardarlos..

—No seáis loca, —objetó Zanoni. —¡Escuchad! ¿Oís el relincho de mi caballo?... Es la señal que nos advierte el cercano peligro. ¡Pronto, o estáis perdida!

—¿Por qué os tomáis tanto cuidado por mí? —repuso Viola con amargura. — Habéis leído en mi corazón y sabéis que sois el árbitro de mi suerte. Pero sufrir bajo el peso de una fría obligación, mendigar a la indiferencia, entregarme en manos de un hombre que no me ama, eso sería el crimen más vil de mi sexo. ¡Ah, Zanoni! ¡Dejadme más bien morir!

Viola había echado atrás su hermosa cabellera mientras hablaba a Zanoni de este modo, y en la hermosa actitud en que se quedara, con sus brazos caídos y sus manos cruzadas con la altiva amargura de su obstinación, la que daba mayor incentivo y encanto a su singular belleza, era imposible concebir una vista más irresistible para los sentidos y para el corazón.

—¡No me digáis más que os abandone a los peligros que os cercan... a vuestro fin quizá! —exclamó Zanoni con desfallecido acento. —No sabéis lo que me pedís...

¡Venid! Y al decir esto, pasando su brazo alrededor de su delgado talle, prosiguió: —Venid, Viola; confiaos a mi amistad, a mi honor, y a mi protección.

—¿Y no a vuestro amor? —dijo la italiana, dirigiéndole una mirada de reproche.

Los ojos de Viola se encontraron con los de Zanoni, que no pudo dejar de contemplarla. Sentía latir el corazón de la joven y llegar a sus mejillas su agitada respiración. Zanoni tembló... El hombre grande, el hombre misterioso, que parecía superior a su especie, exhalando, al fin, un profundo suspiro, murmuró:

—¡Viola, os amo! ¡Ah! —prosiguió apasionadamente, en tanto que, soltando a la joven, se arrojaba a sus pies. — Ya no puedo contenerme más; os amo como una mujer puede serlo en el mundo. Desde que os vi por la primera vez, desde el momento que oí vuestra dulce voz, tuve la fatalidad de adoraros. Hablasteis de fascinación, ¡y la fascinación vive y respira en vos! Huí de Nápoles para evitar vuestra presencia; pero vuestra imagen me siguió por doquiera que fui. Pasáronse meses y años, y no pude arrancaros de mi corazón. Volví porque sabía que estabais sola y triste en el mundo, y porque conocía que os amenazaban peligros, de los cuales podía salvaros. ¡Alma hermosa y pura, cuyas paginas he leído con santo respeto!, era por amor vuestro, vuestro solamente, por lo que os hubiese cedido a otro que podía haceros más feliz que yo en este mundo. ¡Viola!... ¡Viola! ¡no podéis imaginaros cuán querida me sois!

Inútil sería querer buscar palabras para expresar el placer, la altiva y completa dicha que inundó el corazón de la napolitana. El hombre a quien considerara demasiado elevado para amar, ¡estaba arrodillado humildemente a sus pies! La joven permaneció silenciosa, pero sus ojos hablaban a Zanoni más elocuentemente de lo que pudiera hacerlo la palabra; y después, como si se acordara que el amor humano acababa de sobreponerse al ideal, sintióse asaltada de temores de una naturaleza modesta y virtuosa. Viola no se atrevía... ni soñaba siquiera en hacer a Zanoni la pregunta que tan resueltamente había dirigido a Glyndon; pero de repente sintió una frialdad, un sentimiento que le advertía que entre amor y amor, existía todavía una gran barrera.

—¡Ah, Zanoni! —murmuró bajando los ojos. —No me pidáis que huya con vos; no me expongáis a que tenga que avergonzarme de mí misma. Ya que queréis protegerme contra los demás, ¡protegedme también de vos!

—¡Pobre huérfana! —repuso Zanoni con ternura. —¿Pudierais pensar que exigiese de vos el más pequeño sacrificio en recompensa de mi amor? Os amo como si fueseis mi esposa, y deseo fortificar este amor por todos cuantos votos son capaces de santificar un afecto. ¡Ah! ¡Muchos hubiesen fingido amaros si no hubieseis conocido la religión que purifica el amor! El que ama verdaderamente, busca, para poseer el tesoro que anhela, todos loa lazos que pueden hacerlo seguro y duradero. ¡Viola, no lloréis, a no ser que me concedáis el santo derecho de besar vuestras lágrimas!

El angelical rostro de la joven, recostado sobre el pecho de Zanoni, derramo en él sus venturosas lágrimas. Peligros... vida... mundo, ¡todo quedó olvidado en aquel instante! De repente Zanoni se desprendió de los brazos de Viola.

—¿Oís ese viento que suspira y muere? —dijo. —Así. mismo huye de mí el poder que tenía para guardaros y prever los peligros. No importa. Daos prisa; al menos, pueda el amor suplir la pérdida de todo lo que me ha hecho sacrificar. Venid.

Viola no titubeó más. Echándose la manteleta sobre sus hombros, recogió como pudo su desordenada cabellera. Un momento más, y la joven se encontraba dispuesta a salir; pero he aquí que de repente oyó un gran ruido en la calle.

—¡Ah! ¡es demasiado tarde!... ¡Loco de mí... es demasiado tarde!... —exclamó Zanoni con voz angustiada, mientras se dirigió corriendo hacia la puerta. Al abrirla, vióse rechazado por una multitud de hombres armados, y, en un momento, la sala estuvo llena de satélites del raptor, enmascarados y armados de pies a cabeza.

Viola estaba ya en los brazos de dos de los rufianes. Su grito de desesperación desgarró el oído de Zanoni. El amante de Viola se abrió paso por entre aquella gente, y la joven oyó su grito aterrador pronunciado en un idioma desconocido. ¡Viola vio en seguida las armas de los bandidos asestadas contra el pecho de Zanoni! La actriz se desmayó, y cuando volvió en sí, se encontró, con una mordaza puesta en la boca, metida en un carruaje que marchaba con velocidad y al lado de un hombre enmascarado. El carruaje se detuvo en el portal de una tenebrosa mansión. Las puertas se abrieron sin hacer el menor ruido, y en seguida apareció delante de sus ojos una escalera espléndidamente iluminada. Encontrábase en el palacio del príncipe de ***.

CAPÍTULO XIV

ADVERTENCIAS DE "UN IMPOSTOR"

La joven actriz fue conducida a una habitación adornada con todo el esplendor y gusto semioriental que caracterizaba los palacios de los grandes señores de Italia. Sola en aquel recinto, el primer pensamiento de Viola fue Zanoni. ¿Vivía? ¿Había salido ileso de las manos de los enemigos? Zanoni era ya para ella su tesoro, la nueva luz de su vida, su señor, y, finalmente, su amante.

Poco tiempo tuvo para reflexionar, pues, al poco rato, oyó pasos que se acercaban a su cuarto. Retiróse al último rincón de la habitación sin experimentar miedo alguno; antes al contrario, sintió nacer en ella un valor desconocido hasta entonces, valor que, manifestándose en sus ojos, parecía dilatar su estatura. ¡Aun cuando le costara la vida, estaba resuelta a ser fiel a Zanoni! Tenía un nuevo motivo para defender su honor, y quería defenderlo a todo trance. Al abrirse la puerta, apareció el príncipe vestido con el espléndido y lujoso traje que se usaba entonces en Nápoles.

—Criatura hermosa y cruel, —dijo el recién llegado dirigiéndose a ella con la sonrisa en los labios. —Espero que no calificaréis demasiado severamente la violencia que me ha hecho cometer el amor.

Al decir esto, quiso coger una mano de Viola; pero viendo que la joven se retiraba, prosiguió:

—Pensad que estáis en poder de un hombre que no ha visto fracasar nunca ninguna de sus tentativas amorosas. Vuestro amante, por mucha que sea su presunción, no podrá salvaros esta vez. Sois mía; sin embargo, mas bien que vuestro dueño, permitidme ser vuestro esclavo.

—Príncipe —respondió Viola con gravedad, —vuestra jactancia es por demás vana. ¡Decís que me tenéis en vuestro poder! Os engañáis. La vida y la muerte están en mi mano. No os desafío; pero tampoco os temo. Siento, y hay presentimientos que parecen enviados por el cielo, —añadió Viola con voz solemne y penetrante, —que me encuentro segura aún en este mismo sitio; mientras que vos, príncipe de ***., habéis llamado grandes peligros sobre vuestra casa.

El orgulloso napolitano pareció sobresaltarse al ver una resolución y una osadía para la cual no estaba preparado. Con todo, no era hombre que se intimidara tan fácilmente ni que desistiese de sus proyectos una vez concebidos.

Acercándose a Viola, iba a responderle con un calor real o ficticio, cuando se oyó un golpe en la puerta del cuarto. El golpe sonó por segunda vez, y el príncipe, irritado por aquella interrupción, abrió la puerta preguntando con impaciencia quién se atrevía a desobedecer sus órdenes y a venir a interrumpirle. Mascari, pálido y agitado, le respondió en voz baja:

—Señor, perdonad; pero hay abajo un extranjero que insiste en veros, y por algunas palabras que ha pronunciado, he creído prudente infringir vuestro mandato.

—¡Un extranjero!... ¡A esta hora! ¿Qué quiere? ¿Por qué le has admitido siquiera?

—Según dice, vuestra vida os halla en inminente riesgo, y solo a V. E. quiere manifestar de dónde viene el peligro.

El príncipe frunció las cejas y palideció. Después de reflexionar un instante, volvió a entrar en la habitación, y, adelantándose hacia Viola, le dijo:

—Creedme, hermosa joven: no quiero aprovecharme de la ventaja que me ofrece mi posición. Quisiera conseguirlo todo por medio del afecto y del cariño. Sed en el interior de este palacio una reina más absoluta que la que habéis representado a veces en el teatro. ¡Adiós, por esta noche! Dormid tranquilamente, y ¡ojalá que vuestros sueños sean favorables a mis esperanzas!

Después de pronunciar estas palabras, el príncipe se retiró. Un momento después, Viola se vio rodeada de asiduos servidores, a los cuales pudo despedir, no sin alguna dificultad. No queriendo acostarse, la joven pasó la noche examinando la habitación, que no ofrecía salida por ninguna parte. Tampoco, en toda la noche, Zanoni se apartó de su imaginación un solo instante, y el poder de aquel hombre le inspiraba una especie de confianza sobrenatural.

El príncipe, entretanto, bajando la escalera, se dirigió a la habitación donde introdujeran al extranjero.

El recién venido estaba envuelto en un ancho ropón que lo cubría de pies a cabeza; una especie de traje talar, medio manteo, como el que suelen llevar, a veces, los eclesiásticos. La fisonomía de este extranjero era notable. Su cara parecía tan tostada por el sol y su color era tan moreno, que, a primera vista, cualquiera le hubiese podido tomar por un habitante de las más apartadas comarcas del Oriente. Su frente era tan elevada, y sus ojos, aunque tranquilos, tan penetrantes, que el príncipe evadió su mirada, como si conociera que podía leer sus más ocultos secretos.

—¿Qué me queréis? —preguntó el príncipe, señalando un asiento al desconocido.

—Príncipe de ***, —dijo el extranjero con voz afable y penetrante, pero cuyo acento no le hacía del país, —hijo de la raza más enérgica y más varonil cuyo gran genio se haya consagrado nunca al servicio de la humanidad; descendiente del gran Visconti, en cuyas crónicas está escrita la historia de Italia en sus más prósperos días y en cuya elevación e inteligencia llego a su mas sublime altura, vengo a contemplar la última estrella que se obscurece en un nublado firmamento. Mañana, a esta hora, vuestra estrella no brillará en el espacio. ¡Príncipe! ¡si vuestra conducta no cambia enteramente, vuestros días están contados!

—¿Qué significa esa jerigonza? —dijo el príncipe, cuyo secreto terror se traslucía en sus miradas. —¿Venís a amenazarme en mi propia casa, o queréis advertirme de algún peligro? ¿Sois algún *saltimbanquis* ambulante o algún pretendido adivino? Hablad alto y claro ¿Cuál es el peligro que me amenaza?

—Zanoni y la espada de vuestro abuelo, —repuso el extranjero.

—¡Ja! ¡ja! —repuso el príncipe riendo desdeñosamente, —A primera vista, casi he adivinado quién erais. Según eso, ¿sois el cómplice o el instrumento del más diestro, pero al presente, del más desprestigiado charlatán ? ¿Supongo que vendréis a decirme que si devuelvo la libertad a cierta persona cautiva, se desvanecerá el peligro y la mano del destino se detendrá?

—Juzgad de mí como queráis, príncipe. No os niego que conozco a Zanoni. También vos conoceréis su poder; pero no será hasta el momento que os aniquile. Quisiera salvaros, y por lo mismo, vengo a advertiros. Y preguntaréis por qué. Voy a decíroslo. ¿No os acordáis de ninguno de los extraños cuentos que se han referido de vuestro noble abuelo? ¿No habéis oído hablar de su sed por conocer una ciencia que supera la de los claustros y de las universidades? ¿No oísteis nombrar nunca a un hombre singular que venido de Oriente, fue su amigo y su maestro, y contra el cual el Vaticano lanzó sus rayos de siglo en siglo? ¿No os acordáis de las riquezas de vuestro ascendiente, y de cuán poco sonó su nombre en su juventud? ¿Ignoráis que después de una vida disipada y extravagante como la vuestra, tuvo que huir de Milán, pobre y medio desterrado? ¿No sabéis que después de muchos años, pasados, nadie sabe en qué climas ni en qué ocupaciones, volvió a la ciudad donde reinaran sus antepasados, y que con él vino el gran sabio del Oriente, el místico Mejnour? Pues bien, todos los que volvieron a ver a vuestro abuelo, observaron, con medrosa admiración, que el tiempo no había plantado una sola arruga en su frente, y que la juventud parecía haberse fijado como por encanto en su semblante y en su persona. Desde entonces en fortuna prosperó. Los parientes más remotos fueron muriendo, y estados sobre estados pasaron a las manos del noble arruinado. Visconti se enlazó con la familia real de Austria; fue el consejero de los reyes y el primer magnate de Italia. Vuestro abuelo fundó una nueva casa, de la cual vos sois el último poseedor, y trasladó su esplendor de Milán al reino de Sicilia. Planes de la más atrevida ambición le dominaban de día y de noche. Si hubiese vivido, la Italia hubiese conocido una nueva dinastía, y los Visconti hubiesen reinado en la Magna Grecia. Era un hombre de los que el mundo ve muy raramente; pero sus fines, demasiado terrenales, pugnaban con los medios que quería emplear. Si su ambición no hubiese sido tan desmedida, hubiese sido digno de un reino más poderoso que el de los Césares, digno de nuestra solemne orden, digno de la amistad de Mejnour, al cual tenéis delante de vos.

El príncipe, que escuchara con religiosa atención a este singular huésped, se estremeció al oír las últimas palabras.

—¡Impostor! —exclamó. —¿Os atrevéis a querer jugar de esta manera con mi credulidad? Hace sesenta años que mi abuelo murió, después de haber vivido ciento veinte; y vos, cuya vejez es lozana y vigorosa, ¿pretendéis haber sido su contemporáneo? Habéis aprendido muy mal vuestro papel. ¿Sin duda no sabéis que mi abuelo, sabio e ilustre, efectivamente, en todo, excepto en la confianza que puso en un charlatán, fue encontrado muerto en su cama, en el momento en que iba a poner en ejecución sus colosales planes, y que Mejnour fue quien cometió este asesinato?

—¡Ah! —respondió el extranjero con voz triste. —Si él hubiese escuchado los consejos de Mejnour, si hubiese aplazado la prueba más peligrosa de la atrevida sabiduría hasta que la práctica requerida y la iniciación hubiesen sido completas, vuestro abuelo hubiese permanecido conmigo en una eminencia a donde no alcanzan las aguas de la muerte. Vuestro abuelo desoyó mis más fervientes súplicas, desobedeció mis absolutos mandatos, y en la sublime temeridad de una alma que se afanaba por secretos que nunca puede obtener el que desea estados y cetros, pereció víctima de su frenesí.

—Mi abuelo murió envenenado, y Mejnour desapareció, —dijo el príncipe.

—Mejnour no huyó, —respondió el prudente extranjero; —Mejnour no tenía que huir, porque es superior a los peligros. El día que precedió al en que el duque tomara el fatal brebaje que él creía debía hacerle inmortal, aquel día, viendo que mi dominio sobre él había terminado, le abandoné a su suerte. Pero dejemos este asunto. Sabed que amaba a vuestro abuelo, y porque le amaba, quiero salvar al último de su raza. No os opongáis a Zanoni; no opongáis vuestra alma a vuestras malas pasiones. Retiraos del precipicio; todavía es tiempo. En vuestra frente y en vuestros ojos descubro todavía parte de aquella divina gloria que perteneció a vuestra raza. Aun existen en vos gérmenes de su hereditario genio; pero éstos quedan ahogados por vuestros hereditarios vicios. Acordaos de que el genio elevó vuestra casa, y que debe la pérdida de su poderío a las malas pasiones. En las leyes que regulan el universo está decretado que lo malo no puede durar. Sed prudente, y aprovechaos de las lecciones de la historia. Os encontráis en el borde de dos mundos, el pasado y el futuro, y de cada uno de ellos llegan presagios a vuestros oídos. He concluido. ¡Adiós!

—¡Aguardad! No saldréis de este recinto sin que haya experimentado vuestro poder. ¡Hola! ¡Aquí, socorro!

En un instante los agentes del príncipe llenaron el cuarto.

—¡Apoderaos de ese hombre! —gritó el príncipe, señalando el sitio que había ocupado Mejnour; —pero el príncipe se quedó aterrado cuando vio que el asiento estaba vacío. El misterioso extranjero se había desvanecido como una visión, y solo se veía una especie de vapor diáfano que ondulaba alrededor de las paredes.

—¡Socorred al señor! —gritó Mascari.

El príncipe había caído al suelo sin sentido. Cuando volvió en sí, despidió a sus criados, y un momento después se le oía pasear precipitadamente por su cuarto.

El príncipe no pareció ser el mismo hasta una hora antes del banquete que tenía anunciado para aquel día.

CAPÍTULO XV

RESOLUCIÓN DE GLYNDON

Después de su entrevista con Zanoni, Glyndon durmió más profundamente que las demás noches, y cuando abrió la ventana, el sol había recorrido una gran parte del horizonte. Levantóse bastante recobrado de sus anteriores emociones y con un sentimiento de tranquilidad que pareció más bien el resultado de su resolución que el del abatimiento. Los incidentes de la pasada noche habían precisado de una manera clara sus impresiones. Estos incidentes le interesaban ya muy poco, pues pensaba tan sólo en el porvenir. Era uno de los iniciados en los misterios del antiguo Egipto, que, encontrándose solamente en el umbral, ardía en deseos de penetrar en el templo de la ciencia.

El artista se vistió, y alegróse cuando supo que Mervale había salido al campo con varios compatriotas que tenían proyectada una expedición a Ischia. Permaneció solo todo el mediodía, y, gradualmente, la imagen de Viola revivió en su corazón. Sin embargo, aquella imagen, para él, era sagrada; la había cedido, y a pesar de que no estaba arrepentido de ello, sufría al pensar que aun cuando lo estuviera era ya tarde.

De pronto se levantó impacientado de su silla, y dirigióse con paso rápido a la humilde morada de la actriz.

La distancia era considerable y hacía un calor insufrible. Glyndon llegó a la puerta sofocado y sin aliento. Llamó, y nadie le respondió. Subió la escalera; por todas partes reinaba el mismo silencio. En la habitación de enfrente, encima de la mesa, veíase la guitarra de la actriz y alguna piezas manuscritas de sus óperas favoritas. Glyndon se detuvo, y revistiéndose de valor, llamó a la puerta que parecía guiar a las habitaciones interiores. La puerta estaba entornada, y no oyendo adentro ruido alguno, la abrió. Era el dormitorio de la joven actriz, la santa mansión del amor. Nada se veía en ella que no fuese digno de la divina deidad, ni se notaban en este cuarto los fútiles adornos propios de las personas de su profesión, ni el orden que se observa en los aposentos de las clases humildes del mediodía. Todo era allí puro y sencillo, y hasta los adornos revelaban un gusto inocente. Unos cuantos libros puestos unos sobre otros y algunas flores agostadas metidas en un jarro de barro modelado y pintado imitando la moda etrusca. Los rayos del sol iluminaban su cama limpia y blanca como la nieve, y algunas piezas de ropa del uso de la actriz que había junto a ella. Viola no estaba en casa; pero, ¿y la nodriza?... ¿Se había marchado también la nodriza? Glyndon llamó a Gionetta con toda su fuerza. Nadie respondió. Al fin, cuando el joven abandonaba, lleno de pesar, aquella solidaria morada, vio venir a Gionetta por la calle. La pobre anciana arrojó una exclamación de alegría al verle; pero el desengaño fue mutuo cuando ni uno ni otro pudieron darse noticia ni explicación alguna satisfactoria. La nodriza dijo que la noche anterior la había despertado un gran ruido que oyera en las habitaciones inferiores, y antes que pudiese sentirse con suficiente valor para bajar, ¡Viola había desaparecido!

En la puerta de la calle se veían aún las señales de la violencia; y todo lo que había podido inquirir en la vecindad, fue que un lazzaroni, desde su cabaña, había visto a la claridad de la luna un carruaje que reconoció pertenecer al príncipe de ***, que pasó a la última hora de la noche, regresando otra vez al amanecer. De estos rumores, y de los sollozos de Gionetta, Glyndon dedujo lo que había sucedido, y dejando repentinamente a la nodriza, se dirigió al palacio de Zanoni. Dijéronle allí que el señor había ido al banquete del príncipe de ***, y que no volvería hasta la noche. Glyndon, desanimado y confuso, no sabía qué partido tomar. Su conciencia le remordía amargamente. Estaba en su mano salvar a la mujer que amaba y no lo había querido hacer. Pero, ¿cómo era que Zanoni no la había libertado? ¿Por qué asistía al banquete del raptor? ¿Cómo era posible que Zanoni ignorase lo que pasaba? Por si acaso, Glyndon no quería tardar un momento en participárselo. Aunque mentalmente careció de resolución, no había otro hombre que físicamente fuese más bravo que él. Iba, por lo tanto, a presentarse en el palacio del príncipe de ***, y si Zanoni faltaba a la confianza que tácitamente se había arrogado, él, el humilde extranjero, pediría la prisionera de grado o por fuerza, en la morada y a presencia de los convidados del príncipe de ***.

CAPÍTULO XVI

ENTRE ZANONI Y MEJNOUR

Vamos a retroceder algunas horas del punto en que nos encontramos de nuestra historia.

La luz del día empezaba a iluminar el oriente, cuando dos hombres permanecían sentados en un balcón que daba a un hermoso jardín eno de flores, cuyo aroma respiraran.

Las estrellas brillaban aún en la azulada bóveda, y las avecillas todavía dormían posadas en las ramas. Todo permanecía tranquilo y silencioso; pero ¡qué diferencia entre la tranquilidad del naciente día y el solemne reposo de la noche! En la armonía del silencio se notan mil variaciones. Estos dos hombres, que quizá eran los únicos que velaran en Nápoles, eran Zanoni y el misterioso extranjero que una o dos horas antes fuera a sobresaltar al príncipe de *** en su voluptuoso palacio

—No, —decía el último. —Si hubieses rehusado aceptar el don de Cupido hasta que hubiesen transcurrido los años necesarios, y hubieses pasado por todas las amargas privaciones que me martirizaron a mí antes que pudiese hacerme superior a ellas, te hubieras ahorrado la pena de que te lamentas ahora, y no tendrías que quejarte de la brevedad de la humana afección comparada con la duración de tu existencia, pues hubieses sobrevivido al deseo y al delirio del amor. El más brillante sino fuese de ti por este error, y quizá el más elevado de los secretos de la solemne raza que llena el intervalo de la creación entre la humanidad y los hijos del empíreo, siglo trae siglo, te haría arrepentir de la locura que te hizo pedir llevar la belleza y las pasiones de la juventud a la terrible mansión de la inmortalidad.

—No me arrepiento ni me arrepentiré, —respondió Zanoni. —Los variados transportes de tristeza y de placer que por intervalos han venido a mezclarse en mi existencia, valen más que la calma y la aridez que encuentras en tu solitaria ruta. Tú no amas ni aborreces nada, y pisas la tierra con la indiferencia de un sonámbulo.

—Te engañas, —repuso el que llevara el nombre de Mejnour. —Aunque no me cuide del amor y haya muerto para todas las pasiones que agitan a los hombres de barro, disfruto de sus más serenos y puros goces. Guío la corriente de los innumerables años, no por los deseos turbulentos de la juventud, sino por la calma y las delicias espirituales de la vejez. Sabia y deliberadamente, abandoné para siempre la juventud cuando separé mi suerte de la de los hombres. No nos reprochemos uno a otro. Quisiera haber salvado a ese napolitano; como te place llamarle, ya porque Visconti estuvo solamente separado de nuestra hermandad por la última barrera, ya porque descubro en él los mismos elementos de valor y de poder que su abuelo, los cuales, en los primeros años de su juventud, le hubiesen hecho digno de ser de los nuestros. ¡La tierra contiene muy pocos a quien la naturaleza haya dotado de cualidades que puedan resistir la ordalía! Pero el tiempo y los excesos, embotando sus sentidos, han embrutecido su imaginación. Por eso le dejo abandonado a su suerte.

—Entonces, Mejnour, abrigas la idea de resucitar nuestra orden, limitada ahora a nosotros dos, admitiendo en ella nuevos adeptos y afiliados; seguramente... seguramente la experiencia puede haberte enseñado que cada mil años, apenas nace uno que pueda atravesar las terribles puertas que conducen a los mundos externos. ¿No has hecho bastantes víctimas? ¿No se te representan nunca sus semblantes desencajados por el miedo y la agonía? ¿No se te aparecen los suicidas y los maniáticos para despertar en tu corazón lo que queda en él de humana simpatía y curarte de tu insana ambición?

—No. ¿No he obtenido triunfos que compensan mis desengaños? ¿Puedo abandonar esta elevada y augusta esperanza, digna solamente de nuestra encumbrada condición... la esperanza de formar una raza numerosa, con bastante fuerza y poder para enseñar a la humanidad sus majestuosas conquistas, una raza que sean los verdaderos señores de este planeta y quizá los invasores de otros, una , raza que domine las tribus enemigas y perversas que nos rodean, una raza que, en sus inmortales destinos, pueda ascender de escalón en escalón hacia la gloria celestial y colocarse al fin al lado de los favorecidos que rodean el trono de los tronos? ¿Qué importan mil víctimas con tal que den un convertido a nuestra secta? Y tú, Zanoni, tú también, si este afecto que sientes por una belleza perecedera fuese algo más que un pasajero capricho, podrías hacer, una vez admitida en nuestra naturaleza, que participase de su más brillante y duradera esencia; tú también podrías desafiar todas las cosas para hacer a esa persona querida tu igual. No me interrumpas.¿Es posible que tengas valor para verla amenazada por las enfermedades... expuesta a los peligros... para ver que la edad la marchita y la acaba... que su belleza se desvanece, en tanto que su corazón, joven todavía, no quiere desprenderse de ti?... ¿Puedes ver todo esto sabiendo que está en...?

—¡Calla! —exclamó Zanoni furioso. —¿Qué es todo esto comparado con una muerte causada por el terror? ¡Pues qué! cuando la más fría sabiduría, el más ardiente entusiasmo, los más osados guerreros con su corazón de hierro, han sido encontrados muertos en su cama con los ojos desencajados y los cabellos erizados, al primer paso que han dado en la terrible senda... ¿crees que esa débil mujer, cuyo semblante palidecería al primer ruido que oyese en una ventana, al chillido de la lechuza, a la vista de una gota de sangre en la espada de un hombre... crees, repito, que podría resistir el aspecto de... ¡No! Sólo de pensar que tendría que ver semejantes cosas, siento que me abandona el valor.

—Tú, que cuando le dices que la amas, que cuando la estrechas en tus brazos renuncias al poder de prever su futuro y de protegerla contra los peligros; tú, que de hoy en adelante no eres para ella sino un hombre como los demás, ¿cómo sabes lo que se puede intentar con ella? ¿cómo lo que su curiosidad puede hacerle aprender y su valor resistir? En fin, dejemos esto. ¿Estás resuelto a llevar adelante tu proyecto?

—El *fiat* está ya pronunciado.

—¿Y mañana?

— Mañana, a esta hora, nuestro buque surcará los mares, y el peso de los siglos caerá de mi corazón. Te compadezco, pobre sabio...¡Te has despojado de la juventud!

CAPÍTULO XVII

FESTIN TRAGICO

El príncipe de *** no era hombre a quien Nápoles pudiera tildar de supersticioso.

En el Mediodía de Italia, existía entonces, y existe aún en el día, un cierto espíritu de credulidad que se encuentra con mucha frecuencia en los más atrevidos dogmas de sus filósofos y escépticos. En su infancia, el príncipe de *** había oído referir extrañas historias acerca de la ambición, el genio y las empresas de su abuelo, y quizá, sintiendo secretamente la influencia de estas historias, en su primera juventud había cursado la ciencia, no solamente por su camino legal, sino penetrando en algunas de sus tortuosidades. He visto en Nápoles un pequeño volumen con las armas de Visconti y atribuido al noble a quien me refiero, que trata de alquimia en un estilo medio satírico y medio formal.

Los placeres distrajeron muy pronto al príncipe de esta suerte de trabajos, y su talento, que era indudablemente muy vasto, se dedicó a las más extravagantes intrigas y a brillar de una manera ostentosa, si bien mezclando en su lujo algo del gusto clásico. Sus inmensas riquezas, su imperioso orgullo, su carácter atrevido y poco escrupuloso, le hizo imponer cierto miedo a una corte tímida y débil, y los agentes de aquel gobierno indolente le toleraban sus excesos, porque al menos tenían adormecida su ambición.

La extraña visita y la más extraña despedida de Mejnour, llenaron de terror y de admiración al príncipe, y su altiva arrogancia y el ilustrado escepticismo de su edad madura luchaban en vano por librarse de tales impresiones. La aparición de Mejnour investía a Zanoni de un carácter bajo el cual el príncipe no le había considerado hasta entonces, y sentíase algún tanto inquieto al pensar en el rival que había desafiado y en el enemigo con quien tenía que luchar. Sin embargo, un poco antes del banquete, había vuelto a recobrar todo su aplomo, insistiendo en llevar adelante sus pérfidos proyectos con una especie de tenebrosa resolución. Sentía que la muerte del misterioso Zanoni era necesaria para su propia conservación, y los presagios de Mejnour no hicieron más que robustecer la idea que concibiera pocos días artes por motivos de rivalidad.

—Probaremos si su magia es capaz de inventar un antídoto para nuestro veneno —se dijo el príncipe con sardónica sonrisa, cuando hizo venir a Mascari a su presencia.

El veneno que el príncipe mezclara por sí mismo en el vino que tenía preparado para su huésped, estaba compuesto de ingredientes cuyo secreto había sido uno de los orgullosos vínculos de aquella poderosa y maléfica raza que dio a Italia sus más sabios y más criminales tiranos. Su efecto era eficaz, aunque no repentino. No producía dolor, ni convulsiones, ni dejaba ninguna señal exterior que pudiese infundir sospechas. En vano se hubiesen registrado todas las membranas y fibras del cuerpo: en ninguna parte el médico más hábil hubiese descubierto la presencia del tósigo mortífero. Durante diez horas, la víctima no sentía el más leve síntoma, excepto una alegre precipitación en le sangre, a la que seguía una deliciosa languidez, segura precursora de la apoplejía. ¡La sangría era inútil! ¡La apoplejía era una enfermedad que atacaba con mucha frecuencia a los enemigos de los Visconti!

Llegó la hora de la fiesta; los convidados se encontraban reunidos. Veíase allí la flor de la nobleza napolitana, los descendientes de los normandos, de los teutones y de los godos; pues Nápoles tenía entonces una nobleza que descendía de las razas del Norte, que ha sido realmente el *nutrix leonum* de la denodada caballería del mundo.

El último de los convidados fue Zanoni. La multitud le abrió paso cuando el deslumbrante extranjero se dirigió a saludar al dueño del palacio. El príncipe le recibió con fingida sonrisa, a la cual Zanoni respondió en voz baja:

—No siempre gana el que juega con dados cargados.

El príncipe se mordió los labios, y Zanoni, siguiendo adelante, parecía sostener una animada conversación con el adulador Mascari.

—¿Quién es el heredero del príncipe? —preguntó Zanoni.

—Un pariente lejano por la línea materna, —respondió Mascari. —Con Su Excelencia acaba la línea masculina.

—¿Asistirá al banquete? —volvió a preguntar Zanoni.

—No, señor, —repuso Mascari; —no son amigos él y Su Excelencia.

—¡No importa, mañana estará aquí!

Mascari se quedó mudo de sorpresa; pero, dada la señal del banquete, los convidados fueron colocados a la mesa. Según era costumbre entonces, la fiesta principió un poco después de mediodía. La pieza era un grande salón de forma oval, que por un lado tenía una galería, sostenida por columnas de mármol, dando salida a un patio o jardín. La vista quedaba complacida al fijarse sobre las varias fuentes y estatuas de mármol blanco y puro medio veladas por una multitud de naranjos. Todo cuanto el lujo puede inventar para mitigar el lánguido calor del exterior en un día en que el siroco parece haber suspendido su respiración, es encontraba allí. Corrientes artificiales de aire por tubos invisibles, grandes abanicos de seda que se movían continuamente como si quisieran engañar a los sentidos haciéndoles creer que corría un viento de abril; fuentes en miniatura en cada ángulo de la habitación, ofreciendo el mismo sentimiento de alegría y consuelo, si puedo emplear esta palabra, que las tupidas cortinas y la brillante chimenea producen en los hijos de los climas más fríos.

La conversación era algún tanto más alegre e intelectual de lo que se acostumbraba entre los frívolos señores del Sur, que no saben hablar más que de sus cacerías. El príncipe, hombre de talento, buscaba sus amigos, no solamente entre los hombres ilustrados de su país, si que también entre los extranjeros que venían a avivar la monotonía de los círculos de Nápoles; y esto explica que estuvieran allí dos o tres nobles y ricos franceses del antiguo régimen que habían emigrado con tiempo, viendo venir la revolución, y cuya imaginación y talento eran a propósito para una sociedad que hacia del *dolce far niente* su filosofía y su fe. El príncipe, sin embargo, hablaba menos de lo ordinario, y cuando hacía un esfuerzo para parecer alegre, sus ideas eran inoportunas y exageradas.

Las maneras de Zanoni contrastaban notablemente con las del príncipe. El porte de este hombre singular estaba siempre caracterizado por una calma y una facilidad de producirse que los cortesanos atribuían a lo mucho que debía haber frecuentado la sociedad. Apenas podía decirse que estaba alegre, y, con todo, pocas personas sabían mantener como él el buen humor de los convidados. Parecía, por una especie de intuición, adivinar en cada convidado las cualidades en que más sobresalía; y si por casualidad un cierto tono de encubierta critica se revelaba, sus observaciones respecto de los asuntos en que recaía la conversación, parecían, a unos hombres que nunca tomaban nada por lo serio, el lenguaje de la experiencia y de la sabiduría. A los franceses, en particular, les parecía una cosa sorprendente su íntimo conocimiento de los acontecimientos más minuciosos de su país y de su capital, así como su profunda penetración, manifestada solamente por medio de epigramas, tocante a los eminentes caracteres que estaban entonces desempeñando un papel en el gran teatro de la intriga continental.

En el instante en que esta conversación parecía más animada y en que la alegría de la fiesta llegaba a su colmo, Glyndon se presentó en el palacio. El portero, viendo por su traje que no era del número de los convidados, le dijo que Su Excelencia estaba ocupado, y que no se le podía interrumpir bajo pretexto alguno. Ahora, por primera vez, Glyndon comprendió cuán extraño y difícil era el deber que se impusiera. Entrar a viva fuerza en el salón del banquete de un personaje noble y poderoso rodeado de lo más selecto de Nápoles, y acusarle ante sus amigos de lo que para ellos sería un golpe de mano atrevido, era una empresa que no podía menos de ser ridícula e impotente. El joven reflexionó un momento, y deslizando una moneda de oro en la mano del portero, le dijo que tenía que ver al señor Zanoni, para el cual traía una comisión de vida o muerte. Este medio le facilitó la entrada al interior del palacio. Glyndon subió la escalera principal, y al momento llegaron a sus oídos las alegres voces de los convidados. En el primer salón el joven inglés encontró un paje, por quien hizo pasar recado a Zanoni. El paje obedeció, y Zanoni, al oír el nombre de Glyndon, dirigiéndose a su huésped, dijo:

—Príncipe, un inglés amigo mío, el señor Glyndon (cuyo nombre no os es desconocido), me aguarda en la antesala... Sin duda se tratará de un asunto muy importante y urgente cuando ha venido a buscarme hasta aquí. ¿Me permitiréis que me ausente un momento?

—De ninguna manera, caballero, —respondió el príncipe con amabilidad, en tanto que aparecía en su semblante una siniestra sonrisa. —¿No sería mejor que vuestro amigo entrase a hacernos compañía? Un inglés es bien recibido en todas partes; y aun cuando fuese holandés, vuestra amistad le haría simpático. Decidle que entre... No queremos privarnos de vuestra presencia, siquiera fuese por un instante.

Zanoni hizo un amable saludo al príncipe, en tanto que el paje iba a decir a Glyndon que pasase adelante. Pusieron una silla al lado de Zanoni, y Glyndon apareció en el salón.

—Seáis bien venido, caballero. Espero que los asuntos que tenéis que comunicar a nuestro ilustre convidado, serán de buen agüero y de alegre interés. Si, al contrario, traéis alguna mala noticia, os suplico que la dejéis para más tarde.

El entrecejo de Glyndon se frunció, y casi estaba a punto de contestar de una manera que acabase con la alegría de la fiesta, cuando Zanoni, cogiéndole el brazo significativamente, murmuró al oído del inglés:

—Se para lo que habéis venido a buscarme. Callaos, y poned atención en lo que suceda.

—Entonces, sabéis que Viola, a la cual os jactábais de poder salvar de todo peligro...

—¡Está en esta casa! sí, —repuso Zanoni; —y se también que a la diestra de nuestro huésped, hay un asesino. Pero su destino está ahora separado del de Viola para siempre. El espejo que lo refleja a mis ojos no puede ser más claro para mí, a pesar de la sangre que lo empaña. ¡Callaos, y sabed el fin que aguarda al malvado!

—Príncipe, —dijo Zanoni hablando en alta voz, —el señor Glyndon me ha traído noticias no del todo inesperadas. Me veo obligado a ausentarme de Nápoles... hay un motivo muy grave que me precisa a. hacerlo.

—¿Y podré atreverme a preguntar cuál es la causa que va a dejar sumergidas en la aflicción a las bellas damas de Nápoles?

—Es la cercara muerte de una persona que me ha honrado con su leal amistad, — replicó Zanoni con gravedad. —Pero no hablemos de esto ahora; la tristeza no hará retroceder el horario en el reloj de la vida. Así como sustituimos con nuevas flores aquellas que se marchitan en nuestros jarros, lo mismo los hombres que conocen el mundo reemplazan a los amigos que desaparecen de nuestra senda.

—¡Soberbia filosofía! —exclamó el príncipe. —La máxima romana era *"no te admires"*; la mía es *"no te entristezcas"*. Nada debe causarnos pesar en el mundo, señor Zanoni, excepto cuando alguna joven deidad, después de haber interesado nuestro corazón, se escapa de nuestras manos. En semejantes momentos, necesitamos de toda nuestra filosofía para no sucumbir a la desesperación. ¿Qué decís a esto, caballero? ¡Os reís! No reiréis siempre. Brindad conmigo... "A la salud del amante afortunado... y para que el amante burlado halle un pronto consuelo.."

—Brindo por lo mismo que vos, —dijo Zanoni. Y cuando el fatal vino fue vaciado en el vaso, fijando sus ojos en el semblante del príncipe, repitió: —¡Brindo por lo mismo que vos... aunque sea con este vino!

Y al decir esto, Zanoni llevó el vaso a sus labios. El príncipe palideció, mientras que la mirada de Zanoni se fijaba en él con un fuego y una pertinacia, ante la cual la conciencia del príncipe tembló. Zanoni no apartó sus ojos de su huésped hasta haber apurado la última gota del líquido y dejar otra vez el vaso sobre la mesa, diciendo en seguida:

—Vuestro vino ha sido guardado demasiado tiempo, y por eso ha perdido sus virtudes. Podría ser perjudicial para otros muchos; pero en cuanto a mí, no temáis que me cause el menor daño. Señor Mascari, vos, que sois inteligente en vinos, ¿queréis decirnos vuestro parecer?

—Me sería difícil, —respondió Mascari con afectada calma, — porque no me gustan los vinos de Chipre; los encuentro demasiado fuertes. Quizá el señor Glyndon lo encontrará mejor que vos, pues he oído decir que los ingleses gustan que sus bebidas sean ardientes y picantes.

—¿Queréis que mi amigo guste también el vino, príncipe? —dijo Zanoni. —Pero debo haceros presente que no todos pueden beberlo con la misma impunidad que yo.

—No, —dijo el príncipe con precipitación; —ya que este vino no merece vuestros elogios. ¡Dios me libre de obligarle a beber a mis convidados! Duque, —prosiguió. el príncipe dirigiéndose a uno de los franceses, —vuestros vinos son efectivamente dignos de Baco ¿Qué os parece este Borgoña? ¿Es bueno?

—¡Bah! —dijo Zanoni. —Cambiemos de vino y de tema.

Zanoni se fue animando por momentos. Su brillante y alegre conversación, saliendo de sus labios con una especie de divina elocuencia, difundió la alegría entre los convidados. Su talento les fascinaba a todos... incluso al mismo príncipe y a Glyndon, que le escuchaban y sentían un extraño contagio. El primero, a quien las palabras y las miradas de Zanoni, cuando éste bebía el veneno, llenaban de terrible inquietud, descubría entonces en la brillante elocuencia de sus ideas una prueba positiva de la operación del veneno. El vino circulaba con precipitación, sin que nadie pareciese reparar en sus efectos. Los convidados fueron cayendo sucesivamente en una especie de religioso silencio, en tanto que Zanoni continuaba pronunciando chiste tras chiste, cuento tras cuento. Todos aquellos personajes parecían estar suspendidos de los labios del narrador, y apenas se atrevían a respirar. Sin embargo, ¡cuán amarga era su alegría!... ¡Cuán despreciables los sarcasmos de Zanoni por las bagatelas presentes y las frivolidades que formaban la existencia de cada uno de ellos.

Acercábase la noche, el salón empezaba a parecer algún tanto oscuro, pues la fiesta se había prolongado muchas más horas de lo que entonces solían durar esta clase de diversiones. Los convidados no sabían moverse de sus sillas, y Zanoni, con su brillante mirada y su ademán burlón, continuaba aún contándoles historias y anécdotas. Cuando la luna, asomando por el horizonte, iluminó con sus rayos las flores y las fuentes del jardín, dejó el salón medio en tinieblas y medio iluminado por una luz opaca y misteriosa.

Zanoni, levantándose entonces, dijo:

—Bien, caballeros; me parece que aun no hemos cansado bastante a nuestro huésped, y su jardín nos ofrece una nueva tentación para prolongar nuestra permanencia en su palacio. Príncipe, ¿no tenéis en vuestro séquito algunos músicos que recreen nuestros oídos, mientras respiramos la fragancia de vuestros naranjos?

—¡Excelente idea! —dijo el príncipe, —Mascari, que vengan los músicos.

Los convidados se fueron levantando simultáneamente para trasladarse al jardín; y, por primera vez, empezaron a sentir los efectos del mucho vino que bebieran.

Con el semblante encendido y el pie poco seguro, se fueron a respirar el aire libre, que no hacía más que estimular en ellos el creciente ardor de los licores. Como si intentaran desquitarse del tiempo que habían permanecido mudos escuchando a Zanoni, todos empezaron a hablar a la vez; pero nadie escuchaba. Había algo de extraño y siniestro en el contraste que ofrecía la hermosa calma de la noche y del sitio con el ruidoso clamoreo de aquellos hombres medio ebrios. Un francés, sobre todo, el joven duque de R ***, uno de los nobles de más alta alcurnia y de temperamento vivo e irascible, era el que parecía más alborotador y excitado. Y como las circunstancias, cuyo recuerdo se conserva todavía entre ciertos círculos de Nápoles, hicieron después necesario que el mismo duque tuviese que revelar lo que había ocurrido, quiero trasladar aquí la breve relación que escribió de aquel suceso, que me fue facilitada por mi apreciable y leal amigo el caballero de B ***.

—Nunca me acuerdo, —dice el duque, —de haber sentido mi imaginación tan excitada como aquella tarde; parecíamos lo mismo que colegiales salidos de la escuela, dándonos empujones unos a otros mientras bajábamos, tropezando, los siete u ocho escalones que, desde las columnas, conducían al jardín. Unos reían, otros gritaban, algunos juraban y otros hablaban, Parecía que el vino había venido a poner de manifiesto el verdadero genio de cada cual. Los unos alborotaban y disputaban, mientras otros se demostraban sentimentales o caprichosos. Los que hasta entonces parecieron tristes, desplegaron una alegría extraordinaria; otros, que tomábamos por hombres discretos y taciturnos, empezaron a manifestarse locuaces y turbulentos. Me acuerdo que en medio de nuestra estrepitosa alegría, mi vista se fijó en el caballero Zanoni, cuya conversación nos encantara a todos, y experimenté cierto estremecimiento al ver que conservaba en su semblante la misma calma y la misma antipática sonrisa que le caracterizaran en su singular y curiosa historia de la corte de Luis XIV. Casi me sentí inclinado a reñir con un hombre cuya compostura era una especie de insulto a nuestro desorden, y no fui yo el único que sintió el efecto de aquella provocadora y burlona tranquilidad. Algunos de los convidados me habían dicho ya, que, al ver a Zanoni, sentían hervir su sangre y cambiar su alegría en furor. Parecía que en su fría sonrisa había un encanto particular que hería el amor propio y predisponía a la ira. En este instante, el príncipe, dirigiéndose hacia mí, pasó su brazo por entre el mío y me llevó a un paraje solitario. El príncipe había participado también de nuestros excesos; si bien no se sentía excitado como nosotros, pues estaba algún tanto taciturno, y demostraba una especie de fría arrogancia y altivo desprecio en su porte y en su lenguaje, que, a pesar de que me manifestaba cierta afectuosa deferencia, sublevó mi amor propio contra él. Parecía que Zanoni le había contagiado, y que, al imitar las maneras de su convidado, trataba de superar el original. El príncipe me gastó algunas bromas que habían dado alguna celebridad a mi nombre al asociarlo con el de cierta hermosa y distinguida siciliana, afectando tratar con desprecio lo que, si hubiese sido cierto, yo hubiera mirado como una alabanza. Este hombre hablaba como si él hubiese cogido todas las flores de Nápoles, dejando para nosotros, extranjeros, solamente las espigas que desdeñara. Esto picó mi orgullo natural y nacional, y me vengué pronunciando algunas sátiras, que, seguramente, me hubiera abstenido de aventurar si mi sangre hubiese estado más fría. El príncipe se rió estrepitosamente, dejándome profundamente resentido contra él. Quizá debo confesar la verdad, el vino había despertado en mí una extraña disposición a ofenderme y a provocar disputas. Cuando el príncipe se separó de mí, al volverme, vi a Zanoni a mi lado.

—El príncipe es un fanfarrón —dijo, con la misma sonrisa que tanto me repugnara antes.—Le gustaría monopolizar toda la riqueza y todo el amor. Vamos a vengarnos.

—¿Y cómo? —dije yo.

—En este momento, el príncipe tiene en su casa a la más encantadora actriz de Nápoles... la célebre Viola Pisani. Esta joven se encuentra aquí, si bien contra su voluntad, pues la ha arrastrado a su palacio empleando la fuerza, pretextando que la adora. Hagamos porque nos enseñe su secreto tesoro, y cuando la actriz entre, el duque de R*** puede estar seguro que sus atenciones y sus halagos, encantando a la joven, provocarán los celos de nuestro huésped. Esta sería una soberbia venganza que la castigaría en su carácter jactancioso.

Este pensamiento me regocijó. Dime prisa a buscar al príncipe. En aquel instante los músicos habían empezado a tocar. Haciendo una seña con la mano, mandé cesar la música, y dirigiéndome al príncipe, que permanecía en el centro de un animado grupo, me quejé de su mezquina hospitalidad en ofrecernos unos artistas tan pobres, cuando él se guardaba para su solaz el laúd y la voz de la primera actriz de Nápoles. Entonces, en tono serio, le supliqué que nos presentase a la joven Pisan. Mi petición fue recibida con una salva de aplausos por los demás. Rechazamos con gritos desaforados las excusas de nuestro huésped, y no quisimos escuchar su negativa.

—Caballeros —dijo el príncipe cuando le fue posible hacerse escuchar, —aun cuando accediera a vuestra proposición, me sería imposible inducir a esa señora a presentarse delante de una reunión que tiene tanto de alborotadora como de noble. Sois demasiado caballeros para violentar a ella, aunque el duque de R*** ha mirado muy poco violentarme a mí.

Este reproche, aunque merecido, me ofendió.

—Príncipe —le respondí, —respecto de la violencia, tengo un ejemplo tan ilustre de ella, que no he dudado seguir la honrosa senda que me han trazado vuestros pasos. Todo Nápoles sabe que Viola Pisani desprecia vuestro oro y vuestro amor... y que solamente la violencia la podría traer bajo vuestro techo. Si os negáis a presentarla, es porque teméis sus quejas, y conocéis bastante la hidalguía que vuestra vanidad desprecia, para estar convencido de que los caballeros franceses, están tan dispuestos a adorar la belleza como a defenderla cuando se la insulta.

—Tenéis razón, caballero, —dijo Zanoni con gravedad. —¡El príncipe no se atreve a presentar a esa joven!

El príncipe se quedó cortado por algunos instantes, como si la indignación le hiciera enmudecer. Al fin prorrumpió en los más injuriosos insultos contra Zanoni y contra mí. Zanoni no respondió; mi carácter era más vivo y más impetuoso. Los convidados parecían complacerse en nuestra disputa. Nadie, excepto Mascari, a quien empujamos a un lado desdeñándonos de escucharle, trató de conciliarnos; unos tomaron partido en favor de uno, otros defendían al otro. El resultado es fácil de prever Recurrióse a las espadas. Uno de los convidados me presentó dos. Iba a coger una de ellas, cuando Zanoni puso mi mano sobre la otra, la cual, a juzgar por su puño, parecía un objeto de arte muy antiguo. Al mismo tiempo, mirando al príncipe, le dijo sonriendo:

—Príncipe, el duque toma la espada de vuestro abuelo. ¡Aunque sois un hombre demasiado valiente para hacer caso de supersticiones, os advierto que habéis olvidado aquella pena!

Al oír estas palabras, me pareció que el príncipe se estremecía y se ponía pálido. Sin embargo, contestó a la sonrisa de Zanoni con una mirada de desdén. Un momento después todo era desorden y confusión. Había seis u ocho personas engolfadas en una extraña y confusa refriega; pero el príncipe y yo, nos buscábamos uno a otro. El ruido que reinaba en derredor de nosotros, la confusión de los convidados, los gritos de los músicos y el ruido de las espadas, no servían siquiera para estimular nuestro malhadado rencor. Temíamos que los demás nos interrumpiesen y nos batíamos como locos, sin orden ni concierto. Yo paraba y atacaba maquinalmente, ciego y frenético como si un demonio se hubiese apoderado de mí, hasta que vi al príncipe tendido a mis pies, bañado en su sangre, y a Zanoni, que, inclinándose sobre él, le hablaba al oído. Este espectáculo nos dejó helados. La lucha cesó. Confusos y llenos de remordimiento y horror, nos encontramos reunidos alrededor del malhadado príncipe... Era tarde....Sus ojos rodaban espantosamente por sus órbitas... He visto morir muchos hombres; pero nunca ninguno cuyo semblante llevase pintada una expresión tan terrible de horror. ¡El príncipe exhaló el último suspiro! Zanoni se levantó, y tomando la espada de mi mano, con gran compostura y sorprendente tranquilidad, dijo:

—Caballeros, sois testigos de que el príncipe se ha acarreado él mismo esta desgracia. El último de esta ilustre casa ha perecido en una querella.

Por mi parte, no volví a ver a Zanoni. Fui corriendo a casa de nuestro representante para referirle este suceso. Estoy muy agradecido al gobierno napolitano y al ilustre heredero del desgraciado príncipe, por la noble, generosa y justa interpretación que dieron a este desgraciado suceso, cuya memoria me afligirá hasta el último instante de mi vida.

(Firmado) Luis Víctor, duque de R***.

En esta memoria el lector ha visto una relación minuciosa y exacta de un acontecimiento que produjo en Nápoles una sensación profunda. Glyndon no había tomad parte alguna en la lucha, ni tampoco participó en demasía de los excesos de aquella fiesta. Tal vez esto fue debido a las exhortaciones de Zanoni. Cuando éste se levantó del lado del cuerpo del príncipe y abandonó aquella escena de confusión, Glyndon reparó que, al atravesar el grupo que formaran los convidados, tocó á Mascari ligeramente en el hombro, diciéndole alguna cosa que el inglés no pudo oír. Glyndon siguió a Zanoni al salón del banquete, el cual, excepto donde tocaba algún rayo de luna, estaba en completa oscuridad.

—¿Cómo pudisteis prever este terrible acontecimiento? ¡El príncipe no ha caído al golpe de vuestro brazo! —dijo Glyndon, con vez trémula y conmovida.

—El general que prepara la victoria, no combate en persona, —respondió Zanoni. —Pero, dejemos que el pasado duerma con los muertos. A media noche vendréis a encontrarme en la playa, a media milla a la izquierda de vuestra posada. Conoceréis el sitio, porque hay allí un grueso y único pilar, en el cual se ve una cadena de hierro. Si queréis aprender nuestra ciencia, allí encontraréis al maestro. Retiraos; tengo todavía de arreglar algunos asuntos.¡Acordaos de que Viola está aún en este palacio!

En este momento se acercó Mascari, y Zanoni, volviéndose al italiano en tanto que despedía a Glyndon con la mano, se lo llevó a un sitio retirado.

—Mascari —dijo Zanoni, —vuestro amo ha dejado de existir, y como su sucesor es un hombre sobrio a quien la pobreza ha preservado de los vicios, vuestros servicios le serán inútiles. En cuanto a vos, dadme gracias por no entregaros a las manos del verdugo: acordaos del vino de Chipre. No tembléis; este vino, que mataría a cualquier otro, no me hará ningún daño. Habéis cometido una acción muy criminal; sin embargo, os perdono, y os ofrezco que si el vino me lleva al sepulcro, nunca mi espectro aparecerá a un hombre tan verdaderamente arrepentido como lo estáis vos. Pero dejemos esto. Conducidme a la habitación de Viola Pisani. Para nada la necesitáis ya. La muerte del carcelero abre las puertas del calabozo al preso. ¡Pronto! quiero marcharme.

Mascari pronunció algunas palabras ininteligibles, y después de hacer un respetuoso saludo, acompaño a Zanoni al cuarto donde estaba encerrada Viola.

CAPÍTULO XVIII

EN MANOS DEL MAESTRO

Algunos minutos antes de media noche, Glyndon se encontraba en el sitio indicado. El misterioso imperio que Zanoni adquiriera sobre él, se había aumentado de una manera solemne desde los acontecimientos de aquella tarde. La muerte inesperada del príncipe, preparada tan deliberadamente y acaecida de una manera al parecer tan accidental, por motivos tan vulgares, y sin embargo, predicha tan proféticamente, despertó en su corazón los más profundos sentimientos de admiración y respeto. Parecía que aquel ser maravilloso e incomprensible podía convertir en instrumentos de su insondable voluntad los actos más comunes de la vida. Y sin embargo, ¿por qué había permitido la captura de Viola? ¿Por qué no prefería prevenir el crimen a castigar al criminal? ¿Amaba realmente Zanoni a la joven? ¡Amarla y consentir en cedérsela, en entregarla a un rival a quien sus artes hubiesen burlado quizá! Con todo, Glyndon no creía ya que Zanoni ni Viola querían engañarle proponiéndole su enlace. El temor y el respeto que sentía por el primero no le permitían creer en una impostura tan mezquina. ¿Amaría en lo sucesivo a Viola? No; al oír aquella mañana que la joven se encontraba en peligro, había, es verdad, sentido renacer las simpatías y el afecto que le profesara, y temía por ella; pero, con la muerte del príncipe, su imagen se fugó otra vez de su corazón y no le causaba el menor tormento la idea de que Viola hubiera sido salvada por Zanoni, y que en aquel momento se encontraba, quizá, bajo su techo. Cualquiera que en el curso de su vida haya sentido la pasión del juego, se acordará de la manera que esta pasión desvanece y absorbe todos los demás pensamientos; de la manera que esta aislada y extraña ilusión ocupa y con qué fuerza este vicio hace olvidar todo lo demás del mundo. Pues bien, el deseo que dominara en el corazón de Glyndon era mil veces más intenso que la pasión del jugador. El joven quería ser rival de Zanoni, no en humanas y perecederas afecciones, sino en su ciencia eterna y sobrenatural. Glyndon hubiese sacrificado, no los placeres, sino su vida, por aprender los solemnes secretos que separaban al extranjero de los demás hombres. ¡Enamorado de la diosa de las diosas, el joven extendía sus brazos, y como Ixión, abrazaba una nube!

La noche era hermosa y serena, y las olas venían a morir silenciosas a los pies del inglés. Este seguía andando por la playa al suave resplandor del estrellado firmamento, y al fin se encontró en el sitio designado Al llegar a él, Glyndon vio a un hombre envuelto en una capa, apoyado contra el pilar, como si durmiera profundamente. El joven, acercándose, pronunció el nombre de Zanoni. Al volverse el hombre, Glyndon vio que era un desconocido, cuyo semblante, aunque no bello y joven como el de Zanoni, tenía, no obstante, el mismo aspecto majestuoso, y quizá más impresionable aún, tanto por la edad, como por la profunda inteligencia que revelara su despejada frente. Su mirada parecía también más penetrante.

—¿Buscáis á Zanoni? —dijo el extranjero. — No tardará en llegar; pero quizá el hombre que está delante de vos, sabe mejor que nadie vuestro porvenir, y se encuentra dispuesto a realizar vuestros sueños.

—¿Puede haber en la tierra otro Zanoni? —dijo el joven sorprendido.

—Si no pudiese haberlo —replicó el extranjero, —¿por qué acariciáis la esperanza y la fe de ser algún día lo que es él? ¿Pensáis que nadie más se ha abrasado en el fuego de vuestro divino sueño? ¿Quién, en su juventud, cuando el alma se remonta hacia el cielo de donde salió y sus primeras y divinas aspiraciones no han sido aún borradas por las sórdidas pasiones que engendra el tiempo, quién, repito, es el que en su juventud no ha alimentado la creencia que el universo contiene secretos desconocidos a la generalidad de los hombres, y que no ha suspirado, como el ciervo, por el manantial que permanece escondido en medio de la inmensidad de la intransitada ciencia? La música de la fuente se oye en el interior del alma, hasta que el pie, engañado y errante, se extravía lejos de sus aguas, y el pobre desorientado expira en el inmenso desierto. ¿Pensáis que ninguno de los que han concebido esta esperanza ha hallado la verdad, o que Dios nos dotó en vano de ese sentimiento que nos impele hacia el inefable conocimiento? No. Todos los deseos que siente el corazón humano, son un débil destello de luz sobre las cosas que existen, aunque distantes y divinas. ¡No! En el mundo no han faltado nunca genios más sublimes y más felices que han llegado a las regiones en las cuales solo se mueven y respiran los seres privilegiados. Zanoni, por grande que os parezca, no es el único. Vuestro amigo tiene sus predecesores, lo mismo que tras él puede venir todavía una gran línea de sucesores.

—¿Queréis decir con esto —dijo Glyndon, —que debo ver en vos a uno de los pocos sobre quien Zanoni no descuella en poder ni en sabiduría?

—Veis en mí —respondió el extranjero —a uno de quien Zanoni aprendió algunos de sus más poderosos secretos. He estado en estas playas en unos tiempos que vuestros cronistas apenas conocen. He visto los fenicios, lo. griegos, los oscos, los romanos y los lombardos, esas hojas verdes y brillantes sobre el tronco de la vida universal, nacidas en su debida estación y reemplazadas después; hasta que la misma raza que dio su gloria al mundo antiguo, dio al nuevo otra juventud. En cuanto a los griegos puros, los helenos, cuyo origen ha confundido a vuestros historiadores, eran de la misma gran familia que la tribu normanda, nacida para ser los señores del universo. En las oscuras tradiciones de los sabios, que hacen venir a los hijos de Helas de vastos e indeterminados territorios del norte de Tracia, para triunfar de los pelasgos y ser los fundadores de la raza de los semidioses; que pintan una población bronceada bajo el sol del oeste, con los ojos azules de Minerva y los cabellos rubios de Aquiles, caracteres distintivos del norte; que introducen, en medio de un pueblo pastoril, aristocracias guerreras y pequeñas monarquías; se comprueba que los primitivos establecimientos de los helenos se encontraban en las mismas regiones desde donde, en tiempos más modernos, los guerreros normandos vinieron a barrer las salvajes tribus celtas para convertirse en los griegos del mundo cristiano. Pero todo esto os interesa poco, y hacéis bien en oirlo con indiferencia. El imperio y el poder del hombre que aspira a ser más que sus semejantes, no reside en el conocimiento de las cosas exteriores, sino en el perfeccionamiento de su interior, de su alma.

—¿Cuáles son los libros que contienen esta ciencia y en qué laboratorio se trabaja? —preguntó Glyndon.

—La naturaleza da los materiales —contestó el desconocido, —y éstos existen en derredor vuestro y los pisáis a cada paso. En las hierbas que los animales devoran y que el químico desdeña de estudiar, en los elementos de cuyos átomos se forma la materia, en el espacioso seno del aire, en los negros abismos de la tierra, en todas partes pueden encontrar los mortales los recursos y las bibliotecas de la inmortal ciencia. Pero así como los más simples problemas en los más sencillos de todos los estudios, son obscuros para uno cuya imaginación no alcanza su comprensión, como el remero de aquel buque no puede deciros por qué dos círculos pueden tocar solamente en un solo punto, asimismo, aunque toda la tierra estuviese llena de signos y de escritos del más sublime conocimiento, los caracteres serían inútiles para el que no se para a indagar lo qué significan ni a meditar la verdad. Joven, si vuestra imaginación es viva, vuestro corazón osado y vuestra curiosidad insaciable, os aceptaré por discípulo. Pero os advierto que las primeras lecciones son duras y terribles.

—Si vos las habéis resistido, —respondió Glyndon con resolución, —¿por qué no puedo hacer yo otro tanto? Desde mi infancia he tenido el presentimiento de que en mi vida me estaban reservados extraños misterios, y desde los más elevados límites de la lejana ambición me he complacido en contemplar siempre la negra oscuridad que mi vista veía a lo lejos. Desde el instante que vi a Zanoni, sentí como si hubiese descubierto el guía y el tutor por el cual mi juventud había suspirado en vano.

—Y Zanoni —dijo el desconocido, —me ha transferido este cuidado. Allí, en la bahía, está anclado el buque en el cual Zanoni hallará una morada más tranquila; dentro de un rato, la brisa hinchará las velas y el extranjero habrá pasado como una ráfaga de viento. Pero, como el viento, aquel hombre ha depositado en vuestro corazón las semillas que pueden florecer y dar frutos. Zanoni ha concluido su misión; nada más puede hacer; el que ha de perfeccionar la obra está a vuestro lado. Zanoni se acerca; oigo el ruido de los remos. Ahora se os dejará elegir. Según lo que decidáis, volveremos a reunirnos.

Al decir estas palabras, el desconocido se alejó lentamente hasta desaparecer entre la sombra de las rocas, ir en tanto, un ligero esquife, hendiendo velozmente las aguas, vino a dejar en la playa a un hombre, en el cual Glyndon reconoció a Zanoni.

—Glyndon —le dijo, —ya no puedo ofreceros la elección de un amor feliz y de una existencia tranquila. La hora ha pasado ya, y el destino ha ligado a la mía la mano que pudisteis hacer vuestra. Pero todavía puedo concederos grandes dones si queréis abandonar la esperanza que tortura vuestro corazón, y cuya realización no tengo el poder de prever. Si vuestra ambición es humana, puedo saciarla con amplitud. El hombre desea cuatro cosas en esta vida: amor. riquezas, fama y poder. Lo primero no puedo concedéroslo ya; las demás están en mi mano. Elegid lo que gustéis, y separémonos en paz.

—Estos no son los dones que codicio; prefiero los conocimientos, que, como dice el sabio, es el poder más elevado; prefiero esa ciencia que poseéis. Por ella, y solamente por ella, os he abandonado a Viola; ella es la única recompensa que anhelo.

—No puedo oponerme a vuestros deseos, pero al advertiros. El deseo de saber no va siempre unido a la facultad de adquirir. Es verdad que puedo daros el maestro; pero lo demás, depende de vos. Sed cuerdo ahora que es tiempo, y tomad lo que está en mi mano conceder.

—Respondedme a las preguntas que voy a dirigiros — dijo Glyndon, —y según lo que me digáis, me decidiré. ¿Está en el poder del hombre comunicarse con los seres de otros mundos? ¿Puede influir sobre los elementos, y preservar su vida de la espada y las enfermedades?

—Todo esto es posible —respondió Zanoni evasivamente, —pero a muy pocos: por uno que llegue a alcanzar estos secretos, pueden perecer millones en el camino.

—Otra pregunta más. Vos...

—¡Basta! Ya os dije que a nadie daba cuenta de mí.

—Pues bien —repuso el joven, —¿puedo creer en el poder del extranjero que he encontrado esta noche? ¿Es realmente uno de esos seres privilegiados de quien aprendisteis los misterios por los cuales mi alma delira?

—¡Temerario! —repuso Zanoni, en tono de compasión. —¡Vuestra crisis ha pasado y vuestra elección está ya hecha! Lo único que puedo desearos, es que seáis de hierro y que prosperéis. Sí; os entrego a un maestro que tiene el poder y la facultad de abriros las puertas de un mundo terrible. Vuestra felicidad o vuestros sufrimientos son nada para su fría sabiduría. Le pedí que tuviese compasión de vos, pero fue en vano. ¡Mejnour, recibid a vuestro discípulo!

Glyndon se volvió, y casi se sintió desfallecer cuando vio a su lado al desconocido, cuyas pisadas no produjeran el menor ruido en la pedregosa playa, y al cual no había distinguido, a pesar de la claridad de la luna.

—¡Adiós! —le dijo Zanoni. —Tu prueba empieza. Cuando nos volvamos a ver, o serás la víctima o habrás triunfado.

Glyndon siguió con la vista al misterioso Zanoni, cuya forma desaparecía entre las sombras de la noche. Vióle entrar en el bote, y, por primera vez, reparó que además de los remeros, había en él una mujer, que se puso de pie cuando Zanoni saltó dentro de la barquilla. A pesar de la distancia, Glyndon reconoció á la que fuera su amada. La joven agitó su mano en señal de despedida, en tanto que la suave brisa de la noche hizo llegar a su oído la dulce voz de Viola, que, con acento triste, le decía en el idioma de su madre: —¡Adiós, Clarencio!... ¡Te perdono! ¡Adiós!

El joven quiso responderle, pero la voz de Viola había herido en su corazón una cuerda demasiado sensible, y no pudo articular ningún sonido. Según eso, perdía a Viola para siempre, pues se iba con aquel temible extranjero. ¡Qué sombrío le parecía el porvenir de la joven!

El bote se deslizaba como una saeta por la superficie de las olas, de las cuales, cada golpe de remo, hacía brotar mil chispas, dejando tras sí un surco de plata que alumbraba un rayo de luna. El bote bogó lejos, donde no podía seguirle la mirada de Glyndon, hasta que al fin, un punto negro, apenas visible, llegó al lado del buque, que permaneció inmóvil en la hermosa bahía. En aquel instante, como si hubiese sido cosa de magia, se despertó un vientecillo fresco que murmuraba alegremente. Glyndon, volviéndose a Mejnour, rompió su silencio.

—Decidme, si es que podéis leer en lo futuro; decidme que será feliz, y que su elección ha sido, al menos, prudente.

—¡Discípulo! —respondió Mejnour con una voz cuya calma correspondía perfectamente con estas frías palabras: —vuestro primer cuidado debe ser alejar de vos todos los sentimientos, recuerdos y simpatías que podáis sentir por los demás. La base de la ciencia es saber dominarse y no vivir sino para el estudio y el mundo que uno mismo se ha formado. Habéis elegido esta carrera renunciando al amor, y habéis rechazado las riquezas, la fama y la vana pompa del poder. ¿Qué os importa, entonces, la humanidad? ¡Todos vuestros esfuerzos deben dirigirse, de hoy en adelante, a perfeccionar vuestras facultades y a concentrar vuestras emociones!

—Y al fin de todo esto, ¿encontraré la felicidad?

—Si es que ésta existe —respondió Mejnour, —debe encontrarse en una vida exenta de pasiones. Pero la felicidad está en el último escalón de la carrera que habéis emprendido, y vos os halláis ahora en el umbral del primero.

Mientras Mejnour decía esto al joven, el buque de Zanoni desplegaba sus velas al viento y se balanceaba tranquilamente sobre las aguas. Glyndon exhaló un amargo suspiro, y, en seguida, discípulo y maestro, se volvieron a la ciudad.

LIBRO CUARTO
EL ESPECTRO DEL UMBRAL

CAPÍTULO PRIMERO

HISTORIA DE MAESE PÁOLO

Había transcurrido un mes desde la partida de Zanoni y desde la noche en que Glyndon fuera entregado a Mejnour, cuando dos ingleses se paseaban cogidos del brazo por la calle de Toledo.

—Os digo —exclamaba uno con bastante calor, —que si os queda una pizca de sentido común, volveréis conmigo a Inglaterra. Ese Mejnour es un impostor más peligroso que Zanoni. Y después de todo, ¿cuáles son sus promesas? Vos mismo confesáis que no pueden ser más equívocas. Decís que ha abandonado Nápoles, porque ha escogido un retiro, más a propósito para él, fuera del bullicio de los hombres, en donde poder entregarse a profundos estudios, en los cuales debe iniciaros. Este retiro, según parece, se encuentra en un paraje donde habitan los mas terribles bandidos de Italia, y donde la justicia no se atreve a penetrar. ¡Magnífico santuario para un sabio! ¡Tiemblo por vos! ¿Qué hacéis, si este extranjero, a quien nadie conoce, está ligado con los ladrones, y si esas promesas para interesar vuestra credulidad, no son más que el cebo que debe hacerle dueño de vuestra persona, y quizá de vuestra vida? ¿No pueden atraeros allí por medio de engaño, y exigiros después la mitad de vuestra fortuna por vuestro rescate? ¡Os sonreís con desprecio! Bien; ya que carecéis de sentido común, mirad la cuestión como mejor os parezca. Vais a sufrir una prueba que Mejnour no se atreve a describir, porque es de un género poco agradable. Puede saliros bien o mal; si no sale bien, estáis amenazado de sufrir males terribles; y si triunfáis, no debéis esperar más que esa vida triste y mística del hombre a quien habéis tomado por maestro. Dejad estas locuras, y gozad en tanto que podéis hacerlo. Volved conmigo a Inglaterra, y desechad esos sueños. Entrad en una senda más halagüeña, y buscad afecciones mas respetables que aquellas que os ligaban a una aventurera italiana. Cuidad de vuestra fortuna y acrecentadla, para que lleguéis a ser un hombre feliz y distinguido. Este es el consejo de un buen amigo, cuyas promesas son todavía mas seductoras que las que os hace el misterioso Mejnour.

—Mervale —dijo Glyndon en tono áspero, —no puedo ni quiero acceder a vuestros deseos. Un poder superior a mi voluntad, cuya influencia no puedo resistir, me impele adelante, y seguiré hasta el fin la extraña carrera que he emprendido. No hablemos más acerca de esto. Guardad para vos el consejo que me habéis dado, y sed feliz.

—Esto es una locura, —replicó Mervale; —vuestra salud empieza ya a decaer. Estáis tan cambiado, que apenas os conozco Venid; he hecho añadir vuestro nombre en mi pasaporte. Dentro de una hora estaré fuera de Nápoles, y vos, joven sin experiencia, vais a quedaros aquí sin un amigo, entregado a los delirios de vuestra imaginación y en manos de ese infatigable saltabancos.

—¡Basta! —repuso Glyndon con frialdad. —Dejáis de ser un buen consejero cuando permitís que vuestras preocupaciones se manifiesten con tanta tenacidad. Tengo ya muy altas pruebas, — añadió el joven, cuyas pálidas mejillas se pusieron ahora lívidas, — del poder de ese hombre, si es que lo sea, como lo he dudado muchas veces. Así, pues, halle en ella la muerte, halle la vida, no retrocederé un paso en la senda que he pisado. Si no volvemos a vernos, Mervale, adiós..., y si algún día, en medio de los antiguos y alegres sitios que frecuentáramos en nuestra niñez, oís decir que Clarencio Glyndon duerme el último sueño en las playas de Nápoles, o en aquellas distantes alturas, decid a nuestros amigos de la infancia: "Murió dignamente, como otros miles de mártires lo hicieron antes que él, por el afán de saber."

Al decir esto, estrechó la mano de Mervale, y separándose precipitadamente de su lado, desapareció entre la multitud.

A la esquina de la calle de Toledo, Glyndon se vio detenido por Nicot.

—¡Hola, Glyndon! Hace un mes que no os había visto. ¿Donde habéis estado? ¿Habéis seguido absorto en vuestros estudios?

—Sí, —respondió el inglés.

—Me voy a París, —agregó Nicot. —¿Queréis acompañarme? Los talentos son allí muy buscados y se hace pronto fortuna.

—Gracias; por ahora, tengo otros proyectos.

—Muy lacónico estáis, —observó el francés. —¿Qué os pasa? ¿Estáis triste por la pérdida de la Pisani? Tomad ejemplo de mí. Por mi parte, me he consolado con Bianca Sacchini, mujer hermosa y despreocupada. He hallado en ella a una criatura adorable y de gran talento. ¡Respecto de Zanoni...!

—¿Qué sabéis de él? —preguntó Glyndon con interés.

—Nada; pero si alguna vez pinto alguna alegoría, le retrataré en figura de Satanás. ¡Ja! ¡Ja! He aquí una venganza digna de un pintor, ¿no es verdad? ¡Vaya un modo de ridiculizarle! Cuando no podemos hacer nada contra un hombre a quien odiamos, al menos a nosotros, pintores, nos queda el recurso de compararle con el diablo. Os hablo formalmente: aborrezco a ese hombre...

—¿Por qué?

—¿Por qué? ¿Acaso no me ha robado la mujer y el dote que yo me había negociado? Y después de todo — añadió Nicot con ademán meditabundo, — aun cuando me hubiese servido en vez de ultrajarme, le odiaría de la misma manera. Su figura, su semblante, todo lo suyo me hace tenerle envidia y odiarle. Siento que hay algo de antipático en nuestras naturalezas, y presiento que nos veremos otra vez cuando el odio de Juan Nicot será menos impotente. ¡También nosotros, querido colega, también nosotros nos encontraremos algún día! *¡Vida la república!* ¡A mi nuevo mundo!...

—Y yo, al mío. ¡Adiós!

Este mismo día Mervale salió de Nápoles, y a la siguiente mañana, Glyndon abandonó también la ciudad del placer. El joven se dirigió, solo y a caballo, hacia aquella parte pintoresca del país, por la cual, por estar entonces infestada de bandidos, pocos viajeros se atrevían a pasar sin llevar una fuerte escolta, y esto en medio del día. No puede darse un camino más solitario. Su cabalgadura, pisando los fragmentos de roca que encumbraban la vía, hacía oír un eco triste y melancólico. Grandes techos de terreno árido, variado solamente por el lozano verdor de los árboles del sur, se ofrecían a su vista. Solo de vez en cuando alguna cabra silvestre, asomando su cabeza por detrás de las escarpadas rocas, o el discordante grito de alguna ave de rapiña, saliendo asustada de su guarida, interrumpía al silencio de estos sitios.

Estas eran las únicas señales de vida que ofrecía aquel camino, en el cual no se encontraba alma viviente, ni donde la vista del viajero pudiera contemplar la más humilde choza. Sumergido en sus ardientes y solemnes pensamientos, Glyndon siguió andando sin sentir el fuego abrasador de los rayos del sol de mediodía. Al fin, del lado del mar, que estaba a su derecha a bastante distancia, vino una fresca y consoladora brisa, que anunciaba la hora de la tarde. Entonces, el camino, cambiando de repente de dirección, ofreció a su vista uno de esos tristes y arruinados pueblos que se encuentran en el interior del reino de Nápoles. Después de andar algunos pasos, a un lado del camino encontró una pequeña capilla, en cuyo altar veíase pintada con vivos colores la imagen de la Virgen. Alrededor de esta capilla estaban reunidos cinco o seis miserables escuálidos, a los cuales la asquerosa enfermedad de la lepra aislara de sus semejantes. Al ver al caballero lanzaron agudos y penetrantes gritos, y sin moverse de su puesto, extendieron sus descarnados brazos implorando su caridad en nombre de la divina Madre. Glyndon les arrojó algunas monedas de poco valor, y apartando su vista de aquel cuadro, metió espuelas al caballo, poniéndole al galope hasta llegar al pueblo. En ambos lados de una calle sucia y estrecha, veíanse grupos de personas hurañas y de mirada aleve; algunos hombres permanecían recostados contra las paredes negruzcas de sus arruinadas cabañas, o sentados en el umbral de la puerta, mientras que otros estaban tendidos en el lodo. El joven no sabía si aquellos seres desgraciados debían inspirarle compasión por su miseria o infundirle desconfianza por el aire feroz que se advirtiera en su semblante. Le miraban unos con cierto ceño imponente, mientras andaba con paso lento por aquella calle llena de guijarros; otros se hablaban de una manera significativa; pero ninguno se atrevió a detenerle. Hasta los andrajosos muchachos, interrumpiendo sus gritos, le miraban con ojos devoradores, diciendo a sus madres: "¡Mañana sí que tendremos buen día!" Era, efectivamente, uno de esos villorrios que la ley no ha visitado nunca, y en los cuales la violencia y el asesinato residen impunemente; pueblecillos muy comunes entonces en el interior de Italia, donde el nombre de campesino era sinónimo de ladrón.

Glyndon empezó a experimentar alguna inquietud, y la pregunta que quería hacer, expiró en sus labios. Al fin, de una de aquellas negras chozas salió un hombre que parecía superior a los demás. En vez de los andrajos que había visto hasta entonces, el traje de aquel personaje estaba caracterizado por todos los adornos del lujo nacional. Sobre su negro cabello, cuyos lustrosos rizos contrastaban notablemente con las rústicas greñas de los salvajes que le rodearon, llevaba puesto un gorro de paño con una borla de oro que le caía sobre el hombro; sus bigotes estaban rizados con mucho esmero, y en su cuello, bien formado, aunque algún tanto nervudo, se veía un pañuelo de seda de alegres colores. Su corta chaqueta, de paño grosero, estaba adornada con muchas filas de botones dorados, y sus calzones, llenos de bordados, se ajustaban perfectamente a sus muslos.

En su ancho cinturón, en el que se veían varios adornos, llevaba metidas un par de pistolas de culata plateada, y el cuchillo con vaina que acostumbran a llevar los italianos de baja esfera, en cuyo mango de marfil había muchos grabados. Una corta carabina ricamente trabajada que pendía de su hombro, completaba el traje y arreos de este hombre de mediana estatura, de formas robustas y ligeras, y cuyas facciones, aunque tostadas por el sol, eran regulares y expresivas, adivinándose desde luego en ellas, más bien la franqueza que la ferocidad. El aspecto general de este hombre revelaba la audacia compañera de la generosidad, y a no ser por la desconfianza que inspirara su traje, se hubiese encontrado en él algo de simpático.

Glyndon, después de contemplarle algunos instantes con grande atención, detuvo su caballo, y le preguntó cuál era el camino del Castillo de la Montaña.

El preguntado se quitó el gorro al oír esta pregunta, en tanto que, acercándose al joven inglés, puso su mano sobre el cuello del caballo.

—Entonces sois el caballero a quien aguarda nuestro señor y protector, —le dijo en voz baja. —Me ha mandado que viniese a esperaros aquí para conduciros al castillo; y por cierto, caballero, que si me hubiese descuidado en obedecer su orden, lo hubieseis pasado muy mal.

Separándose entonces un poco de Glyndon, se dirigió a los grupos de hombres que había un poco más atrás, diciéndoles en alta voz:

—¡Hola, amigos! Es preciso que de hoy en adelante guardéis a este caballero todo el respeto que se merece. Es el huésped que aguarda nuestro bendito patrón del Castillo de la Montaña. ¡Dios conserve sus días, y como a nuestro protector, le guarde de día y de noche, en la montaña y en el desierto, del puñal y de las balas! ¡La maldición del cielo caiga sobre el miserable que se atreva a tocar un cabello de su cabeza o un bayoco de su faltriquera! De hoy más, le respetaremos y protegeremos por la ley y contra la ley, con lealtad y hasta la muerte. ¡Amén! ¡amén!

—¡Amén! —respondieron un centenar de voces con una gritería salvaje, en tanto que se iban acercando hasta formar un estrecho círculo en derredor del jinete.

—Y para que este caballero pueda ser conocido —prosiguió el extraño protector de Glyndon, —a la vista y al oído, le pongo el cinturón blanco, y le doy la sagrada contraseña de *Paz a los bravos*. Señor, cuando llevéis puesto este ceñidor, los hombres mas altivos de estas comarcas se descubrirán y doblaran su rodilla ante vos. Cuando pronunciéis esa contraseña, los corazones más valientes se pondrán a vuestras órdenes. Si deseáis salvar a una persona o ejercer una venganza... ganar una belleza o deshaceros de un enemigo... decid una palabra, y todos estamos prontos a obedeceros. ¿No es verdad, camaradas?

—¡Sí, sí! —respondieron otra vez aquellas voces terribles.

—Ahora, caballero, —le dijo en voz baja el bravo, —si tenéis algunas monedas de sobras, distribuidlas entre esos grupos, y partamos.

Glyndon, no descontento de esta sentencia, vació su bolsillo por aquellas calles; y mientras en medio de juramentos, bendiciones, chillidos y ayes, hombres, mujeres y niños se apoderaban de aquellas monedas a la arrebatiña, el bravo, cogiendo las riendas del caballo, lo hizo trotar, hasta que, entrando en un callejón que había a mano izquierda, se encontraron a los pocos minutos en despoblado y metidos entre montañas. Hasta entonces el guía no soltó la brida del caballo, y dejando que el animal fuese a su paso, el bravo miró a Glyndon de una manera maliciosa, diciéndole:

—Juraría, caballero, que no estabais preparado para el magnífico recibimiento que os hemos hecho.

—Y a decir verdad, debía estarlo, puesto que el señor a cuya casa me dirijo, no me ocultó el carácter de este vecindario. ¿Y vuestro nombre, amigo mío, si es que me permitís llamaros así?

—¡Oh! Excelencia, no gastéis cumplimientos conmigo. En el pueblecillo me llaman generalmente maese Páolo; Antes tenía un apodo, aunque, a la verdad, era muy equívoco; apodo que he dejado desde que me retiré del mundo.

—Y decidme, —preguntó Glyndon: —¿os refugiasteis a estas montañas disgustado de la pobreza, o a consecuencia de alguna acción digna de castigo?

—Caballero —dijo el bravo riendo alegremente, —los ermitaños de mi clase son poco amantes del confesionario. Sin embargo, mientras mis pies pisen estos desfiladeros, y en tanto que mi mano esté apoyada en el mango de mi cuchillo y mi carabina cuelgue de mi hombro, no temo que mis secretos me comprometan.

Y al decir esto, el bandido, como si quisiese hablar con alguna reserva, tosió tres veces y empezó, no con muy buen humor, a referir su historia. Empero, a medida que se iba engolfando en la conversación, los recuerdos que ésta despertara en él parecían llevarlo más lejos de lo que tuviera intención, y poco a poco su fisonomía se fue animando con esa gesticulación viva y variada que caracteriza a los hombres de su país.

—Nací en Terracina —dijo, —ciudad magnífica, ¿no es verdad? Mi padre era un hombre de mucho talento y de cuna muy elevada; y mi madre, ¡en paz descanse!, una mujer hermosa, hija de un fondista. La diferencia de nacimiento fue causa de que mis padres no pudiesen casarse. Mi padre, que desde mi niñez me dedicó a la carrera eclesiástica, me hizo recibir una educación propia para mi profesión, y en poco tiempo aprendí el latín. El buen hombre no descuidó mi educación moral, y facilitaba abundantes recursos a mi madre para que yo fuese un muchacho de prendas. Pronto se estableció una secreta comunicación entre la faltriquera de mi madre y la mía. A los catorce años, llevaba la gorra a lo jaque, un par de pistolas al cinto, y afectaba todo el aire de un caballero galante y perdonavidas. A esa edad perdí a mi madre, y mi padre abrazó la vida monástica. Mi padre escribió al poco tiempo una obra religiosa de gran mérito, y como era de elevada cuna, obtuvo el
capelo de cardenal. Entonces el santo varón no quiso reconocer más a este vuestro humilde servidor. Entregóme a un honrado notario de Nápoles, dándome provisionalmente una suma de doscientas coronas. Debo manifestaros, señor, que al poco tiempo conocí lo suficiente la ley, para convencerme de que nunca sería bastante pícaro para brillar en esta profesión. Así, pues, en vez de borronear pergaminos, me puse a hacer el amor a la hija del notario. Mi amo descubrió nuestra inocente diversión y me echó a la calle. Fue una acción cruel; pero mi Ninetta me quería y tuvo buen cuidado de que no me viese en la necesidad de tener que ir a mezclarme con los lazzaroni. ¡Pobrecita! Me parece que la estoy viendo aun, cuando venía con sus pies descalzos y el dedo puesto en los labios a abrir la puerta de la calle para introducirme en la cocina, donde un buen refrigerio aguardaba al hambriento amante. Al fin, Ninetta se cansó de mí. Es el defecto del

sexo, señor. Su padre negoció su casamiento y la enlazó con un viejo traficante de pinturas. Ninetta se casó y dio con la puerta en los hocicos al pobre amante. Sin embargo, no me desanimé. Viéndome sin un ducado en mi bolsillo y sin un mendrugo para entretener el hambre, traté de buscar fortuna, y entré a bordo de un buque mercante español. Este era un trabajo más pesado de lo que creía; pero felizmente fuimos atacados por un pirata que degolló la mitad de la tripulación e hizo prisionera la otra mitad. Tocóme esta última suerte. El capitán pirata me tomó afición. "¿Quieres servir con nosotros?", me dijo. "Con mucho gusto," le respondí. ¡Heme aquí hecho pirata! ¡Oh! ¡vida deliciosa! ¡Cuántas veces bendecí al notario por haberme puesto en la calle! ¡Vida de festines, de combates, de amores y de pendencias! A veces saltábamos a tierra en cualquiera playa y nos regalábamos como príncipes; otras permanecíamos días enteros en completa calma en el mar más sereno que el hombre haya atravesado jamás Y después, si despertándose la brisa ofrecía a nuestra vista alguna embarcación, ¡cuán alegres nos poníamos! Pasé tres años en esta encantadora profesión, y después, señor, me sentí atormentado por la avaricia. Codiciaba el puesto del capitán y conspiré contra él. Aprovechamos una noche de calma para dar el golpe. Nuestro buque parecía dormir en el mar; la tierra estaba fuera del alcance de nuestra vista, y el agua semejaba un inmenso espejo iluminado por una luna clara y poética. Nos levantamos con un solo grito, y a la cabeza de los míos, me precipité en la cámara del capitán. El bravo anciano, sospechaba, sin duda, alguna cosa, pues nos aguardaba en el umbral con una pistola en cada mano, en tanto que su ojo (era tuerto) arrojaba un brillo más terrible que pudieran hacerlo las bocas de sus pistolas.

—¡Rendíos! —le dije, —y os perdonaré la vida.

—Toma, —respondió el capitán, disparando una pistola, cuya bala, después de rozarme la mejilla, mató al contramaestre que estaba detrás de mí. Entonces me agarré a brazo partido con él, que disparó su segunda pistola sin tocar a nadie. ¡Era un hombrón de seis pies y líneas!.. Fuimos rodando por el suelo. ¡Virgen Santa! los dos hacíamos todos los esfuerzos posibles para sacar nuestros cuchillos. Entretanto, toda la tripulación estaba alborotada y engolfada en una espantosa refriega, unos, a favor mío, y otros, a favor del capitán. Oíanse detonaciones, ruido de armas, gritos y juramentos, y de vez en cuando, el ruido de un cuerpo pesado que caía en el mar. Los tiburones tuvieron aquella noche una rica cena. Al fin, el viejo Bilboa se puso encima de mí, y blandiendo el cuchillo, dejó caer su brazo;

pero no pudo herirme en el corazón, no... Sirviéndome del brazo izquierdo como de un escudo, recibí el golpe en el puño, del cual brotó un gran chorro de sangre. Con la fuerza del golpe, el Hércules capitán vino a chocar su cara contra la mía. Entonces pude cogerle con la mano derecha por la garganta, y le hice dar la vuelta como un cordero, mientras que, casi en el mismo instante, el hermano del contramaestre, holandés de gran corpulencia, le atravesó con un chuzo.

—Amigo —le dije cuando su terrible mirada se fijó en mí, —no os deseaba ningún mal; pero todos debemos hacer lo posible para prosperar en este mundo.

El capitán rechinó los dientes y expiró. En seguida me subí sobre cubierta... ¡Qué espectáculo! Veinte hombres había allí tendidos, y la luna brillaba tranquilamente sobre una balsa de sangre. Mi partida ganó la victoria y el barco quedó mío. Mandé alegremente como un rey por espacio de seis meses. Pocos días después atacamos un buque francés, cuyo tamaño era doble que el del nuestro. ¡Qué lucha! Hacía tanto tiempo que no nos habíamos batido, que lo hacíamos como si fuésemos mujeres. Sin embargo, vencimos al fin y nos apoderamos del buque y del cargamento. Mis gentes querían matar al capitán, pero esto era contrario a mis leyes; le pusimos una mordaza, pues no dejaba de insultarnos, y en seguida, con el resto de su tripulación, le trasladamos a nuestro buque, que estaba bastante mal parado. Después de enarbolar nuestra bandera negra en el buque francés, partimos alegremente, al soplo de un viento favorable. Desde que abandonamos nuestro viejo barco, la fortuna pareció volvernos la espalda. Un día, un fuerte temporal hizo saltar una tabla de nuestro buque, y algunos nos pudimos meter en un bote. Todos habíamos tenido buen cuidado de recoger nuestro oro; pero ¡nadie se acordó de traer una pipa de agua! Sufrimos horriblemente por espacio de dos días y dos noches, y al fin, abordamos en una playa cerca de un puerto francés. Nuestro triste estado movió a compasión a los habitantes, y como teníamos dinero, nadie sospechó de nosotros, pues la gente no desconfía sino de los pobres. Pronto nos recobramos de nuestras fatigas; nos vestimos de nuevo de pies a cabeza, y vuestro humilde servidor fue considerado tan capitán como el primero que se haya paseado nunca por la cubierta de un buque. Pero quiso mi mala estrella que me enamorase de la hija de un mercero. ¡Amaba con delirio a mi bella Clara! Sí, la amaba tanto, ¡que miraba con horror mi vida pasada! Así, pues, resolví arrepentirme, y después de casarme con ella, vivir como un hombre honrado. Un día llamé a mis compañeros para participarles mi resolución, y después de renunciar mi puesto, les aconsejé que partiesen. Como eran muy buenos muchachos, entraron al servicio de un capitán holandés, contra el cual supe después que se sublevaron felizmente. Desde entonces no he vuelto a saber de ellos. Quedábanme doscientas coronas, con las cuales obtuve el consentimiento del mercero, y estipulamos continuar juntos su comercio. No tengo necesidad de deciros que nadie sospechaba que mi padre fuese una persona tan respetable, y pasé por hijo de un platero napolitano, en vez del primogénito de un cardenal. ¡Entonces era muy feliz, señor... tan feliz, que no hubiese hecho daño a una mosca! Si me hubiese casado con Clara, hubiera sido el mercero más honrado y pacífico del mundo.

El bravo calló algunos momentos, y era fácil descubrir en él señales de profunda emoción.

—Bien, bien, —prosiguió; —no volvamos la vista atrás con demasiado afán, pues hay recuerdos que, como los rayos del sol, hacen llorar los ojos. Se acercaba el día que habíamos fijado para celebrar nuestro enlace. La víspera de nuestra boda, Clara, su madre, su hermana y yo, nos paseábamos por el puerto, y mientras les estaba contando algunos cuentos de sirenas y serpientes, he aquí que un mofletudo francés de rostro encarnado, se viene en derechura a mí, y después de calarse sus gafas deliberadamente, echó un *Saccré mille tonnerres!*, diciendo: "¡Este es el condenado pirata que abordó el *Niobe*!"

—Haced el favor de no bromearos conmigo, —le dije con finura.

—¡Ah! ¡ah! no puedo engañarme, —prosiguió el francés; —y cogiéndome por la corbata, empezó a pedir socorro.

Como debéis suponer, mi respuesta fue arrojarle al canal; pero eso no me valió. El capitán llevaba detrás de él a su segundo, que tenía tan buena memoria como su jefe. La gente formó en seguida un círculo en derredor de mí, vinieron otros marineros, y todos fueron a favor del capitán. Aquella noche dormí en la cárcel, y algunas semanas después fui sentenciado a galeras. Si me perdonaron la vida, fue porque el buen francés tuvo la bondad de declarar que yo había salvado la suya. Ya podéis figuraros que el remo y la cadena no eran de mi gusto. Un día me escapé con otros dos sentenciados; ellos se hicieron guardianes de camino real, y estoy seguro que hace ya mucho tiempo que habrán expirado en la rueda; yo no tuve valor para lanzarme al crimen, pues los hermosos ojos de Clara estaban aún grabados en mi corazón. Así, pues, limitando toda mi picardía a robar los andrajos de un pordiosero, dejándole en cambio mi vestido de galeote, dirigí mis pasos al país de Clara. Era un hermoso día de invierno cuando llegué a las cercanías del pueblo. Mi barba y mi cabello eran una buena máscara para no ser descubierto. ¡Ah! ¡Dios mío! Al entrar en el pueblo, me encuentro con un entierro. ¿Para qué callároslo? Clara había muerto, quizá de amor, pero más probablemente de vergüenza. ¿Sabéis cómo pasé aquella noche? Quité un azadón del cobertizo de un albañil, y solo, en medio de una noche helada, me fui a cavar en su sepultura. Después de apoderarme del ataúd, arranqué la tapa, y ¡vi otra vez a mi amada! No se había desfigurado lo más mínimo: cuando vivía estaba también pálida. Hubiese jurado que dormía. ¡Qué dicha era para mí el verla otra vez! Pero después, tenerla que restituir a la tierra, cerrar el ataúd, depositarlo en la sepultura y oír el ruido de la tierra y las piedras caer sobre el féretro... ¡eso fue terrible! Hasta entonces no conocí cuán preciosa es la vida. Al salir el sol, me encontré de nuevo errante por el mundo; pero ahora Clara no existía, y otra vez el bien y el mal se disputaban mi posesión. Al fin pude hacerme admitir a bordo de un buque que se hacía a la vela para Liorna, ofreciéndome para trabajar de marinero durante la travesía. De Liorna me fui a Roma, y me puse en la puerta del palacio del cardenal. Cuando el prelado fue a subir en el lujoso coche que le aguardaba en la calle,

—¡Padre! —le dije, —¿me conocéis?

—¿Quién sois? —respondió el cardenal.

—Vuestro hijo, —le dije en voz baja.
El cardenal dio un paso atrás, y después de fijar en mí sus ojos, pareció reflexionar.

—¡Todos los hombres son hijos míos, —repuso con voz muy afable; —aquí tenéis dinero! Al que pide por primera vez, debe dársele limosna; pero al que importuna por segunda, le aguarda la cárcel. Seguid mi consejo, y no vengáis a molestarme más. ¡El cielo os bendiga!

Al decir esto el cardenal, entró en el carruaje, que tomó el camino del Vaticano. Su bolsillo estaba bien provisto. Quedeme contento y agradecido, y emprendí la marcha para Terracina. Al poco rato de haber pasado las lagunas, vi dos hombres a caballo que venían hacia mí al galope.

—Amigo, —me dijo uno de ellos, después de hacer alto, —parecéis muy pobre, y sin embargo, sois un hombre joven y robusto.

—Caballero, —le respondí, —los hombres pobres y fuertes, son útiles y peligrosos al mismo tiempo.

—Tenéis razón, —repuso el jinete; —seguidnos.

—Obedecí, y me hice bandido. Prosperé poco a poco; y como he ejercido siempre mi profesión con hidalguía y he querido dinero y no sangre, he adquirido cierta reputación, tanto, que puedo ir a comer mis macarrones a Nápoles cuando se me antoja, sin que peligren mis huesos ni mi vida. Hace dos años que habito en esta comarca, donde he comprado algunas tierras. Aquí me tenéis hecho un propietario; y ahora, solo robo por diversión y por no perder la costumbre. Creo que he satisfecho vuestra curiosidad. Estamos muy cerca del castillo.

—¿Y cómo, —preguntó el inglés, a quien la relación de su guía interesara vivamente, —cómo entraste en relaciones con mi huésped? ¿Por qué medios se ha conciliado vuestra voluntad y la de vuestros amigos?

Maese Páolo fijó sus negros ojos de una manera muy grave sobre el inglés.

—Caballero —respondió, —supongo que conoceréis a ese extranjero mejor que yo. Todo lo que puedo deciros, es que hace unos quince días, hallándome por casualidad junto a una barraca en el Toledo de Nápoles, vi a un caballero de respetable aspecto, que, tocándome el brazo ligeramente, me dijo:

—Maese Páolo, me conviene ser amigo vuestro; así, hacedme el favor de venir conmigo a aquella taberna, y echaremos un vaso de lácrima.

—Con mucho gusto, —le respondí.

Entramos en la taberna, y después de sentarnos, el caballero me dijo:

—El conde de O*** me ha ofrecido alquilarme su viejo castillo cerca del pueblecillo de B***. ¿Conocéis aquellos sitios?

—Perfectamente, —repuse; —hace más de un siglo que ese castillo no ha sido habitado. Pero os advierto que está medio arruinado. Alquiláis una habitación bien rara; me parece que el conde no os hará pagar mucho por ella.

—Maese Páolo, —objetó el desconocido, —soy filósofo, y hago poco caso del lujo. Necesito un sitio tranquilo para hacer algunos experimentos científicos, y el castillo es a propósito para esto, con tal que me aceptéis por vecino y que vos y vuestros amigos me toméis bajo vuestra protección. Soy rico; pero nada tendré en el castillo digno de ser robado. Por consiguiente, pagaré una renta al conde y otra a vos.

—Pronto estuvimos arreglados, y como este extraño señor dobló la suma que le pedí, goza de alto favor con todos sus vecinos. Me atrevo a deciros que defenderíamos el castillo contra un ejército. Y ahora, señor, ya que he sido franco con vos, sedlo también conmigo. ¿Quién es ese caballero singular?

—El mismo os lo ha dicho: un filósofo.

—¡Hem! Que busca, quizá, la piedra filosofal, ¿eh? ¡O algún mago que huye de los agentes del Vaticano!

—Precisamente; lo habéis adivinado.

—Me lo figuraba ¿Y vos sois su discípulo?

—Sí.

—Deseo que salgáis en bien, —dijo el bandido con gravedad, haciendo la señal de la cruz con gran devoción.

—No soy más bueno que las demás gentes, pero el alma es lo primero. Confieso que no es nada honesto robar o matar a un hombre si es necesario... ¡Pero hacer un pacto con el diablo!... ¡Ah, joven caballero, mirad lo que hacéis!

—No temáis, —dijo Glyndon sonriendo; —mi preceptor es demasiado sabio y demasiado bueno para hacer estas cosas. Supongo que hemos llegado. Bellas ruinas... ¡qué vista tan magnífica!

Glyndon se detuvo, y su ojo de artista miró extasiado el encantador paisaje que se ofrecía delante de él. Insensiblemente, distraído con la conversación del bandido, había subido una larga cuesta, y se encontraba ahora en una espaciosa meseta de rocas cubiertas de musgo y de matorrales. Entre esta eminencia y otra de igual altura, en la cual estaba situado el castillo, había un barranco estrecho y profundo con una arboleda tan frondosa, que la vista no podía alcanzar, ni con mucho, el fondo del abismo. Sin embargo, su profundidad podía calcularse por el ruido lejano y monótono de las aguas que corrían por su seno, cuyo curso se veía después al precipitarse en un río de rápida corriente que serpenteaba por aquellos áridos valles. A la izquierda se presentaba un horizonte sin límites, que la última claridad purpúrea de la tarde hacía más inmenso. Si un conquistador de la antigüedad hubiese visto aquel vasto paisaje, pudiera confundirlo con un reino. Desierto, como el camino que Glyndon había pasado aquel día, era todo lo que se veía; solo que ahora, la amortiguada luz de la tarde daba a las escarpadas cúspides de las montañas el aspecto de castillos, cúpulas y pueblecillos. A lo lejos, un rayo de sol horizontal iluminaba la blanca ciudad de Nápoles, y los rosados tintes del horizonte se confundían con el azul de su hermosa bahía. Mucho más allá, la escena dejaba ver, de una manera vaga y medio cubiertas por el follaje, las arruinadas columnas de la antigua Posidonis, y allí, en medio de su terreno árido y ennegrecido, se levantaba el terrible Monte del Fuego, mientras que en la parte opuesta, por entre dilatadas llanuras de variados colores, a la cual la distancia prestaba toda su magia, brillaba en muchos puntos la corriente junto a la cual etruscos y sibaritas, romanos, sarracenos y normandos, habían, por largos intervalos, plantado sus tiendas invasoras. Todos los fantasmas del pasado... las sangrientas y maravillosas historias del mediodía de Italia, se desenvolvieron en la mente del artista mientras su vista se paseaba entusiasmada por aquel inmenso cuadro. Y después, al volver lentamente la vista atrás, sus ojos se fijaron en las parduzcas y enmohecidas paredes del castillo, en el cual buscaba los secretos que debían darle en lo futuro un imperio más poderoso que el que la memoria concede en el pasado. El edificio era una de aquellas antiguas fortalezas feudales que tanto abundaban en Italia en la Edad Media, y que tan poco tenían de la gracia o de la grandeza gótica que ostenta la arquitectura religiosa del mismo tiempo. Este castillo era fuerte, vasto y amenazador, aun en su decadencia. A través del foso había un puente de madera bastante ancho para permitir el paso a dos caballos de frente, y sus planchas temblaron y produjeron un ruido sordo cuando el caballo del joven cruzó por él.

Un camino, que en otro tiempo fuera espacioso, pero que ahora estaba cubierto de pedruscos y de hierba, conducía al primer patio interior del castillo; las puertas estaban abiertas, y por esta parte, la mitad del edificio estaba desmantelado y las ruinas cubiertas de yedra secular Al entrar en el patio interior, Glyndon se alegró al ver que el edificio estaba allí mejor conservado. Algunas rosas silvestres daban un aspecto más alegre a las negruzcas paredes, y en el centro del patio había una fuente, de la cual goteaba todavía, con agradable murmullo, agua cristalina de la boca de un gigantesco tritón. Al llegar aquí, Mejnour le recibió con afable sonrisa.

—Bienvenido, mi amigo y discípulo, —le dijo. —El que busca la verdad, puede encontrar en esta soledad una inmortal academia.

CAPÍTULO II

PRELIMINARES DE INICIACION

Los criados que Mejnour tomara para acompañarle en tan extraña mansión, eran los que convenían a un filósofo de pocas necesidades. Un viejo armenio, al cual Glyndon recordaba haber visto al servicio del místico en Nápoles; una mujer de elevada talla y de facciones muy pronunciadas, que tomara en el pueblecillo por recomendación de maese Páolo, y dos jóvenes aduladores, de largos cabellos y de cara ceñuda e hijos del mismo lugar, y garantidos por el mismo fiador. Las habitaciones que el filósofo ocupaba eran bastante cómodas, ostentando todavía algunos restos de antiguo esplendor en las carcomidas tapicerías que adoraban las paredes, y en grandes mesas de mármol ricamente esculpido. El dormitorio de Glyndon tenía comunicación con una especie de terrado o mirador cuya vista era soberbia, estando separado por el otro lado, mediante una larga galería con diez o doce escalones, de las habitaciones reservadas de Mejnour. El todo de este retiro respiraba tranquilidad sombría, pero no desagradable, y era a propósito para los estudios a que entonces se le destinaba.

Por muchos días, Mejnour no quiso hablar a Glyndon de los asuntos que más interesaban a su corazón.

—En el exterior —le dijo un día, —todo está preparado; pero no en el interior. Es menester que vuestra alma se acostumbre al sitio, y que se impregne del aspecto de la naturaleza que la rodea, pues la naturaleza es el origen de toda inspiración.

Después de pronunciar estas palabras, Mejnour pasó a otros asuntos de poca importancia. Hacía que el joven le acompañase en sus largas excursiones por los alrededores, y se sonreía con afabilidad cuando el artista daba rienda suelta al entusiasmo que le inspiraba la sombría belleza de los sitios que frecuentaban y que hubiesen hecho palpitar un corazón menos impresionable que el suyo. Entonces era cuando Mejnour daba a su discípulo lecciones de una ciencia que parecía ilimitada o inagotable. Dábale noticias curiosas, gráficas y minuciosas de varias razas, sus caracteres, costumbres, creencias y hábitos, que habían habitado aquellas comarcas. Es verdad que sus descripciones no se encontraban en los libros ni eran autorizadas por sabios cronistas; pero Mejnour poseía el verdadero encanto del narrador, y hablaba de todas las cosas con la animada confianza de un testigo presencial. A veces hablaba también de los durables y elevados misterios de la naturaleza con una elocuencia y una pureza de lenguaje que adornaban su conversación, más bien con los colores de la poesía que con los de la ciencia. Insensiblemente, el joven artista se sintió elevado y lisonjeado por las lecciones de su amigo; poco a poco se fue calmando el delirio de sus ardientes deseos. Su imaginación empezó a acostumbrarse a la divina tranquilidad de la contemplación; sintió más nobles aspiraciones, y en el silencio de sus sentidos, le parecía oír la voz de su alma.

Este era, sin duda, el estado a que Mejnour quería conducir al neófito, y en esta elemental iniciación, el místico era más que un sabio ordinario. El que busca *descubrir*, es necesario que primeramente entre en una especie de idealismo abstracto; que se eleve, por una solemne y agradable esclavitud, a las facultades que *contemplan y crean.*

Glyndon observó que en sus paseos, Mejnour se paraba con frecuencia donde el follaje era más abundante, para coger alguna hierba o flor; y esto le recordó que Zanoni se ocupaba también en la misma tarea. Un día preguntó a su maestro:

—¿Acaso estas humildes hijas de la naturaleza que nacen y desaparecen en un día, son útiles para la ciencia que conduce a los elevados secretos? ¿Existe una farmacopea para el alma, así como la hay para el cuerpo? ¿Las plantas que cría la primavera, pueden emplearse en la conservación de la materia humana así como en la inmortalidad del espíritu?

—Sí, —respondió Mejnour. —Un viajero visitó una tribu errante que no conocía ninguna de las propiedades de las hierbas. Si el viajero hubiese dicho a los salvajes que muchas de las que pisaban cada día estaban dotadas de grandes virtudes; que una podía devolver la salud al hermano que estuviese a las puertas de la muerte; que otra reduciría al idiotismo al hombre más sabio; que una tercera haría morir instantáneamente a sus más fieros guerreros; que las lágrimas y la risa, el vigor y la enfermedad, la locura y la razón, el desvelo y el sueño, la vida y la disolución existían en aquellas insignificantes hojas, ¿no le hubiesen tenido por un brujo o un embustero? Respecto de la mitad de las virtudes del mundo vegetal, la humanidad es tan ignorante como los salvajes que os he citado. Hay facultades en nuestro interior con las cuales ciertas hierbas guardan una completa afinidad, y que por lo mismo ejercen sobre ellas un grande poder. El *molí* de los antiguos no es una cosa del todo fabulosa.

El carácter de Mejnour difería mucho del de Zanoni, y a si es verdad que el primero fascinaba mucho menos a Glyndon, en cambio le dominaba más y le impresionaba doblemente. La conversación de Zanoni manifestaba un profundo y general interés por la humanidad, y un sentimiento, que casi rayaba en entusiasmo, por las artes y la belleza. Los rumores que circularan acerca de sus costumbres realzaba el misterio de su vida con acciones de caridad y de beneficencia. En todos sus hechos había algo de amable y humano que atenuaba en parte el miedo que inspirara, tendiendo quizá a despertar sospechas acerca de los altos secretos que no ocultaba poseer. Mejnour parecía enteramente indiferente a todo lo que se refería al mundo actual. No hacía ningún mal y era igualmente apático para el bien. No remediaba ninguna necesidad ni compadecía a nadie. El corazón parecía habérsele transformado en inteligencia. Se movía, pensaba y vivía como una regular y tranquila abstracción, más bien que como uno que conservaba, con la forma, los sentimientos y simpatías de su especie.

Glyndon, observando un día el tono de suprema indiferencia con que hablaba de los cambios verificados en la superficie de la tierra, los cuales decía haber presenciado, se atrevió a decirle algo sobre la diferencia que había notado entre sus ideas y las de Zanoni.

—Es verdad, —manifestó Mejnour fríamente. —Mi vida es la vida que contempla; la de Zanoni es la vida que goza. Cuando arranco una hierba sólo pienso en sus usos; Zanoni se detiene a admirar su belleza.

—¿Y creéis que vuestra existencia es superior y más elevada que la suya? — preguntó Glyndon.

—No, —respondió el sabio. —Su existencia es la de la juventud y la mía la de la vejez. Los dos hemos cultivado facultades diferentes, y cada uno posee poderes a los cuales el otro no puede aspirar. Los míos son saber más; los suyos, vivir mejor.

—He oído decir —observó Glyndon, —que sus compañeros de Nápoles le habían visto llevar siempre una vida pura y exenta de vicios. Y sin embargo, ¿no eran aquellos amigos bien poco a propósito para un sabio? Por otra parte, ese terrible poder que ejerce a medida de su deseo, como por ejemplo, el que manifestó en la muerte del príncipe de *** y en la de Ughelli, se aviene muy poco con el hombre de sentimientos filantrópicos que busca ocasiones de hacer bien.

—Tenéis razón, —murmuró Mejnour con una fría sonrisa; —esas han de ser necesariamente las consecuencias que obtengan esos filósofos que se mezclan en los negocios del mundo. Es imposible hacer bien a unos sin perjudicar a otros; ni podéis proteger a los buenos sin enemistaros con la malos; y si queréis reformar los defectos, es indispensable que descendáis a vivir entre los defectuosos. Así lo dice el gran Paracelso, aunque se equivocó también con mucha frecuencia. Por lo que a mí toca, jamás cometeré semejante locura. ¡Vivo para la ciencia y no para la humanidad!

Otro día preguntó Glyndon al místico acerca de la naturaleza de esa unión o fraternidad a la cual una vez aludiera Zanoni.

—Creo que no me equivoco —dijo el joven, —suponiendo que vos y él pertenecéis a la sociedad de los rosacruces.

—¿Creéis —respondió Mejnour, —que no ha habido otras sociedades místicas y solemnes que han buscado los mismos fines por los mismos medios, antes de que los árabes de Damasco enseñasen, en 1378, los secretos que constituían la institución de los rosacruces a un viajero alemán? Convengo, sin embargo, en que los rosacruces formaban una secta que descendía de una grande escuela muy antigua. Aquellos hombres fueron mas sabios que los alquimistas, así como sus maestros fueron más sabios que ellos.

—¿Y cuántos existen ahora de aquella primitiva orden? —preguntó Glyndon.

—Zanoni y yo, —respondió Mejnour.

—¡Solamente dos! —repuso el joven. —¿Y poseéis la facultad de enseñar a todos el secreto que se burla de la muerte?

—Vuestro abuelo alcanzó este secreto; pero causó su muerte la cosa que mas amaba. Sabed, discípulo, que nuestra ciencia, no nos da poder para alejar de nosotros *una muerte casual y enviada por la voluntad del cielo.* Estas paredes pueden desplomarse y aplastarme. Todo lo que nosotros podemos hacer, es encontrar los secretos que se refieren al cuerpo humano, saber por qué las partes se osifican y la circulación de la sangre se paraliza, y aplicar continuos preventivos a los efectos del tiempo. Esto no es magia, sino el arte de la medicina conocido a fondo. Pero el mero arte, extraído de los zumos y simples, que restablece la fuerza animal y detiene los progresos de la destrucción, o ese secreto más noble que ahora me limitaré a indicaros solamente, por el cual el *fuego o el calórico,* como le llamáis, siendo, como lo dijo sabiamente Heráclito, el principio primordial de la vida, y pudiendo emplearse como un perpetuo principio renovador; este arte, repito, no sería suficiente para nuestra seguridad. Poseemos también la facultad de desarmar y eludir la ira de los hombres, de desviar la espada de nuestros enemigos dirigiéndola contra cualquier otro, y hacernos, si no incorpóreos, invisibles a los ojos de los demás, cubriéndolos de niebla o sumiéndolos en la oscuridad. Algunos han dicho que este secreto residía en la piedra ágata. Abaris atribuyó este poder a la planta llamada *arrow-root:* yo os encontraré una planta en aquel valle que produce un encanto mas seguro que la ágata y el arrow. En una palabra, sabed que los más humildes e insignificantes productos de la naturaleza, son los que encierran las mas sublimes virtudes.

—Pero, puesto que poseéis estos grandes secretos, ¿por qué os mostráis tan avaros en difundirlos? El charlatanismo o la falsa ciencia difiere de la verdadera e indisputable, en que la última comunica al mundo los procedimientos por los cuales obtiene sus descubrimientos, en tanto que la primera, habla de ana maravillosos resultados negándose a dar cuenta de las causas.

—Tenéis razón, lógico académico; pero otra vez, es preciso que discurráis mejor. Suponed que nosotros generalizásemos indiscretamente nuestros conocimientos entre los hombres, así entre los viciosos como entre los virtuosos: ¿seríamos los bienhechores de la humanidad, o seríamos su más terrible azote? Representaos al tirano, al sensualista, al hombre malo y corrompido, poseyendo unos secretos tan poderosos: ¿no sería esto soltar un demonio sobre la tierra? Conceded ahora este privilegio a los buenos: ¿a qué estado vendría a parar la sociedad? En una especie de lucha titánica... Los buenos siempre a la defensiva contra los ataques de los malos. En la actual condición del mundo, el principio del mal, siendo más activo que el del bien, el mal prevalecería. Por estas razones estamos solemnemente comprometidos a no participar nuestra ciencia sino a los que son incapaces de hacer de ella un mal uso, y además, basamos nuestra ordalía en textos que purifican las pasiones y elevan los deseos. Y en esto, la misma naturaleza nos ayuda, pues establece terribles guardianes e insuperables barreras entre la ambición del vicio y las nobles aspiraciones que conducen a la sublime ciencia.

He aquí algunas de las muchas conversaciones que Mejnour tenía con su discípulo, conversaciones que pareciendo dirigirse solamente a la razón del último, le inflamaban más y mas su imaginación. La misma negación de los poderes que la naturaleza propiamente investigada no basta por sí sola a crear, daba un aire de probabilidad a los que Mejnour aseguraba que la naturaleza podía ofrecer.

Así se pasaron semanas y meses, y de esta manera la imaginación de Glyndon, acostumbrándose gradualmente a esta vida de aislamiento y contemplación, olvidó, al fin, las vanidades y quimeras del mundo exterior.

Una tarde el joven había estado paseando solo por las murallas del castillo, contemplando cómo las estrellas aparecían una tras otra en el firmamento. Nunca había sentido de una manera tan sensible el poder que el cielo y la tierra podían ejercer sobre un hombre, ni había advertido con qué solemne influencia la naturaleza despierta y agita los gérmenes de nuestra existencia intelectual.

Como un paciente sobre el cual se han de hacer obrar los agentes del mesmerismo de un modo gradual y lento, así el joven sentía en su corazón la creciente fuerza de este vasto magnetismo universal que es la vida de la creación y que liga el átomo al todo. Una extraña e inefable conciencia de poder, de *alguna cosa grande* dentro del polvo perecedero, despertaba en él sentimientos obscuros y grandes al mismo tiempo, como el débil recuerdo o reconocimiento de un antiguo y puro ser. En este instante sintió que una fuerza irresistible le impelía a buscar a su maestro. Quería decirle que ahora que la soledad le había iniciado en la existencia de otros mundos más allá del nuestro, estaba preparado para respirar en una atmósfera más divina. Glyndon entró en el castillo, y después de atravesar la sombría galería, entró en la habitación de Mejnour.

CAPÍTULO III

LA INICIACIÓN

La habitación del filósofo se componía de dos cuartos corridos y de otra pieza que era su dormitorio. Estos cuartos estaban situados dentro de una gran torre cuadrada que miraba al oscuro y frondoso precipicio. El primer cuarto en que Glyndon entró, estaba desamueblado. Con paso ligero siguió el joven adelante y abrió la puerta que daba entrada a la segunda pieza. Al llegar al umbral tuvo que retroceder a causa de un fuerte olor que inundara la habitación. Había en ella una especie de niebla, una atmósfera densa más bien que obscura, pues este vapor no era negro, sino que parecía una nube blanca que se movía lentamente, formando marcadas ondulaciones que se elevaban regularmente hacia el espacio. Un frío mortal se apoderó del corazón de Glyndon sentía que la sangre se helaba en sus venas, y se quedó como clavado en aquel sitio. Hizo, no obstante, un esfuerzo involuntario para mirar a través de aquel vapor, y le pareció que no podía decir si era una ilusión de su imaginación, que veía gigantescas formas a manera de espectros flotando en medio de aquella niebla. ¿Era la misma niebla que se convertía sus fantásticos vapores en apariciones movibles e impalpables?

Se dice que un pintor de la antigüedad, en un cuadro de Hadas, representó monstruos deslizándose por entre la corriente del río de la Muerte de una manera tan natural, que el ojo descubría de repente que el río no era en sí más que un espectro, y que las inanimadas formas que lo poblaban, se confundían con las muertas aguas hasta el punto de que los ojos, cansados de mirar, concluían por no distinguirlas del elemento sobrenatural que se les suponía habitar. Así eran las formas que flotaban, mezclándose y confundiéndose por aquella niebla, en la segunda estancia de Mejnour; pero antes que Glyndon tuviese tiempo de respirar aquella atmósfera, pues parecía que el curso de su vida se había suspendido, o que se había cambiado en un horrible éxtasis, sintió que le cogían la mano y que le trasladaban de allí al cuarto exterior. Al oír cerrar la puerta, la sangre del joven circuló otra vez libremente por sus venas, y vio a Mejnour a su lado. De repente se sintió atacado de fuertes convulsiones que le hicieron caer al suelo sin sentido. Cuando volvió en sí, se encontró al aire libre en un gran balcón de piedra que había en el cuarto. Las estrellas brillaban tranquilamente sobre el negro abismo que se veía debajo, iluminando escasamente el semblante del místico, que permanecía junto a él con los brazos cruzados.

—Joven —le dijo Mejnour, —juzgad por lo que acabáis de experimentar, cuán peligroso es buscar los conocimientos antes de estar preparado para recibirlos. Si hubierais respirado un instante más el aire de aquella habitación, hubierais sucumbido.

—Entonces —repuso Glyndon, —¿de que naturaleza era el conocimiento que vos, en un tiempo mortal como yo, podíais buscar impunemente en esa fría atmósfera que iba a causar mi muerte? Mejnour —prosiguió Glyndon con delirante afán, pues el peligro que acababa de correr le comunicó mas fuerza y vigor, —me siento preparado para los primeros pasos; vengo a vos, como en otro tiempo el discípulo de Hierofante, a pediros la iniciación.

Mejnour puso la mano sobre el corazón del joven, y sintió que latía con fuerza, regularidad y osadía, y en seguida, mirándole con una especie de admiración que se revelaba en su austera y fría fisonomía, murmuró por lo bajo:

—Este valor me anuncia que he encontrado al fin el verdadero discípulo.

Después, añadió en alta voz:

—Como gustéis. La primera iniciación del hombre, es en estado de *éxtasis*. Los conocimientos humanos empiezan por medio del sueño; ¡en sueños se suspende sobre el inmenso espacio el primer frágil puente entre espíritu y espíritu, sobre este mundo y los mundos lejanos! ¡Mirad fijamente aquella estrella!

Glyndon obedeció, y Mejnour se retiró dentro del cuarto, del cual salía lentamente un vapor algún tanto mas pálido y de olor mas débil que el que estuvo a punto de producirle al neófito un efecto tan fatal. Esta vez, al contrario, cuando empezó a esparcirse por su alrededor mezclándose en diáfanas espirales con el aire, le hacía respirar una fresca y saludable fragancia. Los ojos del joven seguían mirando la estrella que parecía fijar por grados su atención. Un momento después se apoderó de él una especie de languidez, pero sin que se comunicase, como se figurara, a su imaginación. Cuando aquella le hubo dominado enteramente, le pareció que alguien humedecía sus sienes con alguna esencia volátil y ardiente En el mismo instante, un ligero temblor que circuló por sus venas hizo estremecer todo su cuerpo La languidez fue creciendo; sus ojos no se habían aun apartado de la estrella, cuya luminosa circunferencia parecía dilatarse. Poco a poco su luz se hizo más suave y más clara, y difundiéndose más y más por el espacio, parecía que éste se inundaba de aquella luz. Al fin, en medio de una brillante y plateada atmósfera, sintió como si algo penetrase en su cerebro, o como si se rompiera una fuerte cadena. En aquel momento le pareció que volaba por el espacio con un sentimiento de celestial libertad, de inexplicable delicia, como si su alma hubiese abandonado su prisión y se cerniese sobre el mundo con la ligereza de un pájaro.

—¿A quién deseéis ver ahora en la tierra? —murmuró la voz de Mejnour.

—¡A Viola y Zanoni! —respondió Glyndon con el corazón, pues sintió que sus labios no se movían.

De repente, al expresar este deseo, por aquel espacio en que nada se distinguía, excepto una luz suave y diáfana, empezaron a pasar, como en un cosmorama, una rápida sucesión de obscuros paisajes, árboles, montañas, ciudades y mares, hasta que al fin, fija y estacionaria, vio una cueva junto a una playa, cuyas hermosas orillas estaban pobladas de mirtos y de naranjos. En una eminencia que había a cierta distancia, brillaban los blancos y esparcidos restos, al parecer, de algún arruinado edificio pagano, mientras la luna, iluminándolo todo con su tranquilo resplandor, literalmente bañaba con su luz dos figuras que había al exterior de la cueva, a cuyo pie iban a estrellarse las azuladas olas. Glyndon hubiese jurado que oía su murmullo. El joven reconoció aquellas dos personas. Zanoni estaba sentado sobre un fragmento de roca, y Viola, medio reclinada a su lado, contemplaba el semblante de su amante inclinado sobre ella, descubriéndose en su fisonomía esa expresión de perfecta dicha que sólo revela el verdadero amor.

—¿Queréis oírles hablar? —le preguntó Mejnour.

—¡Sí! —respondió otra vez Glyndon interiormente, sin articular sonido alguno.

Las voces de Zanoni y Viola llegaron entonces a su oído, pero con un sonido extraño. Hubiese dicho que, viniendo de una distante esfera, su eco debía semejarse a esas voces que los santos anacoretas oían en medio de sus visiones.

—¿Y en qué consiste —decía Viola, —que encuentras placer en escuchar a una ignorante?

—El corazón no es ignorante nunca —observó Zanoni —y los misterios de los sentimientos son tan maravillosos como los de la inteligencia. Si te sucede a veces que no puedes comprender el lenguaje de mis pensamientos, otras yo hallo dulces enigmas en el de tus emociones.

—¡Ah! ¡no digas eso! —repuso Viola, pasando su brazo alrededor del cuello de Zanoni, mientras el brillo opaco de la luna daba a su animado semblante un aspecto encantador. —Los enigmas no son más que el lenguaje común del amor, y éste los explica muy fácilmente. Hasta que te conocí... hasta que viví por ti... hasta que aprendí a conocer tus pasos cuando venías y a ver tu imagen en todas partes cuando estabas ausente... no conocí cuán fuerte y penetrante es la conexión que existe entre la naturaleza y el alma. Y sin embargo —prosiguió la joven, —ahora me he convencido de que lo que pensaba al principio, era verdad: que los sentimientos que me impelían hacia ti primeramente, no eran los del amor. Y conozco esto, comparando el presente con el pasado... Entonces sólo estaba interesada mi imaginación o mi espíritu; ahora no podría oírte decir: "¡Viola, se feliz con otro!,

—¡Ni yo pudiera decírtelo! —repuso Zanoni. —¡Ah, Viola! ¡Nunca me cansaría de oírte decir que eres feliz!

—Si, lo seré —dijo Viola, —mientras tú lo seas también. ¡Pero hay momentos, Zanoni, que te veo tan triste!

—Es verdad. Cuando considero que la vida es tan corta, y que, al fin, tendremos que separarnos; cuando me acuerdo que esa luna seguirá brillando en el horizonte cuando el ruiseñor ya no trinará bajo sus poéticos rayos... Dentro de algunos años, tus hermosos ojos perderán su encanto, se marchitará tu belleza, y esos sedosos rizos en los cuales se enredan ahora mis dedos, se volverán canos y feos.

—¡Cruel! —dijo Viola conmovida. —¡Yo nunca veré en ti las huellas de los años! ¿Acaso no envejeceremos los dos al mismo tiempo? Nuestros ojos se acostumbrarán insensiblemente a un cambio del cual el corazón no participará.

Zanoni suspiró, e incorporándose un poco, parecía consultar algo consigo mismo.

Glyndon se puso a escuchar con ardiente interés.

—¡Si fuese posible!... —murmuró Zanoni; y en seguida, mirando fijamente a Viola, añadió sonriendo: —¿No te excita la curiosidad a saber algo más de un amante a quien en otro tiempo creíste agente de algún genio maléfico?

—No —respondió Viola, —todo lo que deseaba saber de ti era que me amabas, y eso ya lo sé.

—Te he dicho alguna vez —prosiguió Zanoni, —que mi existencia no es como la de los demás hombres. ¿Por qué no tratas de participar de ella?

—¿No lo hago en este instante?

—Pero si pudieses conservarte así, joven y hermosa, para siempre, hasta que el mundo se convierta en una pira funeral...

—¡Lo seremos cuando dejemos este mundo!

Zanoni permaneció mudo algunos instantes, y después continuó:

—¿Te acuerdas de aquellos sueños bellos y aéreos que tuviste en otro tiempo, en que te parecía que te estaba reservado un porvenir superior al de las demás criaturas humanas?

—Aquellos sueños se han realizado.

—¿Y no te inspira ningún temor el porvenir?

—¡El porvenir! No me acuerdo de él. El pasado, el presente y el porvenir son tu sonrisa. ¡Ah, Zanoni! no juegues con las sencillas creencias de mi juventud. Desde que tu presencia disipó la niebla que obscurecía mi vista, me he vuelto mas buena y más humilde. ¡El porvenir!... ¡Cuando tenga motivo para temerle, levantaré mis ojos al cielo y me acordaré que guía nuestros pasos!

Al dirigir su vista a la estrellada bóveda, los ojos de Viola tropezaron con una negra nube, que, dilatándose de repente, envolvió los naranjos, cubriendo al fin el azulado mar. Sin embargo, las últimas imágenes que la nube velara a las encantadas miradas de Glyndon, fueron Zanoni y Viola. El semblante del primero parecía sereno y radiante, mientras el de la joven, nublado y pensativo, daba a su fisonomía un aspecto de bella y tranquila melancolía.

—¡Basta —dijo Mejnour, —ha empezado tu ordalía! Hay pretendientes a la solemne ciencia que te hubiesen mostrado los ausentes, hablándote, en su insípida jerigonza, de electricidad secreta y fluidos magnéticos, de cuyas verdaderas propiedades tan solo conocen los gérmenes y los elementos. Te facilitaré los libros de esos grandes charlatanes, y verás cuántos fueron, en los tiempos remotos, los que vagaron extraviados, y que por haber tropezado con el umbral de la poderosa ciencia, creyeron encontrarse dentro de su templo. Hermes, Alberto, Paracelso... a todos os conocí; a pesar de que fuisteis grandes, el destine os condenó al engaño. ¡No había en vuestras almas la suficiente fe ni la audacia que se necesita para alcanzar los altos destinos a que aspirasteis! Hasta Paracelso, el modesto Paracelso, estaba dotado de una arrogancia que superaba en mucho sus conocimientos. Este sabio se creyó poder formar una raza de hombres con su química, y se arrogó el don divino... de dar la vida. Paracelso quiso crear una raza de gigantes, y después de todo, ¡se vio obligado a confesar que no eran mas que pigmeos! Mi arte es hacer hombres superiores a los demás. Pero veo que os impacientan mis digresiones. Perdonad. Todos esos hombres, grandes visionarios como vos, fueron amigos míos; y ahora ya no son mas que polvo. Aun cuando hablaban de espíritus, temían tratarse con nadie más que con hombres. Lo mismo que algunos oradores a quienes he oído en Atenas, que abrasando con sus palabras a la Asamblea como si hubiesen sido cometas, su ardor se desvanecía como la luz de un cohete de colores cuando se encontraban en el campo. ¡Ah,

Demóstenes, héroe cobarde! ¡Cuán ágiles fueron tus pies en Cheronea! Todavía os mostráis impaciente, joven. Os diré tales verdades de lo pasado, que os harán la lumbrera de los eruditos; pero vos deseáis penetrar solamente en las sombras de lo futuro. Vuestro deseo quedará satisfecho. Con todo, es necesario, primeramente, preparar y ejercitar la memoria. Iros a dormir; imponeos severos ayunos; no leáis ningún libro. Meditad, soñad, hechizaos si lo queréis. La idea brota al fin y sale de su caos. ¡Antes de medianoche, venid a encontrarme otra vez!

CAPÍTULO IV

LECCION PRIMERA

Faltaban algunos minutos para la media noche, cuando Glyndon se dirigía otra vez a la habitación del místico. El joven había observado escrupulosamente el ayuno que se le previniera, y las intensas y elevadas meditaciones en que le había sumergido su excitada imaginación, no solamente le hicieron olvidar las necesidades del cuerpo, sino que le hacían superior a ellas.

Mejnour, sentado al lado de su discípulo, le habló de esta manera:

—El hombre es arrogante a proporción de su ignorancia, y su, natural tendencia es el egoísmo. En la infancia del saber, piensa que la creación fue formada para él. Por muchos años vio no en los innumerables mundos que brillan en el espacio, como las burbujas en el inmenso Océano, sino bonitas luces, antorchas que la Providencia se complació en encender para hacerle más agradable la noche. La astronomía corrigió esta ilusión de la humana vanidad, y, aunque con repugnancia, confiesa ya ahora el humano que las estrellas son otros tantos mundos más vastos y más hermosos que el suyo, y que la tierra sobre la cual se arrastra, es apenas un punto visible en el vasto mapa de la creación.

Pero en lo pequeño, lo mismo que en lo grande, Dios ha arrojado profusamente la vida. El viajero mira el Árbol, y cree que sus ramas fueron formadas para librarle de los rayos del sol en verano, o para combustible durante los fríos del invierno. En cada hoja de esas ramas, sin embargo, el criador ha establecido un mundo poblado de innumerables razas. Cada gota de agua de aquella cascada, es un orbe más lleno de seres que hombres cuenta un reino. En todas partes, en este inmenso *Designio*, la ciencia descubre nuevas vidas. La vida es un eterno principio, y hasta la cosa que parece morir y pudrirse, engendra nuevas existencias y da nuevas formas a la materia. Razonando, pues, por evidente analogía, si no hay una hoja ni una gota de agua que no sea, como aquella estrella, un mundo habitable, lo mismo el hombre no puede ser en sí más que un mundo para otros seres, de los cuales millones de millones habitan en las corrientes de su sangre, viviendo en su cuerpo como el hombre en la tierra.

El sentido común, si vuestros eruditos lo tuviesen, bastaría para enseñarles que el infinito fluido al cual llamáis espacio, el impalpable ilimitado que separa la tierra de la luna y de las estrellas, está también lleno de correspondientes y proporcionados seres. ¿No es un craso absurdo suponer que una hoja está llena de vidas, y que la vida no existe en las inmensidades del espacio? La ley del Gran Sistema no permite que se desperdicie un solo átomo, ni conoce ningún sitio donde haya algo que deje de respirar.

En nuestro cuerpo se encuentra un principio de producción y de animación, ¿no es verdad? Si esto es así, ¿podéis concebir que el espacio, que es el mismo infinito, solamente sea un desierto sin vida, menos útil al designio de una existencia universal que el esqueleto de un perro, que la poblada hoja y que la gota de agua? El microscopio os muestra seres en la hoja, y si no descubrimos los de un género más elevado y perfecto que pueblan el ilimitado espacio, es porque no se ha descubierto todavía un instrumento a propósito. No obstante, entre los últimos y el hombre existe una misteriosa y terrible afinidad, y de aquí los cuentos y leyendas, ni del todo verdaderos ni del todo falsos, de apariciones y espectros. Si estas creencias fueron más comunes entre las primeras tribus, mas sencillas que los hombres de vuestro torpe siglo, es porque los sentidos de los primeros eran más finos y mas perspicaces. Y lo mismo que el salvaje ve o descubre a muchas millas de distancia las huellas de un enemigo, invisible a los embotados sentidos del hombre civilizado, así es menos denso y oscuro para él el cielo que le oculta los seres que habitan en el mundo aéreo. ¿Me escucháis?

—Con toda mi alma, —dijo Glyndon.

—Pero, para penetrar ese velo —prosiguió Mejnour, —es preciso que el alma con que me escucháis, se sienta excitada por un intenso entusiasmo y purificada de todos los mundanos deseos. No sin razón los llamados magos de todos los países y de todas las edades, han insistido sobre la necesidad de la castidad y de la contemplación como los más poderosos elementos de la inspiración. Preparada así de antemano, la ciencia puede después venir en su auxilio; la vista se vuelve mas sutil, la imaginación mas aguda, el espíritu mas activo y penetrante, y el mismo elemento, el aire, el espacio, por medio de ciertos secretos de la sublime química, puede hacerse más palpable y claro. Tampoco eso es magia como la llaman los crédulos, y muchas veces, antes de ahora, he dicho ya que la magia, o la ciencia de forzar la naturaleza, no existe. La naturaleza no puede dominarse sino por medio de la ciencia. Así, pues, en el espacio hay millones de seres no literalmente espirituales, puesto que tienen todos, como la *animalculæ* invisible a la simple vista, ciertas formas de materia, si bien tan delicada y sutil, que parece que no es más que una película, una borrilla que cubre el espíritu. De ahí nacen los bellos fantasmas de sílfides y gnomos de los rosacruces. Sin embargo, esas razas y tribus difieren más entre sí, que el calmuco del griego, y misma diferencia existe entre sus atributos y poderes. En la gota de agua veis cuán variada es la *animalculæ,* y cuán grandes y terribles son algunos de aquellos monstruos-mitos invisibles, comparados con otros. Otro tanto sucede con los habitantes de la atmósfera: los hay que poseen una gran sabiduría, en tanto que otros están dotados de una horrible malignidad; algunos son hostiles a los hombres, porque son enemigos de éste; mientras que otros son benéficos mensajeros entre la tierra y el cielo. El hombre que pretende entrar en relaciones con esos diferentes seres, se asemeja al viajero, que, queriendo penetrar en países desconocidos se expone a extraños peligros y a incalculables terrores. *Hasta lograr esta comunicación, mil azares os aguardan en vuestro camino.* No puedo dirigiros por sendas libres de mortales y terribles enemigos. Es menester que solo, y por vos mismo, les hagáis frente y rechacéis sus iras. Pero, si apreciáis tanto vuestra vida que solamente queráis prolongar vuestra existencia, no importa para qué fines, reparando la fuerza de vuestros nervios y la frescura de vuestra sangre con el elixir vivificador del alquimista, ¿por qué buscar ni exponerse a los peligros de esos seres intermediarios? El elixir que comunica al cuerpo una nueva y maravillosa vida, purifica de tal manera los sentidos, que esas larvas que pueblan el aire se oyen y se ven; hasta tal punto, que, a no haber sido llevado gradualmente a sufrir la vista de tales fantasmas y a dominar su malicia, una existencia de esta naturaleza sería el destino más horrible que el hombre pudiera atraer sobre sí. Aun cuando el elixir está compuesto de simples hierbas, solo puede recibirlo aquel que ha pasado ya por las mas sutiles pruebas. Algunos, sobrecogidos de un inexplicable terror ante los objetos que ha hecho brotar a su vista el primer trago, han encontrado la poción menos poderosa para salvar, que la agonía y el trabajo de la naturaleza para destruir. Así es que, para los que no están preparados, el elixir no es más que un veneno mortífero. Entre los moradores del aire hay también uno cuya malignidad y odio excede al de toda su tribu, uno cuyos ojos han acobardado a los hombres mas intrépidos, y cuyo poder aumenta sobre el espíritu, precisamente, a proporción del temor que inspira. ¿Tendréis suficiente valor?

—Sí; vuestras palabras no hacen más que inflamarlo, —respondió el joven.

—Seguidme, pues —dijo Mejnour; —voy a someteros a los trabajos de iniciación.

Al decir esto, Mejnour le condujo al cuarto interior, donde le explicó ciertas operaciones químicas tan en extremo sencillas, que Glyndon conoció al poco rato que eran capaces de producir extraordinarios resultados.

—En los tiempos más remotos, —prosiguió Mejnour sonriendo, nuestra secta se veía con frecuencia obligada a recurrir al engaño para encubrir la realidad; y como eran sus adeptos diestros mecánicos o químicos experimentados, se les daba el nombre de hechiceros. Observad cuán fácil es el componer el espectro del león que acompañaba al célebre Leonardo de Vinci.

Y Glyndon vio, con deliciosa sorpresa, los simples medios bastaban para sorprender la imaginación de la manera más terrible. Los mágicos países que deleitaban a Bautista Porta; el aparente cambio de las estaciones con que el Gran Alberto sobrecogió al conde de Holanda, hasta aquellas terribles visiones de imágenes y de aparecidos con que los nigrománticos de Heraclea alarmaron la conciencia del conquistador de Platea, todo esto Mejnour lo hizo ver a su discípulo, lo mismo que esos hombres que con la linterna mágica encantan a los medrosos muchachos la víspera de Navidad. . . . . . .
. . . .

—Ya lo veis; ¡reíos de los magos! Estos juegos, estos engaños frívolos de la ciencia, eran aquellas cosas tan terribles que los hombres miraban con repugnancia y que los reyes y los inquisidores premiaban con la rueda o con la picota.

—Pero, ¿y la transmutación química de metales? —preguntó Glyndon.

—La misma naturaleza —respondió Mejnour, —es un laboratorio en el cual los metales y los elementos cambian incesantemente. Es muy fácil hacer oro... y más fácil todavía, y más barato, hacer perlas, diamantes y rubíes. Sí; hombres muy sabios han mirado esto como una brujería, y, sin embargo, no vieron ninguna clase de hechizo al descubrir que por la más simple combinación de cosas de un uso diario, podían crear un demonio que arrebatase a millares de vidas de sus semejantes por medio del fuego abrasador. ¡Descubrid cosas que destruyan a la humanidad, y seréis un grande hombre!... ¡Encontrad el medio de prolongar la vida, y os llamarán impostor! ¡Inventad alguna máquina que haga mas ricos a los ricos y que aumente la pobreza de los pobres, y la sociedad os levantará un pedestal! ¡Descubrid algún misterio en el arte que haga desaparecer las desigualdades físicas, y moriréis apedreado! ¡Ja! ¡Ja! ¡Ja! ¡Discípulo! este es el mundo que quisiera regenerar Zanoni. Dejemos nosotros a este mundo entregado a sí mismo. Y ahora que habéis presenciado algunos de los efectos de la ciencia, empezad a aprender su gramática.

Mejnour puso entonces delante de su discípulo ciertos trabajos, en los cuales pasó el resto de la noche.

CAPITULO V

UN EMULO DE ICARO

Por un tiempo considerable, el discípulo de Mejnour estuvo absorbido por un trabajo que requería una asidua atención y un cálculo sutil y minucioso. Resultados sorprendentes y variados premiaban sus afanes y estimulaban su interés. Sus estudios se reducían a descubrimientos químicos en los cuales me está permitido decir que las más grandes maravillas acerca de la organización de la vida física parecían dimanar de experimentos hechos sobre la vivificante influencia del calor. Por lo demás, Glyndon quedó sorprendido al ver que Mejnour se dedicaba con preferencia a los abstrusos misterios que los pitagóricos concedían a la oculta ciencia de los números. Al penetrar en esta última, una nueva lux, aunque opaca, brilló ante sus ojos, y empezó a descubrir que el poder de predecir, o mas bien, de calcular, era debido. Pero el joven observaba que Mejnour se reservaba para sí el secreto de los experimentos que ejecutara el admirado discípulo, y cuando éste participó su quejosa observación al místico, recibió una respuesta mas dura que satisfactoria.

—¿Creéis —le dijo Mejnour, —que os entregaría a vos, mero discípulo, cuyas cualidades no están todavía probadas, unos poderes que podrían cambiar la faz del mundo? Los últimos secretos se confían solamente al discípulo de cuya virtud el maestro está fuertemente convencido. ¡Paciencia! El trabajo es el gran purificador de la imaginación, y los secretos se os revelarán por sí mismos a medida que ella se irá disponiendo para recibirlos.

Al fin, Mejnour confesó a su discípulo que estaba bastante satisfecho de sus adelantos.

—La hora se acerca —le dijo, —en que podréis salvar la aérea barrera, y en que podréis poneros delante del terrible habitante del umbral. Continuad trabajando, seguid dominando vuestra impaciencia por saber los resultados, hasta que podáis penetrar las causas. Voy a ausentarme por un mes. Si a mi regreso habéis ejecutado los trabajos que os dejaré encargados, y si vuestra imaginación está suficientemente preparada por la contemplación, y por graves pensamientos, para la ordalía, os ofrezco que ésta dará principio en seguida. Solo tengo que advertiros una cosa: que miraréis como una orden interesante... No entréis en este cuarto. (Se encontraban en la habitación en donde habían hecho los principales experimentos, y en la cual Glyndon estuvo a punto de perecer la noche que quiso entrar en ella para buscar al místico.) No entréis en este cuarto hasta mi vuelta, y, sobre todo, si en el caso de tener que buscar materiales indispensables para vuestros trabajos, os aventuraseis a llegar hasta aquí, guardaos bien de encender la nafta de aquellos vasos ni de abrir las puertas de aquellos armarios. Dejaré la llave en vuestro poder para probar vuestra abstinencia y el dominio que tenéis sobre vos. Joven, resistir a esa tentación, es una parte de vuestra prueba.

Al decir esto, Mejnour le entregó la llave del cuarto, y a la puesta del sol, dejó el castillo.

Por espacio de muchos días, Glyndon estuvo ocupado en trabajos que absorbían todas sus facultades intelectuales. Hasta los más parciales sucesos dependían de tal manera de la abstracción de sus pensamientos y de la minuciosidad de sus cálculos, que apenas tenía tiempo de pensar en otra cosa que lo que se refería a sus ocupaciones. Sin duda, Mejnour quiso dejarle entretenido en una multitud de tareas que exigiesen perpetuamente toda su fuerza intelectual, a pesar de que parecían no estar del todo acordes con sus miras, así como el estudio elemental de las matemáticas, por ejemplo, no es tan provechoso para la solución de problemas que casi nunca nos sirven después, como convenientes para guiar a la comprensión y análisis de las verdades generales.

Sin embargo, aun no había transcurrido la mitad del tiempo que Mejnour debía estar ausente, cuando Glyndon había dado ya fin a las tareas que le señalara; y entonces, su imaginación, libre de los afanes y del mecanismo de la ocupación, se entregó otra vez a negras conjeturas y a extrañas e incansables meditaciones. Su carácter temerario e indagador se sintió excitado por la prohibición que le hiciera Mejnour, y, casi sin advertirlo, se encontraba muchas veces ocupado en examinar, con una confusa y audaz curiosidad, la llave de la habitación vedada. Glyndon empezó a sentirse irritado al pensar que se le sometía a una prueba tan frívola y trivial. El joven se creyó que todo aquello cuentos infantiles de Barba Azul y su retiro, y que se había querido aterrorizarle. ¿Cómo era posible que las paredes de un cuarto en el cual tantas veces estuviera tranquilamente ocupado en sus estudios, se convirtiesen de repente en un temible peligro? Si acaso había allí dentro algo que pudiese causarle miedo, no podía ser más que una de esas ficticias visiones que el mismo Mejnour le enseñara a despreciar. ¡La sombra de un león... un fantasma químico! ¡Bah! Casi había perdido la mitad del temor que le inspirara Mejnour, cuando recordaba los engaños que el sabio podía ejercer sobre la misma inteligencia que había despertado e instruido. Sin embargo, Glyndon resistió esta vez los impulsos de su curiosidad, y de su orgullo, y para evadirse de nuevas tentaciones, adoptó el sistema de dar grandes paseos por las montañas circunvecinas o por los valles que rodearan el castillo, buscando, por medio de la fatiga del cuerpo, el reposo de la imaginación.

Un día, al salir de un sombrío barranco, tropezó de improviso con una de esas fiestas rurales y alegres, propias de los pueblos italianos, en las que parece es ven revivir los tiempos clásicos. Era una fiesta medio campestre, medio religiosa, que celebraban los habitantes de aquella comarca. Reunida en las afueras de un pueblecillo, se veía una animada multitud, que acababa de llegar de una procesión efectuada a una capilla poco distante. Formándose en varios grupos, los ancianos gustaban los frutos de la vendimia, en tanto que los jóvenes cantaban y bailaban. La alegría y la felicidad se veían retratados en todos los semblantes. Este inesperado cuadro de tranquila dicha y de plácida ignorancia, que tanto contrastaban con los pesados estudios y con ese frenético afán de saber que se había apoderado de él, afectó sensiblemente a Glyndon, y mientras los contemplaba desde alguna distancia, ¡el discípulo de Mejnour sintió que era joven! El recuerdo de lo que había sacrificado le hablaba con la voz cruel del remordimiento. Las ligeras formas de las mujeres, su pintoresco traje y su alegre sonrisa, arrebatada por la fresca brisa de una clara noche de otoño, despertó en su corazón, o mas bien, representó en sus sentidos las imágenes de los tiempos pasados y aquellas felices horas en que vivir era gozar.

Glyndon se fue acercando poco a poco a los grupos. De repente se vio rodeado de gente, y maese Páolo, dándole un golpecito familiar en el hombro, le dijo con voz afectuosa:

—¡Bienvenido, Excelencia! Nos alegramos infinitamente de veros entre nosotros.

Glyndon iba a contestar a este saludo, cuando sus ojos se fijaron en una joven de una belleza sorprendente, que se apoyaba en el brazo de Páolo. Al encontrarse con la mirada de la muchacha, Glyndon sintió que la sangre se le subía al rostro y que su corazón latía con violencia. Los ojos de la joven estaban dotados de una alegría picaresca, y sus encarnados labios, que la sonrisa mantenía separados, formaban un bello contraste con la blancura de sus dientes, semejantes a dos filas de perlas. Como si la impacientara el que su pareja la tuviese separada de la fiesta, su pequeño pie azotaba el suelo, llevando el compás de una canción que medio murmuraba y medio cantaba. Páolo se rió al ver el efecto que la muchacha produjera en el joven extranjero.

—¿No bailáis, Excelencia? —le dijo Páolo. —Venid; dejad a un lado vuestra grandeza, y divertios como nosotros, pobres diablos. Mirad cómo la hermosa Fílida suspira por un compañero. Compadeceos de ella.

Filiad arrugó el entrecejo al oír esto, y, abandonando el brazo de Páolo, se fue, pero no sin que por encima del hombro dirigiese al joven una mirada entre amable y desdeñosa. Glyndon, casi involuntariamente, se adelantó hacia ella, y empezó a hablarle.

Sí; se puso a conversar con la joven! Fílida bajó los ojos y se sonrió; Páolo los dejó solos, yéndose corriendo y brincando como un diablillo. La joven hablaba y miraba el semblante del estudiante con aire travieso. Glyndon meneaba la cabeza. Fílida reía y su risa era argentina. La joven señalaba un gallardo campesino que corría hacia ella, saltando alegremente. ¿Por qué Glyndon siente que está celoso? ¿Por qué, cuando la joven vuelve a hablar, no menea la cabeza?

El inglés ofreció su mano a la muchacha; Fílida se sonrojó y la aceptó con una seductora coquetería ¡Cómo! ¡Es posible! Penetran en el bullicioso círculo de los bailarines. ¡Ja! ¡ja! ¡ja! ¿No es esto mejor que destilar hierbas y devanarme los sesos con las tablas pitagóricas?

¡Con qué ligereza salta Filiad! ¡Cómo su flexible cintura se desliza por entre los brazos! ¡Tara~rá~tará, ta-rará, rará-rá! ¿Qué diablo tiene ese compás que hace correr la sangre por las venas con mas viveza que el azogue? ¿Se han visto nunca dos ojos más hechiceros que los de Fílida? ¿Para qué consultar las frías estrellas? ¡Cómo brillan y se sonríen! Y esa rosada y linda boca que responde tan avaramente a tus galanteos, te revela, sin embargo, mil encantos que te seducen, ¡Ah, discípulo de Mejnour! ¿Y quieres ser rosacruz... platónico.. mago y qué sé yo qué más? Me avergüenzo de ti, ¿Qué se han hecho tus profundas meditaciones sobre los nombres de Averroes, Burri, Agripa y Hermes? ¿Para eso cediste a Viola? Me parece que no te queda el más leve recuerdo del elixir ni de la cábala.

¡Cuidado! ¿Qué hacéis, señor? ¿Por qué estrecháis con tanta vehemencia esa linda mano que tenéis entre las vuestras? ¿Por qué?... ¡Tara-rá, tara-rá, tará~rá-rarará! ¡Apartad vuestros ojos de ese delgado talle y de ese jubón encarnado! ¡Tara-rá, tara-rá! ¿Otra vez?...

La pareja se aparta y va a descansar debajo de la arboleda. El bullicio de la fiesta llega apenas a sus oídos. La pareja oye... o no oye, las carcajadas que suenan a lo lejos; ven... o debieran ver las parejas que cruzan, una después de otra, hablando de amor. Haría una apuesta a que, sentados como están bajo aquel árbol, aun cuando el sol no estuviese oculto tras de aquella montaña, la pareja no vería nada ni oiría más que a sí misma.

—¡Hola, Excelencia! ¿parece que os gusta vuestra compañera? Venid a disfrutar de nuestra fiesta, perezosos; se baila con mas alegría después de haber bebido.

El sol se oculta La luna se asoma,

Tara-rá, tara-rá.

¡Otra vez bailan!... ¿Es baile o algún movimiento más alegre, mas ruidoso o más seductor?

¡Cómo brillan esas ligeras formas bajo las sombras de la noche! ¡Qué confusión!... ¡qué desorden! ¡Ah! ¡Ahora bailan la tarántula! ¡Ved cómo maese Páolo mata la araña! ¡Diablo! ¡qué frenesí!... la tarántula les ha picado a todos.

Bailar o morir; es un delirio... los coribantes... las mónadas... los....

¡Hola, hola! ¡mas vino! El sábado de las brujas de Benevento no puede compararse con esta fiesta.

La luna pasa de nube en nube, ora luciendo, ora ocultándose, velando con su oscuridad el rubor de la doncella y alumbrando su semblante cuando ríe.

—¡Fílida, sois una hechicera!

—Buenas noches, Excelencia; ¿vendréis a verme?

—¡Ah, joven! —dijo un anciano decrépito, de rostro flaco y de ojos hundidos, que se apoyaba sobre su báculo. —Aprovechad bien vuestra juventud. ¡También en mi tiempo tuve mi Fílida! Entonces era tan hermoso y gallardo como vos. ¡Si pudiéramos ser siempre jóvenes!

—¡Siempre jóvenes! —murmuró Glyndon sobresaltado.

Al apartar su vista del sonrosado semblante de la muchacha, el inglés vio los ojos lagrimosos, la pálida y arrugada piel y la figura temblona del anciano.

—¡Ja! ¡ja! —exclamó el octogenario, yendo cojeando hasta él con maliciosa risa. — ¡Yo también fui joven! ¡Dadme un *baioccho* para un vasito de aguardiente!

Tara-rá, tara-rá-ra-ra-rá!... ¡Allí danza la juventud! ¡Vejez! cubre tus andrajos y vete.

CAPÍTULO VI

¿ME AMAIS DE VERAS?

Cuando Clarencio entraba en su cuarto, se efectuaba en el horizonte esa transición en que la claridad pálida e indistinta de la aurora no deja distinguir bien si es el último momento de la noche o el primer instante del día.

El primer objeto en que se fijó su vista, fueron aquellos difíciles cálculos en que trabajara los días anteriores, trabajos que le inspiraron un sentimiento de fatiga y de disgusto. "¡Si pudiésemos ser siempre jóvenes!", pensó para sí, recordando la exclamación del anciano de ojos lagrimosos, ¡si pudiésemos ser siempre jóvenes, no para trabajar ante esas ceñudas figuras y en esas frías preparaciones de hierbas y drogas, sino para gozar del amor y de la alegría! ¿Quién es el compañero de la juventud, sino el placer?... ¿Acaso la eterna juventud no podría ser mía en este mismo instante? ¿Qué significa la prohibición de Mejnour? ¿No es del mismo género que su egoísta reserva en los más minuciosos secretos de la química o en los números de su cábala?... ¡Obligarme a ejecutar todos los trabajos, sin querer participarme el resultado! No me cabe duda de que a su regreso me mostrará que puedo obtener el gran misterio; pero, ¿me prohibirá todavía alcanzarlo? No parece sino que su deseo es hacer a mi juventud la esclava de su vejez, o bien que dependa de él únicamente. ¿Pretenderá condenarme a un trabajo diario y perpetuo, excitando continuamente mi curiosidad mostrándome los frutos que pone siempre fuera del alcance de mis labios?

Estas y otras reflexiones más punzantes eran las que preocupaban e irritaban a Glyndon. Enardecido por el vino que acababa de dejar, le era imposible conciliar el sueño. La imagen de aquella repugnante vejez que el tiempo, a no ser que muriese, debía traerle infaliblemente, avivaba su deseo por la deslumbrante e imperecedera juventud que atribuía a Zanoni. La prohibición de Mejnour llenaba su espíritu de desconfianza. La risueña luz del día, entrando por la reja de su cuarto, alejó de su mente los temores y supersticiones de la noche, y la habitación del místico fue para él lo mismo que otra pieza cualquiera del castillo. ¿Qué maligna o contraria aparición podría hacerle daño en medio de la brillante luz de aquel sereno día?

En la naturaleza de Glyndon había una contradicción bien extraña y sobre todo bien desgraciada. Mientras sus razonamientos le llevaban a la duda, y ésta le hacía, en su conducta moral, tímido e irresoluto, físicamente, su bravura rayaba en temeridad. Esto, bien examinado, nada tiene de extraño, pues el escepticismo y la presunción son gemelos. Cuando un hombre de este carácter se determina a llevar adelante algún proyecto, no le detiene nunca el miedo personal. En cuanto al temor moral, cualquiera sofisma basta para tranquilizar sus dudas. Casi sin analizar por qué medio mental su espíritu se alentaba, ni por qué se movían sus piernas, el joven atravesó el corredor que guiaba a las habitaciones de Mejnour, y abrió la vedada puerta. Todo estaba de la misma manera que de costumbre, excepto que encima de una mesa que había en medio del cuarto se veía abierto un voluminoso libro. Glyndon se acercó a él y miró los caracteres que le ofrecía la página. Eran unas cifras que habían formado parte de sus trabajos. Sin que le costara gran dificultad, creyó interpretar el significado de las primeras sentencias, que decían de esta manera:

"Beber la vida interna, es ver la vida externa; vivir desafiando el tiempo, es vivir en el todo. El que descubre el elixir, descubre lo que hay en el espacio; pues el espíritu que vivifica el cuerpo fortalece los sentidos. Hay atracción en el principio elemental de la luz. En las lámparas de los rosacruces, el fuego es el puro principio elemental. Enciende las lámparas mientras abres el vaso que contiene el elixir, y la luz atrae a los seres cuya vida es la misma luz. Guárdate del miedo: el miedo es el mortal enemigo de la ciencia".

Aquí las cifras cambiaban de carácter y eran incomprensibles. ¿Pero no había leído ya lo bastante? "¡Guárdate del miedo!" Casi podía decirse que Mejnour había dejado aquella página abierta de ex profeso... quizá la ordalía debía empezar haciendo lo contrario de lo que se le prevenía... tal vez el místico quería poner a prueba su valor, afectando *prohibirle* lo que quería que hiciese.

El miedo, y no la audacia, era el enemigo de la ciencia. Glyndon se dirigió al armario donde estaban guardados los vasos de cristal. Con mano fuerte destapó uno de ellos, y en seguida un olor delicioso inundó todo el cuarto. El aire brillaba como si estuviese lleno de polvo de diamante. Un sentimiento de celestial alegría... de una existencia espiritual, se difundió por todo su cuerpo, en tanto que una débil, suave, pero exquisita música, parecía penetrar dentro del cuarto. En este instante oyó una voz en el corredor que pronunciaba su nombre, y, en seguida, sonó un golpe en la puerta exterior.

—¿Estáis ahí, señor? —dijo la sonora voz de maese Páolo.

Glyndon tapó corriendo la botella, cerró y diciendo a Páolo que le aguardase en su habitación, se estuvo quieto hasta que oyó alejarse al intruso. Entonces, con bastante pesar, salió del cuarto. Al cerrar la puerta, oyó todavía el sonido melodioso y aéreo de aquella música. Con paso ligero y con el corazón lleno de alegría, se fue a encontrar al italiano, resolviendo en su interior visitar otra vez aquí cuarto a una hora en que nadie fuera a interrumpir su experimento.

Al pasar el umbral, Páolo se quedó estupefacto.

—¿Qué es eso, Excelencia? Casi no os reconozco —exclamó. —Me parece que la diversión aumenta la belleza de la juventud. ¡Ayer estabais tan pálido y desencajado! Los alegres ojos de Fílida han hecho más por vos que la piedra filosofal. ¡Dios me libre de volverla a nombrar! ¡Es cosa de hechiceros!

Glyndon, mirándose entonces al espejo, no se quedó menos sorprendido que Páolo al ver el cambio que había sufrido su semblante y su persona. Doblado antes bajo el peso de sus pensamientos, le pareció haber crecido de una manera notable. Su cuerpo delgado y flexible se había erguido; sus ojos habían adquirido un brillo extraordinario; sus rosadas mejillas respiraban salud, revelando al propio tiempo el contento de su alma. Si la sola fragancia del elixir tenía tanto poder, ¡razón les sobraba a los alquimistas para atribuir la vida y la juventud a su bebida!
—Perdonad, Excelencia, el que haya venido a interrumpiros, —dijo de nuevo maese Páolo, sacando una carta de su faltriquera. —Nuestro patrón me ha escrito para manifestarme que llegara aquí mañana, encargándome que no pierda momento en entregaros este billete cerrado.

—¿Quién ha traído la carta? —preguntó Glyndon.

—Un hombre a caballo, que se fue sin aguardar contestación.

Glyndon abrió el billete y leyó lo que sigue:

"Vuelvo una semana antes de lo que me había propuesto, y llegaré a esa mañana. Entraréis en seguida en la prueba que deseáis; pero no olvidéis que para eso debéis reducir, en cuanto sea posible, vuestra existencia al pensamiento. Mortificad y dominad los sentidos... no escuchéis ni el más ligero eco de las pasiones. Seréis dueño de la cábala y de la química; pero debéis también ser dueño de la carne y de la sangre... triunfando del amor y de la vanidad, de la ambición y del odio. Espero encontraros en esta disposición. Ayunad y meditad hasta nuestra próxima vista."

Glyndon arrugó el billete en su mano con desdeñosa sonrisa. ¡Cómo! ¡Todavía más trabajo... más abstinencia! ¡Juventud sin amor ni placer! ¡Ja! ¡ja! ¡Pobre Mejnour! Tu discípulo penetrará tus secretos sin necesidad de ti!

—¿Y Fílida? —preguntó Páolo.
—He pasado por su cabaña al venir aquí, y se ha puesto muy encarnada; ha suspirado cuando le he hecho broma acerca de vos, Excelencia.

—Bien, Páolo —repuso el joven. —Os doy las gracias por haberme hecho conocer a una muchacha tan encantadora. Vuestra vida debe ser bien extraordinaria.

—¡Ah, Excelencia! mientras somos jóvenes, todos gustamos de aventuras... vino, amor y alegría.

—Tenéis razón. Adiós maese Páolo; dentro de algunos días tenemos que hablar los dos.

Toda aquella mañana no se ocupó el joven inglés mas que en pensar en el nuevo sentimiento de felicidad que se había despertado en su alma; no hacía más que vagar por los bosques, y en ello experimentaba un placer comparable solamente con el que había sentido en su primera vida artística; pero este placer era más sutil y vivo bajo los variados colores del follaje del otoño. La naturaleza parecía tener para él cierta atracción, y comprendía mejor todo lo que Mejnour le había dicho respecto del misterio de las simpatías y atracciones. Casi estaba a punto de entrar en la misma ley que aquellos silenciosos hijos de los bosques. Iba a descubrir la *renovación de la vida*; la estación que acaba con la paralización que ocasiona el invierno, traería otra vez la flor y la alegría de la primavera. La existencia del hombre es como un año en el mundo vegetal: tiene su primavera, su verano, su otoño y su invierno... pero solamente por una vez.

Sin embargo, el gigantesco roble que está a su lado, camina por un círculo de series de juventud que vienen y van, y el verdor del árbol centenario es tan brillante bajo los rayos del sol de mayo, como el del renuevo que está a su lado.

Al ver esto, el aspirante exclamó entusiasmado:

—¡Disfrutaré de vuestra primavera sin que nunca vengan a marchitarla los rigores del invierno!

Extasiado en tan ardientes y alegres ilusiones, Glyndon, saliendo del bosque, se encontró en medio de campos cultivados y de viñedos que no había pisado todavía antes de entonces. Allí, en la orilla de una verde alameda que le recordaba los paisajes de Inglaterra, se veía una casa, medio cabaña y medio cortijo. La puerta estaba abierta, y el joven reparó que había en ella una muchacha que estaba hilando. La joven alzó la vista y dejó escapar un grito de alegría, en tanto que, corriendo alegremente por la alameda, iba a ponerse a su lado. Era la linda Fílida.

—¡Chito! —dijo la joven poniéndose graciosamente el dedo en los labios; —no habléis alto; mi madre está durmiendo allá dentro. Ya sabía que vendríais a verme. ¡Qué bueno sois!

Glyndon, si bien algún tanto embarazado, aceptó el cumplimiento por una atención en la que tanta parte tenía la casualidad.

—¿Entonces —dijo el joven, —habéis pensado en mí, bella Fílida?

—Sí, —respondió la muchacha ruborizándose, pero con una franca y osada ingenuidad que caracteriza a las mujeres de Italia, y especialmente a las de la clase baja de las provincias meridionales. — ¡Ah! ¡sí, casi no he pensado en otra cosa! Páolo me ha dicho que sabía vendríais a verme.

—¿Es pariente vuestro? —preguntó Glyndon.

—No; Páolo es amigo de todos nosotros. Mi hermano es de su partida.

—¡De su partida! —exclamó el inglés. —¿Vuestro hermano es bandido?

—Los hijos de la montaña, señor, no damos el nombre de bandido a un montañés.

—Perdonad; pero, ¿no tembláis nunca por la vida de vuestro hermano? La ley...

—La ley no se atreve a penetrar en estos desfiladeros. ¡Temblar por él! No. Mi padre y mi abuelo ejercieron la misma profesión. ¡Cuántas veces he deseado ser hombre!

—Os juro por vuestros hermosos labios, que me alegro que vuestro deseo no se haya realizado.

—¡Bah, señor! ¿Me amáis de veras? —preguntó la muchacha.
—Con todo mi corazón, —respondió el inglés.

—¡Y yo a vos también! —añadió aquélla con un candor al parecer inocente, mientras dejaba que Glyndon le cogiera la mano. —Pero —prosiguió, —vos nos dejaréis pronto, y yo...

La joven se puso a llorar.

Es preciso confesar que en esto había algo de peligroso. Es verdad que Fílida no tenía la amabilidad angelical de Viola; pero no por eso su belleza era menos encantadora para los sentidos. Quizá Glyndon no había amado nunca de veras a Viola; quizá los sentimientos que aquélla le inspirara no eran de aquel género apasionado que merece el nombre de amor. Lo cierto es que al contemplar los encantadores ojos de Fílida, Glyndon creía no haber amado nunca.

—¿Y no podríais dejar estas montañas? —murmuró el joven, mientras atraía la muchacha hacia sí.

—¿Qué me proponéis? —dijo Fílida retrocediendo y fijando en él sus negros ojos. —¿Sabéis lo que somos nosotras, las hijas de las montañas? Vosotros, alegres y ligeros habitantes de las ciudades, rara vez sentís lo que decís. Para vosotros, el amor es una distracción; para nosotras, es la vida. ¡Dejar estas montañas! ¡Bien está! pero no podría dejar mi carácter.

—Guardadlo, puesto que es tan amable.

—Sí, amable mientras no me engañéis; pero terrible si sois infiel. Voy a deciros lo que soy... lo que somos las muchachas de este país. Hijas de hombres a quienes vosotros llamáis bandidos, aspiramos a ser compañeras de nuestros amantes o de nuestros maridos. Amamos apasionadamente y lo confesamos con audacia. Permanecemos a vuestro lado en los momentos de peligro, y en la tranquilidad, os servimos como esclavas. Nunca cambiamos; pero nos resentimos si cambiáis vosotros. Podéis reñirnos, pegarnos, tratarnos como perros... todo lo soportamos sin murmurar; pero hacednos traición, y somos peores que tigres. Sednos fieles, y nuestros corazones os premiarán. Engañadnos, y nuestras manos sabrán vengarse ¿Me amáis ahora?

Mientras decía esto, la fisonomía de la italiana se había ido animando gradualmente a diapasón de la elocuencia de sus palabras, a veces tiernas, a veces amenazadoras. Al hacer la última pregunta, inclinó la cabeza humildemente y permaneció silenciosa, como si esperase con miedo la respuesta.

Aquel carácter valiente y varonil, y si se quiere, poco a propósito para una joven de su edad, más bien cautivó que enfrió a Glyndon, de modo que éste respondió pronto y sin titubear.

—¡Sí, Filiad!

¡Ah, sí, Clarencio Glyndon! Cualquiera responde lo mismo cuando unos labios de carmín le hacen semejante pregunta. Pero cuidado... ¡cuidado!

¿Por qué diablos, Mejnour, dejáis a vuestro discípulo, a la edad de veinticuatro años, a merced de esas hechiceras de la montaña? ¡Predicad ayunos y abstinencia y encargad a vuestro neófito que renuncie a los halagos de los sentidos! Eso os cuadraría bien a vos, hombre Dios sabe de cuántos siglos; pero si a veinticuatro años vuestro Hierofante os hubiese dejado en el camino de Fílida, ¡quizá hubieseis tenido muy poca afición a la cábala!

Los dos jóvenes permanecieron juntos mucho rato, hablando y haciéndose mutuos juramentos, hasta que la madre empezó a hacer ruido por dentro de la casa. Entonces, Filiad corrió a coger su rueca, poniéndose otra vez el dedo en sus labios.

—Hay más magia en Fílida que en Mejnour, —se decía Glyndon, en tanto que se encaminaba a su morada; —no obstante —pensó después, —no sé si me conviene un carácter tan dispuesto a la venganza. Pero el que posee el verdadero secreto, ¿no puede eludir también la venganza de una mujer y evitar todo peligro?

¡Bellaco! ¿Has meditado bien la posibilidad de la traición? ¡Ah! Razón tenia Zanoni en decir que "el que echa agua en un manantial cenagoso, no hace más que enturbiar el agua".

CAPÍTULO VII

EL ESPECTRO DEL UMBRAL

Es de noche... Todo reposa en el viejo castillo... Un silencio sepulcral reina bajo las pálidas estrellas.

Ha llegado la hora. Mejnour, con su austera sabiduría; Mejnour, el enemigo del amor; Mejnour, cuya mirada leerá en tu corazón, te negará los secretos ofrecidos, porque el bello semblante de Fílida interrumpe esa existencia, parecida a la muerte, que él llama reposo. ¡Mejnour, vendrá mañana! ¡Aprovecha esta noche! ¡Fuera miedo! ¡Ahora, o nunca! Así, intrépido joven... enmienda tus errores... Así, con pulso firme; tu mano abre otra vez la vedada puerta.

Glyndon colocó su lámpara al lado del libro, que todavía permanecía abierto; empezó a volver hojas y más hojas, pero no pudo comprender su significado hasta llegar al pasaje siguiente:

"Cuando el discípulo está de esta manera iniciado y preparado, abre la puerta del armario, enciende las lámparas, y humedece sus sienes con el elixir. Sin embargo, debe tener cuidado cómo bebe el volátil y terrible espíritu. Probarlo, hasta que, por medio de repetidas aspiraciones, el cuerpo se ha acostumbrado gradualmente al estático líquido, es buscar, no la vida, sino la muerte".

Glyndon no pudo llevar más adelante sus indagaciones, pues aquí las cifras cambiaban otra vez. Púsose a mirar fijamente y con ansiedad en derredor de sí. Los rayos de la luna entraron a través de la persiana cuando su mano abrió la ventana, y así que su misteriosa luz se fijó en las paredes y en el suelo de la habitación, parecía como si hubiese entrado en ella un poderoso y melancólico espíritu. El joven preparó las nueve místicas lámparas en el centro del cuarto, y las fue encendiendo una por una. De cada una de ellas brotó una llama azulada que llenó el cuarto de un tranquilo, pero a la vez, casi deslumbrante resplandor. Aquella luz se fue volviendo poco a poco más suave y más pálida, en tanto que una especie de nube parda como una niebla, se esparcía gradualmente por la habitación. De pronto un frío agudo y penetrante se apoderó del corazón del inglés y se esparció por todos sus miembros como el frío de la muerte. Conociendo instintivamente el peligro que corría, quiso andar, pero halló en ello gran dificultad; sus piernas se le habían puesto rígidas como si fueran de piedra. Con todo, pudo llegar al armario donde estaban los vasos, y después de beber un poco de espíritu, lavó sus sienes con el chispeante líquido. Entonces, la misma sensación de vigor, de juventud, de alegría y de ligereza aérea que había sentido por la mañana, vino a reemplazar instantáneamente el mortal entorpecimiento que un momento antes parecía iba a robarle la vida. Glyndon se cruzó de brazos, y, erguido e impávido, esperó el resultado.

El vapor casi había tomado la densidad y la consistencia, al parecer, de una nube de nieve por entre la cual las lámparas lucían como estrellas. Glyndon veía vagar sombras distintas que, como si fuesen formas humanas, hacían diferentes evoluciones en medio de la nube. Estas sombras eran transparentes, y se contraían o dilataban como una serpiente. Mientras se movían majestuosamente, el joven oía un débil murmullo, como si fuera de voces agradables y onduladas, semejantes al canto de una dicha tranquila. Ninguna de esas apariciones parecía reparar en él. El vehemente deseo que sentía de acercárseles, de ser de su número, de ejecutar uno de aquellos movimientos de aérea felicidad, pues tal le parecían a él, le hizo extender sus brazos, esforzándose en llamarlas; pero solamente salió de sus labios un inarticulado sonido. El movimiento y la música seguían como si se encontrase en las inmortales regiones. Las sombras se deslizaban tranquilamente alrededor del cuarto, hasta que, con la misma majestuosa simetría, una tras otra, salían por la ventana y se perdían en la luna. Entonces, al seguirlas con la vista, la ventana se obscureció con algún objeto indistinguible al principio, pero que fue bastante por sí solo para cambiar en indecible horror el placer que experimentara. Este objeto fue gradualmente tomando forma. Parecía una cabeza humana, cubierta con un velo negro y denso, a través del cual lucían, con brillo infernal, dos ojos que helaban la sangre en sus venas. Nada más se distinguía en su rostro, sino aquellos insufribles ojos; pero aquel terror, que parecía imposible que una persona pudiese resistir por mucho tiempo, fue mil veces mayor, cuando, después de una pausa, el fantasma penetró dentro del cuarto. Su cuerpo se ocultaba bajo un velo, como su cara; pero, por su forma se adivinaba que era una mujer, aunque no se movía, como lo hacen las apariciones que imitan á los vivos, sino que parecía arrastrarse como un enorme reptil. Al llegar junto a la mesa donde estaba el místico volumen, se detuvo y se agachó, fijando otra vez sus ojos, a través del denso velo, sobre el temerario invocador. La nube parecía haberse retirado; las lámparas se extinguían y su llama vacilaba como movida por el aliento o la presencia de la aparición. El pincel más exagerado de los inspirados pintores del Norte no hubiese sido capaz de bosquejar siquiera, al querer pintar el genio del mal, el aspecto de horrible malignidad que respiraban aquellos ojos. Todo lo demás de la sombra era negro... impenetrable... indistinguible... de aspecto monstruoso.

Pero aquel resplandor tan intenso, tan lívido, y sin embargo, tan brillante, tenía algo que era casi humano en su expresión de satírico odio, algo que revelaba que la aparición no era todo espíritu, sino que tenía bastante de material, para presentarse más terrible y amenazadora, como enemiga de las personas. El joven, en su cruel agonía, parecía querer agarrarse a las paredes...; sus cabellos se erizaron, en tanto que con los ojos desencajados, contemplaba la terrible visión que le había dirigido la palabra. Su voz parecía hablar más bien al alma que al oído del desgraciado Glyndon, cuando le dijo:

—Has entrado en la inmensa región. Soy el *Espectro del Umbral*. ¿Qué quieres de mí? ¿Callas? ¿Me temes? ¿No soy tu querida? ¿Acaso no has sacrificado por mí los placeres de tu raza? Si quieres ser sabio, ven; yo poseo la sabiduría de millares de siglos. ¡Bésame, querido mortal!

¡Mientras decía esto, la visión, arrastrándose poco a poco hacia Glyndon, se puso a un lado, tanto, que sintió en su mejilla el aliento de la terrible sombra! Arrojando un grito desgarrador, el joven cayó al suelo desmayado, y nada más supo de lo que allí pasó, pues cuando volvió en sí, a las doce del siguiente día, se encontró en su cama. Los rayos del sol entraban a través de las persianas de su ventana, mientras que el bandido Páolo, limpiando su carabina junto a él, silbaba, una alegre tonada calabresa.

CAPÍTULO VIII

EL RETIRO DE ZANONI

Zanoni había fijado su morada en una de esas dichosas islas cuya historia, la imperecedera literatura y el renombre de Atenas revisten todavía de melancólico interés, y en las cuales la naturaleza, en la que nada hay de melancólico, ofrece vistas magníficas y un clima suave al hombre libre y al esclavo, al jónico y al veneciano, al galo y al turco o al activo bretón. Allí el aire circula impregnado de suaves aromas, que lleva de una isla a otra isla. Vista de una de sus verdes colinas, la que Zanoni eligiera parecía un delicioso jardín. Las torres y cúpulas de su capital brillaban en medio de bosques de naranjos y limoneros, mientras que el olivo y la vid poblaban sus bonitos valles y cubrían las laderas de las pintorescas colinas. Las quintas, las granjas y las cabañas, desaparecían también bajo una bóveda hojas y frutos. La belleza de que la naturaleza se muestra allí tan pródiga, parece medio justificar las halagüeñas supersticiones de aquella creencia, según la cual, "demasiado enamoradas de la tierra, las deidades preferían más bien bajar a habitarla, que subir al hombre a su menos halagüeño y menos voluptuoso Olimpo".

Allí el pescador baila aún sobre la arena sus danzas antiguas; la joven adorna con plateados hilos sus sedosas trenzas bajo el frondoso árbol que sombrea su cabaña, y la misma madre que vio nacer al sabio de Samos, la democracia de Corcira (Corfú) y la encantadora filosofía de Mileto, sonríe hoy tan graciosamente como en aquellos remotos tiempos. Para los países del Norte, la filosofía y la libertad son indispensables a la humana felicidad. En la tierra donde el mar dio a luz la reina que debía gobernar como las estaciones, basta la naturaleza.

La isla donde Zanoni fijara su residencia, repito, es una de las más encantadoras del divino Archipiélago. Su morada, algún tanto apartada de la ciudad y situada en una las ensenadas de la orilla del mar, pertenecía a un veneciano, y aunque pequeña, era de forma más elegante que las que suelen edificar los naturales. Enfrente de la casa, a no mucha distancia, estaba anclado su bajel. Sus indios, lo mismo que siempre, hacían con mucha gravedad el servicio doméstico. No podía darse un sitio más risueño ni un retiro más solitario. Para el misterioso conocimiento de Zanoni y para la cándida ignorancia de Viola, eran muy poco a propósito el bullicio y la ostentación del mundo civilizado. Un hermoso cielo y una tierra de flores, son amigos que bastan a la sabiduría y a la ignorancia unidas por el amor.

Aunque, como he dicho antes, nada de particular ofrecían las visibles ocupaciones de Zanoni que pudiesen revelar en él un cultivador de las ciencias ocultas, sus hábitos eran los de un hombre meditabundo y pensador. Era muy aficionado a pasear solo, generalmente al amanecer, o de noche, a la claridad de la luna, sobre todo cuando estaba al lleno; y andaba millas y millas por el interior de la isla, cogiendo hierbas y flores que guardaba con mucho cuidado. A veces, al expirar la noche, Viola se despertaba, porque una especie de instinto le advertía que no estaba a su lado, y extendiendo sus brazos, veía que el instinto no la había engañado. Pero al levantarse, que era siempre muy temprano, le encontraba ocupado en sus tareas ordinarias; y si a veces algún negro presagio del corazón, algún secreto temor la asaltaba, guardaba silencio y no se atrevía a preguntarle.

Zanoni no paseaba siempre solo; también le gustaba hacer correrías menos solitarias. Con frecuencia, cuando el mar estaba bien tranquilo, recorría, acompañado de Viola, la costa y las islas vecinas, en cuyos viajes ocupaban siempre algunos días. Todos los sitios del suelo griego, "la tierra de la fábula", parecían familiares a Zanoni; y cuando hablaba del pasado y de sus bellas tradiciones, lo hacía de manera que Viola amase a la raza que nos legara la poesía y la sabiduría que hoy posee el mundo.

A medida que Viola iba conociendo a Zanoni, sentía multiplicar la fascinación que desde el primer día la esclavizara. El amor que él le profesaba era tan tierno, tan asiduo y de una naturaleza tan exquisita, que parecía más bien agradecer los cuidados que exigía que engreírse con la dicha que le proporcionara. sus maneras habituales con todos los que lo trataban, eran amables, tranquilas y casi apáticas. Jamás salía de sus labios una palabra colérica, ni la ira brillaba nunca en sus ojos.

Un día les amenazó un gran peligro, bastante común en 4 aquellas tierras entonces semisalvajes. Algunos piratas que infestaban las costas vecinas, habían oído de la llegada de un extranjero, cuyas riquezas ponderaran los marineros que Zanoni había empleado. Una noche, después que Viola se había retirado a descansar, fue despertada por un ligero ruido que se oyera en la parte inferior de la casa. Zanoni no estaba a su lado, así es que se puso a escuchar bastante alarmada. Parecióle oír un gemido. Levantóse y se dirigió a la puerta; todo permanecía tranquilo. Un instante después oyó pasos que se acercaban lentamente, y Zanoni entró con su calma acostumbrada, sin que pareciera advertir su sobresalto. Al día siguiente se encontraron tres hombres muertos en el umbral de la entrada principal, cuya puerta había sido forzada. Los vecinos reconocieron en ellos a tres de los más sanguinarios y terribles merodeadores de aquellas aguas; hombres que habían cometido una infinidad de muertes, y que hasta aquel día no había fracasado ninguno de sus proyectos de asesinato y de rapiña. Las diferentes pisadas que llegaban hasta la playa, indicaban que los demás habían huido, pues sin duda habían echado a correr al ver muertos a sus jefes. Pero cuando el Proveedor veneciano, o sea la autoridad de la isla, trató de averiguar el hecho, resultó que aquellos ladrones habían muerto de una manera misteriosa e inexplicable. Zanoni no se había movido de la habitación en la cual ordinariamente hacía sus experimentos químicos. Ninguno de sus criados había sido interrumpido en su sueño, ni en los cadáveres se notaba la menor señal de humana violencia. Murieron sin que se supiera cómo. Desde aquel día la casa de Zanoni, o por mejor decir, toda la vecindad, fue sagrada. Las poblaciones contiguas se alegraron al saber que estaban libres del azote, y miraron a Zanoni como a un genio benéfico que les tomara bajo su protección. Aquellos griegos de viva imaginación, tan fáciles de impresionar, admirados de la majestuosa belleza de un hombre que conocía su idioma tan bien como si fuese del país, cuya voz les consolara muy a menudo en sus aflicciones, y cuya mano estaba siempre abierta para socorrer sus necesidades; aquellos hombres, admirados aún mucho tiempo después de abandonar sus playas, hablaban del extranjero como de una tradición maravillosa, señalando el soberbio plátano bajo el cual le vieran sentado con mucha frecuencia, solo y pensativo, al poético resplandor de la luna.

Pera Zanoni tenía otros parajes en que era más difícil de ver que bajo la sombra del plátano. En esta isla existen los manantiales bituminosos mencionados por Heródoto. Con mucha frecuencia, sino los hombres, la luna, le veía salir de entre los mirtos y los cistos que cubrían las colinas del rededor del lago que contiene la inflamable materia, cuyos usos medicinales, aplicados a la vida orgánica, quizá la ciencia moderna no ha estudiado aún bastante. Otras veces pasaba también horas enteras en una caverna situada en la parte mas solitaria de la playa, donde las estalactitas parecían haber sido colocadas allí por la mano del arte, y a la cual la superstición de los campesinos asociaba, por varias antiguas leyendas, con los grandes y casi incesantes terremotos a que la isla está tan expuesta.

Todas las excursiones a estos sitios predilectos estaban ligadas o subordinadas a un constante y principal deseo, que se aumentaba cada día que pasaba en la agradable compañía de Viola.

La escena que Glyndon presenciara a los pocos días de su entrada en el castillo, era verdadera. Algún tiempo después de aquella noche,

Viola sentía tristemente que una influencia, cuya naturaleza ignoraba, luchaba por interponerse entre su apacible vida. Visiones indistintas y bellas, como las que viera en los días de su infancia, pero más constantes e impresionables, la acosaban noche y día cuando Zanoni se encontraba ausente, para desvanecerse cuando éste volvía a su presencia. Zanoni le hacía frecuentes y ansiosas preguntas de esas apariciones; pero las respuestas de la joven le dejaban, al parecer, poco satisfecho, y, a veces, bastante perplejo.

—No me hablas —le decía un día Zanoni, —de esas, desconocidas imágenes, ni de esas evoluciones de brillante figura, que bailan en coro, ni de las deliciosas melodías que te parecen como la música o el lenguaje venido de lejanas esferas. ¿No has visto una sombra más clara y más bella que las demás, que no había, o que si lo hace, es como si fuese con tu misma voz, y que te dice cosas de extraños secretos y solemnes conocimientos?

—No —respondió Viola, —todo es confuso en esos sueños, ya me asalten de día, ya de noche; y cuando al ruido de tus pasos vuelvo en mí, mi memoria no guarda mas que una vaga impresión de felicidad. ¡Cuán diferente es el placer que siento cuando, contemplando la sonrisa de tus labios, oigo que tu voz me dice: "¡Te amo!"

—Sin embargo, ¿cómo es que visiones menos hermosa que estas te parecían en otro tiempo tan halagüeñas? ¿Cómo es que entonces excitaban en ti deseos y satisfacían tu corazón? ¡En otro tiempo deseaste habitar otra tierra mas risueña, y ahora parece que te contentas con la vida común!

—¿No te lo he explicado ya otras veces? ¿Es, acaso, una vida común, amar y vivir al lado del que se ama? La tierra que anhelaba, ¡la he obtenido ya! No me hables de ninguna otra.

Así les sorprendía la noche, solos en la playa; y Zanoni, halagado por sus sublimes proyectos, e inclinando su cabeza sobre el divino semblante de Viola, olvidaba que había otros mundos en el armonioso infinito que les rodeaba para pensar sólo en su amada.

CAPÍTULO IX

INVOCACION

—¡Ven, ven, Adonai! ¡Aparece! —exclamó Zanoni, y en la solitaria caverna donde en otro tiempo fueran a escucharse los oráculos de un dios pagano, salió de las sombras de las fantásticas rocas una luminosa y gigantesca columna de luz radiante y variada. Asemejábase a esa luz que, de lejos, refleja una cascada mirada a la claridad de la luna, enviando su plateada neblina al estrellado firmamento. Aquella luz, iluminando las estalactitas, las rocas y los arcos de la caverna, arrojaba un pálido y trémulo resplandor sobre las facciones de Zanoni.

—¡Hijo de la eterna luz —dijo Zanoni, —tú, cuya sabiduría, grado tras grado, raza tras raza, al fin he podido alcanzar en las inmensas llanuras de Caldea... de quien he obtenido el indecible conocimiento que poseo y que solo la eternidad es capaz de borrar.. tú, que por espacio de muchos siglos has sido mi amigo familiar... respóndeme y aconséjame!

Apenas Zanoni concluyó de pronunciar estas palabras, salió de la columna una figura cercada de radiante aureola. Su semblante se asemejaba al de un hombre en su primera juventud, pero solemne con el sentimiento de su sabiduría y de su inmortalidad. De todo su cuerpo se desprendía una luz suave y movible: parecía una figura diáfana. Con los brazos cruzados sobre el pecho, la brillante aparición permanecía separada algunos pies de Zanoni, en tanto que su armoniosa voz decía con acento tranquilo:

—Mis consejos te eran en otro tiempo muy gratos, cuando cada noche tu alma seguía mis alas por el inalterable infinito; Ahora te encuentras ligado a la tierra por lazos demasiado fuertes, ¡y la atracción de la materia es más poderosa que las simpatías que te unían al habitante del aire y de las estrellas! La última vez que me oíste, tus sentidos turbaban ya tu inteligencia y obscurecían tu visión. Otra vez me presento a ti; pero el poder de invocarme se desvanece de tu espíritu, como el sol deja de alumbrar las olas del mar cuando una nube se interpone entre el cielo y la tierra.

—¡Ah! ¡Adonai! —objetó el invocador con tristeza. Conozco demasiado las condiciones bajo las cuales se puede solamente gozar de la dicha de tu presencia; sé que nuestra sabiduría dimana de la indiferencia por las cosas del mundo, a las cuales se sobrepone la ciencia. El espejo del alma no puede reflejar a un mismo tiempo el cielo y la tierra; una imagen borra la otra. Pero, ¿no se me puede restituir esa sublime abstracción, en la cual la inteligencia, libre las cosas corpóreas, se eleva de región en región a las esferas de donde, otra vez, con la angustia y trabajo de un poder debilitado, te he llamado para que vinieses a auxiliarme? Amo, y este amor hace que empiece a vivir en la dulce humanidad de otra persona. Aunque sabio en todo lo que se refiere a los peligros que pueden amenazarme a mí o a aquellos a quienes puedo mirar desde la altura donde me eleva la indiferente contemplación, soy ciego como el mas humilde mortal para penetrar los destinos de la criatura que hace palpitar mi corazón con las pasiones que oscurecen mi vista.

—¡Qué importa! —respondió Adonai. —Tu amor no puede ser mas que una burla del nombre, pues tú no puedes amar como aquellos a quienes aguarda la muerte y una tumba. ¡Dentro de un tiempo muy breve, que no llega a ser un día en tu incalculable existencia, el objeto que idolatras no será mas que un puñado de polvo! Los demás seres del mundo vulgar marchan juntos por el camino de la muerte, y juntos vuelven a ascender, de simples gusanos, a nuevos círculos de existencia. A ti te aguardan siglos, y a ella nada más que horas. Y ni a ella ni a ti, ¡pobre sabio!, os queda el consuelo de la postrera unión! ¿Por cuántos grados de espiritual existencia habrá pasado su alma, cuando tú, solitaria sombra, asciendas de los vapores de la tierra a las puertas de la luz!

—¿Piensas, hijo de la eterna luz, que esta idea se aparta un instante de mi imaginación? —replicó Zanoni. —¿Ignoras que te he invocado para oírte y para que me des un consejo? ¿No lees mi deseo de igualar su naturaleza a la mía? Tú, Adonai, bañado en la celestial alegría que constituye tu existencia en el océano de la eterna dicha, no puedes, salvo por la simpatía del conocimiento, imaginar lo que yo, hijo de mortales, siento, privado ya de los objetos de la grande y sublime ambición que al principio elevaron las alas de mi espíritu sobre la materia, cuando me veo reducido a vagar solo en el mundo. En vano he buscado amigos entre los de mi especie. ¡Al fin he encontrado una compañera! Las aves y los animales feroces tienen la suya. Mi poder sobre los seres malignos del terror pueden apartar su larva de la senda que la conducirá adelante, hasta que el aire de la eternidad prepare su cuerpo para el elixir que desafía la muerte.

—¡Y tú has empezado la iniciación sin resultado! Lo sé. Has conjurado en sus sueños las más bellas visiones, y has invocado los mas benéficos hijos del aire para que murmurasen su música durante su arrobamiento; pero su alma no hace caso de ella y se evade de su influencia cuando vuelve a la tierra. ¡Ciego! ¿no sabes por qué? Porque en su alma todo es amor; porque no existe en ella ninguna otra pasión que guarde relación y afinidad con las cosas con que quisieras impresionarla. Su atracción no obra sino sobre los deseos de la inteligencia. ¿Qué tienen ellos que ver con una pasión que es puramente de la tierra y con la esperanza que se va directamente al cielo?

—¿Pero no puede haber un medio... un eslabón... que pueda unir nuestras almas y nuestros corazones, y por medio del cual el mío domine en el suyo? —preguntó Zanoni.

—No me preguntes nada más, —contesto Adonai, —pues no me comprenderías.

—¡Habla! ¡Te lo suplico!

—¿No sabes que cuando dos almas están separadas, una tercera, en la cual ambas se encuentren y vivan, es el eslabón que las une?

—Te comprendo, Adonai, —exclamó Zanoni, en tanto que un rayo de pura alegría iluminaba su semblante, dándole un aspecto de dicha que nunca se le advirtiera hasta ahora. —¡Y si mi destino, —añadió — que tan oscuro se presenta a mi vista, me concede el feliz lote que permite a los seres mas humildes... si algún día puedo estrechar a un hijo entre mis brazos!...

—¿Y es para volver a ser hombre, para lo que aspiraste a ser más que hombre?

—¡Pero un hijo... un hijo de Viola! —murmuró Zanoni sin hacer apenas caso del Hijo de la Luz, —¡una nueva alma del cielo a la que podré guiar desde el primer instante que toque la tierra.. cuyas alas podré hacer que sigan las mías por entre las grandezas de la creación, y por medio de la cual la madre se evadirá del poder de la muerte!

—Pero guárdate —dijo Adonai, —y no olvides que tu mortal enemigo habita el mundo real. Acuérdate que tus deseos te llevan cada día mas cerca de la humanidad.

—¡Ah! ¡la humanidad es buena! —respondió Zanoni.

Y mientras decía esto, una sonrisa asomó en los labios de Adonai.

CAPÍTULO X

EXTRACTO DE LAS CARTAS DE ZANONI A MEJNOUR

Carta I

No me has participado los progresos de tu discípulo. Tanto que las circunstancias que forman la imaginación de las actuales generaciones, tan diferente de la de los hombres puros y entusiastas de los primitivos tiempos, no son suficientes para hacer que un neófito, aun de naturaleza mas elevada que el que has admitido en tu morada, sea capaz de marchar por el camino de la ciencia, aun cuando le guíe una mano benéfica y protectora. Aquel tercer estado de existencia que los sabios de la India toman justamente como una transición entre el sueño y la vigilia y que describen imperiosamente bajo el nombre de *arrobamiento*, es desconocido a los hijos del norte, y muy pocos serían los que quisieran gozar de su poblada calma, porque la mirarían como un engaño de la imaginación. En vez de preparar y cultivar aquella tierra poética, cuya naturaleza, debidamente conocida, puede dar frutos tan ricos y flores tan bellas, sólo trabajan para alejarse de su contemplación. Miran la lucha de la inteligencia del hombre de su reducido mundo que quiere abrirse paso al infinito, como una enfermedad que la medicina debe curar con drogas, y no saben que la poesía, la música, el arte... todo lo que representa una idea de lo bello, del cual ni el *sueño* ni la *vigilia* pueden producir arquetipo ni semejanza, deben su inmortal origen a una de las condiciones de su ser en su mas imperfecta e infantil forma. Cuando nosotros, Mejnour, éramos neófitos y aspirantes, pertenecíamos a una clase a la cual el mundo actual estaba cerrado y vedado. La vida de nuestros abuelos no tenía otro objeto que la ciencia. Desde la cuna estábamos predestinados para la sabiduría como si fuese un sacerdocio, y empezamos nuestros estudios donde la conjetura moderna cierra sus desengañadas alas. Para nosotros, aquellos eran los elementos comunes de una ciencia que los sabios de hoy desdeñan como una quimera, o de la cual desesperan como de un impenetrable misterio. Hasta los principios fundamentales, las vastas, pero simples teorías de la electricidad y del magnetismo, permanecen envueltas en la oscuridad en medio de las disputas de sus ciegos eruditos. Sin embargo, aun. En nuestra juventud, cuán pocos llegaban al primer círculo de la sociedad, y cuántos, luego de haber sufrido para gozar después los sublimes privilegios a que aspiraran, abandonaban voluntariamente la luz del sol y se precipitaban sin esfuerzo a la sepultura, como peregrinos en un vasto y desconocido desierto, encantados por la calma de su soledad y espantados por la falta de un límite. Tú, en quien nada parece vivir *sino el deseo de saber*; tú, que indiferente a la felicidad o al dolor, te prestas a todo el que quisiera pisar la senda de la misteriosa ciencia, has buscado siempre, y conseguido con frecuencia, aumentar nuestro número. Pero solamente les has enseñado secretos parciales, pues las pasiones o la vanidad les han hecho indignos de los demás. Y ahora, sin otro interés que el de un experimento científico, sin amor y sin piedad, expones esta nueva víctima a los azares de la tremenda ordalía. Piensas que un carácter tan indagador y un valor tan absoluto e impávido, puede ser suficiente para conquistar lo que las más austeras inteligencias y las más acrisoladas virtudes no han podido alcanzar. Crees también que el germen artístico que se oculta en la imaginación del pintor, puesto que comprende en sí el completo embrión del poder y de la belleza, puede extenderse hasta la sublime flor de la dorada ciencia. Esto, para ti, no es más que un nuevo ensayo. Sé humano para con tu neófito, y si su naturaleza te ofrece un desengaño en los primeros pasos de su carrera, restitúyele a la realidad mientras es tiempo de que vuelva a gozar la corta y material vida que reside en los sentidos y que concluye en la tumba. ¿Te reirás, Mejnour, cuando veas que te hablo con tan pocas esperanzas? Yo, que he rehusado constantemente el iniciar a nadie en nuestros misterios, empiezo, al fin, a comprender por qué la gran ley que liga al hombre a su especie, aun en el instante mismo que trata de apartarse más de su condición, ha hecho de tu fría e impasible ciencia el eslabón que te une a tu raza; por qué has buscado siempre discípulos; por qué, al ver apagarse voluntariamente vida tras vida en nuestra brillante secta, aspiras a reemplazar los desaparecidos y a reparar las pérdidas: es porque en medio de tus cálculos, infatigables y perennes como las ruedas de la naturaleza, ¡te asusta la idea de *verte solo*! Lo mismo me sucede a mí; yo también siento, al fin, la necesidad de buscar un ser igual a mí...; ¡yo también tiemblo de verme solo! Me está pasando lo que me presagiaste en otro tiempo. El amor reduce todas las cosas a sí mismo. O me veré obligado a descender a la naturaleza de la persona que amo, o tendré que elevar la suya hasta la mía. Como cualquier cosa que pertenezca al verdadero arte tiene siempre necesariamente atracción para nosotros, cuyo ser es en lo ideal de donde el arte desciende, así en esta hermosa criatura he aprendido al fin el secreto que me unió a ella desde el momento que la vi. La hija de la música, puesto que la música pasó a ser parte de su existencia, se transformó en poetisa. No fue el teatro ni su falso brillo lo que le deslumbró, sino que el teatro era la tierra que su imaginación se había forjado y representado. Allí la poesía encontró una voz, y allí luchó también bajo una forma imperfecta, hasta que aquella tierra, insuficiente para ella, la hizo retroceder hasta su mismo origen. Aquella poesía daba colorido a sus pensamientos y bastaba a su alma; aquella poesía no pedía palabras ni creaba cosas: producía emociones y se perdía en sueños. Al fin vino el amor, y entonces, la poesía, lo mismo que un río en el mar, acalló sus ruidosas aguas para quedarse mudo y tranquilo y ser eternamente el espejo del cielo.

Y sin embargo, ¿no es por esa poesía que encierra su alma, por lo que se podría conducir a Viola a la inmensa poesía del universo? A veces, escuchando su conversación, al parecer indiferente, encuentro oráculos en sus imágenes, lo mismo que hallamos extrañas virtudes en alguna solitaria flor. Veo que su imaginación se dilata con un caudal inagotable de bellos y variados pensamientos. ¡Oh, Mejnour! ¡Cuántos de nuestra orden, deslindando las leyes del universo, han comprendido los enigmas de la naturaleza externa y deducido la luz de la oscuridad! Y el *poeta* aunque no estudia más que el corazón humano, ¿no es por eso el mas grande de los filósofos? La ciencia y el ateísmo son incompatibles. Para conocer la naturaleza es necesario reconocer primeramente la existencia de un Dios, y para esto, ¿se necesita otra cosa que examinar el método y la arquitectura de la creación? Cuando contemplo una pura imaginación, por ignorante e infantil que sea, me parece que veo en ella el augusto Ser inmaterial más claramente que en todos los mundos de materia que a su voz se mueven por el espacio.

La ley fundamental de nuestra orden tiene razón en establecer que no debemos participar nuestros secretos sino a las almas puras. La más terrible parte de las pruebas está en las tentaciones que nuestro poder ofrece al criminal. Si fuese posible que un hombre perverso llegase a poseer nuestras facultades, ¡qué desorden podría introducir en universo! Felizmente esto es imposible; la malevolencia desarmaría su poder. Cuento con la pureza de Viola, como tú, más vanamente, has confiado en el valor o en el género de tus discípulos. Créeme, Mejnour. Desde el lejano día que penetré el arcano de nuestros conocimientos, jamás he empleado sus misterios en objetos indignos, aunque ¡ay! la duración de nuestra existencia nos priva de tener una patria y un hogar, aunque la ley que coloca toda ciencia y todo arte en la abstracción de las tumultuosas pasiones de la ruidosa ambición de la vida actual nos priva de interponer nuestra influencia en los destinos de las naciones, para lo cual el cielo elige agentes mas poderosos y más ciegos. Sin embargo, por doquier que haya dirigido mis pasos, he socorrido siempre al desvalido y procurado apartar a las gentes del mal. Mi poder se ha empleado solamente de una manera hostil contra los malvados, y no obstante, a pesar de toda nuestra ciencia, sólo nos está permitido ser a cada paso los instrumentos y secundar el poder del cual el nuestro dimana. Toda nuestra sabiduría queda reducida a la nada, comparada con la del que da sus virtudes a la mas insignificante hierba y puebla el más pequeño glóbulo con sus seres proporcionados. Y mientras a veces se nos permite ejercer influencia sobre la felicidad de los demás, ¡cuán misteriosamente las sombras obscurecen nuestro propio porvenir! ¡No podemos profetizarnos nosotros mismos! ¡Con qué incierta esperanza alimento la idea de que podré preservar para mi soledad la luz de una angelical y constante sonrisa!

Extracto de la carta II

No creyéndome bastante puro para iniciar un corazón tan puro, invoco en sus éxtasis a los habitantes más bellos y más benéficos que el espacio ha inspirado a la poesía, instintiva adivina de la creación, las ideas de los Genios y de las Sílfides. Pero estos seres, menos puros que sus pensamientos y menos tiernos que su amor, no han podido hacerla superior a su corazón, pues éste posee un cielo especial.

Acabo de contemplar su sueño... le he oído pronunciar mi nombre. ¡Ah! Esto, que tan dulce es para otros, tiene amargura para mí, pues pienso que pronto llegará el día en que este sueño será eterno... en que el corazón que le dicta mi nombre no palpitará... y en que enmudecerán los labios que lo pronuncian. ¡Bajo qué dos formas tan diferentes se presenta el amor! Si lo examinamos materialmente, si no consideramos más que sus lazos humanos, sus goces de un momento, su fiebre turbulenta y su fría reacción, ¡cuán extraño nos parece que esta pasión sea el supremo móvil del mundo, la que ha dictado los más grandes sacrificios, la que ha hecho sentir su influencia sobre todas las sociedades y sobre todos los tiempos, la pasión, en fin, a la los genios más elevados y más sublimes han consagrado devoción, al extremo de que si no fuese por ella, no habría civilización, música, poesía, belleza, ni existencia mas allá del instinto del bruto!

Pero examinad el amor bajo su forma más celestial, su más absoluta abnegación, en su íntima analogía con todo lo que el espíritu tiene de más sutil y delicado, su poder sobre todo lo que es impuro en la existencia, su dominio sobre los ídolos de más abyecta adoración, su habilidad para transformar en palacio una cabaña, en oasis el desierto y para convertir en verano el invierno, pues doquiera respira su aliento, fertiliza y crea. Y, a pesar de todo esto, me admira el ver que tan pocos lo consideran bajo este santo aspecto. El placer de los sensualistas es el más ínfimo de sus goces. El verdadero amor es menos una pasión que un símbolo, Mejnour, ¿vendrá el tiempo en que te hablaré de Viola como de una cosa que fue?

Extracto de la carta III

¿Sabes lo que de poco tiempo acá me he preguntado con frecuencia a mí mismo?
"¿No tiene algo de malo la ciencia que nos separa de nuestros semejantes?" Verdad es que cuanto mas nos elevamos, tanto más odiosos nos parecen los vicios de los demás seres que se arrastran por la tierra. A medida que penetra en nosotros la bondad del Ser Justo, sentimos que nuestra felicidad emana de Él. Pero, por otra parte, ¡cuántas virtudes permanecen ocultas, las cuales, viviendo en el mundo de la muerte, rehúsan morir! Este estado de abstracción y de contemplación profunda, este ensimismamiento, este sublime egoísmo, ¿no es una imaginación de esa facultad que agrega nuestra felicidad, nuestra alegría, nuestra esperanza y nuestros temores a los de los demás? Vivir sin temer a los enemigos, sin sentirse nunca abatido por la enfermedad, sin cuidados, sin verse debilitado por la vejez, es un espectáculo que cautiva nuestro orgullo. Y, sin embargo, ¿no admiras al que muere por otro? Desde que la amo, Mejnour, me parece una cobardía eludir la sepultura que devora los corazones y los cubre con su manto de mármol. Siento que la tierra gana terreno en mi espíritu. Tenías razón; la eterna vejez, tranquila y libre de pasiones, es un presente más grato que la eterna juventud con sus tormentos y sus deseos. Hasta que llegue la hora de ser todo espíritu, la tranquilidad debe buscarse en la indiferencia.

Extracto de la carta IV

He recibido tu escrito. ¡Cómo! ¿Tu discípulo te ha ocasionado un nuevo desengaño? ¡Ah! ¡pobre discípulo! Pero... (Aquí siguen comentarios sobre aquellos pasajes de la vida de Glyndon que el lector conoce ya poco más o menos, con ardientes súplicas a Mejnour para que vele todavía sobre el porvenir de su discípulo)

. . . .

. . . .

Pero yo alimento el mismo deseo con un corazón más ardiente. ¡Mi discípula! Los terrores que deben acompañar a las pruebas, ¡casi me retraen de la empresa! Veré otra vez al Hijo de la Luz.

. . . .

. . . .

Sí; Adonai, sordo tanto tiempo a mi voz, descendió al fin a mi presencia, dejando tras sí la aureola de su aparición bajo la forma de la esperanza. ¡Ah, Viola! Todavía pueden unirse nuestras almas; ¡no veo del todo imposible esta dicha!

Extracto de la carta V (Escrita muchos meses después de la última)

Mejnour, despierta de tu apatía... ¡regocíjate! Una nueva alma vendrá al mundo: un nuevo ser que me llamará ¡padre! ¡Ah! Si aquellos para quienes no existen todas las preocupaciones y recursos de la vida humana pudiesen estremecerse, con exquisita emoción, ante la idea de saludar otra vez su infancia en el semblante de sus hijos; si en este nacimiento se sintiesen llevados otra vez a la santa inocencia, que es el primer estado de la existencia; si pudiesen sentir que un hombre se impone casi el deber de un ángel cuando tiene que guiar a un ser desde la cuna y educar a un alma para el cielo...

¡Qué placer será para mí saludar al heredero de unos dones que se duplican en el mero hecho de ser compartidos! ¡Qué dulce será ejercer el poder de vigilar y de guardar... de insinuar gradualmente los conocimientos, evitar el mal y hacer retroceder el curso de la vida por un cauce más fértil, mas profundo y mas espacioso, es decir, ¡al Paraíso de donde mana! ¡Y en las orillas de esta apacible corriente, Viola, se reunirán también nuestras almas! Nuestro hijo nos traerá la simpatía que nos falta todavía. ¡Y qué sombra te espantará entonces, ni qué terror será capaz de hacerte desmayar, cuando la iniciación estará al lado de la cuna de tu hijo!

CAPÍTULO XI

AMOR Y SUPERSTICION

Sí, Viola; eres hoy muy diferente de cuando, sentada en el umbral de la puerta de tu casa de Nápoles, paseabas tu imaginación por la región de las sombras, o cuando, buscando en vano dotar de voz la belleza ideal por las riberas donde la ilusión se forja el cielo y la tierra por una hora, tus fatigados sentidos despertaban para ver desvanecerse la brillante decoración, como si fuese una cosa de magia. Tu espíritu reposa en su propia felicidad, porque sus desvaríos han encontrado un límite. A veces el sentimiento de la eternidad se despierta en un instante, pues, cuando nos sentimos profundamente dichosos, nos parece que es imposible morir. Siempre que el alma *se siente a sí misma*, ¡siente la vida eterna! La iniciación queda aplazada... en tus días y tus noches no verás ya más visiones que aquellas con que un corazón satisfecho encanta una pura imaginación. Genios y sílfides, perdonad si creo que aquellas visiones son más que risueñas que vosotras.

Zanoni y Viola se encuentran en la playa mirando cómo el sol se sepulta en el mar. ¿Cuánto tiempo hace que habitan en aquella isla? ¡Qué importa! Que haga meses o años... ¡qué importa! Ni ellos ni yo hemos de ocuparnos del tiempo. Lo mismo que en el sueño de un momento parecen pasar años y siglos, así mediremos la dicha o el dolor por la duración de un sueño o por el número de emociones que éste lleva consigo.

El sol desciende pausadamente a su ocaso; el aire es seco y sofocante; el buque permanece inmóvil en el mar, y en la tierra no se ve temblar una sola hoja en los árboles.

Viola se acerca a Zanoni, pues un presentimiento indefinible hace latir su corazón mas precipitadamente. La joven se sorprende al reparar en la expresión de ansiedad y de turbación que advierte en el semblante de su esposo.

—Esta calma me da miedo, —murmuró Viola.

Zanoni hizo como que no la oía, y en tanto que hablaba consigo mismo, sus ojos miraban alarmados en derredor de sí. Aunque Viola ignoraba la causa, aquella mirada que parecía querer devorar el espacio, aquellas palabras murmuradas en un idioma desconocido, vinieron a despertar de una manera triste las supersticiones de otros tiempos. Desde el momento que Viola supo que iba a ser madre, se volvió mas medrosa. ¡Extraña crisis en la vida y en el amor de la mujer! Un ser desconocido todavía empieza ya a dividir su corazón con el que fuera antes su solo monarca!

—Mírame, Zanoni, —dijo Viola, estrechando la mano de su amado.

Zanoni, volviéndose, le dijo:

—Estás pálida, Viola, y tu mano tiembla.

—Es verdad. Siento como si un enemigo temible se acercase a nosotros.

—Tu instinto no te engaña, —repuso Zanoni. —Efectivamente, tenemos muy cerca a un enemigo. Le veo a través de ese aire abrasador, y le oigo en medio de este tétrico silencio. El enemigo que presientes es la destructora *Peste*. ¡Ah! ¡Esfuerza tu vista y verás cómo las hojas se cubren de insectos que marchan delante del aliento de la plaga!

Mientras Zanoni decía esto, un pajarillo cayó muerto desde las ramas a los pies de Viola; el animalito revoloteó un instante, y después de una corta agonía, expiró.

—¡Ah, Viola! —exclamó Zanoni apasionadamente, — eso es la muerte. ¿No temes morir?

—Sí, porque me separaría de ti, —repuso la joven.

—Y si yo te enseñase a desafiar la muerte, si yo pudiese detener en tu juventud el curso del tiempo... si yo pudiese...

Zanoni se interrumpió de repente, pues los ojos de Viola revelaban un miedo difícil de pintar, en tanto que una mortal palidez cubría su rostro y sus labios.

—No me hables de esta manera, no me mires así, —dijo viola retirándose de Zanoni. —Me desmayas. ¡Ah! No me hables de esta manera, pues tiemblo, no por mí, sino por tu hijo...

—¡Tu hijo! ¿Rehusarías para tu hijo esa misma dicha?

—¡Zanoni!

—¡Bien!

—El sol se ha ocultado a nuestros ojos para salir en otra parte. Desaparecer de este mundo es ir a vivir en otro mundo mejor. ¡Esposo mío... amante mío! Dime que no lo haz dicho de veras, dime que has querido burlarte de mi ignorancia! La peste me causa menos horror que tus palabras.

El semblante de Zanoni se nubló, y después de mirar a Viola casi severamente por algunos instantes, dijo:

—¿Qué has visto en mí que pueda hacerte desconfiar?

—¡Perdón! ¡perdón!... ¡Nada! —exclamó Viola, arrojándose en los brazos de Zanoni y prorrumpiendo en llanto. —¡No creería tus mismas palabras si pudiesen perjudicarte!

Zanoni, sin responder, besó las lagrimas de su esposa.

—¡Ah! —prosiguió Viola con una sonrisa infantil, —si quisieras darme alguna cosa para preservarme de la peste, lo tomaría de buena gana.

Y al decir esto, Viola puso su mano en un antiguo amuleto que Zanoni llevaba en su pecho.

—Zanoni —le dijo, —tú sabes cuántas veces esto me ha dado celos del pasado: seguramente es alguna prenda de amor. Pero no, tú no debiste amar a la que te la dio comí me amas a mí. ¿Te quitaré tu amuleto?

—¡Pobre niña! —dijo Zanoni con ternura; —la que puso esto en mi cuello, le atribuía, efectivamente, un gran poder, pues era supersticiosa como tú; pero para mí es algo más que un conjuro: es la reliquia de un tiempo feliz que pasó, cuando los que me amaban no podían desconfiar de mí.

Zanoni pronunció estas palabras con una especie de melancólico reproche, que fue directamente al corazón de Viola; pero su esposo prosiguió hablando en un tono que sofocó los sentimientos que se agitaran en el corazón de la joven, al decir con voz solemne:

—Este amuleto, Viola, quizá lo trasladaré algún día de mi cuello al tuyo, cuando me comprenderás mejor... *cuando las leyes de nuestra existencia serán las mismas.*

Zanoni y Viola regresaron poco a poco a su casa. Viola, por más que hacía para conseguirlo, no podía desechar el miedo que se albergara en su corazón. Era una católica italiana con todas las supersticiones de su país. Así que llegó a su casa, se puso a rezar delante de una pequeña reliquia de San Genaro que el capellán de la casa le diera cual era niña, y que había llevado en todos sus viajes. Nunca había querido abandonar aquella prenda. Si esta reliquia poseía algún poder contra la peste, ¿temía el azote por ella?

Al día siguiente, cuando Zanoni se despertó, se encontró la reliquia del Santo colgada en su cuello al lado de su amuleto.

—Ahora sí que no tienes que temer a la peste — dijo Viola entre lágrimas y sonrisas; —y cuando querrás hablarme otra vez como lo hiciste anoche, el Santo te lo impedirá. Di, Zanoni, ¿podrá existir una verdadera comunidad de pensamiento y de espíritu entre nosotros?

La plaga se declaró de una manera tan funesta, que fue preciso abandonar la isla. Poderoso profetizador, *no tienes ningún poder para salvar a los que amas.* ¡Adiós, techo nupcial..., ¡mansión de la tranquilidad y de la dicha, adiós! ¡Ojalá que vuestras plantas vayan a pisar otra tierra tan benéfica! ¡Amantes felices, el destino os lleve bajo un cielo tan sereno por unas aguas tan puras y tranquilas! ¿Volverá para vosotros un tiempo tan dichoso? ¿Quién puede asegurar que el corazón no cambia, cambiando los objetos? El sitio donde se ha vivido con el que se ama, conserva recuerdos que solo él puede reproducir. El pasado que los evoca parece imponer constancia para lo futuro. Si nace en nosotros un pensamiento menos generoso, menos fiel, la vista de un árbol bajo el cual se cambiara un juramento, o donde un beso enjugó una lágrima, nos vuelve a la hora de la primera divina ilusión. Pero en una morada donde nada había de las primeras nupcias, donde no existe la elocuencia de la unión ni ningún testigo de las pasadas emociones, ¿quién es, repito, el que ha atravesado por una triste historia de afecto, que pueda decir que el corazón no cambia cambiando de objetos?

—¡Venid, vientos favorables; ¡henchid suavemente las velas! ¡Lejos, sí; lejos de la tierra donde la muerte ha venido a arrebatar el cetro al amor!

Las playas desaparecen; nuevas costas suceden a las verdosas colinas de naranjos de la isla nupcial. A lo lejos, bajo los plateados rayos de la luna, brillan las columnas, todavía visibles de un templo que los atenienses dedicaron a la Sabiduría. Y de pie sobre el buque que impelía la fresca brisa, el hombre que sobreviviera a la diosa murmuraba para sí:

—La sabiduría de los siglos no me ha ofrecido mayor felicidad que la que concede al pastor y al campesino sin más mundo que su triste pueblecillo, ni más aspiraciones que la sonrisa del hogar.

LIBRO QUINTO
EFECTOS DEL ELIXIR

CAPÍTULO PRIMERO

¡DEGRADADO Y ACOSADO!

El lector recordará que dejamos a maese Páolo al lado de la cama de Glyndon, quien, al despertar de aquel profundo sueño y al acordarse de la terrible escena de la pasada noche, arrojó un grito de espanto, cubriéndose el rostro con las manos.

—Buenos días, Excelencia, —dijo Páolo alegremente. — *¡Corpo di Bacco,* y cómo habéis dormido!

El sonido de la voz de aquel hombre, tan robusto, tan alegre y tan esforzado, alejó el fantasma que aun estaba en la mente de Glyndon. El joven se incorporó en su presente cama.

—¿Dónde me encontrasteis? —preguntó el inglés. —¿Por qué estáis aquí?

—¿Dónde os encontré? —repitió Páolo sorprendido. —En vuestra cama. ¿Por qué estoy aquí?... porque el patrón me dijo que aguardase que despertaseis para recibir vuestras órdenes.

—¿Ha llegado? —preguntó Glyndon.

—Sí; pero volvió a partir en seguida, señor. Ha dejado esta carta para vos.

—Dádmela, y aguardadme allá fuera hasta que me haya vestido.

—Estoy a vuestras órdenes, —repuso Páolo. —He preparado un excelente almuerzo, pues debéis tener mucho apetito. Soy un regular cocinero. Os sorprenderéis al ver mi habilidad para guisar pescado. Supongo que no os molestaré si canto, pues lo hago siempre que arreglo la ensalada: el canto se armoniza muy bien con los ingredientes.

Y colgándose la carabina al hombro, Páolo salió del cuarto, cerrando la puerta tras sí.

Glyndon había ya empezado a leer la carta, cuyo contenido era como sigue:

"Cuando os recibí por discípulo, ofrecí a Zanoni que si me convencía, a las primeras pruebas, que no podíais aumentar, no el número de nuestra orden, sino el catálogo de las víctimas que han aspirado a ella en vano, no os abandonaría a vuestro desdichado fin, sino que os volvería otra vez al mundo. Cumplo mi promesa. Vuestra ordalía ha sido la más fácil que se puede presentar a un neófito. Solo os exigí la abstinencia sensual y un corto experimento de vuestra paciencia y de vuestra fe. Volved a vuestro mundo, puesto que sois indigno de poder aspirar al nuestro.

"Yo fui quien preparé a Páolo para que os recibiese en la fiesta, y también fui yo el que instigó al viejo pordiosero para que os pidiese limosna. Yo fui quien dejó abierto el libro para que no pudieseis leerlo sin quebrantar mi mandato. Bien: ya habéis visto lo que os aguardaba en el umbral del saber. Habéis visto al primer enemigo que amenaza al que se deja dominar y esclavizar por los sentidos. ¿Os sorprenderá que os haya cerrado sus puertas para siempre? ¿Comprenderéis ahora que para traspasar el umbral y desafiar a ese enemigo, se necesita un alma tranquila y purificada que se exalte, no por hechizos exteriores, sino por su propia sublimidad y valor? ¡Desdichado! ¡Mi ciencia es inútil para el temerario, para el hombre sensual, para el que anhela poseer nuestros secretos sin otro objeto que satisfacer sus vicios! ¡Cuántos impostores y hechiceros de la antigüedad perecieron por querer penetrar los misterios que purifican en vez de depravar! Se jactaron de poseer la piedra filosofal, y murieron en harapos; pretendieron conocer el inmortal elixir, y bajaron al sepulcro envejecidos antes de tiempo. Las leyendas os dicen que el enemigo los hizo pedazos. Sí; ¡el enemigo de sus impuros deseos y de sus criminales designios! Habéis codiciado lo mismo que codiciaron ellos, y aun cuando tuvieseis las alas de un serafín, no podríais elevaros del lodazal de vuestra mortalidad. Vuestro afán de saber no era mas que por petulante presunción; vuestra sed de dicha os la inspiraba tan solo el deseo de beber las inmundas aguas de los placeres terrenales; hasta vuestro amor, que eleva a veces a los hombrea más bajos, no es sino una pasión que calcula la traición, en medio de la primera llama de deshonestidad... *¡Vos, uno de los nuestros!* ¡Vos, un hermano de la Augusta orden! ¡Vos, un aspirante al conocimiento de las estrellas que brillan en el Shemaiá de la ciencia caldea! El águila no puede remontar al sol sino a su aguilucho. ¡Os abandono a vuestro sombrío crepúsculo!

"Pero, ¡ay de vos, profano desobediente! Bebiendo el elixir habéis evocado un fantasma que será vuestro incansable enemigo. Vos mismo debéis conjurar la aparición que habéis llamado a vuestra presencia. Os restituiréis al mundo; pero no será sin sufrir un fuerte castigo, y sólo haciendo grandes esfuerzos volveréis a recobrar la calma y la alegría de vuestra existencia anterior. Os lo diré, para que, al menos, os quede este consuelo: el que como vos ha probado una cantidad, por pequeña que sea, de la volátil y vital energía que dan los zumos aéreos, ha despertado en él facultades que nunca más vuelven a adormecerse.. facultades que, con humilde paciencia, con fe profunda, y con valor, no como el que poseéis, sino el que inspira una imaginación resuelta y virtuosa, llega, si no al conocimiento de lo que existe en el espacio, al menos a la alta perfección en la carrera de los hombres. En todo cuanto emprendáis sentiréis la infatigable influencia del elixir. Vuestro corazón, en medio de las más vulgares alegrías, aspirará a otra cosa mas santa, y vuestra infatigable ambición a algo que no podréis alcanzar. Pero no creáis que eso os encaminará siempre a la gloria, pues vuestros deseos os podrán conducir igualmente al crimen y a la deshonra. Lo que sentiréis será una nueva e imperfecta energía que no os dejará un instante de reposo. Según como la dirijáis, así será la emanación de vuestro buen o mal genio.

"¡Pero, ay de vos, insecto cogido en la red donde estáis preso de pies y de alas! No solamente habéis probado el elixir, sino que habéis evocado al espectro. De todos los seres del espacio, no hay otro mas contrario al hombre... Os habéis arrancado el velo que cubría vuestra vista, y no puedo volvéroslo a colocar. Sabed, sin embargo, que la primera tarea de los sabios que hemos con sobria virtud pasado más allá del umbral, ha sido dominar y subyugar su terrible guardián. Sabed que podéis libertaros de aquellos ardientes ojos...; sabed que, mientras se dejan ver, no pueden hacer daño si resistís los pensamientos que engendran y el horror que inspiran. *Temedlos más cuando no los veáis.*

"Ahora, hijo de los gusanos, ¡adiós! Todo lo que podía deciros para alentaros y para que viváis prevenido, os lo digo en estas líneas. La terrible posición en que os encontráis os la habéis creado vos y no yo; no obstante, confío aún que saldréis bien de ella. Tipo de la ciencia que sirve, no oculto ninguna lección al aspirante puro; pero soy un enigma para el investigador. Así como la memoria es la única posesión indestructible del hombre, lo mismo mi arte no puede reducir a materia los inmateriales pensamientos que han surgido en vos. El discípulo puede reducir este castillo a polvo y derribar esta montaña; pero el maestro no tiene poder para decir: "Cesa de existir", al *pensamiento* que su ciencia ha inspirado. Podréis dar al pensamiento nuevas formas; podréis ratificarlo y sublimarlo hasta reducirlo al mas fino espíritu; pero no podréis aniquilar lo que solo existe en la memoria... lo que no es sustancia, sino idea. *¡Cada pensamiento es una nueva alma!* Inútil sería, por lo mismo, el que ni vos ni yo intentásemos deshacer lo hecho ni querer restituiros la ciega alegría de vuestra juventud. ¡Es necesario que sufráis la influencia del elixir que habéis bebido, así como tampoco os queda otro remedio que luchar con el espectro que habéis evocado!".

Glyndon dejó caer la carta de sus manos. Una especie de estupor sucedió a las varias emociones que experimentara durante su lectura... ese estupor parecido al que sigue a la repentina destrucción de la ardiente esperanza que ha vivido largo tiempo en el corazón humano, sea de amor, de avaricia o de ambición. El mundo que había deseado con tanto afán y al cual sacrificara tantas cosas, quedaba cerrado eternamente para él, y eso por su temeridad y su presunción. Pero el carácter de Glyndon no era de aquellos que se echan la culpa de una falta durante mucho tiempo; así es que empezó a indignarse contra Mejnour, porque, después de haberle tentado, le abandonaba... a la presencia de un espectro. Los reproches del místico le causaban mas daño que humillación. ¿Qué crimen había cometido para merecer un lenguaje tan duro y desdeñoso? ¿Era un mal tan grave complacerse en la sonrisa y en los ojos de Fílida? ¿No había confesado Zanoni su amor por Viola? ¿No había huido con ella como amante? Glyndon no se había detenido nunca a reflexionar si existía alguna diferencia entre amor y amor. Por otra parte, ¿dónde estaba la grande ofensa, cediendo a la tentación que solamente siente un hombre intrépido? ¿No decía el libro del místico "Guárdate del miedo? ¿No era la mayor provocación que se puede hacer a la curiosidad humana, prohibirle entrar en un cuarto cuya llave se le confiara y en el cual se le había dejado abierto un libro que parecía explicar el modo de satisfacerla? En tanto que estos pensamientos cruzaban por su mente con extraordinaria rapidez, Glyndon empezó a considerar conducta de Mejnour, deduciendo de ella, o que quería esclavizarle por medio de la miseria, o que no era mas que un impostor incapaz de realizar las grandes promesas que hiciera. Volviendo a repasar otra vez las misteriosas amenazas y presagios de la carta de Mejnour, le pareció que encerraban un lenguaje de mera parábola y alegoría... jerigonza de los platónicos y de loa pitagóricos. Después, poco a poco, empezó a reflexionar que el espectro que había visto, si bien de aspecto horrible, no debía ser otra cosa sino una visión que la ciencia de Mejnour le preparara. Los brillantes rayos del sol que inundaban de luz su cuarto, parecían brindar a desdeñar los temores de la pasada noche. Su orgullo y su resentimiento vigorizaron su valor habitual; y cuando después de haberse vestido precipitadamente, fue a reunirse con Páolo, su paso era seguro y su color natural.

—¡Hola! Páolo, —dijo Glyndon. —¿Con que el patrón, como vos le llamáis, os dijo que me esperaseis y recibieseis en la fiesta del pueblo?

—Sí, —contestó Páolo; —me envió este recado por un pobre viejo tullido. Esto me sorprendió en extremo, pues creía que el patrón se hallaba muy lejos. Por lo visto, para estos grandes filósofos, dos o trescientas leguas son un grano de anís.

—¿Por qué no me dijisteis que teníais noticias de Mejnour? —preguntó Glyndon.

—Porque el viejo cojo me lo prohibió.

—¿No volvisteis a verle después del baile?

—No, Excelencia.

—¡Hum!

—¡Permitidme que os sirva, —dijo Páolo, llenándole el plato y echando vino en su vaso. —¡Ahora que el patrón está ausente... no es que pretenda decir nada para ofenderle, —añadió el bandido, dirigiendo en derredor de sí una mirada respetuosa y desconfiada, — digo que ahora que se halla ausente, deseaba deciros que tuvieseis compasión de vos mismo y que preguntaseis a vuestro corazón de qué os sirve la juventud! ¿Qué vais a conseguir sepultándoos en vida en estas ruinas, para fatigar vuestro cuerpo y vuestra alma con estudios, que, desde luego, lo juraría, ningún santo aprobará?.

—¿Y aprobarán los santos vuestras ocupaciones, ámese Páolo? —objetó Glyndon.

—Un caballero, —prosiguió el bandido algún tanto desconcertado, —con un bolsillo bien repleto, no tiene necesidad de abrazar la profesión de aligerar el de los demás; pero nosotros, pobres pícaros, es cosa muy distinta. Y después, también doy una parte de mis ganancias a la Virgen, y distribuyo otra caritativamente entre los pobres. Pero comed y bebed alegremente; haceos absolver por vuestro confesor si cometéis algún pecadillo, y no emprendáis tantos quebraderos de cabeza de una vez; he aquí mi consejo. ¡A vuestra salud, Excelencia! ¡Bah! Los ayunos, señor, excepto en los días en que debe hacerlo un buen católico, no sirven sino para crear fantasmas.

—¡Fantasmas! —exclamó Glyndon.

—Sí, —repuso Páolo. —El diablo siempre tienta los estómagos vacíos. El hombre hambriento no piensa mas que en odiar, robar o asesinar. Con la tripa bien llena, señor, estamos en paz con todo el mundo. Esto es rico: ¿os gusta la perdiz? ¡Caspita! Cuando he pasado dos o tres días en las montañas sin mas que un pedazo de pan y una cebolla desde la mañana a la noche, me vuelvo fiero como un lobo. Y no es eso lo peor, sino que todas aquellas horas veo diablillos que bailan delante mis ojos. ¡Ah! sí; el hambre está tan llena de espectros como un campo de batalla.

Glyndon pensó descubrir una profunda filosofía en la manera de discurrir de su compañero; y efectivamente: cuanto más comía y bebía, menos se acordaba de la noche anterior y menos sentía la desaparición de Mejnour. Por otra parte, la ventana estaba abierta, la brisa era fresca y suave, el sol brillaba con todo su esplendor, y la naturaleza entera parecía sonreír. Páolo se fue poniendo tan alegre como la naturaleza. El bandido habló de aventuras, de viajes y de mujeres con cierto entusiasmo que tiene su contagio; pero Glyndon le escuchó con más complacencia cuando habló, con su franca sonrisa, de los ojos, de los dientes, de la cintura y de la forma de la bella Fílida.

Este hombre parecía la personificación de la vida sensual animal. Hubiese sido para Fausto un tentador más peligroso que Mefistófeles. No se notaba la más ligera ironía en su semblante en tanto esta conversación de placeres animaba su voz. Para uno que acababa de sufrir un desengaño respecto de la vanidad de los conocimientos, aquella negligente e ignorante alegría de la tentación era un corruptor más temible que todas las frías burlas de un enemigo ilustrado.

Cuando Páolo se despidió con la promesa de volver al día siguiente, la imaginación del inglés volvió a ocuparse en cosas más graves y de más importancia. El elixir parecía efectivamente, haber obrado en él los sutiles efectos que Mejnour le atribuyera. Mientras Glyndon se paseaba arriba y abajo por el solitario corredor, o bien cuando, parándose, contemplaba la deliciosa y magnífica campiña que se extendía a su vista, elevados pensamientos de empresa y de ambición y brillantes visiones de gloria pasaban por su mente con rápida sucesión.

—Mejnour me niega su ciencia. Bien está, —dijo el pintor con altivez; —pero no me habrá arrebatado mi arte. ¡Cómo! ¡Clarencio Glyndon! ¿Vas a restituirte a tu primera carrera? ¿Con que Zanoni tenía razón?

Glyndon se encontraba ahora en la habitación del místico. ¡No se veía en ella ni un vaso, ni una hierba! El solemne volumen había desaparecido... ¡sus ojos no volverían a ver el chispeante elixir! Sin embargo, parecía aún que en el cuarto se notaba una atmósfera de encanto. Este encanto hizo sentir al joven un ardiente deseo de trabajar, ¡de crear! Suspiraba por una vida mas allá de lo sensual, por la vida que está permitida a todo genio, por la vida que respira el deseo de un trabajo inmortal, de un trabajo que da un nombre imperecedero.

¿Dónde están los instrumentos de tu arte? ¡Silencio!... ¡Cuándo faltaron sus trebejos al verdadero artista? Te encuentras en tu cuarto... la blanca pared te servirá de lienzo y tu lapicero será un pedazo de carbón. Esto basta para perfilar el concepto que podría haberse desvanecido mañana.

La idea que excitó de esta manera la imaginación del artista, era, indudablemente, noble y augusta. Derivábase de la segunda ceremonia egipcia, descrita por Diodoro, *El juicio de los muertos por los vivos.* Cuando el cuerpo, después de debidamente embalsamado, se colocaba en la orilla del lago Aquerusio, y antes de que fuese entregado al barquero que debía conducirlo a la última morada, los jueces, nombrados al efecto, escuchaban todas las acusaciones que se hacían al efecto, escuchaban todas las acusaciones que se hacían referentes a la vida del difunto, y en caso de justificarse, se privaba al cuerpo de los honores de la sepultura.

Mejnour le había hecho varias descripciones de esta ceremonia, las cuales ilustrara con muchas anécdotas que no se encuentran en ningún libro, y este asunto fue el que sugirió al artista la idea de darle realidad y fuerza. Glyndon fingió un rey poderoso y déspota contra el cual nadie se atreviera a murmurar durante su vida; pero después de muerto, venían a acusarle el esclavo a quien tuviera cargado de cadenas y la víctima mutilada en el oscuro calabozo, lívida y escuálida como la misma muerte, invocando con sus secos labios la justicia que priva de la sepultura.

¡Qué extraño fervor es éste, joven, que ha hecho salir de repente tu arte de la oscura y densa niebla con que la oculta ciencia envolviera desde tanto tiempo tu imaginación!... ¡Cuán extraño parece que la reacción de una noche de terror y el desengaño de un día, te haya restituido a tu divino arte! ¡Ah! ¡con qué ligereza la atrevida mano delinea! ¡Cómo, a pesar de los toscos materiales, se revela ya la mano, no del aprendiz, sino del maestro consumado! ¡Sin duda los recientes efectos del poderoso elixir hacen que des a tus figuras la animación y la vida que te falta a ti! Quizá algún poder ajeno traza los8 grandes símbolos sobre la pared. Detrás se levanta el vasto sepulcro. En la construcción del edificio donde reposan los muertos, se consumieron millares de vidas. Allí se sientan los jueces formando un semicírculo. El lago de aguas ennegrecidas se agita lentamente. En otra parte se ve la momia Real. ¿Te intimida todavía el ceño que causara terror durante su vida? ¡Ah!... ¡bravo, artista!... ¡Se levantan las pálidas figuras!... ¡y con sus ojos hundidos y su rostro desencajado, acusan al tirano! ¿Dejará la humanidad de vengarse del poderoso, aun después de muerto? Tu concepto, Clarencio Glyndon, es una sublime verdad, y tu dibujo promete un renombre al genio.

Esta magia es mejor que los encantos del libro y del vaso. Las horas han desaparecido sin sentir; y has encendido lámpara. La noche te encuentra trabajando. Pero, ¡Dios mío! ¿qué es lo que hiela así la atmósfera? ¿Por qué se apaga la luz?... ¿Por qué se erizan tus cabellos? ¡Allí!... ¡allí!... ¡allí!. ¡en la ventana! ¡la sombra del manto!... ¡la negra e insufrible sombra te mira!... ¡Desde allí, con su diabólica astucia y su risa sardónica, hace brillar sobre ti sus horribles ojos!.

Glyndon se quedó pasmado mirando a la reja. No era ilusión... la sombra no hablaba ni se movía; pero al fin, no pudiendo soportar por más tiempo aquella fija y devoradora mirada, el joven se tapó la cara con las manos. Un momento después volvía a separarlas arrojando un grito de espanto, pues sintió junto a él al horrible espectro, que fue a acurrucarse al pie de su dibujo. ¡Ah! ¡las figuras parecían destacarse de la pared! Los pálidos acusadores que su mano trazara, le miraban amenazadores y se mofaban de él. Haciendo un violento esfuerzo que conmovió todo su cuerpo hasta bañarlo en el sudor de la agonía, el joven consiguió dominar su terror. Dirigiéndose hacia el fantasma, se le acercó resistiendo sus miradas. Así que estuvo a su lado, le preguntó qué quería, diciéndole que desafiaba su poder.

Y entonces, oyó una voz que se asemejaba al murmullo de una persona humana. Lo que la sombra dijo y reveló, los labios no pueden repetirlo ni la mano puede trazarlo. Nada, sino la sutil vida que todavía animaba el cuerpo al cual el elixir diera un vigor y una energía más poderosa que la fuerza de los mas fuertes, pudiera hacerle sobrevivir a aquella terrible hora. Valdría más mil veces despertar en las catacumbas y ver salir a los muertos de sus encerados; sería preferible oír los espíritus del averno en sus horribles orgías de corrupción, a mirar aquellas facciones cuando el espectro se levantó el velo, o escuchar lo que murmuró su voz.

Al día siguiente, Glyndon huyó del arruinado castillo. ¡Con qué esperanzas tan halagüeñas atravesara su umbral al penetrar en él... Y ahora, al salir, ¡con qué desencanto miró sus negruzcas torres, llevándose recuerdos que le harían temblar toda su vida cuando la noche cubriese al mundo con sus sombras!

CAPÍTULO II

HABLANDO DEL RUIN DE ROMA...

Acercad vuestro sillón al lado de la chimenea, llenad de leña el hogar y encended las luces. ¡Oh tranquilidad de nuestra morada! ¡Qué excelente y consoladora eres, realidad!

Ha transcurrido algún tiempo desde la fecha del último capítulo. No nos encontramos ahora en las risueñas islas bajo los pálidos rayos de la luna, ni en seculares castillos; nos encontramos en una habitación de veintiséis pies de longitud sobre veintidós de anchura, bien alfombrada, con muelles sofás y cómodos sillones, y ocho malas pinturas con ricos marcos adornando las paredes. Tomas Mervale, caballero comerciante de Londres, ¡sois un pícaro envidiable!

Para Mervale fue la cosa más fácil del mundo, al regresar de su episodio de vida continental, sentarse delante de. su escritorio... del cual no se había separado nunca su corazón. La muerte de su padre le dio como herencia una alta y respetable posición en una casa de comercio de segunda clase. Hacer que su establecimiento pasase a ser de primera, era la honrosa ambición de Mervale. Hacía. poco tiempo que se había casado, no sólo por interés, no; Mervale era más hombre de mundo que mercenario. Sus ideas, respecto de amor, no eran románticas; pero era un hombre demasiado sensible para conocer que una mujer debía ser una compañera y no una mera especulación. El amigo de Glyndon atendió poco a la belleza y al genio; pero, en cambio, buscó salud y buen carácter con cierta dosis de útiles conocimientos; de modo que eligió una compañera escuchando a su razón y no a su corazón, y debemos. decir que su elección no pudo ser más acertada.

Miss Mervale era una joven excelente, viva, trabajadora, económica, afectuosa y buena. Aunque tenía voluntad propia, era dócil. Poseía grandes nociones de los derechos de una mujer, y una grande idea de las cualidades que proporcionan el bienestar. Jamás hubiese perdonado a su marido el pensar en otra mujer; pero, en cambio, poseía un gran sentimiento de fidelidad. Aborrecía el fingimiento, la coquetería y los pequeños vicios que con frecuencia arruinan la felicidad doméstica, en los cuales un carácter veleidoso incurre inconsideradamente. Tampoco creía que debía amar a su esposo sobre todas las cosas; así es que reservaba una parte de su afecto para todos sus parientes, amigos y conocidos, por si un accidente desgraciado pudiera ponerla en el caso de unas segundas nupcias. Tenía un cuidado particular en que su esposo cambiase de calzado apenas entraba en su casa, pues las alfombras eran nuevas y costaban muy caras. No era fría ni arrebatada... pero cuando se la disgustaba, aplicaba su correspondiente y adecuado bochorno, sin olvidarse de recordar su virtud, la alta posición de su tío, que era almirante, y las treinta mil libras que había llevado en dote a su cara mitad. Como mister Mervale era hombre de buen humor y reconocía sus faltas, le daba la razón, y el disgusto era muy pasajero.

Si bien es verdad que en cada casa hay sus pequeños sinsabores, en ninguna eran menos frecuentes que en la de mister Mervale. Su esposa, sin gustar excesivamente de la compostura y del lujo, les tributaba su culto. Nunca salía de su cuarto con los rizos empapelados, ni con ese desaliño matutino, asesino de las ilusiones. Cada mañana, a las ocho y media, miss Mervale estaba arreglada para todo el día, es decir, hasta que cambiaba su traje para comer; llevaba atadas todas las cintas, la gorra bien adornada, y tanto en invierno como en verano, usaba una bata de seda de elegante dibujo. Las señoras de aquel tiempo llevaban el talle muy alto, y miss Mervale seguía la moda. Sus adornos de mañana consistían en una maciza cadena de oro de la cual pendía un reloj del mismo metal, no de esos frágiles enanos de mecanismo que sólo tienen vista, sino una magnífica repetición que siempre daba la hora exacta; llevaba también un broche de mosaico y un retrato en miniatura del almirante, su tío, engastado en el brazalete. Para la tarde tenía dos bonitos juegos de collares, pendientes y brazaletes completos, uno de amatistas y otro de topacios. El traje que acompañaba a estos adornos, era, generalmente, un vestido de raso de color y un turbante, de cuya manera se había hecho retratar. Miss Mervale tenía nariz aguileña, bonitos dientes, hermoso cabello y largas pestañas. Su complexión era de esas que constituyen un hermoso busto: mejillas bastante abultadas, pies regulares y a propósito para andar, y manos blancas y grandes con rosadas uñas, entre las cuales, ni aun en su niñez, se había visto la mas ligera sombra negra. Parecía representar alguna más edad de la que realmente tenía; pero esto dimanaba de un cierto aire de afectada dignidad y de la forma de su nariz.

En las manos acostumbraba llevar siempre mitones. Nunca leía otros poetas que Goldsmith y Cowper. Gustaba poco de novelas, aunque no por preocupación. En el teatro prefería a todo una comedia y un sainete, y después, una cena ligera. No era aficionada a óperas ni a conciertos. Al empezar el invierno escogía algún libro para su lectura y empezaba alguna tarea de pasatiempo, y tanto la lectura como la tarea las acababa al principio del verano. En esta temporada, si dejaba de leer, continuaba trabajando. Su lectura favorita era la historia y le gustaba mucho la que había escrito el doctor Goldsmith. En bellas letras, excusado es decir que su autor favorito era el doctor Johnson. ¡Una mujer mas digna ni mas respetable, solo podía encontrarse en un epitafio!

Era una noche de otoño y hacía poco que miss y mister Mervale habían regresado de una excursión a Weymouth. Encontrábanse sentados en la sala principal, cada uno a su lado favorito.

—Sí, os aseguro, querida mía, —decía Mervale, —que Glyndon, con todas sus excentricidades, era un buen amigo. Seguramente os hubiese gustado, como gustaba a todas las demás mujeres.

—Querido Tomás —repuso su esposa, —perdonad mi observación... pero esa palabra "todas las mujeres...."

—Tenéis razón. Quería decir que era el favorito de vuestro sexo encantador.

—Comprendo... Queréis decir que tenía un carácter frívolo.

—Frívolo, precisamente, no: un carácter un poco inconstante..., extraño si queréis, pero no frívolo. Además, era testarudo y presuntuoso, pero modesto en sus maneras: quizá demasiado modesto... tal como los hombres os gustan a vos. Sin embargo, os repito que las noticias que he oído hoy acerca de él, me tienen profundamente inquieto. Según dicen, ha llevado una vida muy extravagante, viajando de una parte a otra; de manera que debe haber gastado gran parte de su dinero.

—A propósito de dinero, creo que debemos cambiar de carnicero; casi juraría que van a una con el cocinero.

—Es una lástima; pues su buey no puede ser mejor. Los criados de Londres son tan malos como los carbonarios. Pero, como iba diciendo, pobre Glyndon...

Oyóse un golpe en la puerta.

—¿Quién será? —dijo miss Mervale. —¡Son más de las diez! ¿Quién podrá venir a esta hora?

—Quizá vuestro tío el almirante, —observó Mervale algún tanto enojado, —pues casi siempre acostumbra a favorecernos a estas horas.

—Creo, querido mío, que ninguno de mis parientes os es molesto. El almirante es un hombre de buena conversación y su fortuna... le pertenece exclusivamente.

—Le respeto como se merece, —dijo Mervale con énfasis.

El criado abrió la puerta y anunció a mister Glyndon.

—¡Mister Glyndon! ¡Qué cosa tan extraordinaria!... —exclamó mister Mervale; pero antes de que tuviese tiempo de concluir la frase, Glyndon se hallaba ya dentro de sala.

Los dos amigos se abrazaron con efusión. En seguida se efectuó su ceremoniosa presentación a miss Mervale, quien, con una sonrisa llena de dignidad y una furtiva mirada a sus botas, felicitó al amigo de su esposo por su feliz llegada a Inglaterra.

Glyndon estaba muy demudado desde la última vez que Mervale le había visto. Aunque apenas hacía de esto dos años, su bella complexión se había vuelto mas varonil y su semblante parecía bronceado. Pensamientos graves, o, quizá, una vida de disipación, habían impreso en su semblante, antes lustroso y fino, las arrugas del sufrimiento. A sus maneras, en otro tiempo elegantes, había sucedido cierta rudeza, y hasta su voz no se acomodaba a lo que exigen la calma y las conveniencias sociales. No obstante, una especie de altiva nobleza, nueva en él, daba cierta majestad a su semblante y suavizaba la libertad de su lenguaje y de sus ademanes.

—¿Con que, según veo, Mervale, os habéis establecido? No necesito preguntaros si sois feliz: el mérito, la sensatez, la riqueza, un buen carácter y una compañera tan bella, hacen dichoso indudablemente.

—¿Queréis tomar té, mister Glyndon? —preguntó mister Mervale.

—No, gracias, —respondió el viajero. —Me tomaré la franqueza de proponer un convite más estimulante a mi antiguo amigo. Vino, Mervale... vino, ¿eh? O bien, un vaso de ponche inglés. ¡Vuestra esposa nos dispensará si pasamos la noche bebiendo!

Miss Mervale se hizo atrás, y le costó mucho trabajo disimular su sorpresa. Pero Glyndon no dio a su amigo el tiempo de replicar.

—Me encuentro, al fin, en Inglaterra, —dijo, mirando a su alrededor con irónica sonrisa.—Seguramente este aire ejercerá en mí una benéfica influencia, y podré vivir aquí como los demás.

—¿Habéis estado enfermo, Glyndon? —preguntó su amigo.

—¡Enfermo! Sí, —respondió el artista. —Henry, tenéis una casa magnifica. ¿Habrá en ella un cuarto para un fatigado viajero?

Mervale dirigió una mirada a su esposa, que se mantuvo con sus ojos fijos en la alfombra.

—Modesto y reservado en sus maneras... ¡quizá demasiado!

La indignación de miss Mervale llegaba al séptimo cielo. La buena señora estaba estupefacta.

—¿Querida mía? —dijo Mervale con afabilidad y en tono interrogante.

—¡Querido! —repuso la esposa con mal disimulada aspereza.

—¿Podemos ofrecer un cuarto a mi antiguo amigo, Sara?

El antiguo amigo se había arrellanado cómodamente en su sillón, y miraba fijamente el fuego, como si hubiese olvidado ya su pregunta.

Miss Mervale se mordió los labios; y después de reflexionar un rato, respondió con frialdad:

—Mister Mervale sabe bien que esta casa es de sus amigos.

Al decir esto, la señora se levantó, y después de encender su bujía, salió de la sala con aire majestuoso. Cuando miss Mervale volvió a entrar, los dos amigos se habían metido dentro del despacho del comerciante.

Dieron las doce... la una... las dos... Miss Mervale había entrado tres veces en el despacho, la primera para ver si necesitaban alguna cosa, la segunda para decir si mister Glyndon quería dormir en una cama con colchones de pluma, y la tercera para preguntarle si había de desempaquetarse su cofre. El viajero, después de responder todas estas preguntas, añadía con una voz robusta que se oía desde la cocina hasta el desván:

—¡Otro vaso! pero más fuerte, ¡y que venga pronto!

Al fin, mister Mervale apareció en el cuarto conyugal... y no arrepentido ni disculpándose. Sus ojos brillaban, sus mejillas estaban encendidas, y tropezaba por todas partes... ¡Mister Mervale se puso a cantar! ¿Es posible que mister Mervale cantase?

—¡Mister Mervale!... ¡Es posible, caballero!... Mister Mervale, dejadme sola. ¡Qué ejemplo para los criados! ¡si no os estáis quieto, me pongo a gritar!

CAPÍTULO III

¡SIN REPOSO!...

A la mañana siguiente, a la hora de almorzar, la frente de miss Mervale estaba tan sombría como puede estarlo la de una mujer que se cree abrumada de injurias.

Mister Mervale, por su parte, parecía la estatua del remordimiento y del esplín. Sólo habló para quejarse de un fuerte dolor de cabeza y para decir que quitasen los huevos de la mesa. Clarencio Glyndon, impávido e impenitente, estaba de un humor bullicioso y hablaba por los tres.

—Pobre Mervale —decía, —ha perdido los hábitos de verdadero compañerismo. Señora, dentro de un par de noches, volverá a ser el mismo.

—Caballero, —observó miss Mervale, echando a volar una premeditada sentencia pronunciada con suma dignidad, —permitidme que os recuerde que mister Mervale está ahora casado, que es el presunto padre de una familia, y en la actualidad, dueño de esta casa.

—Precisamente son estas las razones que me hacen envidiarle, —repuso Glyndon. —Yo también tengo grandes deseos de casarme, pues la felicidad es contagiosa.

—¿Pintáis todavía? —preguntó Mervale con languidez, esforzándose por dar conversación a su amigo.

—No, —contestó el artista, —adopté vuestro consejo. He cambiado el arte y lo ideal por el elevado positivismo. Si vuelvo a pintar, supongo que me compraréis mis cuadros. Pero acabad pronto de almorzar; deseo consultaros algunas cosas. He venido a Inglaterra para cuidar de mis negocios. Mi ambición es hacer dinero, para lo cual cuento con vuestra experiencia y vuestra ayuda.

—¡Ah! ¿Os habéis desengañado tan pronto de la piedra filosofal? —repuso Mervale. —Has de saber, Sara, que cuando dejé a Glyndon, estaba a punto de volverse mago y alquimista.

—Estáis hoy muy mordaz, Mervale, —dijo su esposa.

—Os juro que es verdad. ¿No os lo había referido antes?

Glyndon se levantó de repente, diciendo:

—¿Por qué recordar ahora desvaríos de una loca presunción? ¡Ya os he dicho que regresaba a Inglaterra para practicar la saludable vocación a que me siento inclinado! ¡Ah! Sí; ¿qué cosa puede haber más noble, más higiénica y más apropiada a nuestra naturaleza, que lo que llamáis la vida práctica? Si poseemos algunas facultades, ¿qué otra cosa mejor podemos hacer que venderlas ventajosamente? Comprar conocimientos como quien compra géneros, adquirirlos a los precios más baratos que se pueda y venderlos después muy caros... ¿Aun no habéis concluido de almorzar?

Los dos amigos salieron a la calle. Mervale temblaba al oír con qué ironía Glyndon le felicitaba sobre su respetable posición, sus miras, su feliz enlace y sus ocho pinturas colocadas en tan ricos marcos. Antes, el sobrio Mervale ejercía cierta influencia sobre su amigo, y él era ahora el que empleaba siempre el sarcasmo contra el carácter tímido e irresoluto de Mervale. Se habían trocado los papeles. Había en el genio del pintor una fiera actividad que intimidaba al pacífico Mervale, imponiéndole silencio, y parecía complacerse malignamente dándole a entender que estaba persuadido de que una vida sobria era baja y despreciable.

—¡Ah! —exclamaba Glyndon, —¡cuánta razón teníais en aconsejarme que tratase de hacer un casamiento ventajoso, procurarme una sólida posición, vivir decorosamente con una mujer bien conceptuada, y saber acallar la envidia de los pobres por medio de la buena opinión de los ricos. Habéis practicado lo que predicabais. ¡Deliciosa existencia! ¡El escritorio del comerciante y aquella interesante lectura! ¡Ja! ¡Ja! ¡Ja! ¿Volveremos a repetirla esta noche?

Mervale, confuso e irritado, hizo recaer la conversación sobre los negocios de Glyndon, y pareció admirarse de los conocimientos que el artista había adquirido tan repentinamente; pero más le sorprendió todavía el ver con qué sutileza y energía hablaba su amigo de las especulaciones que más en boga estaban en el mercado. ¡Sí, Glyndon se había vuelto activo indudablemente; deseaba hacerse rico y respetable... y ganar, al menos, el diez por ciento para su dinero!

Después de pasar algunos días con el comerciante, en los cuales estuvo a punto de echar a pique todo el mecanismo de la casa haciendo de la noche día y convirtiendo la armonía en desacuerdo; después de volver casi el juicio a la pobre miss Mervale y de convencer a su marido de que su mujer le tenía dominado, el fatal amigo desapareció tan repentinamente como había llegado. Glyndon alquiló una casa, y después de buscar la sociedad de personas acaudaladas, se entregó a los negocios bursátiles. El artista parecía haberse convertido en un hombre de negocios; sus proyectos eran atrevidos y colosales, y sus calemos rápidos y profundos. Su energía admiró a Mervale y sus triunfos le deslumbraban. Su amigo empezó a tenerle envidia... y a estar descontento de sus regulares y lentas ganancias. Cuando Glyndon compraba o vendía en la Bolsa, le llovía el dinero. Lo que su arte no le hubiese ofrecido en muchos años de trabajo, se lo dieron algunas felices especulaciones llevadas a cabo en pocos meses. De repente dejó estos negocios, pues nuevos objetos de ambición llamaron su actividad a otro terreno. Si oía tocar un tambor por la calle, ¿qué gloria podía haber mayor que la del militar? Si se publicaba un nuevo poema, ¿qué era ponderable con el renombre del poeta? Glyndon empezó a escribir algunas obras literarias de gran mérito; pero antes de acabarlas, las arrinconaba disgustado. De pronto abandonó la sociedad respetable que frecuentaba, y, asociándose con una porción de jóvenes turbulentos y calaveras, se entregó a todos los vicios y excesos que el hombre acaudalado puede encontrar en una gran capital. Parecía llevar consigo un cierto poder y una energía que cautivaban; aspiraba siempre a dominar en todas partes y a brillar en todas las empresas. Sin embargo, la reacción de todas sus pasiones era terrible y tenebrosa. A veces se entregaba a profundas y extrañas meditaciones. Su ardor era el de una imaginación que quisiera despojarse de la memoria... y su reposo el de una imaginación de la cual la memoria se apodera para devorarla. Mervale le veía ahora muy poco, pues huían uno de otro. Glyndon concluyó por encontrarse aislado y sin un amigo.

CAPÍTULO IV

CONFIDENCIA

La visita de una persona que parecía ejercer sobre Glyndon una saludable influencia, vino a sacarle de este estado de intranquilidad y de agitación, más bien que de infatigable actividad. Su hermana, huérfana como él, había vivido en un pueblo con su tía. En su primera juventud, el artista había amado a esta hermana, mas joven que él, con tierno cariño de un hermano afectuoso. Desde su regreso a Inglaterra, Glyndon parecía haberla olvidado completamente. Habiendo muerto su tía, esta joven se dirigió a su hermano por medio de una carta llena de impresionable melancolía, diciendo que no tenía más casa ni otro amparo que su afecto. Glyndon lloró al leer este escrito y no sosegó hasta la llegada de Adela.

Esta joven, de unos dieciocho años de edad, ocultaba bajo una calma y sencillez exterior, una gran parte del romántico entusiasmo que caracterizara a su hermano cuando tenía su edad. Sin embargo, el entusiasmo de Adela era de una naturaleza mucho mas pura y tenía sus límites regulares, parte por una marcada dulzura juvenil, parte por la estricta y metódica educación que recibiera. Difería especialmente de su hermano en la timidez de su carácter, que no parecía ya propia en su edad; timidez que la costumbre de dominarse ocultaba cuidadosamente, lo mismo que el romanticismo de sus ideas.

Adela no era bella: su aspecto indicaba en ella una persona delicada y de poca salud, y su débil organización parecía sobremanera impresionable. Nunca, empero, se quejaba y, por otra parte, la singular tranquilidad de sus maneras parecía concederle una igualdad de temperamento que, para el vulgo, podía pasar por indiferencia. Sus sufrimientos habían pasado tanto tiempo desapercibidos, que al fin, no era para ella ningún esfuerzo el disfrazarlos. Aunque, como he dicho, no era bella, su fisonomía era interesante y simpática, pues revelaba esa afectuosa bondad, esa sonrisa encantadora y ese afán de complacer, de agradar y de consolar, yendo directamente al corazón, obligaba a amarla, porque era amable.

Tal era la hermana a la cual Glyndon tuviera tanto tiempo olvidada, y a la que ahora había recibido tan cordialmente. Adela había pasado muchos años siendo víctima de los caprichos, que le ocasionaron un sinnúmero de enfermedades; de una pariente egoísta y exigente. La atenta y generosa consideración de su hermano fue para ella tan nueva como deliciosa. Glyndon se complacía en hacerla feliz, hasta tal punto, que poco a poco fue abandonando todas sus relaciones. El artista empezó a sentir el encanto del hogar No debe admirarnos, por tanto, el que Adela, libre de toda simpatía, concentrase todo su cariño en el hermano que la protegía. Estaba orgullosa de su talento y se dedicaba exclusivamente a su cuidado; la mas pequeña cosa que pudiera interesarle, tomaba para ella el aspecto de uno de los mas graves negocios de la vida. En suma, todo el acumulado tesoro de entusiasmo que constituía su peligrosa y única herencia, lo invirtió en este solo objeto de su santa ternura y pura ambición.

A medida que Glyndon abandonaba loa excesos a que se entregara para ocupar su tiempo o distraer su imaginación, la tristeza de sus tranquilas horas se hizo mas profunda y frecuente. Temía siempre quedarse solo, y no podía sufrir que su hermana se ausentase de su vista. Paseaba con ella a todas partes. Hasta en sus días de orgía, cuando su cuerpo estaba fatigado y rendido, le causaba una especie de horror la idea de irse a la cama. Esta tristeza no era de ese género que merece el blando nombre de melancolía... era mucho más intensa; parecía mas bien una especie de desesperación. A veces, después de un silencio sepulcral y de una abstracción que le dejara convertido en una estatua, se sobresaltaba de repente y miraba con ojos azorados en derredor de sí, temblando de una manera angustiosa mientras sus labios se ponían lívidos y su frente se bañaba en sudor.

Convencida Adela de que algún secreto terror se había apoderado de la imaginación de su hermano y que esto podría minar su salud, sintió el natural deseo de ser su confidente para poder consolarle. Con su fino y delicado tacto, observó que disgustaba mucho a Clarencio que se manifestase afectada, ni que reparase en su negro humor, y esto la indujo a realizar un particular estudio para dominar sus temores y sus sentimientos, y en vez de solicitar la confianza de su hermano, trató de arrebatársela. y vio que poco a poco iba consiguiendo su objeto.

Demasiado preocupado con su extraña existencia para dedicarse a estudiar el carácter de los demás, Glyndon equivocó los sentimientos de una naturaleza humilde y generosa tomándolos por fortaleza de ánimo, y esta cualidad le agradaba y le servía de consuelo. El remedio que necesita una imaginación enferma, es fortaleza en la persona de confianza que ha elegido por médico... ¡Cuán irresistible es el deseo de comunicar un pesar! ¡Cuántas veces el tétrico Glyndon pensaba: "¡Cuán aligerado se quedaría mi corazón si pudiese confesar el peso de su miseria!".

Glyndon estimaba también que en la juventud, en la inexperiencia y en el poético temperamento de Adela, podía hallar más consuelos y ser más fácilmente comprendido que por cualquiera otra persona extraña más severa y más experimentada. Mervale hubiese tomado sus revelaciones como los delirios de una imaginación loca, y la mayor parte de los hombres las hubiesen considerado, cuando mas, como quimeras o visiones de una cabeza débil y enferma. Así preparado para este momento de consuelo que tanto anhelaba, se presentó una oportunidad que favoreció su desenlace de esta manera.

Una tarde que estaban solos, Adela, que heredara parte del talento artístico de su hermano, se entretenía pintando. Glyndon, saliendo de sus meditaciones, menos tétricas que lo de costumbre, se levantó, y pasándole afectuosamente el brazo por la cintura, se puso a mirar su trabajo. De pronto Glyndon arrojó una exclamación de sorpresa, y arrebatándole el objeto de las manos, dijo:

—¿Qué estás haciendo? ¿De quién es este retrato?

—Querido Clarencio, ¿no recuerdas el original? —repuso la joven. —Es una copia del retrato de nuestro sabio abuelo, al cual nuestra pobre madre decía con mucha frecuencia que tú te parecías tanto. Creí que te gustaría vérmelo copiar de memoria.

—¡Maldita semejanza! —dijo Glyndon con abatimiento. —¿No adivinas el motivo por qué no he querido volver a la casa de nuestros padres?... ¡Porque temía ver aquel retrato!... Porque... ¡Perdona si te asusto!

—No, no, Clarencio; nunca me asusta tu conversación. ¡Mas temo tu silencio! ¡Ah! ¡si me creyeses digna de tu confianza! ¡Si me hubieses concedido el derecho de discutir contigo sobre la tristeza cuyas causas deseo tanto conocer!

Glyndon no respondió y empezó a pasearse por el cuarto agitadamente. Un instante después, deteniéndose de repente y fijando en ella su ansiosa mirada, dijo:

—¡Sí, tú también desciendes de él!... ¡tú que sabes que esa clase de hombres ha vivido y sufrido... no te burlarás ni dudarás de mí! ¡Escucha!... ¿qué ruido es ese?

—No es nada, Clarencio; es el viento que se oye en el desván.

—Dame tu mano, hermana; déjame sentir su calor; nunca vuelvas a referir lo que voy a contarte. ¡Ocúltalo a todo el mundo... júrame que este secreto morirá con nosotros... últimos descendientes de nuestra predestinada raza!

—¡Jamás faltaré a tu confianza, jamás! ¡Te lo juro! — dijo Adela con acento firme y acercándose más a su hermano.

Glyndon empezó su historia, la cual, escrita y leída por personas preparadas para discutir y dudar, puede parece fría y poco aterradora; pero que es muy diferente referida por aquellos pálidos labios, con toda la verdad del sufrimiento que convence y espanta. Muchas eran las cosas que el narrador se callaba y muchas a las cuales daba un colorido mas suave; pero, a pesar de esto, reveló lo bastante para que su cuento fuese inteligible y claro para la pobre y débil joven que lo escuchaba.

—Al amanecer, —dijo Glyndon, —dejé aquella aborrecida y terrible mansión. Sin embargo, sin saber por qué, tenía la esperanza de que volvería a ver a Mejnour, y esperaba obligarle a conjurar al enemigo que aterrorizaba mi alma. Con este objeto me fui de ciudad en ciudad, haciendo practicar las más activas diligencias por la policía de Italia. En Roma hasta empleé los servicios de la Inquisición, que últimamente había dado una muestra de su antiguo poder en el juicio del menos temible Cagliostro. Todo fue en vano; no pudo encontrarse la mas ligera huella de aquel hombre. Yo no iba solo, Adela.

Aquí Glyndon se interrumpió un momento como si titubease; pero, durante su relación, solamente alguna que otra vez había aludido a Fílida, compañera que sin duda el lector ha adivinado ya.

—No iba solo; pero mi alma no podía confiar en la persona que me acompañaba en mis viajes. Aunque fiel y apasionada, carecía de educación, y su escaso talento no la dejaba comprenderme. Poseía instintos naturales, mas su razón era inculta... Mi corazón encontraba en ella un apoyo en sus horas tranquilas; pero no existía entre nosotros comunidad de pensamientos, ni mi descarriado espíritu podía tomarla por guía. Sin embargo, al lado de aquella persona el espectro dejaba de perseguirme. Deja que te explique más detalladamente las terribles condiciones de su presencia. Llevando una vida desordenada, en las orgías, en los excesos, en el torpe aletargamiento de la vida animal, sus ojos permanecían invisibles y su voz muda; pero cuando el alma tenía alguna aspiración, cuando la imaginación se remontaba a elevados fines, siempre que el sentimiento de mi destino luchaba contra la torpe vida que llevaba, entonces... Adela, entonces venía a acurrucarse a mi lado a la luz de la luna, o se sentaba junto a mi cama en la oscuridad de la noche. Si al recorrer los museos del divino arte los sueños de mi juventud venían a despertar mi emulación, si mi imaginación concebía el proyecto de una vida moderada, si el ejemplo de los grandes hombres o la conversación de los sabios despertaban mi dormida inteligencia, el espectro comparecía a mi presencia como evocado por estas ideas. Una tarde, encontrándome en la ciudad de Génova a donde había ido en busca del místico, de repente, cuando menos lo esperaba, Mejnour se presentó delante de mí. Estábamos en los días de Carnaval, y me encontraba en una de esas frenéticas fiestas de bulla y de desorden, pues no puede dárseles el nombre de diversiones, que establecen una saturnal pagana en medio de una fiesta cristiana. Cansado de bailar, entré en un cuarto donde había sentados una multitud de hombres bebiendo, cantando o gritando. Con sus fantásticos disfraces y sus asquerosas máscaras, su orgía no tenía nada de humana. Sentéme entre ellos, y en esa excitación de espíritu que nunca ha conocido el hombre feliz, tardé poco en ser el más alborotado de todos. La conversación versaba sobre la revolución de Francia, que siempre ha ejercido sobre mí una especie de fascinación. Las máscaras hablaban del porvenir que iba a traer sobre la tierra, no como filósofos que se complacen en el advenimiento de las luces, sino como rufianes que se gozan en el aniquilamiento de las leyes. Sin saber por qué, aquel lenguaje me infectaba, y deseoso de ser el mas sobresaliente del círculo, excedí a aquellos trastornadores en declamaciones sobre la naturaleza de la libertad que iba a abrazar a todas las familias del globo, libertad que invadió no solamente la legislación pública, sino la vida doméstica, emancipando al hombre de todas las cadenas forjadas para sujetarle. En medio de este discurso, un máscara me dijo al oído:

—Cuidado. Hay uno que os escucha; juraría que es un espía.

Mis ojos siguieron los del máscara, y observé a un hombre que no tomaba parte en la conversación, pero cuyos ojos parecían constantemente fijados sobre mí. Aquel personaje estaba disfrazado como los demás; pero todos aseguraban que no le habían visto entrar. Su silencio y su atención, imponiendo respeto a los del círculo, no hicieron sino excitarme mas. Extasiado en mi asunto, proseguí perorando sin hacer caso de las señas que me hacían los que me rodeaban, y dirigiéndome particularmente al silencioso máscara que estaba sentado fuera del círculo, ni siquiera advertí que los demás, uno tras otro, habían abandonado el cuarto, y que el máscara mudo y yo, éramos los únicos que quedábamos en la habitación, hasta que, cesando en mi impetuosa declamación, dije:

—Y vos, señor, ¿qué pensáis de esta brillante era? Opinión sin persecuciones... fraternidad sin envidia... amor sin esclavitud.

—Y existencia sin Dios, —añadió el máscara, cuando titubeé buscando nuevas imágenes.

El sonido de aquella voz tan conocida cambió el curso m mis ideas, y precipitándome hacia el enmascarado, exclamé:

—¡Impostor o demonio, al fin os he encontrado!

El máscara se levantó, y al quitarse la careta, reconocí la fisonomía de Mejnour. Su mirada fija y severa, y su aspecto majestuoso, me atemorizaron, haciéndome retroceder. Me quedé como clavado en el suelo.

—Sí, —dijo con acento solemne, —me habéis encontrado porque lo he querido, pues necesitaba veros. ¡Qué bien habéis seguido mis consejos! ¿Son estas las escenas en medio de las cuales el aspirante a la tranquila ciencia piensa evadirse de la enemiga aparición? Los pensamientos que habéis manifestado, pensamientos que trastornarían el orden del universo, ¿creéis que corresponden a las esperanzas que concibiera el sabio que quería haceros participar de la armonía de las esferas eternas?

—¡Vos tenéis la culpa, sí, vos! —exclamé. —¡Conjurad el fantasma! ¡Curadme de este terror que aniquila mi alma!

Mejnour, después de contemplarme un instante con un frío y cínico desdén, que provocó a un mismo tiempo mi miedo y mi rabia, replicó:

—¡No, insensato esclavo de vuestros sentidos, no! Es necesario que tengáis una completa experiencia de las ilusiones que el conocimiento sin fe encuentra en su titánica ascensión. Suspiráis por esa nueva era... Pues bien, la veréis... Vos seréis también uno de los de la era de la luz y de la razón. En este momento veo junto a vos el fantasma del cual huís... él guía vuestros pasos, y tiene sobre vos un poder que desafía el mío. En los últimos días de esa revolución que saludáis, en medio de la ruina de la clase que maldecís como opresores, buscad el cumplimiento de vuestro destino y aguardad vuestro remedio.

En este instante, un turbulento grupo de máscaras que entró en la habitación dando desaforados gritos, me separó del místico. Abriéndome paso por entre ellos, le volví a buscar en vano. Mis pesquisas del día siguiente fueron igualmente infructuosas. Pasé semanas enteras ocupado en la misma tarea, y ni siquiera pude descubrir la menor huella de Mejnour. Cansado de falsos placeres, impresionado por los reproches que había merecido, y retrocediendo ante la escena en la cual Mejnour me había profetizado que encontraría mi curación, me ocurrió al fin la idea de que en el saludable clima de mi país natal, llevando una vida pacífica y dedicado a nobles empresas, podría emanciparme del espectro. Abandoné mi género de vida, y desprendiéndome de todo lo que me había seducido, vine aquí. Entregado a proyectos mercenarios y egoístas especulaciones, hallé el mismo consuelo que en mis días de depravación. El fantasma se mantuvo invisible; pero esas tareas me fastidiaron tan pronto como las demás. Sentía incesantemente que había nacido para algo más noble que la sed de la ganancia... Esa vida me hacía igualmente indigno, y conocía que mi alma se degradaba tanto con la fría y repugnante avaricia, como con las más turbulentas pasiones. Me sentía atormentado continuamente por los deseos de una ambición mas noble. Pero, pero... —prosiguió Glyndon poniéndose pálido y sufriendo un visible estremecimiento, —a cada esfuerzo que hacía para entrar en una existencia mas digna, se me presentaba el horrible espectro. Si pintaba le veía al lado de mi caballete. Se examinaba los libros de los sabios y de los grandes poetas, veía sus brillantes ojos en el silencio de la noche y me parecía que su inmunda voz murmuraba tentaciones que jamás divulgaré.

Glyndon dejó de hablar, y gruesas gotas de sudor corrían por su frente.

—Pero yo, —dijo Adela dominando su miedo y abrazándole; —pero yo, de hoy en adelante, no viviré sino para ti; y este amor tan puro y tan santo desvanecerá tu terror.

—¡No, no! —exclamó Glyndon desprendiéndose de ella. —¡Falta aun la revelación mas terrible! Desde que estás aquí... desde que he resuelto de una manera fuerte refrenarme y retirarme de las escenas en que este enemigo sobrenatural no venía a molestarme, yo... yo... ¡Dios mío!... ¡Misericordia! ¡Allí está... allí, a tu lado... allí, allí! Glyndon cayó al suelo sin sentido.

CAPÍTULO V

EFECTOS DE LA CONFIDENCIA

Glyndon sufrió por espacio de algunos días una calentura acompañada de delirio que le tuvo privado del conocimiento; y cuando por los cuidados de Adela, mas que por la práctica de los facultativos, empezó a recobrar la salud y la razón, quedó sorprendido al ver el cambio que se había verificado en el semblante de su hermana. Al principio creyó que su salud, alterada a causa de sus vigilias, se restablecería al mismo tiempo que la suya; mas pronto se convenció, con una angustia que participaba del remordimiento, que su mal había echado profundas raíces, y que ni la ciencia de Esculapio, ni el poder de sus drogas, podían curar aquella enfermedad. La imaginación de Adela, casi tan viva como la de su hermano, quedó fuertemente impresionada por las extrañas confesiones que oyera, y por las revelaciones de Glyndon durante su delirio. La gritaba a cada paso: "¡Allí está... hermana mía... allí está, a tu lado!" El desventurado llegó a trasladar a la imaginación de la joven la imagen del espectro y el terror que maldecía. Glyndon comprendió todo esto, no porque ella se lo dijera, sino por su silencio... por los estremecimientos que observaba en ella de vez en cuando, por su continuo sobresalto, y porque sus ojos aterrorizados no se atrevían a mirar atrás. El artista se arrepintió amargamente de su confesión, y amargamente comprendió también que entre sus sufrimientos y la humana simpatía, no podía existir ningún tierno lazo, ni menos una santa unión. En vano quiso retractarse y deshacer lo hecho, declarando que cuanto había dicho no era más que una quimera de una imaginación acalorada.

Esta conducta era en él intrépida, noble y generosa, pues casi siempre que decía esto, veía el objeto de su terror aparecer y acurrucarse al lado de su hermana, amenazándole con sus ojos de fuego. Lo que impresionó a Glyndon más que el mal y los terrores de Adela, fue el ver que el amor que le tenía, se había convertido en miedo, y que su presencia le causaba una especie de horror. La joven se ponía pálida cuando se le acercaba su hermano... y se estremecía si alguna vez le cogía la mano. Separado ya de todo el mundo, el continuo recuerdo de la visión había abierto una sima entre él y su hermana, y le era imposible soportar la presencia de una persona cuya vida había acibarado. Glyndon manifestó la necesidad de hacer un viaje, y se acongojó al ver que Adela recibía esta noticia con alegría. Desde el día fatal de la revelación, ésta era la primera señal de satisfacción que observara en el semblante de su hermana, y pareció mayor su contento cuando le dijo: "Adiós" Nuestro artista hizo un viaje de algunas semanas por los sitios más desiertos y escabrosos de Escocia. Aquellas vistas que formaban la delicia de sus compañeros, eran indiferentes a sus ojos. En tal tesitura recibió una carta que le obligaba a regresar a Londres. Su hermana había enfermado.

Cuando llegó a su casa encontró a su hermana en un estado mucho más deplorable de lo que se figurara.

Sus vagas miradas y su abatimiento le dejaron asombrado; le parecía que contemplaba la cabeza de Medusa, y que la joven se iba convirtiendo gradualmente en estatua. Lo que padecía Adela no era ni delirio ni idiotismo, sino una abstracción, una terrible apatía, una especie de sueño con los ojos abiertos. Solamente por las noches, a eso de las once, hora en que Glyndon concluyera su cuento, Adela se ponía turbada, intranquila y casi frenética. Entonces sus labios murmuraban palabras ininteligibles, sus manos se crispaban, y dirigiendo una mirada de terror en derredor de sí, parecía implorar socorro y protección. Cuando el reloj daba las once, arrojando un grito desgarrador caía al suelo fría y como muerta. Solo con mucha dificultad, y después de las más ardientes súplicas, respondió a las preguntas del angustiado Glyndon. Adela confesó que en aquella hora (solamente en aquella), doquiera que se encontrase, hiciera lo que hiciera, veía claramente la aparición de una vieja hechicera, la cual, dando antes tres golpes a la puerta, entraba en el cuarto, y después de acercarse a ella cojeando, con una fisonomía desencajada por la ira, le ponía sus helados dedos en la frente. Entonces perdía el sentido; y cuando volvía en sí, era solamente para volver a ver, con un miedo que le helaba la sangre en las venas, la terrible aparición.

El facultativo que visitara a Adela antes del regreso de Glyndon, que fue el que escribió la carta que llamara al primero al lado de su hermana, era un práctico vulgar, que después de manifestar honradamente que ignoraba aquel mal, pidió que le sustituyeran por otro más experimentado en su arte. Clarencio llamó a uno de los médicos mas eminentes en la facultad y le enteró de la óptica ilusión que atormentara a su hermana. El médico le oyó con atención y pareció que tenía grandes esperanzas de curarla. A la noche vino a casa dos horas antes de la hora terrible y adelantó media hora el reloj sin que lo supieran ni el artista ni su hermana. El facultativo era un hombre de talento, y su conversación, a más de revelar una vasta instrucción, era sobremanera amena y divertida. Primeramente administró a la paciente una poción insignificante, ofreciéndole que aquello desvanecería la ilusión. Su tono confiado despertó las esperanzas de Adela... el facultativo siguió distrayendo su atención, haciéndola salir poco a poco de su estado de postración con sus bromas y sus chistes. En aquel instante dieron las once.

—¡Alégrate, hermano mío! —exclamó Adela arrojándose en sus brazos; —ha pasado la hora.

Entonces, como una persona que se ve libre de una pesadilla, pareció recobrar su antigua alegría.

—¡Ah, Clarencio! —murmuró; —perdona mi frialdad; perdóname el que te tuviese miedo. ¡Viviré!... ¡viviré! para desvanecer a mi vez el espectro que atormenta a mi hermano.

Clarencio se sonreía, en tanto que enjugaba las ardientes lágrimas que corrían por sus mejillas. El físico prosiguió sus chistosos cuentos. En medio de un acceso de buen humor que parecía revelar la dicha de los dos hermanos, Glyndon vio de pronto en el semblante de Adela el mismo cambio, la misma ansiosa mirada, el mismo desasosiego y el mismo horror de la noche precedente. Glyndon se levantó, y al ir a acercarse a su hermana, ésta, con un terrible estremecimiento, exclamó: "¡Mira, mira! ¡viene! ¡Sálvame!... ¡sálvame!" Adela cayó a los pies de su hermano sufriendo espantosas convulsiones, cuando el reloj, que el médico adelantara en vano, dio la media para las doce.

El facultativo la cogió en brazos, diciendo con acento grave:

—Mis temores se han confirmado; la enfermedad es una fuerte epilepsia.

A la noche siguiente, a la misma hora, Adela Glyndon expiró.

CAPÍTULO VI

EN MARSELLA

—¡Ah! ¡qué dicha!... ¡Habéis venido otra vez! Estrecho vuestra mano y veo vuestra sonrisa. Decidme que no me abandonaréis más por el amor de otra; decídmelo una y mil veces... ¡y os perdonaré todo lo demás!

—Según eso, ¿habéis sentido mi ausencia?

—¡Si la he sentido!... y, sin embargo, fuisteis bastante cruel para dejarme dinero... Allí está... ¡allí lo encontrarás intacto!

—¡Pobre criatura! Y ¿cómo lo habéis hecho para ganar el sustento en esta extravagante ciudad de Marsella?

—Honestamente, alma de mi vida, honestamente, con esta cara que un día dijiste que era tan hermosa. ¿Creéis lo mismo ahora?

—Sí, Filiad; la encuentro hoy más hermosa que nunca. Pero, ¿qué queréis decir?

—Hay aquí un pintor —repuso la joven, —un grande hombre, una de las personas que más figuran en París... No sé cómo le llaman; pero sí me consta que él dispone aquí de la vida y haciendas de los demás. Este hombre me ha dado mucho dinero por dejarme retratar. Quiere regalar su cuadro a la nación, pues este artista pinta solamente por el deseo de gloria. ¡Qué renombre voy a adquirir!

Al decir esto, la vanidad hizo brillar los ojos de Filiad, que prosiguió:

—Este hombre quería casarse conmigo, y me dijo que si consentía en ello, se divorciaría de su mujer... No quise aceptar, ¡he querido aguardaros, ingrato!

En este instante llamaron a la puerta.

—¡Nicot!

—¡Ah! ¡Glyndon!... ¡hum!... ¡bienvenido! ¡Cómo! ¿sois vos, otra vez, mi rival? Pero Juan Nicot es generoso. La virtud es mi sueño... mi país, mi querida. Ciudadano, servid a mi patria y os perdono la preferencia de esta bella *¡Ca irá!... ¡ca irá!*

Mientras el pintor hablaba, oíase en las calles el himno de la Marsellesa cantando por una multitud inmensa, llevando banderas y armas y respirando entusiasmo. ¿Quién hubiera dicho que aquel movimiento y aquellos cantos guerreros, en vez de ser una demostración belicosa, era la señal de una matanza de franceses contra franceses? En Marsella había dos partidos... ¡y esto daba una ocupación continua al verdugo! Pero el inglés, recientemente llegado a la ciudad y no perteneciendo a ninguno de los bandos, no comprendía nada de esto. Glyndon no comprendía más que el himno, el entusiasmo, las armas y las banderas que elevaban al sol la gloriosa ficción: —·*"Le peuple français debout contre les tyrans!"*

Los ojos del infeliz viajero se animaron al ver desde su ventana a la multitud que marchaba debajo de su ondeante enseña, y la multitud, en cuanto vio a Nicot, el amigo de la libertad y del infatigable Hébert, al lado del extranjero; prorrumpió en estrepitosos vivas.

—Aclamad también —gritó Nicot, —al bravo inglés que abjura de sus Pitts y de sus Coburgos para convertirse en hijo de la libre Francia.

Mil voces llenaron los aires de entusiastas clamores, y el himno de la Marsellesa salió majestuoso de aquella multitud.

—¡Ah! sí; en medio de este pueblo entusiasta y de estas nobles esperanzas, se ha de desvanecer el espectro y he de encontrar mi curación, —murmuró Glyndon, en tanto que le parecía sentir por sus venas el poderoso elixir.

—Seréis de la Convención con Paine y Clotz .. yo me encargo de prepararlo todo para vos, —exclamó Nicot, dándole un golpecito en el hombro, —y París...

—¡Ah! ¡si pudiese ver París! —dijo Fílida extasiada.

La ciudad de la alegría, del aire puro, excepto donde ignorado, se levantaba el grito de la agonía y el alarido del asesino. Duerme tranquila en tu sepultura, Adela. ¡Alegría, alegría! En el jubileo de la humanidad deben cesar las tristezas privadas. Allí no existe el individuo. ¡Todo es de todos! ¡Abre tus puertas, hermoso París, a un ciudadano extranjero! Modestos republicanos, ¡recibid en vuestras filas el nuevo campeón de la libertad, de la razón y de la humanidad! Mejnour tenía razón: el espectro debía huir a las tinieblas practicando la virtud y el valor en medio de la gloriosa lucha emprendida para mejorar la raza humana. La áspera voz de Nicot le ensalzaba; el flaco Robespierre... "antorcha. columna y piedra angular del edificio de la república", le sonreía con su amabilidad de asesino, y Filiad le estrechaba apasionadamente en sus tiernos brazos. Y al levantarse y al acostarse, en la mesa y en todas partes, aunque el discípulo de Mejnour no lo veía, la terrible visión le guiaba, con ojos complacidos, al mar cuyas aguas eran sangre.

LIBRO SEXTO
LA SUPERSTICIÓN HUYENDO DE LA FE

CAPÍTULO PRIMERO

LA SOMBRA DE LA MUERTE

En el año 1791 fue cuando Viola huyó de Nápoles con su misterioso amante y cuando Glyndon fue a encontrar a Mejnour en el fatal castillo. Y siguiendo el orden de los acontecimientos que acabamos de referir, la partida de Zanoni y de Viola de la isla griega, donde pasaron dos años, tan enteramente felices, tuvo lugar un poco después de la llegada de Glyndon a Marsella.

En el momento en que empezamos esta narración, las estrellas del invierno brillaban sobre las lagunas de Venecia, el murmullo del Rialto se había acallado, y los últimos paseantes habían abandonado la plaza de San Marcos; solamente de vez en cuando se oía el acompasado ruido de los remos de las rápidas góndolas que conducían a su casa al hombre salía de un festín. Sin embargo, aun brillaban algunas luces a través de los cristales de uno de los palacios cuyas sombras se reflejaban en el gran canal. Dentro de este edificio velaban las dos Euménidas gemelas que nunca duermen para el hombre: el Miedo y el Dolor. Allí había también dos caballeros.

—Si la salváis, seréis el hombre mas rico de Venecia, —dijo uno de estos tales al otro.

—Señor —contestó el intimado, —vuestro oro no puede detener la muerte ni la voluntad del cielo. A no ser que dentro de una hora se verifique algún cambio favorable, preparaos para el golpe fatal.

¡Cómo, Zanoni, hombre del misterio y del poder, que has pasado por encima de las pasiones del mundo con semblante sereno, te has dejado al fin dominar por el miedo! ¿Vacila tu espíritu? ¿Conoces ya el poder y la majestad de la muerte?

El poderoso Zanoni huyó temblando de la presencia del abatido facultativo, y después de cruzar maquinalmente la sala y un largo corredor, entró en el cuarto apartado del palacio que estaba cerrado a los profanos.

¡Ah, Zanoni, Zanoni! ¡Qué triste y abatido te veo! Prepara tus hierbas y tus vasos; ¡brote de los encantados elementos, azul y plateada llama! ¿Por qué no viene el hijo de la Luz? ¿Por qué Adonai permanece sordo a tu voz? ¡No viene, no! ¿Son vanos tus encantos cabalísticos? ¿Se ha desvanecido tu trono de los reinos del espacio? Estás pálido y tiemblas. No estabas pálido ni temblabas cuando tu voz mandaba loa seres aéreos. El alma, y no las hierbas, ni la azulada llama, ni la química de la cábala, es la que domina los hijos del aire. ¡El amor y la muerte han arrebatado al cetro y la corona a tu alma!

Al En la llama se mueve... la atmósfera es fría como el viento helado que sienten los hombres vulgares. Comparece una sombra que no es de la tierra,... una sombra como una niebla... una sombra informe. ¡La sombra se acurruca a cierta distancia y reina un horrible silencio! Se levanta... se arrastra hacia ti envuelta en su negro y vaporoso manto. Por debajo de su velo fija en ti sus ojos brillantes y malignos... ¡Es la sombra de mirada aterradora!

—¡Hola, Joven Caldeo! joven en medio de tus innumerables años... joven como cuando, insensible al placer y a la belleza, habitabas en la torre del fuego, escuchando, bajo la silenciosa luz de las estrellas, los últimos misterios que desafían la muerte, ¿con que al fin temes a ésta? ¿No es tu conocimiento más que un círculo que te vuelve al punto de partida? Generaciones tras generaciones han desaparecido desde que nos vimos. ¡Heme otra vez en tu presencia!

—Pero te veo sin miedo, aunque tus ojos han hecho perecer millares de hombres, aunque su brillo envenena el corazón humano y tu presencia sepulta al infeliz que dominas en el sueño del delirante maniático, o lo lleva al negro calabozo del crimen y de la desesperación. ¡No eres mi vencedora, sino mi esclava!

—¡Y como tal quiero servirte! ¡Manda a tu esclava, hermoso Caldeo!... ¡Escucha los gemidos de las mujeres!... ¡Oye los gritos de tu amada! La muerte ha entrado en tu palacio, Adonai permanece sordo a tu voz. El hijo de la Luz solo se deja ver de sus adoradores cuando ninguna sombra de humana pasión enturbia el ojo de la serena inteligencia. Pero yo te ayudaré... ¡escucha!

Y Zanoni oyó distintamente en su corazón, a pesar de la distancia, la voz de Viola que en su delirio llamaba a su tierno esposo.

—¡Y no puedo salvarte! —exclamó Zanoni apasionadamente. —¡El amor que te profeso me ha desarmado!

—No, te engañas; yo puedo poner en tu mano el remedio para salvarla.

—¿Para salvar a la madre y al hijo?

—¡Para los dos!

Zanoni se estremeció y pasó en su interior una lucha, después de la cual se sintió débil como un niño. La *humanidad y la hora* dominaron en su espíritu.

—¡Cedo! ¡Salva a la madre y al hijo! —exclamó al fin.

. . . .
. . . .

En el oscuro cuarto de Viola estaba el dolor y la agonía. La vida parecía agotarse con aquellos gritos que en medio del delirio revelaban los sufrimientos. Y a pesar de esto, su voz lastimera llamaba todavía a su querido Zanoni. El médico miró el reloj; el corazón del tiempo latía con su tranquila regularidad, corazón que nunca simpatizó con la vida ni se ablandó ante la muerte.

—Los ayes se debilitan —dijo el médico, —dentro de diez minutos, todo habrá concluido.

¡Insensato! Los minutos se ríen de ti; en este momento, la naturaleza, lo mismo que el cielo sereno a través de un arruinado templo, se sonríe ante el torturado cuerpo. ¡La respiración se vuelve mas tranquila y regular... la voz del delirio se acalla, y un sueño reparador se apodera de Viola! ¿Es sueño, o es que ve su alna? De repente, Viola cree que se encuentra al lado de Zanoni y que su ardiente cabeza se apoya en el seno de su esposo; le parece, en tanto que él la contempla, que sus ojos disipan los dolores que se han apoderado de ella, y que el tacto de su mano quita el fuego de su frente. La joven oye la voz de su esposo que murmura... es una música que ahuyenta al enemigo. ¿Dónde está la montaña que parecía oprimir sus sienes? Este peso cruel desaparece como un vapor azotado por el viento. En medio del frío de una noche de invierno, ve aparecer el sol en el sereno cielo, oye el murmullo de las verdes hojas. El mundo con todas sus galas, el valle, la corriente y el bosque, se muestran a su vista y parecen decirle en un común lenguaje: "¡Aun existimos para ti!" ¡Hombre de drogas y de recetas, mira tu vaticinio! Dirige una mirada al reloj: el minutero ha seguido andando, los minutos se han sepultado en la eternidad; el alma que tu sentencia hubiese despedido, permanece todavía en las playas del tiempo.

La paciente duerme; la calentura cede; el color de rosa vuelve a florecer en sus labios; ¡ha pesado la crisis! Esposo, ¡tu mujer vive! Amante, ¡tu universo no es la soledad!

Corazón del tiempo, ¡late! Un rato mas... un rato más... ¡Alegría! ¡alegría!... ¡Padre, abraza a tu hijo!

CAPÍTULO II

NATALICIO

El padre recibió al hijo en sus brazos, y mientras le contemplaba en silencio, abundantes lágrimas caían de sus ojos... ¡lágrimas como las de un mortal cualquiera! El niño parecía sonreírse al sentir el calor del llanto que bañara sus mejillas. ¡Ah! ¡qué dulces son las lágrimas con que recibimos al ser desconocido que viene a este mundo de tristeza! ¡Con qué angustia vemos regresar al ángel entre los ángeles! ¡Cuán desinteresada es nuestra alegría! ¡Qué egoísta nuestra tristeza!

Una voz dulce y débil interrumpe el silencio que reina en la habitación; es la voz de la joven madre.

—¡Estoy aquí, a tu lado! —murmuró Zanoni.

La madre, cogiendo su mano, se sonrió y no preguntó más: estaba contenta.

Viola recobró su salud con una rapidez que dejó admirado al médico, y el recién nacido medraba como si amase al mundo al cual había venido. Desde esta hora,
Zanoni parecía vivir en la vida de su hijo, y en esta tierna existencia, las almas del padre y de la madre encontraron un nuevo lazo de amor.

Jamás la vista de un padre ha contemplado criatura más preciosa que ésta. Las nodrizas extrañaban que el niño no llorase nunca; al contrario, el angelito se sonreía al ver la luz como si le hubiese sido familiar antes de nacer. Nunca se le oyó un grito de dolor causado por los males que afligen al hombre a su entrada en el mundo. En su tranquilo reposo parecía escuchar alguna voz que le arrullara desde el interior de su corazón: ¡parecía tan feliz! ¡También parecía conocer ya a sus padres, pues extendía los brazos hacia su padre cuando éste se inclinaba sobre el lecho para oírle respirar y ver descogerse el nuevo capullo! Zanoni se apartaba rara vez de este lecho; contemplándolo con su serena y complacida mirada, su alma parecía alimentarse con la vista del tesoro que contenía. Por la noche, en medio de la oscuridad, Zanoni permanecía aun allí, y Viola le oía murmurar mientras ella medio dormía; pero su esposo hablaba en un lenguaje desconocido, y a veces, cuando le oía, sentía ella un cierto miedo y como si le asaltase una vega e indefinible superstición... la superstición de su primera juventud.

Las madres temen siempre cuando se trata de sus hijos; pero los mortales se alarmaban también cuando en la antigüedad veían al gran Demetrio buscando la inmortalidad para sus hijos.

Zanoni, ocupado en los sublimes designios que excitaban el humano amor que se despertara en su corazón, se olvidaba de todo, hasta de las infracciones en que había incurrido, pues este amor tenía vendados sus ojos.

Sin embargo, el negro espectro, al cual ni invocaba ni veía, se arrastraba con mucha frecuencia por su alrededor, para ir a colocarse junto al lecho del niño, al cual miraba con sus repugnantes ojos.

CAPÍTULO III

DOS CARTAS

De Zanoni a Mejnour

Mejnour, otra vez la humanidad, con todos sus sinsabores y sus alegrías, pesa sobre mí. De día en día me voy forjando mis cadenas. Vivo en otras vidas, y ellas me han arrebatado ya la mitad de mi imperio. Incapaz de elevarlas a la altura que quisiera, me arrastran, al contrario, a la tierra, por los fuertes lazos del afecto. Abandonado de los seres amigos, visibles solamente cuando los sentidos están sumergidos en una profunda abstracción, el terrible enemigo que guarda el umbral me tiene cogido en sus redes. ¿Me creerás cuando te diga que he aceptado sus servicios y que he cometido esta infracción? ¡Años y años tendrán que pasar antes que los espíritus puros obedezcan otra vez al que se ha inclinado ante el poder del impuro espectro! Y…

En esta esperanza, Mejnour, triunfo todavía, pues aun tengo poder sobre esa tierna existencia. Insensible e imperceptiblemente, mi alma habla a la suya. Tú sabes que para el puro e inmaculado espíritu infantil, la prueba no ofrece terror ni peligro. Así pues, incesantemente alimento su alma con la serena luz. Antes de que pueda conocer el don, disfrutará de los privilegios que yo alcanzara: el niño comunicará gradualmente, y sin que ella lo advierta, sus propios atributos a la madre; y contento al ver la juventud siempre radiante en la frente de los dos seres que bastan ahora para llenar toda la infinidad de mi pensamiento, ¿echaré de menos el aéreo trono que se escapa hora por hora de mis manos? ¡Tú, cuya vista es clara y serena, dirige una mirada a la lejana oscuridad donde no me es dado penetrar, y aconséjame, o adviérteme! Conozco que los favores del ser, cuya raza es tan hostil a la nuestra, son, para el indagador vulgar, fatales y pérfidos como él. Por eso, cuando al llegar al borde del conocimiento que en la antigüedad los hombres llamaban magia, encontraban los seres de las tribus hostiles, creían que las apariciones eran espíritus infernales, y que, por contratos imaginarios, habían hecho entrega de su alma, como si el hombre pudiese dar por toda una eternidad una cosa sobre la cual solo tiene dominio mientras vive.

Impotente y encerrado en su negro reino, el demonio rebelde no puede aparecer ante la vista del hombre: en el espíritu maligno no hay ni un átomo de la divinidad que alienta a las humanas criaturas. Sólo Dios tiene poder para juzgar después esta parte divina y destinarla a una nueva morada o señalarle una carrera distinta. Si el hombre pudiese venderse a los espíritus infernales, tendría la facultad de prejuzgarse a sí mismo y arrogarse el poder de disponer de la eternidad. Pero los seres aéreos, siendo no más que modificaciones de la materia, y algunos de mas malignidad que el hombre, pueden muy bien parecer al miedo y a la superstición que no razonan, los representantes de los ángeles rebeldes.

Y, sin embargo, del más perverso y mas poderoso de entre ellos, he aceptado una dádiva... el secreto que ha alejado la muerte del lado de las personas que me son tan queridas. ¿No debo confiar en que me queda todavía bastante poder para desafiar e intimidar al fantasma, el quisiera hacerme pagar caro su favor? Respóndeme, Mejnour, pues en la oscuridad que vela mi vista, no veo sino los puros ojos de mi hijo, ni oigo mas que los latidos de mi corazón, ¡Respóndeme tu, cuya sabiduría está libre de amor!

De Mejnour a Zanoni

ROMA

¡Ángel caído!... ¡Veo delante de ti sufrimientos, el dolor y la muerte! ¡Has abandonado a Adonai por el fantasma del terror, las brillantes estrellas por aquellos horribles ojos! Al fin vas a ser la víctima de la larva del umbral, de ese espectro que en tu primer noviciado huyó cobarde e intimidado ante tu soberana mirada. Cuando a los primeros grados de la iniciación el discípulo que me entregastes en las playas de Parténope se desmayó aterrorizado por la presencia de la negra aparición, conocí que su espíritu no era a propósito para penetrar en el mundo eterno; el miedo es lo que retiene al hombre en la tierra, puesto que mientras teme, no puede elevarse. Pero tú, Zanoni, ¿no sabes que amar es temer? ¿No conoces que el poder que te jactas todavía de tener sobre la maligna aparición, se ha desvanecido ya? Te hace miedo y te domina; se burla de ti y te engaña. No pierdas un momento; ven a encontrarme. Si existe aún bastante simpatía entre nosotros, verás por mis ojos y podrás guardarte de los peligros que, informes todavía y envueltos entre sombras, se agrupan en derredor de ti y de aquellos a quienes tu amor ha condenado a sufrir tu suerte. Despréndete de todos tus lazos humanos, pues no harían más que oscurecer tu vista. Despójate de tus temores y de tus esperanzas, de tus deseos y de tus pasiones. Ven solo; la imaginación puede ser el monarca y el adivino cuando brilla por entre una pura y serena inteligencia.

CAPÍTULO IV

BRAMIDOS DEL HURACAN

Esta era la primera vez que Zanoni y Viola se hallaban separados, Zanoni había tenido que ir a Roma para negocios de importancia; pero, según dijo, su ausencia sería muy corta. Tan de repente partió, que no dio tiempo a la sorpresa ni al disgusto. No obstante, la primera despedida es siempre más melancólica de lo que se cree, pues parece una interrupción para la existencia que está enlazada con otro amor, y hace sentir el vacío que debe quedar en la vida cuando llega la hora de la última separación.

Sin embargo, Viola tenía ahora un nuevo compañero y gozaba de la deliciosa novedad que renueva siempre la juventud y deslumbra los ojos de la mujer. Como la querida, la mujer se apoya en otro; de otro se refleja su felicidad y su existencia, como un satélite toma la luz del sol. Sólo es de notar un cambio: el de que, como madre, pasa de la dependencia al poder. Es otro el que se apoya en ella; es una estrella que ha surgido en el espacio, en el cual hace las veces de sol.

La ausencia será corta, pero habrá una cosa que suavizará la tristeza. Unos cuantos días... Cada hora parece un año para el niño a quien la madre contempla con los ojos y con el corazón. Desde la vigilia al sueño, y del sueño a la vigilia, se efectúa una revolución en el tiempo. Cada nuevo gesto, cada nueva sonrisa, es un progreso que la madre mira extasiada.

Zanoni se ha ido; no se oye ya el ruido de los remos, y la huella que la góndola dejó en el agua, se ha borrado. El hijo duerme en la cuna a los pies de la madre, y mientras ésta derrama el llanto de la despedida, piensa ya en todo lo que tendrá que referir al padre cuando vuelva, pues aquella cuna, que es para ella un inmenso mundo lleno de maravillas, le ofrecerá abundante materia.

¡Ríe... llora, joven madre! ¡Un dedo invisible vuelve tu hoja en el gran libro del destino, que queda cerrado para ti!

Junto al puente del Rialto había dos venecianos, republicanos ardientes, que miraban la revolución de Francia como el terremoto que debía derribar su expirante y viciosa constitución, estableciendo la igualdad de clases y de derechos en Venecia.

—Sí, Cottalto —decía uno de ellos; —mi corresponsal de París me ha ofrecido allanar todos los obstáculos; y evitar todos los peligros. Dispondrá, de acuerdo con nosotros, la hora de la revolución, que será cuando las legiones francesas podrán oír el eco de nuestros cañones. Un día de esta semana, a esta misma hora, debe venir a encontrarme aquí. Hoy es el cuarto día.

Apenas había acabado de pronunciar estas palabras, apareció un hombre envuelto en su roclo, que salía de uno de los estrechos callejones de la izquierda. El desconocido se detuvo delante de la pareja, y después de examinarles algunos instantes con cierta curiosidad, murmuró:

—¡Salud!

—Y fraternidad, —respondió el que hablaba.

—Según parece, sois el bravo Dandolo, a quien el comité me ha diputado para entendernos. ¿Y ese ciudadano?. .

—Es Cottalto, del cual os he hecho frecuente mención en mis cartas.

—¡Salud y fraternidad para él! Tengo que deciros muchas cosas a los dos. Quisiera que nos viésemos esta noche, Dandolo. Pero en la calle podemos ser observados.

—Y no me atrevo a deciros que vengáis a mi casa: la tiranía convierte en espías nuestras paredes; pero el sitio que os designo aquí dentro, es seguro, —y al decir esto, puso un papelito en la mano del extranjero.

—Pues hasta esta noche, a las diez Ahora tengo que arreglar otros negocios.

El desconocido calló un instante y se puso pálido. En seguida, en un tono lleno de amistad, prosiguió:

—En vuestra última carta me hablabais de ese hombre rico y misterioso... de Zanoni. ¿Está aún en Venecia?

—He oído decir que había partido esta mañana; pero su mujer se encuentra aún aquí.

—¡Su mujer!... ¡bien!

—¿Qué sabéis de él? ¿Creéis que será de los nuestros? Su riqueza sería...

—¡Su casa... sus señas, pronto! —interrumpió el hombre.

—El palacio de ***, en el Gran Canal.

—Gracias; hasta las diez.

El hombre se dirigió con paso veloz hacia la calle de donde había salido, y al pasar por delante de la casa donde se alojara (había llegado a Venecia la última noche), una mujer quo había en la puerta, le cogió por el brazo.

—Señor, —le dijo en francés, —he estado aguardando vuestra llegada. ¿Me entendéis? Lo desafiaré todo, me atreveré a todo para volver con vos a Francia... ¡y permanecer, viva o muerta, al lado de mi marido!

—Ciudadana, ofrecí a vuestro marido que, si tal era vuestro deseo, arriesgaría mi seguridad para ayudaros a realizarle. Pero, ¡reflexionadlo otra vez! Vuestro marido pertenece a un partido sobre el cual Robespierre tiene fijos sus ojos; no puede escaparse. La Francia entera es una prisión para todo hombre *sospechoso*. Si volvéis a Francia, corréis un grave peligro. Francamente, ciudadana, os aguarda la guillotina. Os hablo (ya lo sabéis por su carta), como vuestro marido me ha encargado.

—Señor, quiero ir con vos, —dijo la mujer con pálido semblante.

—Y, sin embargo, abandonasteis a vuestro marido en el momento en que más brillante aparecía el sol de la revolución, ¡y queréis ir a reuniros con él ahora que la tempestad amenaza! —dijo el hombre, en tono medio de admiración y medio de reproche.

—Porque entonces los días de mi padre se veían amenazados; porque no le quedaba otra salvación que la fuga; porque era anciano y pobre;

porque ningún peligro amenazaba a mi marido y sí a mi padre. Pero mi padre ha muerto y mi esposo está ahora en peligro. Loe deberes de la hija han terminado, y vuelven los de la esposa.

—Como gustéis, ciudadana; parto dentro de tres noches. Entretanto, podéis reflexionarlo mejor y retractaros de vuestra elección.

—¡Nunca!

Una tétrica sonrisa cruzó por el semblante de aquel hombre.

—¡Ah, guillotina! —exclamó. —¡Cuántas virtudes has revelado! ¡Bien pueden darte el nombre de *Santa,* sangrienta guillotina!

El desconocido siguió adelante hablando consigo mismo, y después de llamar una góndola, se encontró en medio de la multitud que atravesaba el Gran Canal.

CAPÍTULO V

FATAL REVELACION

La puerta-ventana estaba abierta y Viola permaneció sentada junto a ella. Al pie murmuraban las brillantes aguas que corrían bajo un sol radiante cuyo calor disminuía algún tanto el frío del día. Muchos de los galantes caballeros, al pasar sus góndolas, se volvían a mirar aquella hermosa y medio escondida figura de semblante encantador.

En medio del canal había parada una góndola, y el hombre que iba dentro, por detrás de las persianas, tenía fijos sus ojos en el majestuoso palacio. El hombre dijo algunas palabras a los remeros y la lancha se acercó a la orilla. El extranjero saltó de la góndola, y subiendo la ancha escalera, entró en el palacio. ¡Llora para no reír mas, joven madre!... ¡Acaba de volverse la última hoja del libro!

Un criado que entró en el cuarto, entregó a Viola una tarjeta en la que iban escritas las siguientes palabras en inglés: "¡Viola, es indispensable que os vea! — Clarencio Glyndon".

Sí, sí, que entre. ¡Con qué alegría le verá Viola! ¡Cómo le hablará de su felicidad, de Zanoni! ¡Con qué placer le enseñara su hijo! ¡Pobre Clarencio! Le ha tenido olvidado hasta ahora. ¡Cómo se despierta en ella todo el fuego de su primera juventud, con sus sueños, sus vanidades, su agitación, las luces del encantador teatro, los entusiastas aplausos de la multitud!

Glyndon entró. Viola se quedó absorta al verle tan demudado. El gracioso y sereno semblante del amable artista se había cubierto de un ceño tenebroso, y en su tostado rostro se veía pintada una especie de temeraria resolución. Su traje, aunque no humilde, era tosco, notándose en él el desorden y el descuido. ¡Una especie de selvática desesperación había sustituido aquella franqueza de fisonomía, desconfiada en medio de su gracia y expresiva en su desconfianza, que caracterizara en otro tiempo al joven adorador del arte, al aspirante que corría tras la sublime ciencia!

—¿Sois vos, realmente? —dijo al fin Viola. —¡Pobre Clarencio, qué cambiado estáis!

—¡Cambiado! —objetó repentinamente Glyndon, en tanto que se sentaba al lado de Viola. —Y a quién debo dar las gracias más que a los enemigos... a los hechiceros que se han apoderado de vuestra existencia, lo mismo que de la mía? Viola, escuchadme. Hace algunas semanas que supe que estabais en Venecia. Bajo mil pretextos y corriendo innumerables peligros, he venido aquí, arriesgando la libertad, la vida quizá, si mi nombre y mi estado llegan a descubrirse en Venecia, solo con el objeto de advertiros y salvaros. ¡Decís que estoy cambiado!... sí, cambiado exteriormente. Pero ¿qué es eso, comparado con los estragos que devoran mi interior? Sabedlo, sí; sabedlo con tiempo.

La voz de Glyndon, que era ronca y hueca como si saliese de una sepultura, alarmó a Viola mucho más que sus palabras. Pálido, desencajado y flaco, parecía un espectro que abandonara su tumba para venir a anunciarle grandes males.

—¿Qué es lo que decís? —repuso al fin Viola con voz desfalleciente. —Es posible...

—Escuchadme —interrumpió Glyndon, poniendo su mano, fría como la de un muerto, sobre el brazo de la joven; —¡escuchad! Sin duda habréis oído hablar de esos hombres que forman pactos con el demonio con el objeto de alcanzar un poder sobrenatural. Esas historias están muy lejos de ser meras fábulas. Estos hombres existen, y su placer es aumentar el número de sus adeptos para hacerles tan desgraciados como ellos. Si sus discípulos no pueden resistir la prueba, el demonio se apodera de ellos en vida, como me ha sucedido a mí; si triunfan, son desdichados, sí, ¡mil veces más desdichados! Hay otra vida en que ningún hechizo puede aplacar al espíritu maligno o aliviar la tortura que se sufre. ¡Vengo de un paraje donde la sangre corre a torrentes... donde la muerte acaba lo mismo con el hombre intrépido que con el más elevado, y cuyo monarca es la guillotina; pero todos los peligros que pueden cercar al hombre son nada comparados con el silencio de un cuarto donde el horror, que excede al de la muerte, se mueve y se agita!

Glyndon contó entonces a Viola con una fría y clara precisión, como antes lo había hecho con Adela, la iniciación por la cual había pasado. Describió, con palabras que helaban la sangre de Viola, la aparición del informe fantasma; le habló de sus ojos que quemaban el cerebro y helaban la médula de los huesos de aquellos a quienes miraba. Visto una vez el fantasma, nunca más se podía desvanecer. Comparece cuando quiere sugiriéndoos negros pensamientos, y murmura en vuestro oído extrañas tentaciones. Solamente no se deja ver cuando se está ocupado en escenas que embrutecen el alma. En la soledad, en la tranquilidad de espíritu, o cuando se lucha por alcanzar una existencia virtuosa y pacífica, ¡entonces es cuando la visión se complace en atormentaros!

Sin saber lo que le pasaba, y sobrecogida de terror, aquella extraña relación vino a confirmar ciertas negras dudas, que en medio de la confianza y el afecto, no habían sido nunca examinadas profundamente. Si alguna vez se abrían paso hasta su corazón, las desechaba tan pronto como aparecían. Sin embargo, en medio de eso, más de una vez Viola había pensado que la vida y los atributos de Zanoni, no eran corno los de los demás mortales. Estas impresiones, que su amor le reprochaba como sospechas injuriosas, mitigadas por su pasión, habían servido tan sólo, quizá, para remachar las fascinadoras caderas con que Zanoni había aherrojado su corazón y sus sentidos; pero ahora, habiéndole Glyndon contagiado su terror por medio de la espantosa relación que acababa de hacerle, se había desvanecido parte del encanto que sintiera hasta este momento. Viola, helada de miedo, aunque no por ella, se levantó precipitadamente y cogió al niño, estrechándole fuertemente contra su corazón.

—¡Desdichada! —exclamó Glyndon estremeciéndose. —¿Has puesto realmente en el mundo una víctima, a la cual te será imposible salvar? ¡Ah! niégate a alimentarle... ¡déjale morir! ¡En la tumba, al menos, se encuentra el reposo y la paz!

Entonces se presentó a la imaginación de Viola el recuerdo de los largos ratos que de noche Zanoni pasaba murmurando al lado de la cuna, y sintió despertarse en su alma la desconfianza que se apoderara de ella al oír aquellas palabras o aquella especie de canto que no comprendía, El niño tenía fijados en ella sus ojos, y en aquella mirada extraña e inteligente, Viola creía ver alguna cosa que confirmaba su terror. La joven y Glyndon guardaban silencio; un rayo de sol entraba risueño por la ventana, y junto a la cuna, aun cuando ellos no le veían, estaba acurrucado el espectro del velo. Poco a poco, sin embargo, los gratos recuerdos del pasado vinieron a ocupar su lugar en la mente de la joven madre. Las facciones del niño le ofrecían el mismo aspecto que las del ausente padre; parecía que una voz triste y melancólica, abriéndose paso por entre aquellos rosados labios, le decía: —Te hablo por boca de tu hijo, y tú, en cambio del amor que siento por ti y por él, desconfías y dudas de mí a la primera acusación de un maniático.

Viola sintió dilatarse su corazón, e irguiendo de nuevo su esbelto cuerpo, sus ojos brillaron con una serena y santa luz.

—Retiraos, pobre víctima de vuestras ilusiones, —dijo la joven a Glyndon. — ¡Dudaría de mis sentidos si acusasen a su padre! ¿Y qué sabéis de Zanoni? ¿Qué tienen que ver Mejnour y sus terribles espectros, con la radiante imagen con la cual pretendéis enlazarlos?

—Pronto lo sabréis, —repuso Glyndon tétricamente. —El mismo fantasma que murmura en mi oído cosas que me horrorizan, vendrá también a atormentaros a vos y a los vuestros. Todavía no creo en vuestra resolución; antes de partir de Venecia, vendré a veros otra vez. Adiós.

CAPÍTULO VI

ENTRE EL MIEDO, LA SUPERSTICION Y LA CONFIANZA

¡Pobre Zanoni, hijo de la sublime ciencia!... ¿Creíste duradero el lazo entre el hombre para el cual nada son los siglos y la hija de un día? ¿No previste que hasta haber pasado la prueba, no podía establecerse la igualdad entre tu sabiduría y su amor? ¿Te encuentras ausente ahora, buscando, en medio de tus elevados secretos, la solemne defensa para el hijo y la madre, y olvidas que el fantasma que te sirvió tiene un poder sobre sus dones.. sobre las vidas que te enseñó a salvar de la muerte? ¿No sabes que el miedo y la desconfianza, una vez sembrados en el corazón del amor, su semilla nace y se transforma en un bosque tan espeso, que oculta las estrellas? ¡Ciego! ¿no ves cómo los odiosos ojos del espectro brillan al lado de la madre y del hijo?

Durante aquel día, mil y mil negros pensamientos vinieron a atormentar a Viola; pensamientos que se desvanecían si los examinaba, pero que volvían a presentarse después más aterradores. Acordábase, como en otro tiempo se lo había ella misma referido a Glyndon, que en su niñez había sentido extraños presagios de que estaba destinada para alguna cosa sobrenatural. Acordábase también que cuando le dijo esto, sentados los dos junto al mar que dormía en los brazos de la bahía de Nápoles, él también le había participado que se acordaba de haber tenido presagios del mismo género, y que una misteriosa simpatía parecía unir sus destinos. Acordábase, sobre todo, que comparando sus confusos pensamientos, los dos habían confesado entonces que, al ver a Zanoni por primera vez, el presagio, el instinto, habló en sus corazones de una manera más inteligible, advirtiéndoles que "aquel hombre poseía el secreto de una existencia sin límites".

Y ahora que Glyndon y Viola volvían a encontrarse, otra vez aquellos temores de la niñez parecían despertar de su encantado sueño. La joven simpatizaba con el terror de Glyndon de una manera que ni su razón ni su amor bastaban a desvanecer. Cuando volvía sus ojos a su hijo, éste la miraba de una manera particular, y aun cuando no articulaban sonido alguno, parecía que sus labios se movían como si quisiera hablarle. ¡El niño no quería dormir! A cualquier hora que le mirase, siempre aquellos ojos abiertos y vigilantes, como si en su ansiedad revelasen alguna pena, algún reproche o alguna acusación. Aquellos ojos la helaban cada vez que los contemplaba. Incapaz de explicarse por sí sola este completo y repentino cambio que acababan de sufrir sus sentimientos, se formó una resolución propia de las mujeres de su país y de sus creencias, y envió a buscar al sacerdote que dirigía su conciencia desde que se encontraba en Venecia, confesándole, en medio de amargos sollozos, las dudas y terrores que la atormentaran. El buen padre, hombre digno y piadoso, pero de cortos alcances y menos sentido común, que hasta a los poetas tenía por hechiceros, pareció cerrar a su corazón las puertas de la esperanza. Sus reconvenciones eran apremiantes, pues el miedo que sintiera el buen religioso no era fingido. Uniendo sus ruegos a los de

Glyndon, le aconsejó que huyese si abrigaba la menor duda acerca de las doctrinas de su esposo y si las creía contrarias a la religión católica. Lo poco que Viola pudo comunicar a su confesor, pareció al ignorante ascético una prueba irrefragable de brujería; pues prevenido por algunos de los rumores que circularan acerca de Zanoni, se encontraba dispuesto a creer lo peor. El digno Bartolomeo no se hubiese hecho el menor escrúpulo de enviar a Walt a la hoguera si le hubiese oído hablar de la máquina de vapor. Viola, tan poco instruida como el buen sacerdote, tembló al oírle expresar con su ruda y apasionada elocuencia; tembló, sí, pues con esa penetración que los sacerdotes adquieren generalmente en su vasta experiencia del corazón humano, que pueden examinar a todas horas, Bartolomeo le hablaba menos de los peligros que ella corriera que de los que amenazaban a su hijo.

—Los hechiceros —decía —tratan siempre de atraerse y seducir el alma de los jóvenes... sobre todo la de los tiernos niños.

Sobre este tema el religioso refirió una multitud de cuentos y leyendas, dándolos como hechos históricos. Todo esto, que hubiese hecho reír a una inglesa, aterrorizó a la fanática napolitana; y cuando su confesor se separó de ella, manifestándole las graves penas en que incurría si faltaba a los deberes que le imponía su condición de madre, y si titubeaba en huir con su hijo de una morada contaminada por profanos poderes y malas artes, Viola, todavía adherida a la imagen de Zanoni, cayó en un profundo abatimiento que paralizó todas sus facultades.

Las horas pasaban inadvertidamente. Al fin vino la noche; un silencio sepulcral reinaba en palacio. Viola, despertando poco a poco del entorpecimiento que adormeciera sus sentidos, empezó a agitarse en su lecho intranquila y turbada. El silencio se le hizo intolerable, y mas lo fue el ruido que vino a interrumpirlo cuando el sonido del reloj le recordó que cada golpe era un paso que daba hacia la tumba. Los momentos parecieron encontrar una voz y una forma. Creyó verlos salir pálidos como si fuesen duendes del seno de las tinieblas, y antes que volviesen a extinguirse en la oscuridad que les servía de tumba, murmuraban en voz baja: ·"¡Mujer, nosotros relatamos ante la eternidad todo lo que se hace en el tiempo! ¿Qué diremos de ti, guarda de un alma inocente!" Viola conocía que sus extraños pensamientos la habían hecho caer en una especie de delirio parcial, y que se encontraba en un estado entre el sueño y la vigilia, cuando de repente sintió que un pensamiento predominaba sobre los demás. Este pensamiento era el cuarto que, tanto en esta casa como en todas las que habían habitado, incluso la de la isla de la Grecia, Zanoni buscaba en un sitio aislado y solitario donde nadie podía entrar, y en cuyo umbral hasta Viola tenía prohibido poner los pies. Nunca, en ese dulce estado de tranquila confianza que inspira un amor satisfecho, nunca, decimos, Viola había sentido la curiosidad de ver aquel cuarto que ahora parecía llamarla incesantemente. Tal vez allí encontraría alguna cosa que le ayudase a descifrar el enigma, o que al menos disipase o confirmase de una vez sus dudas. Este pensamiento crecía y se hacía por momentos más fuerte e irresistible, y pareció apoderarse de ella y hacerle obedecer, sin que en ello tuviese parte su voluntad.

¡Y te deslizas, hermosa criatura, hasta ese cuarto, atravesando las largas galerías y durmiendo, aunque tienes abiertos los ojos! La luna brilla sobre ti cuando pasas por delante de cada ventana, vestida de blanco como un errante espíritu, con tus brazos cruzados sobre el pecho, con tus ojos fijos y abiertos, y con una calma llena de intrépido terror. ¡Madre! ¿te guía acaso tu hijo? Los encantadores momentos marchan delante de ti, y aun te parece que oyes el sonido del reloj que, después que tú has pasado, los precipita otra vez en sus tumbas.

Paso a paso has llegado a la puerta; ninguna cerradura te detiene, ninguna mano invisible te rechaza. Hija del polvo, permanece sola con la noche en el cuarto donde, pálidos e innumerables, los habitantes del espacio se han agitado alrededor del que posee la facultad de verlos y oírlos.

CAPÍTULO VII
¡HIJO MIO! ¡TU MADRE TE SALVARA!...

Al encontrarse dentro del cuarto, Viola se puso a examinarlo todo. No se veía en él la menor señal ni instrumento alguno por el cual un inquisidor hubiese podido descubrir a un discípulo del negro arte; no había allí crisoles ni calderos, volúmenes con broches de latón ni cinturones con cifras, cráneos ni cruces de huesos. La luna iluminaba aquel cuarto vacío, dejando ver sus blancas y limpias paredes. Unos cuantos manojitos de hierbas secas y algunos vasos antiguos de bronce puestos desordenadamente sobre un banco de madera, eran los únicos objetos que la curiosidad podía contemplar en aquel recinto, cuyo dueño se hallaba ausente. La magia, si realmente existía, residía en el artífice, pues para cualquiera otra persona, los materiales que allí había, no representaban sino hierbas y bronce. Así sucede siempre con tus obras y tus maravillas, ¡sublime genio!... ¡Nadie cree que puedes leer en las estrellas! Las palabras son una propiedad común a todos los hombres; y sin embargo, sólo con palabras, tú, arquitecto de inmortalidades, creaste obras que sobrevivirán a las pirámides, y la misma hoja de papiro se convierte en templo con torres majestuosas en torno del cual el diluvio de los siglos rugirá en vano.

Pero, la presencia del que en esta soledad ha invocado tantas maravillas, ¿no ha dejado en ella parte de sus encantos? Parece que sí; pues Viola sintió que dentro de aquella habitación se verificaba un cambio misterioso en su persona. Su sangre circulaba rápidamente por sus venas con una sensación de placer.., le parecía que las cadenas que sujetaran sus piernas caían hechas pedazos, y como si las nubes que velaban su vista fuesen desapareciendo una tras otra. Todos los confusos pensamientos que se agolparan en su mente durante la especie de delirio que había pasado, se concentraron en un intenso deseo de ver al ausente... de estar con él. Los mónades que formaban el espacio y el aire, parecían cargados de espiritual atracción para convertirse en un medio por el cual su espíritu, atravesando su prisión de barro, pudiese ponerse en comunicación y hablar con el otro espíritu hacia el cual la impelía su deseo. Entonces sintió una debilidad que la obligó a sentarse en el banco donde estaban los vasos y las hierbas, y al bajarse, vio que dentro de uno de los vasos de cobre había una pequeña redomita de cristal. Impulsada por un movimiento mecánico, cogió la botellita, y quitándole el tapón, se escapó de dentro una esencia volátil que esparció por el cuarto una fuerte y deliciosa fragancia. Viola aspiró su aroma y se frotó las sienes con aquel líquido. De repente sintió que se le pasaba aquella debilidad para elevarse y flotar en el espacio, como llevada por las alas de un pájaro.

El cuarto desapareció de su vista. Lejos, lejos, cruzando tierras y mares y atravesando el espacio, ¡el deseo hacía volar su libre imaginación!

En una vasta plataforma, no de este mundo, sino de otro, se veían las formas de los hijos de la ciencia sobre un mundo en embrión... sobre una pálida, imperfecta y ligera masa de materia, sobre una de las *nebulæ* que los soles de los millares de sistemas impelen cuando giran alrededor del trono del Creador para convertirse a su vez en nuevos mundos de gloriosa simetría: planetas y soles que eternamente multiplicarán su brillante raza y serán los padres de otros soles y planetas venideros.

Allí, en aquella enorme soledad, en aquel mundo imperfecto, al cual solo miles y miles de años llegarán a dar forma, el espíritu de Viola vio la figura de Zanoni, o más bien, su semejanza, la larva de su forma que nada tenía de humana y corpórea. La inteligencia de su esposo, lo mismo que la suya, parecía haberse despojado de la materia, y así como el sol arroja al más remoto espacio la imagen de sí mismo, así el ser de la tierra, en la acción de su más luminoso y duradero ser, había arrojado su semejanza en aquel nuevo mundo. Allí se veía el querido fantasma... Otro fantasma Mejnour estaba a su lado. ¡En el gigantesco caos que les rodeaba, luchaban los elementos, el agua y el fuego, las tinieblas y la luz, vapores y nubes convirtiéndose en montañas, en tanto que el aliento de la vida, soplando incesantemente sobre todo, le iba dando una suave brillantez!

Lo mismo que el que soñando, mira y ve mil variadas figuras y fantasmas, Viola observó que las dos formas humanas no estaban solas. Monstruos disformes que sólo aquel desordenado caos podía engendrar, la primera raza de colosales reptiles que serpentearon por un mundo encaminándose hacia la vida, se sepultaban en la cenagosa materia o se escondían entre los luminosos vapores. Pero aquellas dos figuras parecían hacer muy poco caso de aquellos monstruos, pues su vista se había fijado en un objeto situado en lo más remoto del espacio. Con los ojos del espíritu, Viola siguió los de aquellas dos sombras; y con un terror más grande que el que pudiera causarle la vista del caos y de sus temibles habitantes, vio una habitación igual a la en que su cuerpo habitaba, con sus blancas paredes y la luna brillando sobre el pavimento, la ventana abierta, los tejados, los campanarios y cúpulas de Venecia reflejándose en el mar que murmuraba debajo. ¡En aquel cuarto, Viola vio su misma imagen! Este doble fantasma, o por mejor decir, este fantasma contemplando su mismo fantasma, le inspiraba un horror que las palabras no bastarían a explicar.

¡En este instante vio su imagen levantarse lentamente y dejar el cuarto con sus sordas pisadas, y después de atravesar el corredor, arrodillarse al lado de la cuna! ¡Cielos! ¡ve a su hijo! a su hijo con rostro de ángel y siempre con los ojos abiertos. Pero al lado de la cuna se sienta acurrucada una negra forma cubierta con un manto... aparición horrible a pesar de su indistinta deformidad. Las paredes del cuarto se abren como el escenario de un teatro. Aparece un negro torreón... calles por las cuales se precipita una multitud furiosa en cuyos rostros se ve pintada la ira y el odio... una plaza llena de cadáveres... un instrumento de muerte... una carnicería de carne humana, ella... su hijo... todo, todo pasando con la rapidez de una furiosa fantasmagoría. ¡De repente el fantasma-Zanoni se volvió y pareció reparar en ella .. en su segundo ser! Zanoni corrió a abrazarla; su espíritu no pudo resistir más: lanzó un grito y despertó. Viola vio que efectivamente había abandonado aquel funesto cuarto; la cuna estaba delante de ella... el niño, todo... todo lo que en aquella pesadilla acababa de ver, incluso el horrible espectro del manto, se desvaneció en el inmenso espacio.

—¡Hijo mío! ¡hijo mío! ¡Tu madre te salvará! —exclamó.

CAPÍTULO VIII

CARTA DE VIOLA A ZANONI

"¡No hay más remedio!... Te abandono. Yo, mujer infiel, te digo adiós para siempre. Cuando leas este escrito, has de conceptuarme como si hubiese muerto; y aunque fuiste y eres aún mi vida... no existiré para ti. ¡Amante mío! ¡esposo mío a quien adoro todavía! Si es verdad que me has amado siempre, si es verdad que me compadeces, no sigas mis pasos. Si tu poder y tus encantos pueden hacerte descubrir mi retiro, ¡no me sigas... por el amor de nuestro hijo! Zanoni, ¡por eso también le enseñaré a amarte, también haré que te llame padre! ¡Ah! ¡perdona a tu hijo, pues los niños son los santos de la tierra, y por su mediación, podemos hacernos oír en el cielo! ¿Te diré por qué huyo? No; tú, sabio terrible, adivinarás lo que la mano no se atreve a estampar; y mientras me estremezco al recordar tu poder, pues es de tu poder de lo que huyo (con nuestro hijo en mis brazos), ¡me consuela el pensar que tu poder puede leer en el corazón! ¡Ya conocerás que te escribe la tierna madre y no la infeliz mujer! ¿Es tu ciencia hija del pecado, Zanoni? El pecado debe ser triste; ¡y qué misión tan dulce era para mí el ser tu consuelo! ¡Pero el hijo, el ángel, me pide con los ojos que le proteja! Mago, ¡te arrebato esta alma! Perdón, perdón si mis palabras te injurian. Mira, ¡me pongo de rodillas para escribirte lo demás!

¿Por qué no huí antes de tu misteriosa ciencia?... ¿Por qué la extrañeza de tu existencia sobrenatural no hacía más que infundirme un delicioso terror? Porque si eras hechicero o ángel-demonio, solo había peligro para mí; pero para mí no podía haber peligro alguno, pues mi amor era la parte mas divina de mi ser, y mi ignorancia en todo, excepto en el arte de amar, rechazaba todo pensamiento que no era a mis ojos tan puro y tan brillante como tu imagen. ¡Ahora hay otro ser! ¿Por qué me mira de esa manera? ¿Por qué esa eterna vigilia y esa ansiosa y represiva mirada? ¿Le han dominado ya tus hechizos? ¿Le has destinado, ¡cruel! para los terrores de tu incomprensible arte? ¡No me hagas volver loca!.. ¡Conjura tu hechizo!

"¡Oigo el ruido de los remos! ¡Vienen. . vienen para separarme de ti!... Miro alrededor de mí y me parece que te veo en todas partes. ¡Las sombras y las estrellas me hablan de ti! Allí, junto a la ventana, tus labios me dieron el último beso...; allí, en aquel umbral, te volviste a mirarme, y parecía que tu sonrisa me decía: "¡Confío en ti!" Zanoni... esposo mío... ¡no quiero irme! ¡no puedo separarme de ti! ¡No, no! ¡Iré al cuarto donde tu querida voz, con su suave música, calmaba los dolores de mi enfermedad!... Allí, donde, a través de la espantosa oscuridad, tu voz fue la primera que murmuró en mi oído: —"¡IViola, eres madre!" ¡Madre! Sí, ¡me levanto!... ¡soy madre! ¡Vienen! ¡Estoy resuelta; adiós!"

Si; de esta manera repentina y cruel, fuese impulsada por el delirio de la ciega superstición, fuese movida por esa convicción que nace del deber, la criatura por la cual Zanoni resignara tanto poder y tanta gloria, le abandonaba. Esta deserción, nunca prevista, no era, sin embargo, más que el destino que aguarda a todos aquellos que llevan su imaginación más allá de la tierra y que dejan en ella el tesoro del corazón. Eternamente la ignorancia huirá del saber. Pero nunca, quizá, un amor humano se enlazó con otro con más fuerza ni por motivos más nobles ni más puros de abnegación, que los que impulsaron a la mujer que abandonaba ahora al esposo ausente. Con razón había dicho que no era la mujer infiel, sino la fiel madre, la que huía de aquel en quien estaba concentrada toda su felicidad.

Tanto tiempo como duró aquel fervoroso frenesí que la comunicó una especie de falsa calentura, estrechó al niño entre sus brazos. Esto la consolaba y la hacía resignada. Pero, ¡qué amargas dudas, respecto de su conducta, la asaltaron después, y qué remordimiento tan cruel atormentaba su corazón, cuando, al detenerse un rato en el camino de Liorna, oyó a la mujer que acompañaba a Glyndon rogar a Dios que le permitiese llegar con seguridad al lado de su esposo y le diese fuerza para sobrellevar los peligros que la aguardaban allí! ¡Contraste terrible de su deserción! Entonces fue cuando Viola, descendiendo a las tinieblas de su corazón, no pudo hallar un solo eco consolador.

CAPÍTULO IX

ENTRE ZANONI Y MEJNOUR

—¡Mejnour! ¡contempla tu obra! ¿De qué sirve la vanidad de nuestra sabiduría?... ¿Qué importan nuestros siglos de estudio y de vida? La dejé para salvarla del peligro, y el peligro se ha apoderado de ella con su mano de hierro.

—¡No culpes la sabiduría, sino tus pasiones! ¡Abandona de una vez tu necia esperanza y no cuentes con el amor de una mujer! A todo el que intente enlazar lo sublime con lo vulgar, solo le espera la maldición. Mira lo que ha sucedido: tu naturaleza no ha sido comprendida y tus sacrificios han pasado ignorados. El vulgo solo ve en el hombre elevado por la ciencia a un nigromántico o un ser maligno. Titán, ¿es posible que llores?

—¡Ahora lo comprendo todo... ahora lo veo todo! ¡Su espíritu ha estado al lado del nuestro, y mi mano aérea no lo ha podido abarcar! ¡Ah! ¡invencible deseo de la maternidad y de la naturaleza! ¡Tú descubres todos nuestros secretos y vuelas de un mundo a otro a través del espacio! ¡Mejnour! ¡qué terrible sabiduría se oculta en la ignorancia del corazón que ama!

—¡El corazón! ¡Ah! hace cinco mil años que he penetrado los misterios de la creación, pero no he podido descubrir todavía todas las maravillas que se encierran en el corazón del más rústico aldeano.

—Y sin embargo, nuestra sublimidad no nos engaña; ¡las proféticas sombras negras del terror manchadas de sangre, me anuncian que en el mismo calabozo, y delante del verdugo, tendré poder para salvarlos a los dos!

—Pero a costa de un desconocido sacrificio, fatal para ti.

—¡Fatal para mí! ¡Estoico sabio, en el amor no existe el *yo*! Parto solo... no te necesito. No quiero ahora más guía que los humanos instintos del afecto. No habrá ninguna caverna, por oscura que sea, ni vasto desierto, por despoblado que esté, capaz de ocultármelos. ¡Aunque me falte mi arte, aunque las estrellas no me hablen, aunque el espacio, con sus solemnes millares de mundos, no sea ya para mí más que el azulado vacío, me queda el amor, la juventud y la esperanza! ¿Qué más se necesita para triunfar y salvarlos?

LIBRO SEPTIMO
EL REINADO DEL TERROR

CAPÍTULO PRIMERO

CONCILIABULO DE ASESINOS

Ruge el río del Infierno cuya primera erupción los poetas cantaron con tanto entusiasmo. ¡Cómo florecen las esperanzas en los puros corazones que se habían alimentado del brillante rocío de la hermosa mañana de la libertad, cuando ésta, atravesando el Océano en brazos de la decrépita esclavitud, se presentó tan hermosa como la Aurora al dejar el lecho de Titón! ¡Esperanzas! habéis llegado a dar frutos, pero estos frutos son sangre y cenizas. ¡Bello Roland, elocuente Vergniaud, visionario Condorcet, noble Malesherbes! ¡sabios, filósofos, hombres de estado, patriotas, visionarios! Mirad la deseada era por la cual tanto os afanasteis!

¡Invoco vuestros manes! ¡Saturno ha devorado a sus hijos[3] y vive solo... bajo su verdadero nombre de Moloch!

Estamos en el reinado cuyo rey es Robespierre Se acabó la lucha entre la serpiente boa y el león: la primera ha devorado al segundo, pero tiene a su víctima atravesada en la garganta. Danton y Camilo Desmoulins han sucumbido. Danton había dicho antes de morir: "Solamente yo podía salvar al cobarde Robespierre". Desde este momento, la sangre del gigante era necesaria para encubrir la astucia de "Maximiliano el incorruptible". Pero al poco tiempo, en medio de los gritos de la insubordinada Convención, aquella sangre ahogaba su voz[4]. Si después de este último sacrificio, quizá indispensable a su seguridad, Robespierre hubiese declarado concluido el reinado del terror, inaugurando la era de perdón que Danton había empezado a predicar, podía haber concluido sus días gobernando con el poder de un monarca. Pero las cárceles continuaban atestadas de víctimas y la cuchilla no cesaba de caer. Robespierre no conocía que su canalla

─────────────────────

[3] La revolución, como Saturno, devorará a sus hijos. —Vergniaud.

[4] "La sangre de Danton te ahoga", dijo Garnier de l'Aube, cuando el fatal 9 Termidor Robespierre apenas podía respirar. —"Presidente de los asesinos, te pido la palabra por última vez".

estaba ya saciada de sangre, y que la más fuerte impresión que podía causarles un jefe, era volver a convertir aquellas fieras en hombres

El lector se encuentra ahora trasladado a un cuarto de la casa de Dupleix, ciudadano carpintero. La fecha es el mes de julio de 1794, o si contamos por el calendario revolucionario, era el Termidor del año 11 de la República. "¡Una e indivisible!" A pesar de que el cuarto era pequeño, estaba adornado con un cuidado tan minucioso, que revelaba una forzada elegancia. El deseo de su dueño parecía querer evitar todo lo que pudiera ofrecer un aspecto bajo y rústico, sin que tampoco quisiera manifestar lujo ni ostentación. Las clásicas sillas eran de forma elegante, los tapices estaban perfectamente colocados, los sencillos espejos metidos en la pared dejaban ver en sus pedestales algunos bustos de bronce, y en algunos pequeños estantes había varios libros bien encuadernados y perfectamente alineados. Un observador hubiese pensado: "Este hombre quiere deciros: No soy rico ni me gusta el lujo ni la ostentación; no soy un sibarita indolente que duerme sobre colchones de pluma ni poseo cuadros que exciten los sentidos; no soy un noble altivo con espaciosos salones ni vastas galerías que repitan los ecos; sin embargo, puesto que soy hombre de gusto y amo la elegancia, considerad cuán grande es mi mérito al desdeñar los excesos del bienestar y del orgullo. Nada tiene de extraño que otros parezcan sencillos y honrados por sus hábitos rústicos, cuando yo lo soy estando dotado de tanto gusto y delicadeza. ¡Reflexionad esto y admiradme!.

En las paredes de esta habitación había bastantes retratos, y encima de varios pedestales se veían agrupados algunos bustos, consistiendo la mayor parte en cabezas esculpidas. En este pequeño cuarto estaba sentado el supremo egoísmo estudiando sus maneras en los varios espejos que le reflejaban su persona. Sentado en un sillón, delante de una gran mesa cubierta de papeles y cartas, se veía el original de todos aquellos bustos y retratos, el dueño de la habitación. Aunque estaba solo, se mantenía erguido y formal, como si no se encontrase en su casa. Su traje guardaba perfecta armonía con su postura y su cuarto: afectaba una esmerada limpieza, tan ajena de los suntuosos vestidos de los nobles como del asqueroso desaliño de los *sans-culottes*. Con el pelo perfectamente peinado y rizado, no tenía un solo cabello fuera de su lugar; su casaca azul estaba perfectamente cepillada, y ni una sola arruga desfiguraba su traje. A primera vista nada de particular se notaba en la fisonomía de este hombre, sino que era poco regular y de color algo enfermizo; pero, examinada con más perfección, se descubría en ella cierto poder y un carácter propio. Su frente, aunque corta y comprimida, revelaba alguna inteligencia o el hábito de pensar que generalmente se advierte en los que tienen un espacio entre ceja y ceja; sus delgados labios estaban casi siempre cerrados, notándose en ellos de vez en cuando un ligero temblor, seguro indicio de un carácter firme e impaciente. Su mirada tétrica y ceñuda, era, sin embargo, penetrante, y estaba llena de un concentrado vigor que no parecía natural en aquel cuerpo flaco y débil, o que, cuando menos, sentaba mal sobre un rostro lívido que revelaba la intranquilidad y la falta de salud.

Tal era Maximiliano Robespierre, y esta era la habitación situada sobre la tienda de carpintero; habitación de donde saltan los edictos que lanzaban ejércitos al camino de la gloria y que hacían derramar a torrentes la sangre del pueblo más generoso del globo; tal era el hombre que había rehusado un sueldo en la carrera judicial (primer objeto de su ambición) por no violentar sus filantrópicos principios teniendo que firmar de vez en cuando alguna sentencia de muerte; tal era el grande enemigo de la pena capital y el hombre (verdugo dictador ahora) de puras y rígidas costumbres, a quien, por su incorruptible honradez y por su odio a los excesos y a la intemperancia, los padres prudentes y los buenos ciudadanos hubiesen mostrado a sus hijos como un modelo si hubiese muerto cinco años antes; tal era, en fin, el hombre que no pareció tener vicio alguno hasta que las circunstancias descubrieron en él los dos que pueden dominar con más fuerza en el corazón del hombre: la cobardía y la envidia. Al más terrible de esos vicios deben atribuirse los asesinatos que cometió este hombre cruel. Su cobardía era de un género muy extraño y particular: no conocía el escrúpulo; así es que todos sus actos eran hijos de una deliberada voluntad... voluntad que el mismo Napoleón admiró, voluntad de hierro encerrada en un cuerpo afeminado. Moralmente, Robespierre era un héroe; físicamente, un cobarde. Cuando la más leve sombra de peligro amenazaba su persona, su cuerpo temblaba; pero su voluntad hacía retroceder e! peligro hasta tropezar con la guillotina.

Como hemos dicho antes, Robespierre permaneció sentado con el cuerpo erguido; su mano pequeña y descarnada estaba cerrada convulsivamente, en tanto que su torva mirada erraba meditabunda por la habitación. Sus orejas se movían como las del mas innoble animal para percibir mejor cualquiera pequeño ruido; pero por eso no perdía su decorosa postura ni se descomponía su rizada cabellera.

—Sí, sí— decía a media voz, —los oigo; mis fieles jacobinos guardan su puesto en la escalera. ¡Lástima que lo hayan jurado! Tengo preparada una ley contra los juramentos... Es necesario corregir las costumbres del pobre y virtuoso pueblo. Cuando todo esté arreglado, un ejemplo o dos entre esos buenos jacobinos, producirá muy buen efecto. Fieles compañeros, ¡cómo me aman! ¡Hum!... ¡qué juramento aquel!... No tenían necesidad de jurar tan alto... ¡y en la misma escalera! Esto empaña mi reputación. ¡Ah! ¡oigo pasos!

Robespierre miró al espejo de enfrente, y cogiendo al mismo tiempo un libro, pareció estar profundamente absorto en su lectura, cuando un hombre de elevada estatura, con una cachiporra en la mano y un cinturón lleno de pistolas, abrió la puerta para anunciar dos visitas. El uno era un joven, que, según se decía, se asemejaba mucho a Robespierre, pero en cuya fisonomía se notaba desde luego una expresión de decidida resolución. Este joven fue el primero que entró en el cuarto, y mirando el libro que Robespierre tenía en la mano, pues éste parecía querer seguir leyendo, exclamó:

—¡Cómo! ¿leéis la Eloisa de Rousseau? ¡Un cuento de amor!

—Querido Payan, lo que me encanta de este libro es la filosofía, y no el amor. ¡Qué sentimientos tan nobles! ¡Qué virtud tan ardiente! ¡Si Juan Jacobo hubiese podido ver estos días!

Mientras el dictador comentaba de esta manera su autor favorito, al cual se esforzaba en imitar en sus discursos, entraron en el cuarto al otro compañero, sentado en un sillón con ruedas. Este hombre, en la flor de su vida, pues solo contaba treinta y ocho años, no podía valerse de sus piernas; sin embargo, aunque cojo y paralítico, mereció el apodo de ¡Hércules del crimen! Una belleza casi angelical caracterizaba sus facciones, y en sus labios se veía perenne una dulce sonrisa, al par que su aspecto benigno y su aire de tranquila resignación le atraían el corazón de aquellos que le veían por primera vez. Couthon saludó al admirador de Rousseau con una voz melodiosa como la de una flauta.

—No digáis que no es el amor lo que llama vuestra atención; es el amor, ¡sí! pero no esa grosera y sensual adhesión que siente el hombre por la mujer. ¡No! ¡lo que sentís es un sublime afecto por toda la humanidad y por todo lo que vive en el mundo!

El ciudadano Couthon, entretanto, permanecía inclinado acariciando el perrito que llevaba siempre consigo, y que no dejara nunca, ni para ir a la Convención, como un desahogo necesario al exceso de sensibilidad que se albergaba en su corazón.

—Sí, por todo lo que existe, —repitió Robespierre con ternura. —Buen Couthon... pobre Couthon. ¡Ah! ¡cómo nos desfigura la malicia de los hombres! ¡Calumniarnos hasta el extremo de decir que somos los verdugos de nuestros colegas! Esto destroza el corazón. Ser un objeto de terror para los enemigos de nuestra patria, es una cosa muy noble; pero serlo para los buenos, para los patriotas, para aquellos a quienes se ama y respeta... es la más horrible de las torturas, al menos para un corazón susceptible y honrado.

—¡Con qué placer le escucho! —dijo Couthon.

—¡Hem! —dijo Payan con alguna impaciencia. —¿Vamos a tratar de negocios?

—¡A tratar de negocios! —Repitió Robespierre, en tanto que sus ensangrentados ojos arrojaban una siniestra mirada.

—Ha llegado el tiempo —dijo Payan, —en que la seguridad de la República exige una completa concentración de todos sus poderes. Esos camorristas del Comité de Salud Pública no saben más que destruir; pero no edifican después. Os odian, Maximiliano, desde el día que intentasteis reemplazar la anarquía con buenas instituciones. ¡Cómo se mofan de la fiesta en que se proclamó la existencia del Ser Supremo! ¡Esos hombres no quisieran un regulador ni aun en el cielo! Vos, con vuestra clara y vigorosa inteligencia, comprendéis que después de haber derribado el mundo antiguo, es necesario levantar el mundo moderno. El primer paso hacia la construcción, debe ser destruir a los destructores. Mientras deliberamos, vuestros enemigos obran. Vale más atacar esta misma noche el puñado de hombres armados que los custodian, que tener que hacer frente a los batallones que puedan poner en pie mañana.

—No —dijo Robespierre, retrocediendo ante el resuelto espíritu de Payan; —tengo otro plan mejor y más seguro para el 10 termidor; el 10... el 10, la Convención asistirá en cuerpo a la *Fiesta decadaria*. En este día acudirá el populacho; los
artilleros, las tropas de Henriot y los jóvenes discípulos de la escuela de Marte, se diseminarán entre la multitud. Entonces será muy fácil

acabar con los conspiradores, que designaremos a nuestros agentes. Este día también, Fouquier y Dumas no se estarán quietos; al propio tiempo, para que se mantenga el saludable terror y para que no se extinga la excitación revolucionaria, la cuchilla de la ley hará caer algunas cabezas de *sospechosos.* El día 10 será un gran día de acción... Payan, ¿habéis hecho la lista de esos últimos reos?

—Aquí está —respondió lacónicamente Payan, sacando un papel.

Robespierre pasó por él una rápida ojeada. ¡Collot d'Herbois!.. ¡bien! ¡Barrère!.. ¡Ah! este era el que decía: "Matemos... los muertos son los únicos que no vuelven más." Vadier, ¡el salvaje bufón!... ¡bien... bien! Vadier de la Montaña. ¡Este fue el que me llamó Mahoma! ¡malvado! y ¡blasfemo!

—Mahoma va a subir a la montaña, —dijo Couthon con su voz meliflua, en tanto que acariciaba a su perrito.

—¿Cómo es que no veo aquí el nombre de Tallien? Tallien... odio a ese hombre; es decir —agregó Robespierre, corrigiéndose con la hipocresía que los personajes que formaban este consejo acostumbraban emplear aún entre ellos. —Es decir, la virtud y la patria le odian. No hay en la Convención otro hombre que me inspire tanto horror como Tallien. ¡Couthon, donde ese hombre se sienta, me parece que veo mil Dantons!

—Tallien es la cabeza de ese cuerpo disforme —dijo Payan, a cuya criminal ferocidad, lo mismo que Saint-Just, reunía conocimientos poco comunes. —¿No sería mejor, en vez de cortarle la cabeza, ganarle o comprarle por algún tiempo, y ajustarle las cuentas cuando se hubiese quedado aislado? Tallien puede odiaros; pero ama extremadamente el dinero.

—No, —objetó Robespierre, escribiendo el nombre de Jean Lambert Tallien con sentado pulso, para que las letras fuesen bien visibles, — ¡necesito esa cabeza!

—Yo también traigo aquí una pequeña lista, —dijo Couthon con suavidad; —es sumamente corta. Vos os ocupáis de la Montaña; sin embargo, también es necesario hacer algunos escarmientos en el llano. Esos moderados son como esas pajas que siempre siguen el viento. Ayer se pronunciaron contra nosotros en la Convención. Un poquito de terror corregirá a esos veletas de campanario.

¡Pobrecillos! No les tengo la más ligera sombra de mala voluntad, tanto, que lloraría por ellos. ¡Pero mi *querida patria* es antes que todo!

Robespierre devoraba con encendidos ojos la lista que le entregara el hombre sensible.

—¡Ah! —dijo, —todos esos hombres han sido bien elegidos, pues, siendo poco notables, su muerte no será sentida; esta es una política excelente para con los restos de este partido. También veo algunos extranjeros.. éstos no tienen parientes en París. ¡Las mujeres y los parientes de los muertos la han dado ahora en decir mal de nosotros; sus quejas desmoralizan la guillotina!

—Couthon tiene razón, —repuso Payan; —mi lista contiene a todos los que convendría despachar en masa en medio del bullicio de la fiesta, mientras en la suya sólo figuran nombres de personas que se pueden entregar sin cuidado a la ley. ¿Las firmaréis ahora mismo?

—Ya están firmadas, —dijo Robespierre, volviendo a dejar la pluma en el tintero. —Vamos a hablar ahora de asuntos más importantes. Estas muertes no producirán excitación alguna; pero Collot d'Herbois, Bourdon De l'Oise, y Tallien... (al pronunciar este último nombre, Robespierre bostezó) son cabezas de partido. Esta es cuestión de vida o muerte, lo mismo para ellos que para nosotros.

—Sus cabezas son los escabeles de vuestra silla curul — dijo Payen a media voz. — Esta empresa no ofrece el menor peligro si obramos con osadía. Jueces y Jurados, todos han sido elegidos por vos. Con una mano movéis el ejército y con la otra la ley. Vuestra voz tiene todavía autoridad sobre el pueblo.

—¡El pobre y virtuoso pueblo! —murmuró Robespierre.

—Además, —prosiguió Payan, —si nuestro proyecto del día de la fiesta fracasase, no debemos retroceder, pues podemos todavía echar mano de grandes recursos. ¡Reflexionadlo bien! Henriot, general del ejército de París, os facilitará tropas para prender; el Club de los Jacobinos os proporcionará un público que apruebe, y el inexorable Dumas, jueces que nunca absuelven. ¡Es menester que seamos osados!

—Y lo seremos, —exclamó Robespierre en tono colérico, dando un puñetazo encima de la mesa, mientras se levantaba con su cabeza erguida, como la serpiente en el acto de morder. —Al ver la multitud de vicios que el torrente revolucionario mezcla con las virtudes cívicas —añadió, —tiemblo que el impuro contagio de esos hombres perversos que se deslizan entre los verdaderos defensores de la humanidad, me presente manchado a los ojos de la posteridad. Pues qué, ¿creen, acaso, repartirse la patria como un botín? Les agradezco su odio a todo lo que es bueno y virtuoso. Esos hombres... —y al decir esto arrebató la lista de las manos de Payan, —¡esos, y no vosotros, han establecido la línea divisoria entre ellos y los amantes de la Francia!

—¡Tenéis razón; nosotros, y nadie más, debemos gobernar! —murmuró Payan. — Más claro; el estado necesita unidad en el mando.

—Iré a la Convención,—prosiguió Robespierre. —Hace mucho tiempo que no me he presentado en ella, porque no se dijera que violentaba la República que he creado. ¡Fuera escrúpulos! ¡Quiero preparar al pueblo, quiero confundir a los traidores con una sola mirada!

Robespierre decía esto con esa terrible firmeza oratoria que no le faltó nunca, con esa voluntad moral que marchaba como un guerrero contra una batería. En este instante fue interrumpido por un criado que le entró una carta. Al abrirla, palideció y se puso a temblar de pies a cabeza; era uno de los infinitos anónimos con que continuamente los vivos amenazaban al dispensador de la muerte.

—Estás manchado —decía el escrito —con la sangre más noble de Francia. ¡Lee tu sentencia! Aguardo la hora en que el pueblo te entregará furioso a las manos del verdugo.

¡Si mis esperanzas me engañan... si tu fin se dilata demasiado tiempo... escucha... lee! Esta mano, que tus ojos buscarán en vano, ¡atravesará tu corazón! Te veo cada día... y cada día estoy a tu lado. A cada hora mi brazo se levanta contra tu pecho. ¡Infeliz! Vive, entretanto, los miserables días que te quedan... vive para pensar en mí... ¡y duerme para verme en tus sueños! Tu terror, y la memoria que tendrás de mí, son los heraldos de tu próximo fin. Adiós. Ahora mismo me voy a reír de tu miedo.

—¡Vuestras listas no están bastante llenas! —dijo el tirano con acento conmovido, cuando el anónimo se escapó de sus temblorosas manos. —¡Dádmelas... dádmelas! ¡Pensad... pensad! Barrère tiene razón... sí, tiene razón. ¡Matemos! ¡Los muertos son los únicos que no vuelven más!

CAPÍTULO II

EL BESO DE JUDAS

Mientras Maximiliano Robespierre abrigaba estos designios y se veía atormentado por estos terrores, el peligro y el odio común, todo lo que quedaba de noble y virtuoso entre los agentes de la revolución, servía para unir las más extrañas y apartadas voluntades hostiles al asesino universal.

Existía, efectivamente, una permanente conspiración contra Robespierre, en la cual entraban todos los hombres que no se habían manchado tan atrozmente con sangre inocente como el terrible dictador; pero esta conspiración hubiese sido infructuosa, a pesar de la sagacidad de Tallien y de Barras (únicos que, por su previsión y energía, Robespierre creía dignos del nombre de jefes). Los elementos más temibles que amenazaban al tirano, eran el tiempo y la naturaleza. Robespierre no se acomodaba a las exigencias del primero y había sublevado la segunda en todos los pechos, ultrajando todos los humanos sentimientos. El partido más atroz de la revolución, la facción de Hébert, había llegado al último extremo. Estos asesinos ateos, que al profanar el Cielo y la tierra se atrevían a abrogarse una inviolable santidad, estaban igualmente irritados por la ejecución de su inmundo jefe y por la proclamación de un Ser Supremo. El populacho, a pesar de sus brutales excesos, se despertó sobresaltado como saliendo de la opresión, de una pesadilla de sangre, cuando su gigantesco ídolo, Danton, dejó de ocupar la tribuna del terror, donde popularizara el crimen, por aquella combinación de negligente franqueza y de elocuente energía que seduce a la multitud. La destructora guillotina se había levantado amenazadora contra ellos mismos. Ese partido sanguinario había arrojado frenéticos alaridos de placer cuando la venerable ancianidad o la entusiasta juventud de la aristocracia o de las letras atravesaba sus calles marchando hacia el cadalso; pero estos hombres estaban ahora desesperados y se hablaban al oído cuando veían que su partido estaba amenazado, y que marineros, zapateros remendones, braceros y labradores, sucumbían devorados por la *Santa Guillotina*, que guardaba con ellos tan pocas ceremonias como si hubiesen sido Montmorencis, Tremouilles, Malesherbes o Lavoisiers. Razón tenía Couthon al decir: "¡Las sombras de Danton, de Hébert y de Chaumette se pasean entre nosotros!"

Entre los que abrazaran las doctrinas del ateísta Hébert, pero que en aquel momento temía sufrir la suerte de su jefe, se encontraba el pintor Juan Nicot. Desesperado y furioso al ver que con la muerte de su caudillo había terminado su carrera revolucionaria, y que en el zenit de la revolución, por la que tanto trabajara, se veía reducido al triste estado de tener que vivir escondido en las bodegas, más pobre, más oscuro y más despreciado que no lo fuera al principio, no atreviéndose siquiera a ejercer su arte y temeroso de que su nombre apareciese en la lista de los sentenciados, se había convertido naturalmente en uno de los más ardientes enemigos de Robespierre y de su gobierno. Tenía secretas entrevistas con Collot d'Herbois, que se encontraba animado de los mismos sentimientos, y con su astucia de serpiente, que formaba la parte más notable de su carácter, se entretenía en su escondite en forjar discursos y en propalar injurias e invectivas contra el dictador, preparando entre "el pobre y virtuoso pueblo" la mina que debía producir la grande explosión.

A los ojos de Nicot, lo mismo que a los de los más consumados políticos, el poder del incorruptible Maximiliano era todavía muy respetable, y tampoco contaban con el éxito del movimiento que preparaban contra él, que el pintor, igualmente que muchos otros, confiaban mucho más en el puñal de un asesino que en una revolución popular. Pero Juan Nicot, aunque nada tenía de cobarde en esta ocasión, le gustaba poco representar el papel de mártir, y tenía bastante sentido común para conocer que si bien todos los partidos se regocijarían del asesinato, todos también se unirían, probablemente, para decapitar al asesino. El pintor no tenía la suficiente virtud para convertirse en un nuevo Bruto. Su objeto era, al contrario, hacer un Bruto, lo cual era bastante fácil en medio de aquella inflamable multitud.

Entre los más airados y los que más atrevidamente declamaban contra aquel reinado de sangre; entre los más desengañados de la revolución, cuyos excesos le dejaran aterrorizado, se encontraba, como es de suponer, el inglés Clarencio Glyndon. El talento, las brillantes cualidades y las inciertas virtudes que, como destellos, venían por intervalos a iluminar la imaginación de Camilo Desmoulins, fascinaron a Glyndon más que los hechos de ningún otro agente de la revolución. Y cuando, pues Camilo Desmoulins tenía un corazón que parecía muerto o dormido en la mayor parte de sus contemporáneos, aquella viva imaginación infantil, llena de genio y de error, aterrorizada ante la matanza de los girondinos y arrepintiéndose de lo que hiciera contra ellos, empezó a alarmar la malicia de Robespierre predicando la tolerancia y el perdón, Glyndon abrazó sus miras con toda la fuerza de su alma. Camilo Desmoulins pereció, y el inglés, desesperando de salvar su vida, lo mismo que de ver triunfar la causa de la humanidad, sólo trataba ahora de huir de aquel devorador Gólgota, máxime cuando, a más de la suya, tenía que salvar otras dos vidas. Temblando más por ellas que por él, empezó a idear un plan de evasión. Aunque el inglés odiaba los principios y el partido de Nicot, socorría a éste en cuanto podía para ayudarle a subsistir. Juan Nicot, en cambio, trataba de hacer alcanzar a Glyndon la inmortalidad de Bruto que modestamente rechazara para sí, contando para ello con el valor físico, con las ideas inconstantes y arrebatadas del artista inglés, y con el odio que abiertamente manifestaba contra Robespierre y su gobierno.

En el mismo día y hora del mes de julio en que Maximiliano conferenciaba, como hemos visto, con sus compañeros, dos personas permanecían sentadas en un pequeño cuarto en una de las travesías que conducen fuera de la calle de San Honoré. Estas personas eran un hombre y una mujer. El primero pareció escuchar con impaciencia y con ceño a la segunda, que era una joven de singular belleza, pero de fisonomía atrevida y de aspecto negligente. Mientras hablaba, su semblante parecía animarse con todas las pasiones de una naturaleza salvaje y vehemente.

—Inglés —decía la mujer, —¡mirad lo que hacéis!... Ya sabéis que aun cuando en la fuga debiera encontrar la muerte, lo desafiaré todo para no separarme de vuestro lado. Bajo este supuesto, ¡hablad!

—Bien, Fílida; ¿he dudado nunca de vuestra fidelidad?

—Podéis hacerle traición, pero no dudar de ella, —respondió la joven. —Decís que en la fuga debe acompañaros otra persona, y que esa persona es una mujer. Pues bien; ¡esto no será!

—¿No será? —repitió Glyndon asombrado.

—¡No, no será! —volvió á decir Fílida con voz resuelta y cruzando sus brazos sobre el pecho.

Antes de que Glyndon tuviese tiempo de responder, oyóse un ligero golpe en la puerta, y, levantándose el picaporte, Nicot se introdujo en la habitación.

Fílida se recostó sobre el respaldo de la silla, y apoyando su mejilla sobre su mano derecha, pareció hacer tan poco caso del recién llegado, como de la conversación que siguió después.

—No puedo daros los buenos días, Glyndon, —dije Nicot, acercándose al artista con su traje de descamisado, sin quitarse su raído sombrero, con sus manos metidas en las faltriqueras, y con su barba, que tenía más de una semana, —no puedo daros los buenos días, pues mientras viva el tirano, el mal será el único sol que luzca sobre la Francia.

—Es verdad; pero ¿qué queréis hacerle? Nosotros hemos desencadenado el viento; suframos, pues, el torbellino.

—Y sin embargo, —repuso Nicot, como si no hubiese oído la respuesta y hablase consigo mismo, —¡parece imposible que esto suceda cuando uno piensa en que el verdugo es tan mortal como la víctima, que su vida pende de un hilo, que la distancia de la cutícula al corazón es muy pequeña, y que, en suma, un solo golpe puede libertar la Francia y redimir a la humanidad!

Glyndon miraba al francés con la indiferencia del desprecio mientras hablaba, y guardando silencio, le dejó continuar.

—¡Muchas veces he dirigido una mirada a mi alrededor para ver si descubría al hombre nacido para alcanzar este glorioso lauro, y cada vez que me ha ocurrido esta idea, mis pasos me han encaminado aquí!

—¿No hubiese sido mejor que os hubiesen llevado al lado de Maximiliano Robespierre? —dijo Glyndon con sonrisa burlona.

—No, —repuso Nicot con sangre fría, —no, pues soy *sospechoso*. Me sería imposible introducirme entre su séquito, y no podría acercarme de cien pasos a su persona sin verme preso. Vos sois libre todavía. Escuchadme. Aunque esta acción parece peligrosa, no lo es absolutamente. He visto a Collot d'Herbois y a BillaudVarennes, y me han dicho que no harían el menor daño al que descargase el golpe;

el populacho correría a socorreros, y la Convención os saludaría como a su libertador... como al...

—¡Cómo! ¿os atrevéis a mezclar mi nombre con el acto de un asesino? —opuso Glyndon irritado. —Suene el toque de arrebato en aquella torre como una señal de guerra entre la humanidad y el tirano, y no seré de los últimos en correr al campo; pero nunca puede llamarse defensor de la libertad un asesino.

Mientras Glyndon decía esto, había algo de tan valiente y tan noble en su voz y en su aspecto, que impuso silencio a Nicot. Entonces se convenció éste de cuán equivocadamente juzgara a su compañero.

—¡No! —dijo Filiad levantando su cabeza. —Vuestro amigo tiene entre manos un proyecto más prudente: quiere dejar que os devoréis unos a otros como lobos. En esto hace bien; pero...

—¡Huir! —exclamó Nicot. —¿Es posible? ¡Huir! ¿cómo?... ¿cuándo?... ¿por qué medios? ¡Toda la Francia está llena de espías y de guardas! ¡Huir! ¡Ojalá pudiéramos hacerlo!

—¿Deseáis vos también huir de la santa revolución?

—¡Sí, lo deseo! —exclamó Nicot de repente, y dejándose caer de rodillas, abrazó las de Glyndon... —¡Ah! —prosiguió —¡permitid que me salve con vos! Mi vida es un tormento continuado, y a cada momento veo la guillotina delante de mis ojos. Conozco que mis horas están contadas; se que el tirano va de un instante a otro a escribir mi nombre en su inexorable lista; se que Réné Dumas, el juez que nunca perdona, ha resuelto mi muerte hace mucho tiempo. Glyndon, en nombre de nuestra antigua amistad, por la comunidad de nuestro arte, por la lealtad inglesa y por vuestro buen corazón, ¡permitidme que huya con vos!

—No tengo en ello ningún inconveniente.

—¡Gracias!... gracias con toda mi alma. Pero, ¿como habéis preparado los medios... los pasaportes, el disfraz, el ..?

—Voy a decíroslo. ¿Conocéis a C*** de la Convención?... Tiene valimiento y es codicioso. *No me importa que me desprecien con tal que pueda hacer hervir la olla,* decía un día que le echaban en cara su avaricia.

—¿Y bien?...

—Por medio de ese *puro* republicano, que tiene muchos amigos en el Comité, he obtenido los medios necesarios para mi fuga; es decir, los he comprado. En consideración a nuestro antiguo conocimiento, os alcanzaré también pasaporte.

—Según eso, vuestras riquezas no son en asignados.

—No; tengo oro suficiente para todos nosotros.

Al decir esto, Glyndon llevó a Nicot a un cuarto contiguo y allí le participó en pocas palabras su plan de evasión y los disfraces que habían de llevar para que sus señas conviniesen con las del pasaporte. En seguida añadió:

—En cambio del servicio que os hago concededme un favor, que creo está en vuestra mano. ¿Os acordáis de Viola Pisani?

—¡Ah, sí; me acuerdo perfectamente! y me acuerdo del amante con quien huyó.

—Y al que ha abandonado ahora, —dijo Glyndon.

—¿sí?... ¡Ah! ya comprendo ¡Por vida del... Os juro, querido colega, que sois un hombre afortunado.

—¡Silencio! ¡Con vuestra charla de fraternidad y virtud, parece que sois incapaz de creer en ninguna acción buena ni en ningún noble pensamiento!

Nicot se mordió los labios y replicó medio confuso:

—La experiencia es un gran maestro. ¡Hum! ¿Qué servicio puedo haceros con respecto a la italiana?

—Yo he tenido la culpa de su venida a esta ciudad de cepos y de calabozos, y por consiguiente, no puedo dejarla abandonada en medio de los peligros que no respetan ni la inocencia ni la oscuridad. En vuestra santa república, un ciudadano cualquiera que no sea sospechoso y que codicie a una mujer, doncella o casada, no tiene más que decir: "Sed mía u os denuncio." En una palabra, es necesario que Viola huya con nosotros.

—¿Qué cosa hay más fácil, si tenéis pasaporte para ella?

—¡Qué cosa hay más fácil, decís! ¡Pues yo os aseguro que es sumamente difícil! ¡Ahí está Fílida, a quien ojalá no hubiese visto nunca, y a quien en mal hora esclavizara mi alma y mis sentidos! ¡El amor de una mujer violenta, sin principios y sen educación, ofrece la entrada de un cielo para conducir al infierno! Es celosa como las Furias y no quiere oír hablar de otra mujer. Cuando vea la belleza de Viola... Tiemblo solo al pensarlo. Es capaz de cometer cualquier exceso en. medio de la tempestad de sus pasiones.

—Sé perfectamente lo que son esas mujeres. Mi esposa, Beatriz Sacchini, con la cual entablé relaciones en Nápoles cuando esa misma Viola desechó mi mano, se separó de mí cuando se me concluyó el dinero. Al poco tiempo pasó a ser la querida de un juez, y la veía pasar con mucha frecuencia en su lujoso coche, mientras yo me arrastraba por esas calles. ¡Maldición!... pero paciencia, ¡paciencia! Este es el premio de la virtud. ¡Si yo fuese Robespierre por un solo día!

—¡Dejad estas tonterías! —exclamó Glyndon con impaciencia —y vamos al caso. ¿Qué me aconsejáis?

—Que dejéis a Fílida en París.
—¡Dejarla entregada a su ignorancia, sin contar siquiera con la protección de una mediana imaginación; abandonarla en medio de esta saturnal de violencia y de asesinato! ¡No! He sido ingrato para con ella una vez. Suceda lo que suceda, no desampararé tan bajamente a una mujer, que, a pesar de todos sus errores, se confió a mi amor.

—Sin embargo, huisteis de ella en Marsella.

—Es verdad; pero entonces no le amenazaba ningún peligro y no había probado todavía la fidelidad y la fuerza de su amor. Le dejé dinero y creí que esto la consolaría; no fue así. Desde entonces hemos atravesado juntos graves peligros, y dejarla expuesta ahora a males que no la amenazaran sino fuese su adhesión a mí... no es posible. Me ocurre una idea. ¿No podéis decir que tenéis una hermana, una pariente o una persona a quien salvar? ¿No podríamos, hasta haber dejado la Francia, hacer creer a Fílida que Viola es una mujer que solamente os interesa a vos, y que permita que venga con nosotros por complaceros?

—¡Bien pensado, a fe mía!

—Entonces, aparentaré ceder a los deseos de Fílida y abandonar el proyecto que tanto le repugna de salvar al inocente objeto de sus frenéticos celos. Vos, entretanto, suplicáis a Fílida que interceda conmigo para salvar a...

—A una señora, pues sabe que no tengo ninguna hermana, que me ha socorrido en la desgracia. Sí, yo lo arreglaré todo; no temáis. Una pregunta: ¿qué ha sido de Zanoni?

—No habléis de él... Lo ignoro.

—¿Ama todavía a esa muchacha?

—Parece que sí. Es su mujer y tiene con ella un hijo.

—¡Su mujer!... ¡y madre! La ama. ¿Y por qué?...

—No me preguntéis más. Voy a prevenir a Viola que se prepare para huir; vos, entretanto, volved al lado de Fílida.

—¿Y las señas de la napolitana? Es menester que las sepa por si Fílida me lo preguntase.

—Calle M*** T***, número 27. Adiós.

Glyndon, cogiendo su sombrero, salió de casa precipitadamente, mientras Nicot, solo en el cuarto, pareció reflexionar algunos momentos.

—¡Hola! —murmuró hablando consigo mismo. —¿No podría hacer que todo este negocio redundase en provecho mío? ¿No puedo vengarme de ti, Zanoni, como lo he jurado tantas veces, por medio de tu mujer y tu hijo? ¿No puedo cargar con tu oro, con tus pasaportes y con tu Fílida, arrebatado inglés, en pago de haberme humillado con tus beneficios y de haberme arrojado las limosnas como a un pordiosero? Amo a Fílida, y mas todavía a tu dinero. ¡Muñecos, voy a mover vuestras cuerdas!

Diciendo esto, Nicot se dirigió lentamente al cuarto de Filiad, que permanecía en la misma actitud meditabunda, solo que ahora brillaban en sus párpados algunas lágrimas. Al abrirse la puerta, la joven dirigió hacia ella una mirada de ansiedad, pero al tropezar sus ojos con la fea cara de Nicot, volvió la cabeza con ademán impaciente.

—Glyndon, —dijo el pintor acercando una silla al lado de Filiad, —me ha dejado para hacer menos fastidiosa vuestra soledad, hermosa italiana. Glyndon no tiene celos del feo Nicot. Nicot os ama tanto ahora como cuando era afortunado. Pero dejemos a un lado las locuras pasadas.

—Según eso, vuestro amigo ha salido de casa. ¿A dónde ha ido? ¡Ah! apartáis la vista... balbuceáis. ¡Hablad! ¡os lo suplico, os lo mando!

—¡Niña! ¿y qué es lo que teméis?

—Temo, sí; temo, — dijo la italiana estremeciéndose, en tanto que parecía abismarse en sus pensamientos.

Al cabo de un momento, la joven se echo atrás los rizos que le caían delante de los ojos, y levantándose de repente, empezó a pasearse por el cuarto con paso agitado. Al fin, deteniéndose delante de Nicot, le cogió por el brazo y le llevó hacia un escritorio. Fílida lo abrió, y enseñándole el oro que había dentro, le dijo:

—Sois pobre y amáis el dinero; tomad el que queráis, pero decidme la verdad. ¿Quién es la mujer que visita vuestro amigo? ¿Sabéis si la ama?

La avaricia brilló en los ojos del pintor y sus manos se abrían y cerraban convulsivamente mientras contemplaba el dinero. Pudiendo apenas resistir aquel impulso, dijo afectando amargura:

—¿Pensáis seducirme? En este caso, no lo alcanzaréis por medio del dinero Pero, ¿qué importa que ame a una rival?... ¿Qué importa que os haga traición?... ¿Qué importa que aburrido con vuestros celos, trate de huir, dejándoos a vos? ¿Acaso el saber todo eso os haría feliz?

—Sí —exclamó la italiana con altivez, —sí; ¡pues sería una felicidad el que pudiese odiar y vengarme! ¡Ah! vos no sabéis cuán dulce es el odio para el que ha amado de veras.

—¿Juráis no descubrirme si os revelo el secreto, y no empezar, como todas las mujeres, a llorar y a reprochar a vuestro infeliz amante cuando vuelva?

—¡Lágrimas... reproches! No hay nada que se oculte mejor bajo la sonrisa que la venganza.
—¡Sois una mujer valiente! —dijo Nicot en tono de admiración. — Otra condición: vuestro amante intenta huir con su nueva querida y abandonaros a vuestra suerte. Si os pruebo esto y os proporciono el vengaros de vuestra rival, ¿huiréis vos conmigo? ¡Os amo, y me casaré con vos!

Los ojos de Fílida brillaron con un fuego extraordinario, en tanto que arrojaban sobre el pintor una mirada de inexplicable desdén.

Nicot conoció que había ido demasiado lejos, y con ese profundo conocimiento de la parte mala de nuestra naturaleza que aprendiera en la escuela del crimen y que era el sentimiento dominante de su corazón, resolvió confiar lo demás a las indómitas pasiones de la italiana cuando las hubiese excitado hasta el extremo que se había propuesto.

—Perdonad —dijo, —mi amor me ha hecho ser presuntuoso. Y, sin embargo, este amor y la simpatía que siento por vos, hermosa engañada, son los que me inducen a ser injusto con mis revelaciones para con un hombre que he mirado siempre como a un hermano. ¿Puedo creer en vuestro juramento de no decir nada de esto a Glyndon?

—¡Basta! Coged vuestro sombrero y seguidme.

Así que Fílida salió del cuarto, los ojos de Nicot se fijaron otra vez sobre el oro. Era más, mucho mas de lo que se hubiese atrevido a esperar. Corrió al escritorio, y al abrir los cajones, vio un paquete de cartas de Camilo Desmoulins, cuya letra conocía perfectamente. Se apoderó de él y abrió una carta. Sus ojos brillaron de placer al devorar algunas sentencias.

—Esto sería suficiente para enviar a la guillotina a sesenta Glyndons! —murmuró, mientras se escondía las cartas en el pecho.

¡Oh, artista!... ¡Genio errante!... ¡Mira tus dos peores enemigos: el falso ideal que no reconoce un Dios, y el falso amor que nace de la corrupción de los sentidos sin tomar ningún reflejo del alma!

CAPÍTULO III

DE ZANONI A MEJNOUR

¿Te acuerdas, Mejnour, de aquellos tiempos, cuando lo bello existía todavía en la risueña Grecia, y cuando los dos, en el vasto teatro de Atenas, contemplábamos extasiados el nacimiento de la divina poesía, tan inmortal como nosotros mismos? ¿Te acuerdas del terror que se apoderó del auditorio, cuando Casandra rompió su espantoso silencio, inspirada por su inflexible Dios? ¡Cuán desencajado estaba su rostro, cuando, estando en la casa de Atreo, que por poco fue su tumba, salió corriendo y exclamando: "¡Morada aborrecida de los cielos! ¡eres una carnicería humana! ¡tu suelo está salpicado de sangre! · ¿Te acuerdas, cuando, en medio del silencioso terror que dominara en aquella numerosa concurrencia, me acerqué a ti, diciéndote en voz baja: "¡No hay profeta mas verdadero que el poeta!" Esta escena de fabuloso horror se presenta a mi imaginación a manera de un sueño, como si quisiera predecirme mi futuro. Cuando contemplo esta ciudad sangrienta, me acuerdo de aquella escena y me parece que oigo la voz de Casandra. Un miedo solemne y profético se difunde en derredor de mí, como si fuese a tropezar con una tumba y como si me encontrase ya prendido en la red de las Hadas. ¡Qué tesoros de negras vicisitudes y de dolor se acumulan en nuestra memoria! ¿Qué es nuestra vida mas que la crónica de la infatigable muerte? Me parece que era ayer cuando vagaba por las calles de la ciudad de los antiguos galos, llenas de brillantes caballeros luciendo sus ricos trajes. El joven Luis, monarca y amante, había salido victorioso en el torneo del Carroussel, y toda la Francia parecía regocijarse en el triunfo de su arrogante y deslumbrador jefe. Ahora no hay aquí ni Altar, ni Trono; y ¿qué se ve en su lugar? ¡*La guillotina!* Si es triste permanecer entre las ruinas de ciudades que en otro tiempo se levantaron soberbias y ver deslizarse el lagarto y la serpiente entre los restos de Persípolis y de Tebas, es más triste todavía vivir como yo, extranjero de imperios que dejaron de existir, en medio de lea más espantosas ruinas de la ley y del orden, presenciando el destrozo de la humanidad. Sin embargo aun aquí, el amor, el más santo objeto que puede guiar mis pasos, camina con risueñas esperanzas en medio de los desiertos de la muerte. ¡Cuán extraña es esa pasión que se forma un mundo aparte, y que, individualizando al hombre en medio de la multitud, sobrevive por entre las metamorfosis de mi solemne vida, mientras que la ambición, el odio y la ira permanecen muertas! El amor es el ángel solitario que se cierne sobre un cementerio universal sostenido por sus trémulas y humanas alas... ¡el miedo y la esperanza!

¿Cómo es, Mejnour, que aun cuando mi divino arte me ha abandonado, y que aun cuando al buscar a Viola no me he visto ayudado sino por los ordinarios instintos del mas humilde mortal, cómo es, repito, que nunca he desconfiado, y que he sentido, en medio de todas las dificultades, el constante presentimiento de que nos reuniríamos al fin? Todas las huellas de su fuga se me han ocultado de una manera cruel; fue ésta tan repentina y tan secreta, que ni los espías, ni las autoridades de Venecia, me han podido facilitar el menor indicio. ¡En vano he recorrido toda la Italia y he ido a su morada de Nápoles!... ¡Todavía, al encontrarme en aquellas humildes habitaciones, me parecía respirar la fragancia de su presencia! Todos los sublimes secretos de nuestra ciencia me faltaron cuando quise hacer su alma visible a la mía. ¡No obstante, es preciso que sepas, pobre solitario, que día y noche puedo comunicarme con mi hijo! En ésta, que es la más santa y misteriosa de todas las relaciones, la naturaleza misma parece conceder lo que niega la ciencia. El espacio no puede separar el alma vigilante del padre del lado de la cuna de su primer hijo. Ignoro el país y la casa que habitan; mis visiones no me describen la tierra, sino a la tierna criatura, ¡la cual parece ya tener el espacio por herencia! Para el niño, cuya razón no se ha despertado todavía, y en el cual las malas pasiones del hombre no han venido a oscurecer la esencia que posee del elemento que dejara, no existe país alguno peculiar, ni ciudad natal, ni mortal lenguaje. Su alma, siendo aún el habitante del aire y de todos los mundos, se encuentra con la mía en el espacio; ¡allí el niño se comunica con su padre! ¡Mujer cruel!... tú, por quien dejé la sabiduría de las esferas; tú, a quien debo el fatal presente de las debilidades y terrores de la humanidad, ¿pudiste creer que su alma estaría menos segura en la tierra porque quería acercarla más al cielo? ¿Crees que podía hacer algún daño a mi hijo? ¿No veías en sus serenos ojos esa luz que le daba para advertirte, para vituperar a la madre que quiere ligarle y hacerle participar de las tinieblas y de los tormentos de los demás mortales? ¿No conocías que yo, por medio del poder del cielo, le escudaba contra las enfermedades y los sufrimientos? ¡En su admirable belleza, bendecía el santo medio por el cual, al fin, mi espíritu podría comunicarse con el tuyo!

¿Y cómo lo haré para encontrarlos aquí? Supe que tu discípulo había estado en Venecia. Por la descripción que me hicieron del tétrico y extraño personaje que estuvo a visitar a Viola antes de su fuga, no me fue posible descubrir al bello neófito de Parténope; pero, cuando quise llamar su idea y hacerla visible a mis ojos, se negó a obedecerme, y entonces conocí que su destino estaba ligado al de Viola. He seguido sus huellas hasta esta ciudad, a donde llegué ayer, y todavía no me ha sido posible encontrarles.

Acabo de llegar ahora mismo de los Tribunales de justicia... cavernas donde los tigres atraen a su presa. No pude encontrar a quien buscaba. Todavía están a salvo; pero en los crímenes de los mortales reconocí la negra sabiduría de la eternidad. ¡Mejnour, he visto aquí por primera vez cuán bella y majestuosa es la muerte! ¡De qué sublimes virtudes nos despojamos, cuando, sedientos de virtud, alcanzamos el arte por medio del cual podemos evadirnos de la muerte! Cuando, bajo un clima feliz, donde respirar es gozar, la tumba se traga la juventud y la hermosura; cuando, afanado trae el ardiente deseo de conocimientos, la muerte se presenta al joven estudioso, dejando caer el telón sobre la encantadora tierra que se ofreciera a su contemplación, ¡cuán natural es entonces en nosotros el deseo de vivir, y cuán natural el que la perpetuidad de la vida sea el primer objeto de nuestra investigación! ¡Pero aquí, desde la elevada altura del tiempo, al volver la vista al negro pasado y al contemplar el brillante porvenir, aprendo a conocer de la manera que sienten los grandes corazones y cuán dulce y glorioso es morir por lo que se ama! He visto a un padre sacrificarse por su hijo; se le hacían cargos que podía desvanecer solo pronunciando una palabra; ¡le habían equivocado con su hijo! ¡Con qué placer aceptó el error, confesando los nobles crímenes de valor y fidelidad que su hijo cometiera! ¡Con qué gozo marchaba al suplicio cuando recordaba que salvaba la vida del hijo a quien había dado el ser! He visto mujeres jóvenes y delicadas, en la flor de su belleza, que se habían consagrado al retiro del claustro; manos manchadas de sangre inocente les abrían las puertas que las separaban del mundo, y relevándolas de los votos que hicieron ante el Dios que estos ateos niegan, les decían que buscasen un amante, ya que eran libres. Algunas de esas tiernas criaturas habían amado, o quizá luchaban todavía contra el amor. ¡Esas tímidas doncellas respondían con voz tranquila que preferían morir antes que romper su voto y faltar a su fe! ¿De dónde nace este valor? Es porque *estos corazones viven en una vida más abstracta y mas santa que la suya. Pero vivir para siempre en este mundo es no vivir en nada más divino que nosotros mismos.* Sí; aun en medio de esta sangrienta carnicería, Dios, el eterno Ser, revela por medio de la mano del hombre la santidad de la muerte.

Otra vez he visto en espíritu a mi querido hijo. ¿No me has reconocido tú también en tus sueños, hijo del alma? ¿No has sentido los latidos de mi corazón por entre el velo de tus rosados sueños? ¿No has oído las alas de los seres aéreos que aun puedo conjurar en derredor de ti para alimentarte y protegerte? Y cuando el hechizo se desvanece al despertar, cuando tus ojos se abren a la luz, ¿no me buscan por todas partes, preguntando a tu madre, con muda elocuencia, por qué te ha robado a tu padre?

Mujer, ¿no te arrepientes? Huyendo de imaginarios temores has venido a la mansión del terror, donde el peligro reside visible y palpable. ¡Ah! si pudiésemos encontrarnos, ¿no te arrojarías en los brazos del que has ofendido, para sentir, pobre mujer perdida en medio de la tempestad, que entrabas en tu benéfica morada? Mejnour, aun han sido infructuosas mis pesquisas. Aun cuando me frecuento con toda clase de hombres, hasta con los jueces y los espías, no me ha sido posible coger la punta del ovillo. Sé que se encuentra aquí. Lo conozco instintivamente, pues el aliento de mi hijo me parece mas perceptible y mas familiar.

Los espías clavan en mí sus venenosas miradas cuando paso por las calles; pero basta una mirada mía para desarmar su malicia y fascinar a los basiliscos. Por todas partes veo las huellas y siento la presencia del terrible espectro del umbral, cuyas víctimas son las almas que quisieran elevarse, pero que retiene el temor. Veo como su negra forma marcha delante de los verdugos dirigiendo sus pasos. Robespierre pasó por mi lado con paso furtivo; los ojos de la espantosa sombra roían su corazón. Fue a ver su Convención: el espectro estaba sentado en el centro del edificio; ha fijado su residencia en la ciudad de la muerte. ¿Y qué son, bien mirados, esos hombres que se titulan edificadores de un nuevo mundo? Lo mismo que los estudiantes que han luchado en vano para obtener nuestra suprema ciencia: han intentado una empresa que esta más allá de su poder: han querido pasar del mundo real al mundo de las sombras, y su terrible guardián ha hecho de ellos su presa. Quise profundizar el interior del tirano; su alma cobarde temblaba cuando pasó junto a mí. Allí, en medio de las ruinas de un millón de sistemas que se encaminan a la virtud, se sienta el crimen, temblando ante su obra de destrucción. Y sin embargo, este hombre es el único pensador, el único aspirante que hay entre todos ellos. ¡Aun sueña en un porvenir de paz y de perdón! ¿Cuándo empezará? Cuando haya destruido a todos sus contrarios. ¡Insensato! De cada gota de sangre vertida salen mil nuevos enemigos. Conducido por los ojos del espectro, Robespierre camina a su fin.

¡Ah! Viola, tu inocencia te protege Tú, a quien la dulce humanidad del amor priva hasta de los sueños de una belleza aérea y espiritual, haciendo de tu corazón un universo de visiones más seductoras que las que puede contemplar el que tiene la facultad de penetrar en el brillante Héspero... ¿no te rodeará esa misma pura afección, aun aquí, de una atmósfera encantadora, que desarmará el terror cuando quiera penetrar en una vida demasiado pura para la sabiduría?

CAPÍTULO IV

TRABAJO INUTIL

Los clubs se agitan frenéticamente, y sus jefes se pierden en el negro laberinto de sus proyectos. El terrible Henriot corre de un lado a otro murmurando a sus tropas: "¡Robespierre, vuestro querido Robespierre, está en peligro!" Robespierre anda turbado inscribiendo nuevas víctimas en su lista. Tallien, el Macduff del sentenciado Macbeth, inspira valor a los asustados conspiradores. Los carros que llevan las víctimas al cadalso pasan precipitadamente por las calles. Las tiendas permanecen cerradas; el pueblo está saciado de sangre y se muestra retraído. ¡Y cada noche, los hijos de la revolución llenan los ochenta teatros de la capital, para reír con la sátira de la comedia o para llorar sobre males imaginarios!

En un pequeño cuarto, en el corazón de la ciudad, la cuidadosa madre vela sentada al lado de la cuna de su hijo. Es la hora tranquila de mediodía; los rayos del sol, penetrando casi perpendicularmente en las estrechas calles, se introducen por las abiertas ventanas tan alegremente en el templo como en la prisión, en el gran salón como en la cabaña, mostrándose tan risueños si iluminan la primera hora de la vida como el terror y la agonía de la última. El niño, echado a los pies de Viola, alarga sus lindas manecitas como si quisiera coger los vacilantes y dorados átomos que juguetean en los rayos del sol. La madre aparta sus miradas de la luz, porque la entristece más, y un profundo suspiro se escapa de su pecho.

¿Es la misma Viola que brillaba más hermosa que la Idalia bajo el cielo de la Grecia? ¡Cuán cambiada está! ¡Cuán pálida y agostada! Sentada negligentemente con los brazos cruzados encima de sus rodillas, no asoma en sus labios aquella encantadora sonrisa que le era habitual. Un pesado y melancólico desaliento, como si hubiese desaparecido de ella la vida de la vida, parece encorvar su juventud, y hace que le sea importuno aquel rayo de sol. Su existencia ha languidecido desde su fuga, como la triste corriente al dejar de alimentarla su manantial. El repentino entusiasmo de miedo o de superstición, que, como si fuera impulsado por los movimientos desordenados de un sueño, la hizo huir de Zanoni, cesó desde el día que sus pies pisaron tierra extranjera. Entonces sintió que su vida estaba en la sonrisa del hombre que abandonara para siempre. Sin embargo, Viola no estaba arrepentida ni hubiese retrocedido otra vez ante el impulso que la determinó a huir. Si el entusiasmo había desaparecido, quedaba todavía la superstición; aun creía que había salvado a su hijo de la negra y culpable hechicería, respecto de la cual son tan pródigas las tradiciones de todos los países, si bien en ninguna parte es tan temida como en el Mediodía de Italia. Esta impresión estaba confirmada por las misteriosas conversaciones de Glyndon y por el cambio terrible que observara en el que ella se representaba como la víctima de los sortilegios. Por eso no se arrepentía, pero su voluntad se había fatigado.

Desde su llegada a París, Viola no vio más a su compañera, la mujer que le diera aquel ejemplo de fidelidad. Antes de tres semanas, ella y su marido habían dejado de existir.

Y ahora, por primera vez, los trabajos de esta dura tierra ocupaban a la bella napolitana. En aquella profesión que diera voz y forma a la poesía y al canto, y en la cual empleara sus primeros años, se encuentra, mientras se ejerce, una excitación que eleva el arte fuera de la esfera del mecanismo de un oficio. Vacilando entre dos existencias, la real y la ideal, se mecía la vida de la música y del teatro. Pero éstos se habían perdido para siempre en el ídolo de los ojos y de los oídos de Nápoles. Elevada a la más alta esfera del apasionado amor, parecía como si el ficticio genio que representa los pensamientos de los demás se hubiese mezclado con el genio que eleva el pensamiento propio. Hubiera sido la peor infidelidad para el ausente, descender otra vez a vivir de los aplausos del mundo. Y así, pues Viola no hubiese querido aceptar limosnas de Glyndon por los medios mas comunes, por la mas humilde industria que el sexo conoce, sola y sin ser vista de nadie, la que había dormido en los brazos de Zanoni, encontró un refugio para su hijo. Lo mismo que cuando Armida destruyó su encantado palacio, ni un solo vestigio quedaba de aquella suntuosa morada levantada en otro tiempo por la poesía y el amor que pudiera decir "ha existido".

El niño vengaba a su padre: seguía sano y robusto en el camino de la vida. Sin embargo, aun parecía que había un ser oculto que velaba sobre él. Su sueño era tan profundo y tranquilo, que no hubiese sido bastante a interrumpirle uno de esos truenos que conmueven los edificios. Durante este sueño, con mucha frecuencia el niño movía sus brazos como para abrazar el aire, y otras veces sus labios parecían murmurar sonidos 'de indistinta afección... pero *no para ella*. Y durante su sueño, se veía siempre en sus mejillas un tinte de celestial belleza, y una sonrisa de misteriosa alegría venía a fijarse en sus labios. Cuando se despertaba, su primera mirada no era para ella; pensativos, ansiosos y errantes, sus ojos vagaban de un lado para otro, para fijarse, al fin, con una expresión de triste reproche, sobre el pálido rostro de su madre.

Nunca, como ahora, Viola había conocido cuánto amara a Zanoni. Pensamiento, emociones, corazón, alma y vida, todo parecía paralizado y dormido en la fría ausencia a que se consagrara. Ninguno de los ruidos de la tempestad popular llegaba a sus oídos. Solamente cuando Glyndon, pálido como un espectro, iba a hacerle su visita diaria, hacía saber a la negligente del Sur que vivía bajo una atmósfera de sangre y de muerte. Sublime en la pasiva indiferencia de su vida mecánica, la joven italiana no temía caer en las garras de los feroces verdugos.

La puerta del cuarto se abrió con ímpetu, y Glyndon apareció en la habitación. El inglés estaba más agitado de lo que acostumbraba.

—¿Sois vos, Clarencio? —dijo Viola con su voz lánguida y suave.— No os esperaba a esta hora.

—¿Quién puede contar las horas en París? —repuso Glyndon con espantosa sonrisa. —¿No es una suerte el que me encuentre aquí? Vuestra apatía en medio de tantas calamidades, me deja absorto. Con tanta tranquilidad me decís "Adiós" como me dais la bienvenida. ¡Como el no hubiese un espía en cada esquina, y una matanza cada día!

—¡Perdonad! El mundo, para mí, se reduce a estas tristes paredes. Apenas puedo dar crédito a las cosas que me referís. Todo, aquí, excepto aquello —y señalaba a su hijo—parece tan falto de vida, que solamente en la tumba se podrían ignorar menos los crímenes que se cometen fuera de este recinto.

Glyndon guardó silencio por algunos momentos para contemplar con extraños y variados sentimientos aquella hermosa figura, tan joven todavía, y sumergida, no obstante, en aquel triste reposo que sólo se siente cuando el corazón ha envejecido.

—¡Ah, Viola! —dijo al fin el artista, con una voz de oprimida pasión. —¿Podía figurarme que os llegaría a ver en esta situación, cuando nos encontramos por primera vez bajo el alegre cielo de Nápoles? ¡Ah! ¿Por qué rehusasteis entonces mi amor? ¿Por qué no fue el mío digno de vos? ¡No os retiréis! permitidme tocar vuestra mano. Jamás podré volver a sentir un amor tan intenso como el de aquella época de mi juventud. Ahora sólo os profeso el afecto que un hermano siente por una hermana joven y desamparada. Cuando me encuentro a vuestro lado, aunque sea una cosa triste, me parece respirar el aire puro de mi primera juventud. Sólo aquí, fuera de las escenas de la vida tumultuosa, el espectro cesa de perseguirme, y hasta olvido la muerte que veo detrás de mí y que me sigue como si fuese mi sombra. Pero aun pueden venir para nosotros mejores días. Viola, al fin, aunque de una manera vaga, empiezo a distinguir el medio de burlar y subyugar el fantasma que ha envenenado mi existencia. Este medio es desafiarle y luchar con él. Mientras sigo una vida desarreglada y culpable, ya os lo he dicho, no me atormenta; pero ahora comprendo lo que Mejnour quería significar en sus oscuros apotegmas "de que temiese más al espectro cuando no se dejase ver de mí". En medio de una vida virtuosa y tranquila, siempre se me aparece... ¡Ahora mismo le veo... allí.. allí... con sus lívidos ojos! —y al decir esto, gruesas gotas de sudor corrían por su frente. —Pero, por mas que haga, no me hará desistir de mi resolución. Le miro, y a medida que lo hago, se desvanece entre las sombras.

Glyndon se calló, mientras sus ojos parecían seguir con extraña alegría algún objeto en el luminoso espacio. Después, con una pesada y agitada respiración, prosiguió:

—Viola, he encontrado los medios de abandonar esta ciudad. Nos iremos a cualquier otro país donde nos consolaremos el uno al otro, procurando olvidar lo pasado.

—No, —dijo Viola tranquilamente, —no pienso moverme de aquí hasta que me lleven a la última morada. ¡Clarencio! esta noche le he soñado... y esta ha sido la primera vez que esto me ha sucedido desde que estoy separada de él. ¡Ah! no os burléis de mí; pero me parece que me perdonaba y que me llamaba "esposa". Este sueño santifica este lugar. Quizá vendrá a verme otra vez antes de morir.

—¡No habléis de él..., no nombréis a ese semidemonio! —exclamó Glyndon irritado, golpeando con el pie en el suelo. —Dad gracias a Dios por haberos librado de él.

—¡Silencio! —dijo Viola con gravedad.

Así que iba a proseguir, sus ojos se fijaron en su hijo. El niño se encontraba en el centro de aquella oblicua columna de luz que el sol proyectaba dentro del cuarto, y sus rayos parecían formar una radiante aureola en derredor de su rubia cabellera. En su pequeña forma tan exquisitamente modelada, en sus grandes y tranquilos ojos, había algo de imponente que al mismo tiempo encantaba a la orgullosa madre. El niño miraba a Glyndon de una manera que casi podía interpretarse por desdén. Viola vio en aquella mirada una defensa en favor del ausente, mas fuerte que la que sus labios hubiesen podido pronunciar.

Glyndon rompió el silencio.

—Queréis quedaros... y ¿para qué? ¡Para faltar a los deberes de madre! Si os sucediese alguna desgracia aquí, ¿qué sería de vuestro hijo? Se quedaría huérfano en un país que se ha despojado de sus creencias religiosas y donde no se conoce la caridad. ¡Ah! en vano lloráis y le estrecháis en vuestros brazos. Con vuestras lágrimas no le salvaréis ni protegeréis.

—Amigo mío, habéis triunfado; os sigo.

—Entonces, estad preparada para mañana a la noche. Me encargo de traeros el disfraz.

En seguida Glyndon le refirió en pocas palabras la marcha que debían seguir y el papel que debían representar. Viola, por mas que escuchaba con atención, apenas comprendía una palabra: Glyndon llevó la mano de la joven a su corazón, y partió.

CAPÍTULO V

PREPARANDO LA VENGANZA

Al salir precipitadamente de la casa de Viola, Glyndon no reparó en dos personas que se mantenían arrimadas en el ángulo de la pared. El inglés no vio más que al espectro deslizándose por su lado, y eso le privó de ver los envenenados ojos de la envidia y de los celos que expiaban su retirada.

Nicot se adelantó hacia la casa y Fílida le seguía en silencio. El pintor, antiguo *sanculot,* sabía perfectamente el lenguaje que debía emplear con el portero. Nicot llamó al pobre hombre fuera de su casa, diciéndole:

—¿Cómo es eso, ciudadano? ¿Ocultáis un sospechoso?

—¡Ciudadano, me asombráis! Si es así, decidme su nombre.

—No es ningún hombre; ¿vive aquí una mujer, una emigrada italiana?

—Sí, en el tercer piso, puerta de la izquierda. Pero ¿qué hay de particular?... Esa pobre mujer no puede ser peligrosa.

—Cuidado, ciudadano; ¿os atrevéis a defenderla?

—¿Yo? no; no en verdad; pero...

—¡Decid la verdad! ¿Quién la visita?

—Nadie mas que un inglés.

—Eso es, un inglés, un espía de Pitt y de Coburgo.

—¡Justo cielo!... ¿Es posible?

—¡Cómo, ciudadano! ¿Os atrevéis a mentar el cielo? ¡Sin duda sois aristócrata!

—No, no lo creáis; es una vieja costumbre, y de vez en cuando se me escapa sin advertirlo.

—¿La visita muy a menudo el inglés?

—Cada día.

Fílida dejó escapar una exclamación .

—Lo que es ella no sale nunca, —prosiguió el portero. —Su única ocupación es trabajar y cuidar de su hijo.

—¡Su hijo!

Fílida dio un salto hacia la puerta. En vano Nicot quiso detenerla. La querida de Glyndon, subiendo la escalera con la velocidad del rayo, no se detuvo hasta llegar delante de la puerta indicada por el portero. La puerta estaba entornada; Fílida la abrió, ¡y se detuvo en el umbral para contemplar aquel rostro todavía tan bello! Al ver tanta hermosura, se sintió desfallecer. En seguida sus ojos se fijaron sobre el niño, al cual la madre miraba extasiada... ¡Fílida no había sido madre! Esta mujer no articuló ningún sonido... las furias se disputaban su corazón.

Viola volvió la cabeza. Al ver aquellas facciones en donde estaba pintado el odio, el desprecio y la venganza, la pobre madre arrojó un grito de espanto, en tanto que estrechaba a su hijo contra su corazón... La italiana soltó una estrepitosa carcajada... y volviendo la espalda, bajó a encontrar a Nicot, que estaba aún hablando con el portero. Fílida se lo llevó fuera de la casa. Apenas estuvieron en la calle, la joven se detuvo de repente, diciendo:

—¡Vengadme, y pedid!

—¡Que pida, me decís, hermosa mía! Nada más pido sino que me permitáis amaros. Huiréis conmigo mañana a la noche, y para eso, os apoderaréis de los pasaportes y emplearemos su mismo plan.

—Y ellos...

—Antes de aquella hora estarán en la Conserjería. La guillotina vengará vuestros agravios.

—Hacedlo así, y quedaré satisfecha, —dijo Fílida con firmeza.

Nicot y su compañera no hablaron más palabra hasta que llegaron a su casa. Una vez aquí, Fílida dirigió una mirada a las ventanas de su triste habitación, de la cual, la creencia en el amor de Glyndon, hiciera en otro tiempo un Paraíso. Allí, el corazón de aquella tigre se ablandó algún tanto, como si algo de la mujer se despertase en su naturaleza vengativa y salvaje. Apretando convulsivamente el brazo de Nicot, en el cual se apoyara hasta entonces, exclamó:

—¡No, no; a él no le denunciéis! ¡Que perezca sola! He dormido en su regazo.. ¡No, a él no!

—Como queráis, —contestó Nicot con una sonrisa satánica; —pero, por el pronto, tendrá que ser arrestado. No le sucederá daño alguno, pues contra él no aparecerá ningún acusador. Pero a ella... ¿no la compadecéis?

La terrible mirada de Fílida era una respuesta suficiente.

CAPÍTULO VI

PLANES DIABOLICOS

Todo aquel día supo Fílida conservar ese astuto disimulo que es proverbial en su país y en su sexo. Ni una palabra, ni una mirada que pudiese revelar a Glyndon el terrible cambio que convirtiera su amor en odio. El artista, ocupado también en sus proyectos y en las reflexiones que le sugiriera su extraño destino, no se encontraba en muy buen estado para hacer observaciones. Pero las maneras de Fílida, más amables y mas humildes de lo que tenía por costumbre, produjeron en él un consolador efecto, imprimiendo un giro más risueño a sus ideas al declinar la tarde. Entonces el artista empezó a hablar con ella sobre las esperanzas que tenía de escapar, y del porvenir que les aguardaba en una tierra más benéfica.

—¿Y la hermosa amiga que debía acompañarnos? —preguntó Fílida con el odio pintado en sus ojos y con una falsa sonrisa. —Según me ha dicho Nicot, la has abandonado para favorecer a otra persona por la cual él se interesa. ¿No es verdad?

—¿Te ha dicho eso? —repuso Glyndon evasivamente. —Veamos, ¿te gusta el cambio?

—¡Traidor! —murmuró Fílida, levantándose repentinamente para ir a su lado a hacerle mil fingidas caricias. —Esta cabeza es demasiado hermosa para entregarla al verdugo, —añadió luego con una ligera sonrisa, y, separándose del lado de su amante, pareció ocuparse en los preparativos del viaje.

Cuando a la mañana siguiente Glyndon se levantó de la cama, no vio a la italiana: la joven había salido muy temprano. El inglés, por su parte, tuvo que ir otra vez a ver a C*** antes de partir, no solamente para concertar la fuga de Nicot, sino para saber si se había presentado algún obstáculo que contrariase o hiciese peligroso el plan que había adoptado.

C***, aun cuando no era de los de la camarilla de Robespierre, pues le odiaba secretamente, había sabido congraciarse con los diferentes partidos que se habían sucedido en el poder. Salido de la hez de la sociedad, poseía esa gracia y vivacidad que se encuentra con frecuencia entre todas las clases del pueblo francés. Este hombre, en el curso de su rápida carrera, y sin que nadie supiera cómo, había sabido enriquecerse. Últimamente se le tenía por uno de los propietarios más ricos de París, y en la época a que nos referimos, vivía en una casa magnífica y adornada con esplendidez. Era uno de los tantos a quienes Robespierre le convenía tener contentos; así es que C*** había salvado muy a menudo a personas proscritas o sospechosas proporcionándoles pasaportes bajo nombres supuestos, e indicándoles la manera de escaparse. Sin embargo, C*** se tomaba este trabajo solamente por las gentes ricas. El incorruptible Maximiliano, que no carecía de la facultad de penetración que suele distinguir a los tiranos, no ignoraba probablemente estas maniobras ni la avaricia que C*** ocultaba bajo el disfraz de su caridad. Pero es cosa muy sabida que Robespierre cerraba muchas veces los ojos, y aun alentaba parcialmente estos vicios en los hombres que se proponía destruir después, como si tendiese a desconceptuarles ante la opinión pública, haciendo, por otra parte, resaltar su austera e inatacable integridad y purismo. Casi nos atrevemos a asegurar que Robespierre se reía mas de una vez interiormente al ver la suntuosa mansión y la insaciable codicia del digno ciudadano C***.

Glyndon se encaminaba con aire reflexivo hacia la casa de este hombre. Cuando el inglés dijo a Viola con acento tétrico, que a proporción que resistía al espectro, la visión perdía su influencia sobre él y le causaba menos terror, había dicho la verdad. Al fin había llegado el tiempo en que el artista, viendo el crimen y el vicio en toda su horrible fealdad ejercido en tan grande escala, llegó a comprender que había en ellos cosas más repugnantes que los ojos del espectro. Su natural bondad empezó a dejarse sentir en su corazón. Al pasar por las calles, su imaginación estaba ocupada en proyectos de arrepentimiento, pues se había formado la resolución de mejorar sus costumbres; y hasta para hacer a Fílida la debida justicia, había pensado en olvidar su nacimiento y educación. De esta manera quería Glyndon reparar todos sus errores con respecto a la joven italiana. El, que en otro tiempo había repugnado enlazarse con la amable y bella Viola, se enlazaría ahora con una mujer de un carácter tan selvático y con la cual tan poco congeniaba. El artista aprendió a conocer la razón y la justicia en este mundo de iniquidad, y se había convencido de que Dios no creó un sexo para que fuese el esclavo del otro. Sus juveniles ilusiones de lo bueno y de lo bello se presentaban nuevamente a sus ojos con todos sus encantos, y en el vasto océano de su imaginación, vislumbraba ya el camino que debía conducirle a la virtud. Nunca, quizá, le había inspirado su alma sentimientos tan elevados.

Al mismo tiempo, Juan Nicot, igualmente absorbido en los sueños de lo futuro, y meditando la manera que sacaría más ventajas del oro del amigo que iba a delatar, se dirigía a la morada de Robespierre. No tenía la menor intención de cumplir la promesa que hiciera a Fílida tocante a salvar a Glyndon. Lo mismo que Barrère, Nicot pensaba que "los muertos no volvían más".

Todos los hombres que se han dedicado a algún estudio o arte, y que, a fuerza de trabajo y constancia, han llegado a adquirir cierto grado de celebridad, poseen, indudablemente, un fondo de energía incomparablemente superior al de los demás hombres. Generalmente esta energía está concentrada en objetos de profesional ambición, haciéndoles mirar con apatía todas las cosas que mueven a los demás hombres. Pero cuando falta esa ambición, cuando la corriente de la imaginación no tiene su curso legal, la energía, irritada e inquieta, se apodera del hombre, y si su ánimo no se ha abatido ante los desengaños, o si su conciencia no se ha purificado por los contratiempos, se convierte en un elemento peligroso para la sociedad, en la cual vive como un extraño, vagando de orgía en orgía y de desorden en desorden. De aquí nace el que en todas las monarquías, o por mejor decir, en todos los Estados bien constituidos, se busque la manera de dar salida a todos los genios así artísticos como científicos; de aquí el tributo que los hombres de Estado, sagaces y pensadores, pagan a los cultivadores de las artes y las ciencias, aun cuando la mayor parte de ellos no vean en una pintura más que un lienzo lleno de colores, ni en un problema otra cosa que ingenio y paciencia. Nunca un Estado se encuentra en tanto peligro como cuando el talento, que debía estar dedicado a trabajos pacíficos, no tiene mas ocupación que la intriga política o el bien personal. El talento despreciado es un elemento de guerra empleado contra los demás hombres. Debemos hacer observar aquí que la clase de actores, siendo la más despreciada en la pública opinión del antiguo régimen, puesto que hasta se les negaba la tierra sagrada (excepto algunos especialmente favorecidos de la corte), eran los mas infatigables y vengativos entre la escoria de las revoluciones. En el salvaje Collot d'Herbois, cómico insignificante, estaban personificadas las injurias y la venganza de toda una clase.

La energía de Juan Nicot no había sido nunca dirigida por el arte que profesara.

Ya en su primera juventud, las discusiones políticas sostenidas con su maestro David le habían distraído de la afición al trabajo del caballete. Sus defectos personales habían amargado su imaginación, lo mismo que el ateísmo de su bienhechor había secado su conciencia. Solo la excelencia de la Religión puede elevar la paciencia a virtud y convertirla luego en esperanza. Suprimid la doctrina de otra vida y el premio de la sonrisa de un Padre que nos recompensa por los sufrimientos y por las pruebas que hemos pasado en este mundo, y ¿qué es entonces la paciencia? ¿Qué es el hombre o el pueblo sin esta virtud? Sin paciencia, el arte no puede elevarse ni la libertad puede ser perfecta. Los grandes sufrimientos y una lucha impetuosa y constante, hacen triunfar a la inteligencia de la pobreza y dan la libertad a una nación. Y ¡ay! de ellas, cuando se lanzan a la arena sin estar preparadas por estas virtudes.

Nicot era un hombre vil. No obstante, aun en los seres más criminales y abandonados existe un destello de bondad o algún resto de virtud. El verdadero diseñador de la humanidad merece a veces las burlas de los corazones perversos y de las toscas imaginaciones, al hacer ver que los peores metales encierran a veces algunas partículas de oro, y que los mejores que produce la Naturaleza no están enteramente libres de escoria. Con todo, aunque pocas, se ven algunas excepciones de esta regla general, y estas excepciones se manifiestan cuando la conciencia está enteramente muerta, y cuando el bien y el mal son cosas indiferentes, a no ser que conduzcan a algún fin egoísta. Esto es lo que sucedía con el protegido del ateo. En su corazón no había más que odio o envidia, y el sentimiento que tenía de su inferioridad, sólo servía para hacerle maldecir a todo el que le excedía en fortuna o le aventajaba en buena figura. A pesar de ser ya un monstruo cuando su mano asesina asió la garganta de su bienhechor, el tiempo, el germen de todas las malas pasiones, y, sobre todo, aquella época de sangre, habían acabado de pervertir su infernal corazón. No pudiendo ejercer su profesión, pues el tiempo era poco favorable para las artes, su imaginación, siempre intranquila y sin guía, sólo se detenía en contemplar las imágenes del crimen, únicas que le halagaran. Para él no había nada después de esta vida; y ¿cómo habían prosperado en este periodo los hombres, o por mejor decir, los atletas que habían conquistado el poder? Todo lo que era bueno, puro, generoso, fuese entre los realistas o entre los republicanos, había sucumbido en el cadalso, y sólo los verdugos se mostraban triunfantes con los despojos de sus víctimas. Pobres más nobles que Juan Nicot se hubiesen desesperado, y la pobreza se hubiese alzado pálida y hambrienta para degollar y hacer trizas a la opulenta riqueza, si el ángel de los pobres no se hubiese sentado a su lado señalándoles con su solemne dedo la eternidad.

A medida que Nicot se acercaba a la casa del dictador, empezó a meditar planes enteramente contrarios a los del día anterior, no porque le faltase resolución para denunciar a Glyndon y a Viola, pues estaba decidido a hacerlo, odiándolos como los odiaba, a Viola, porque le había despreciado, y a Glyndon, porque no podía soportar el recuerdo de los favores que le debía. Pero Nicot pensaba entonces que no tenía motivo alguno para huir de Francia, pues podía hacerse dueño del dinero del inglés y dominar a Fílida por medio de los celos, haciéndola ceder en todo cuanto le propusiera. Los papeles de los cuales se había apoderado, es decir, la correspondencia de Desmoulins con Glyndon, mientras le aseguraban de la suerte del último, podían ser eminentemente útiles a Robespierre, hasta el extremo de hacerle olvidar que había sido íntimo amigo de Hébert y valerle un puesto entre los aliados e instrumentos del rey del terror. Otra vez sintió despertar en su corazón la esperanza de una carrera, de la riqueza y de la prosperidad. La fecha de esta correspondencia era de muy pocos días antes de la muerte de Camilo Desmoulins, y estaba escrita con esa ligera y atrevida imprudencia que caracterizaba al niño mimado de Danton. Hablaba sin la menor reserva de los designios de Robespierre, y nombraba a varios sujetos contra los cuales el tirano solo deseaba encontrar un pretexto popular para enviar al cadalso. Aquella correspondencia era un nuevo instrumento de muerte en manos del infatigable asesino. ¿Qué presente mejor, pues, se le podía hacer a Maximiliano el incorruptible?

Embebido en estos pensamientos, llegó Nicot delante de la puerta del ciudadano Dupleix. En el umbral se veían agrupados en admirable confusión, ocho o diez robustos jacobinos que formaban la guardia voluntaria de Robespierre. Todos eran hombres de elevada estatura, bien armados e insolentes con el poder que refleja el poder, y estaban mezclados con mujeres jóvenes y bellas, vestidas con vistosos trajes, que, a consecuencia de los rumores que circularan de que Maximiliano había sufrido un ataque de bilis, habían ido a informarse con afán del estado de su salud. Aunque parezca una cosa extraña, es necesario advertir que Robespierre era el ídolo del sexo femenino.

Nicot se abrió paso por medio de este grupo estacionado delante de la puerta, y subiendo la escalera, llegó al pasillo, pues las habitaciones de Robespierre no eran bastante espaciosas para sus numerosas y variadas audiencias. Nicot se abría camino a viva fuerza, sen hacer caso de las palabras poco halagüeñas que llegaran a sus oídos.

—¡Ah! ¡ah! ¡Allá va Polichinela! —dijo una garbosa matrona, cuyo vestido arrugaran de una manera cruel los codos angulosos y descomunales de Nicot. — ¿Quién se atrevería a esperar ningún miramiento de semejante espantajo?

—Ciudadano, os advierto que habéis tomado mis pies por una alfombra. Pero, perdonad: ahora veo que el sitio no es suficiente para los vuestros.

—¡Hola! ciudadano Nicot, —exclamó un jacobino. —¿Qué os trae por aquí?
¿Pensáis que se han olvidado ya los crímenes de Hébert. ¡Fuera de aquí, fenómeno de la naturaleza! Y dad gracias al *Ser Supremo* de haberos hecho un ente tan insignificante.

—Vaya una cara bonita para verla asomada en la ventana nacional (la guillotina) —dijo la mujer cuyo vestido había arrugado el pintor.

—¡Ciudadanos! —dijo Nicot, pálido de ira, pero dominándose de manera que sus palabras podían apenas salir por entre sus apretados dientes —tengo el honor de informaros que necesito ver al *Representante* para asuntos del mas alto interés para el publico y para él; y tomo por testigos a todos los buenos ciudadanos, para cuando me queje a Robespierre del recibimiento indigno que algunos de los presentes me han hecho —añadió con calma y mirando malignamente en rededor de sí.

En la mirada y en el tono de voz del pintor había tan profunda y concentrada perversidad, que intimidaron a los que le rodeaban; y al pensar éstos en los repentinos altos y bajos de la vida revolucionaria, muchas voces se levantaron para asegurar al escuálido y furioso delator que nada estaba más lejos de ellos que la idea de burlarse de un ciudadano cuyo aspecto les revelaba que era un virtuoso *sanculot*. Nicot escuchó estas disculpas con tétrico silencio, mientras, cruzándose de brazos, se apoyaba contra la pared, aguardando con forzada paciencia el momento de su admisión.

Las demás gentes que esperaban empezaron a formar corrillos de dos o tres personas, hablándose en cada uno de ellos de cosas diferentes; y en medio de este general murmullo, se oía de vez en cuando la voz robusta y clara del gigantesco jacobino que estaba de guardia en la escalera. Al lado de Nicot había una anciana y una joven muy linda que hablaban en voz baja con mucho calor; el pintor se acercó cuanto pudo a ellas para oír su conversación.

—¡Qué bien parecido —decía la muchacha —es ese querido Robespierre! Tampoco aparenta mucha edad.

—Ya lo creo —repuso la anciana. —¡He cumplido los ochenta y uno, y sin embargo, parece que los días no han pasado por mí desde que Catalina Theot me aseguró que sería de los elegidos!

Las dos mujeres fueron empujadas por algunas personas que acababan de llegar, hablando en voz alta y con mucha animación.

—Sí —exclamaba un hombre corpulento, que por sus brazos desnudos y el gorro frigio que llevaba puesto, parecía ser un carnicero. —Vengo para avisar a Robespierre. Le están preparando un lazo; le quieren ofrecer el *Palais National*. Es imposible que *quien habita un palacio, pueda ser amigo del pueblo.*

—Tenéis razón —respondió un zapatero. —Me gusta más verle en esta modesta mansión del carpintero; así se parece mas a uno de nosotros.

Otro individuo, saliendo de entre la multitud, se dirigió a un grupo que se había formado cerca de Nicot. Estos hombres hablaban con más animación y más alto que los demás.

—Mi plan es...

—Idos al diablo con vuestro plan. Os digo que mi proyecto es...

—¡Disparate! —exclamó un tercero. —Cuando Robespierre sepa mi nuevo método de hacer pólvora, los enemigos de la Francia...

—¡Bah! ¿quién teme a los extranjeros? —interrumpió otro. —Los enemigos mas temibles son los que se ocultan entre nosotros. Mi nueva guillotina corta cincuenta cabezas de un solo golpe.

—¡Pero mi Constitución! —exclamó otro.

—¡Mejor es mi nueva religión, ciudadano! —murmuraba otro en tono satisfecho.

—¡Silencio con mil demonios! —gritó un jacobino de los de la guardia.

La multitud se calló para abrir paso a un hombre de aspecto feroz, que iba con la casaca abrochada hasta la barba. Su espada, que arrastraba por el suelo, y sus grandes espuelas, hacían un ruido imponente cuando bajaba la escalera. El color purpúreo de sus abotagadas mejillas revelaban en él la intemperancia, y sus ojos, apagados y salvajes, se asemejaban a los del buitre. Todos los semblantes se alteraron al ver aparecer al infatigable Henriot. Apenas este ceñudo y férreo instrumento del tirano hubo atravesado la multitud, un nuevo movimiento de respeto, de agitación y de temor, vino a imponer un sepulcral silencio al creciente grupo que aguardaba en la escalera.

Un sobrio, sencillo, pero aseado ciudadano, de semblante risueño y ojos humildes, subió por la escalera con la silenciosa ligereza de una sombra. Es imposible que ningún poeta pastoril pudiese soñar una fisonomía más afable para Coridón o Tirsis. ¿Por qué la vista de este personaje pareció suspender hasta las inspiraciones de aquella multitud, poco ha tan bulliciosa? Este hombre se deslizó por medio del gentío, que se apresuraba a abrirle paso, con la misma flexibilidad que un hurón penetra en una madriguera. Solo con una mirada suya, sin necesidad de dejar oír su voz, los fieros jacobinos de la guardia le dejaron el paso libre. Este nuevo personaje se introdujo en la habitación del tirano, donde vamos a seguirle.

CAPÍTULO VII

EN LA BOCA DEL LOBO

Robespierre estaba lánguidamente reclinado en un sillón, y su semblante cadavérico parecía mas ajado y fatigado de lo usual. El hombre a quien Catalina Theot asegurara una vida inmortal, parecía como si realmente estuviese a las puertas de la muerte. En la mesa que había delante de él, se veía un plato lleno de naranjas, con cuyo zumo, según se decía, podía solamente calmar la bilis que le atormentara incesantemente. Una anciana vestida con un rico traje (había sido marquesa en el antiguo régimen), mondaba aquellos frutos con sus delicados dedos cubiertos de preciosos anillos.

He dicho antes que Robespierre era el ídolo del sexo femenino. Esto parecerá extraño, pero aquellas mujeres, ¡eran entonces francesas! La anciana marquesa, lo mismo que Catalina Theot, le daban el nombre de "hijo", y realmente parecían amarle con la ternura y el desinterés de una madre.

Mientras la marquesa mondaba las naranjas y prodigaba palabras cariñosas al tirano, asomaba en los delgados labios de éste, una ligera y melancólica sonrisa. Un poco más lejos, Payan y Couthon, sentados en otra mesa, escribían rápidamente, y de vez en cuando suspendían su trabajo para consultarse en voz baja.

De repente, uno de loa jacobinos abrió la puerta, y acercándose a Robespierre, pronunció el nombre de Guérin. Al oírlo, Robespierre se irguió, como si esta noticia le comunicase nueva vida.

—Querida amiga, —dijo el dictador a la marquesa, — perdonad si rehúso por ahora vuestros cuidados. La Francia necesita de mí. ¡Nunca me siento malo cuando he de trabajar para mi patria!

La anciana, levantando los ojos al cielo, murmuró:

—¡Es un ángel!

Robespierre hizo un gesto de impaciencia, y la marquesa, exhalando un suspiro, acarició su pálida mejilla, y después de besarle la frente, se retiró con aire sumiso.

En el mismo instante, el hombre modesto y risueño que antes hemos descrito, se fue a colocar con humilde ademán delante del tirano. Robespierre tenía razón de alegrarse al recibir la visita de uno de sus más sutiles agentes, pues este hombre valía más para él que el club de sus jacobinos, las lenguas de sus oradores y las bayonetas de sus ejércitos. Guérin era el más famoso de sus instrumentos, el espía universal que, como un rayo de luz, penetraba por la más insignificante rendija, no solamente para darle noticia de los hechos, sino hasta de los secretos que se ocultaran en el corazón de los hombres.

—Veamos, ciudadano; ¿qué nuevas me traéis de Tallien?

—Tallien ha salido de su casa esta mañana a las ocho y dos minutos.

—¿Tan temprano? ¡hem!

—Ha pasado por la calle de Quatre Fils, calle del Temple, calle de la Reunión, Marais, y calle Martín; nada se ha observado sino...

—¿Qué? —preguntó Robespierre con afán.

—Sino que se ha entretenido en una parada de libros para comprar algunos volúmenes.

—¡Ha comprado libros! ¡Ah! ¡ah! ¡Charlatán! ¡Quiere ocultar al intrigante bajo el disfraz del sabio! ¡Bien!

—Después, en la calle de Fosses Montmartre, se le ha acercado un individuo desconocido, que llevaba un sobre todo azul. Se han paseado juntos unos dos minutos, y después, se les ha reunido Legendre.

—¡Legendre! ¡Acercaos, Payan! ¿Lo habéis oído? Legendre.

—He ido a un puesto donde vendían frutas, y he alquilado dos muchachas para que se pusiesen a jugar cerca de ellos, de manera que pudiesen oírles, Legendre decía: "Creo que su poder se gasta por momentos"; y Tallien ha respondido: "También se gasta él. Apostaría cualquier cosa a que no vive tres meses". No sé, ciudadano, si aludían a vos.

—Ni yo tampoco, ciudadano, —respondió Robespierre con irónica sonrisa, a la cual sucedió una expresión de tenebrosa meditación. —¡Ah! —murmuró, —soy muy joven todavía... y me encuentro en la flor de mi vida. No he cometido excesos... mi constitución es fuerte, muy fuerte. ¿Sabéis algo más de Tallien?

—Si; su querida, Teresa de Fontenai, a pesar de que se encuentra presa, sigue en correspondencia con él, encargándole que la salve destruyéndoos a vos. Mis agentes han sabido esto por casualidad. Su criado es el mensajero entre él y la prisionera.

—¿Sí? Pues el criado será arrestado en medio de las calles de París. Aun no ha concluido el reinado del terror. Según lo que digan las cartas que se le encuentren, yo arrancaré a Tallien de su banco en la Convención.

Robespierre es levantó, y después de pasearse algunos instantes por la habitación en ademán meditabundo, abrió la puerta, y llamando a uno de los jacobinos, le dio la orden de buscar y arrestar al criado de Tallien. En seguida se sentó otra vez en un sillón, y apenas salió el jacobino, Guérin murmuró:

—¿No es ese el ciudadano Arístides?

—Sí; un buen muchacho si se lavase la cara y jurase menos: pero es fiel.

—¿No hicisteis guillotinar a su hermano?

—Sí; pero Arístides fue su denunciador.

—No obstante, ¿creéis que os conviene tener semejantes hombres a vuestro lado?

—¡Hum! ¡tenéis razón! —Y sacando un libro de memorias, escribió en él un memorándum, y después de metérselo otra vez en la faltriquera, prosiguió:

—¿Hay algo más de Tallien?

—Nada más. El y Legendre, en compañía del sujeto desconocido, se han dirigido después al jardín *Egalité,* donde se han separado. He seguido a Tallien hasta que ha entrado en su casa. Tengo otras noticias sobre el encargo que me hicisteis de averiguar quién os mandaba esos amenazadores anónimos.

—¡Guérin! ¿Los has descubierto? Dime; ¿has sabido algo?

Y mientras el tirano decía esto, abría y cerraba sus manos convulsivamente, como si asiese ya la vida de los autores, al mismo tiempo que un gesto horrible, como el de un epiléptico, a cuya enfermedad estaba bastante sujeto, descompuso sus facciones.

—Ciudadano, creo que he dado con uno. No debéis ignorar que entre los desafectos, se encuentra el pintor Nicot.

—¡Aguardad! ¡aguardad! —dijo Robespierre, abriendo un libro manuscrito encuadernado de marroquí encarnado; era, pues, Robespierre curioso y preciso aun en sus listas de muerte, y guiándose por un índice alfabético... —¡Nicot!... Sí, le tengo... ateísta, sanculot (odio el desaliño), amigo de Hébert. Nota. René Dumas está enterado de su vida y de sus crímenes. ¡Proseguid!

—Se tenían indicios de que ese Nicot repartía folletos y discursos contra vos y el comité. Ayer tarde, cuando salió de su casa, el portero me permitió entrar en su cuarto, calle de Beau-Repaire. Con mi llave maestra abrí su escritorio, y hallé en él un dibujo vuestro en el acto de guillotinaros: debajo del dibujo había escrito: — *¡Verdugo de tu patria, contempla tu castigo!* Comparé esta letra con la de algunos fragmentos escritos de los que me disteis Las letras parecen idénticas. Mirad, he arrancado el pedazo escrito.

Robespierre comparó las dos letras, y en seguida, sonriendo, como si su venganza estuviese satisfecha, se arrellanó en su sillón.

—¡Bien! —dijo; —¡creí que sería algún enemigo más temible! Que se prenda en seguida a Nicot.

—Casualmente aguarda en la escalera; he pasado rozándome con él cuando he subido.

—¿Sí? ¡que entre! ¡No!... ¡aguardad! Guérin, escondeos en aquella habitación hasta que os llame. Querido Payan, aseguraos de que Nicot no lleva ningún arma escondida.

Payan, que tenía de audaz todo lo que Robespierre de pusilánime, reprimió la sonrisa de desdén que iba a asomar a sus labios, y salió del cuarto al momento.

Al mismo tiempo, Robespierre, con la cabeza caída sobre el pecho, parecía estar sumergido en una profunda meditación.

—La vida es una cosa bien triste, Couthon —dijo Robespierre de repente.

—Perdonad, creo que es peor la muerte, —repuso el filántropo con afabilidad.

Robespierre no dijo mas, y registrando su cartera, extrajo aquella carta singular que se encontró después entre sus papeles, y que lleva el numero LXI en la colección publicada.

—Sin duda, —decía el escrito, —os tendrá inquieto el no haber recibido más pronto noticias mías. Tranquilizaos; ya sabéis que solamente podía contestar por el correo ordinario, y como éste ha sido interceptado en su última salida, he aquí explicada la causa de mi retardo. Cuando recibáis ésta, apresuraos a huir de un teatro donde estáis a punto de aparecer y desaparecer por última vez. Sería ocioso mencionaros aquí todas las razones que os exponen al peligro. El último paso que os conduciría al *sofá de la presidencia,* sólo serviría para llevaros al cadalso, y el populacho escupiría vuestra cara como ha escupido a los que habéis juzgado. Ya que habéis acumulado suficientes riquezas para vivir, os aguardo con grande impaciencia, para reírnos del papel que habéis representado en los disturbios de una nación tan crédula y tan ávida de novedad. Obrad según hemos convenido... Todo está preparado. Concluyo... Nuestro correo aguarda. Espero vuestra respuesta.

El dictador devoró el contenido de esta epístola, quedándose después muy pensativo.

—¡No! —se dijo para sí Robespierre.. —¡no! el que ha probado el poder una sola vez, no puede ya vivir con reposo. ¡Danton, Danton!

Cuánta razón tenías al decir que valía más ser un pobre pescador, que tener que gobernar a los hombres.

La puerta se abrió, y Payan fue a decir en voz baja a Robespierre:

—¡No hay novedad! Podéis ver al hombre.

El dictador, satisfecho, llamó al jacobino para que trajese a Nicot a su presencia. El pintor entró con una expresión de tranquilidad en su fea fisonomía, y se colocó delante de Robespierre, que de reojo le examinaba de pies a cabeza.

Es una cosa digna de notarse el que los principales actores de la revolución francesa tenían un aspecto repugnante, desde la colosal fealdad de Mirabeau y de Danton, o la villana ferocidad de la fisonomía de David y Simón, hasta la asquerosa suciedad de Marat y la siniestra y biliosa bajeza del semblante del dictador. Pero Robespierre, cuya fisonomía se decía parecerse mucho a la del gato, tenía también toda la limpieza de este animal; su traje sumamente esmerado, su cara perfectamente afeitada, la blancura de sus manos flacas y pequeñas como las de una mujer, hacían resaltar mas y más el desordenado rufianismo que caracterizara el desaliño del pintor sanculot.

—Según me han informado, ciudadano, —dijo Robespierre con afabilidad, — deseáis hablarme. Sé, hace mucho tiempo, que vuestros méritos y vuestro civismo están desatendidos. ¿Venís a solicitar algún empleo para poder servir al Estado? No tengáis reparo; ¡decidlo!

—Virtuoso Robespierre, *lumbrera del universo,* no he venido con ánimo de pediros ningún favor, sino para prestar un servicio a la patria. He descubierto una correspondencia que revela una conspiración, en cuyos actores, o al menos su mayor parte, nadie ha sospechado hasta ahora.

Y al decir esto, Nicot puso los papeles encima de la mesa. Robespierre, cogiéndolos precipitadamente, los leyó con avidez.

—¡Bien!... ¡bien!... —murmuró, —es todo lo que necesitaba. ¡Barrère... Legendre!
¡Los tengo en mi poder! Camilo Desmoulins no era mas que su instrumento. ¡A Camilo le quiso en otro tiempo; a ellos les he odiado siempre! Ciudadano Nicot, os doy las gracias. Observo que estas

cartas están dirigidas a un inglés. ¿Quién, sino los franceses, tienen motivo de desconfiar de esos lobos ingleses, revestidos con pieles de oveja? La Francia no necesita a los extranjeros; esta farsa concluyó con Anarcasis Clootz. Perdonad, ciudadano Nicot; pues sé que Clootz y Hébert eran amigos vuestros.

—No, —dijo Nicot disculpándose; —todos estamos expuestos a ser engañados. Cesé de honrarles con mi afecto desde el momento que os declarasteis contrario suyo, pues primero dudaré de mis propios sentidos que de vuestra justicia.

—Sí, a lo único que aspiro es a merecer el nombre de justo, pues es la virtud que más adoro, —observó Robespierre con voz meliflua, en tanto que con sus tendencias de gato, aun en las horas más críticas en que estaba ocupado en vastos proyectos o en inminente riesgo, se complacía en jugar con la solitaria víctima que pensaba inmolar. — Pronto veréis que sé recompensar los buenos servicios y que no olvido los vuestros, buen Nicot. ¿Conocéis a Glyndon?

—Sí... íntimamente. Ha sido amigo mío; pero entregaría a mi propio hermano si fuese del partido de los *indulgentes*. No me avergüenzo en decir que he recibido favores de ese hombre.

—¡Ah! ¿Y sin duda profesáis la doctrina de que cuando un hombre amenaza mi vida, deben olvidarse todos loa favores personales?

—¡Todos!

—¡Virtuoso ciudadano!... ¡generoso Nicot!... Ahora hacedme el obsequio de escribir aquí las señas de Glyndon.

Nicot se acercó a la mesa, y de repente, cuando ya tenía la pluma en la mano, se detuvo embarazado y confuso, como si alguna súbita idea hubiese acudido a su mente

—¡Escribid, buen Nicot! —dijo Robespierre.

El pintor obedeció con lentitud.

—¿Quién son los cómplices de Glyndon?

—Ahora iba a nombrároslos, representante, —contestó Nicot. — Glyndon visita diariamente a una mujer extranjera que sabe todos sus secretos; esta mujer afecta ser pobre y sostener a su hijo por medio del trabajo. Pero la cómplice de Glyndon es la mujer de un italiano de inmensa fortuna, y no cabe duda de que posee riquezas que gasta en corromper a los ciudadanos. Esa mujer debe ser presa.

—Escribid también su nombre.

—Debo advertiros, —añadió Nicot, —que no hay tiempo que perder, pues me consta que ambos intentan huir de París esta misma noche.

—Nuestra justicia es rápida, Nicot... no temáis. ¡Hum!... —hizo Robespierre cogiendo el papel en el cual el pintor escribiera, y después de examinarlo con detención, pues era muy corto de vista, añadió sonriendo: —¿Esta es vuestra letra usual, ciudadano? Parece que la habéis disfrazado.

—No quisiera que supiesen que he sido su delator, representante.

—¡Bien! ¡bien!... Vuestra virtud será recompensada, os lo prometo. *Salud y fraternidad.*

Robespierre se medio levantó para saludarle, y Nicot se retiró.

—¡Hola! ¡aquí!... —gritó el dictador agitando la campanilla, y enseguida que entró el jacobino de guardia, añadió: — ¡Seguid a ese hombre, a Juan Nicot, y tan luego como esté en la calle, prendedle y llevadle a la Conserjería! ¡Aguardad!... No quiero que se falte a la ley; aquí tenéis la orden. El acusador público recibirá mis instrucciones. ¡Salid!... ¡pronto!

El jacobino salió corriendo. Todos los síntomas de enfermedad y de languidez del valetudinario habían desaparecido de su semblante; Robespierre permanecía de pie con el cuerpo erguido, en tanto que los músculos de su cara se agitaban convulsivamente. Así estuvo un momento con los brazos cruzados.

—¡Hola, Guérin!

El espía salió.

—¡Tomad estas señas! Antes de una hora, el inglés y esa mujer han de estar en la cárcel; sus revelaciones me servirán para aplastar a enemigos más temibles. Morirán... perecerán con los demás el día diez... dentro de tres días. Tomad, — añadió Robespierre, escribiendo precipitadamente, —aquí tenéis la orden... ¡Pronto! Y ahora, Couthon... Payan... —prosiguió, dirigiéndose a éstos, —basta ya de contemplaciones con Tallien y su pandilla. He sabido que la Convención no asistirá a la fiesta del día diez. No nos queda otro recurso que la espada de la ley. Voy a coordinar mis ideas... a preparar mi discurso. Mañana iré á la Convención; mañana, el intrépido Saint-Just, cubierto de laureles por las recientes victorias de nuestros ejércitos, se reunirá con nosotros; mañana, desde la tribuna, lanzaré el rayo sobre los enmascarados enemigos de la Francia... ¡Mañana pediré a la faz del país las cabezas de los conspiradores!

CAPÍTULO VIII

UN ESPIA Y UN AMIGO

Mientras esto sucedía en el domicilio del tirano, Glyndon, después de haber tenido una larga entrevista con C*** en la cual arreglaron los últimos preparativos para la fuga, convencido de la seguridad con que podía emprenderla y allanados todos los obstáculos, se volvía al lado de Fílida. De repente, en medio de sus risueños pensamientos, le pareció oír una voz cuyo eco terrible conocía demasiado por desgracia. Aquella voz murmuraba en su oído, con un acento parecido al silbido de la serpiente:

—¡Cómo! ¡Te atreves a desafiarme y pretendes sustraerte a mi poder! ¡Sueñas en una vida tranquila y virtuosa! Es inútil... es demasiado tarde. No, no te molestaré mas por ahora... Hombres tan inexorables como yo siguen en este momento tus pasos. No volverás a verme hasta en el calabozo, a la media noche, antes del día en que perecerás en el cadalso. ¡Mira!...

Glyndon, volviendo maquinalmente la cabeza, vio junto a él a un hombre de aspecto repugnante que le seguía con cautela. El joven, aunque sin llamarle la atención, había reparado que este hombre pasara por su lado diferentes veces, examinándole con curiosidad desde que había salido de la casa del ciudadano C***. Instintivamente conoció que era espiado y que se le perseguía. La calle en la cual se encontraba era sombría y desierta, pues siendo un día de calor opresivo, casi todo el mundo estaba retirado en su casa, disfrutando de la frescura del hogar. A pesar de su natural intrepidez, el artista sintió que se le oprimía el corazón, pues conocía demasiado el sistema que reinaba entonces en París para no ver el peligro que le amenazaba.

La primera mirada de un espía de la revolución era para la víctima a quien se dirigía, lo mismo que el primer síntoma colérico para el infeliz que se ve atacado de la mortífera peste. ¡El curso regular y los rápidos pasos del monstruo que los anarquistas llamaban Ley, era el espionaje, el arresto, el juicio y la guillotina! Glyndon respiraba con dificultad y oía distintamente los fuertes latidos de su corazón. Parándose entonces, se puso a contemplar con una especie de terror al hombre que le seguía, el cual se paró también a cierta distancia detrás de él.

En aquel instante el valor de Glyndon se reanimó algún tanto al ver que el espía estaba solo y que no circulaba alma viviente por las calles. El artista se dirigió a su encuentro; pero el hombre hizo ademán de quererse retirar a medida que el inglés avanzaba.

—Ciudadano, —le dijo Glyndon, —observo que me venís siguiendo. ¿Qué se os ofrece?

—Creo que lea calles son bastante anchas para poder pasar los dos al mismo tiempo, —respondió el espía con una sonrisa de desprecio. — Supongo que no os habréis figurado que la ciudad de París os pertenece exclusivamente.

—Entonces, seguid vuestro canino. Os dejo el paso libre.

El espía saludó cortésmente quitándose el sombrero y siguió adelante. Glyndon aprovechó aquel momento para meterse en una callejuela tortuosa, y apresurando cuanto pudo el paso, se engolfó en un laberinto de callejones y pasajes. El fugitivo se fue serenando por grados creyendo haber desorientado a su perseguidor. Entonces, haciendo un gran rodeo, tomó otra vez el camino de su casa. Al salir a una de las calles mas anchas de la ciudad, uno de los transeúntes, envuelto en una especie de capa, pasó muy aprisa por su lado, y tocándole ligeramente con el codo, le dijo en voz baja:

—Clarencio Glyndon, ¡os persiguen!... ¡Seguidme!

El desconocido prosiguió su camino, marchando con paso ligero delante de él. Glyndon volvió la cabeza, y otra vez se quedó desanimado al ver que tenía detrás al hombre de sonrisa siniestra, al cual creía haber escapado. El inglés se olvidó de la intimación que le hiciera el desconocido para que le siguiese, y reparando en un grupo de gente que había allí cerca, detenido delante de una estampería, se metió por el medio para tomar una calle distinta y cambiar de dirección. Después de andar una porción de tiempo casi a la carrera, Glyndon, falto de aliento, se encontró en un barrio apartado de la ciudad, sin haber vuelto a ver a su perseguidor.

Todo parecía aquí tan sereno y tranquilo, que su vista de artista, a pesar de lo crítico del momento, se puso a contemplar con cierto placer la hermosa escena que le rodeaba. El Sena corría majestuosamente, y una multitud de barcas, llenas de marineros y de esa gente que encuentran ocupación en las orillas del río, bogaban por su superficie. Los rayos del sol hacían brillar con mil variados colores la inmensa multitud de torres y cúpulas de la populosa ciudad, o bien centelleaban sobre las blancas paredes de los palacios de la abatida nobleza. Glyndon, deseando respirar, se detuvo un instante en este sitio, pues parecía que la suave brisa del río le refrescaba su abrasada frente.

—Aunque no sea mas que por algunos momentos, aquí, al menos, estaré seguro, — murmuró Glyndon para él; pero apenas había concluido de hacerse esta reflexión, volvió a ver al espía que permaneció parado a unos treinta pasos detrás de él. Al artista le pareció que sus pies habían echado raíces en aquel sitio. Rendido y sin fuerzas, no creía probable escapar... A un lado tenía el río y al otro una larga fila de casas unidas, sin ofrecer una sola esquina; tampoco había por allí cerca ninguna puerta. Glyndon oyó grandes carcajadas y cantos obscenos en una casa pequeña que había detrás, entre él y el espía. Era un café de muy mala fama y muy temido de todo el barrio, que casi siempre estaba lleno de soldados de Henriot y de espías y satélites de Robespierre. El espía había acosado a su presa hasta los mismos colmillos de los sabuesos. El perseguidor se adelantó lentamente hacía el café, y asomando su cabeza al interior, pareció reclamar el auxilio de sus camaradas armados.

En aquel mismo instante, y mientras el espía había vuelto la cabeza para hacer aquella operación, en la puerta medio entornada de la casa que tenía delante, Glyndon vio al extranjero que le había avisado en la calle. El desconocido, cuyo semblante apenas dejara distinguir el embozo de su capa, le hizo seña de que entrase. El artista se deslizó ligero por el estrecho espacio que le ofrecía la hospitalaria puerta que se cerró en seguida, y, casi sin poder respirar, siguió al desconocido por una espaciosa escalera, y después, por una infinidad de cuartos vacíos, hasta que al fin llegaron a un pequeño gabinete. Al entrar en él, el misterioso personaje se quitó el ancho sombrero y la larga capa que ocultaran su forma y sus facciones, y Glyndon se encontró delante de Zanoni.

CAPÍTULO IX

LA REDENCIÓN DE UN CAUTIVO

—Aquí estáis seguro, joven inglés, —dijo Zanoni, señalando usa silla a Glyndon. —Podréis mirar como una gran fortuna el que al fin os haya encontrado.

—Mucho mas dichoso fuera si no nos hubiésemos visto jamás, —repuso Glyndon. —Sin embargo, aun en los últimos momentos de mi vida, me alegro de haber encontrado al odioso y misterioso ser a quien atribuyo todos los sufrimientos que he experimentado. ¡Aquí, pues, no podréis huir de mí ni burlarme, y aquí, también, antes de separarnos, me revelaréis el negro enigma, si no de vuestra existencia, al menos de la mía!

—¿Habéis sufrido? ¡Pobre neófito! —dijo Zanoni, en tono compasivo. —Sí, habéis sufrido... lo leo en vuestro semblante. ¿Queréis vituperarme por eso? ¿No os avisé con tiempo contra los consejos de vuestra alma? ¿No os dije mil veces que no lo hiciérais?... ¿No os advertí de que la ordalía era muy arriesgada y llena de terrores?... ¿No os ofrecí entregaros un corazón que era mío, desprendiéndome de mi dicha para dárosla a vos? ¿No os decidisteis voluntariamente a sufrir la iniciación? ¿No fuisteis vos mismo el que admitisteis a Mejnour por maestro para estudiar su ciencia?

—Pero, ¿de dónde venía el irresistible deseo que me impelía hacia ese frenético y profano conocimiento? No lo conocí hasta que vuestra mirada me hechizó, arrastrándome a la atmósfera de vuestro ser.

—¡Os equivocáis! El deseo existía en vos, y se hubiese abierto paso de una manera u otra. ¡Joven! ¡me pedís el enigma de vuestro destino y del mío! Dirigid una mirada por doquier ¿No veis en todas partes un misterio? ¿Pueden vuestros ojos descubrir la fermentación del grano oculto debajo de la tierra? ¡En el mundo moral, lo mismo que en el físico, existen ocultos portentos mucho mas maravillosos que los que me atribuís!

—¿Desconocéis esos poderes?... ¿Confesáis que sois un impostor, o bien me declaráis, que, efectivamente estáis vendido al maligno espíritu?... ¡y que sois un mago cuyo genio familiar me ha atormentado día y noche!

—No importa quién soy; lo que sí os interesa es saber si puedo ayudaros a conjurar el terrible fantasma y a volveros otra vez a la tranquilidad de la vida ordinaria. Sin embargo, quiero deciros algunas cosas, no para sincerarme, sino para hacer justicia al cielo y a la naturaleza, a los cuales injuriáis con vuestras dudas.

Zanoni guardó silencio por algunos momentos, y con una ligera sonrisa en sus labios, prosiguió:

—En los primeros días de vuestra juventud, sin duda leísteis con gran placer al gran poeta cristiano, cuya musa, lo mismo que la aurora que canta, descendió a la tierra coronada de flores escogidas en el Paraíso. Su espíritu estaba imbuido de las caballerescas supersticiones del tiempo; y seguramente el poeta de Jerusalén execró lo bastante para satisfacer al mismo inquisidor a quien consultó y a todos los que se entregaban a profanas invocaciones...

"Per isforzar Cocito o Flegetonte."

Pero, en sus tristezas y en sus desgracias, en la prisión de su casa de locos, ¿no conocisteis que el mismo Tarso se consolaba con el reconocimiento de una Teurgia santa y espiritual, de una magia que podía invocar al ángel, o al buen genio, no al espíritu enemigo? ¿Y no os acordáis, cuando él, versado como estaba, por su edad, en los misterios del más noble platonismo, al indicar los secretos de todas las poderosas sectas que conocían la ciencia de las estrellas, desde los caldeos hasta los rosacruces, hace una diferencia en sus encantadores versos entre el negro arte de Ismeno y la brillante doctrina del encantador que aconseja y guía en su santa misión a los campeones de la Tierra Santa? La ciencia del anacoreta no era debida a relaciones mantenidas con los rebeldes de la Estigia, sino a la percepción de los poderes secretos de la fuente y de la hierba, al arcano de la ignorada naturaleza y a los diferentes movimientos de las estrellas. Desde sus santas mansiones del Líbano y del Carmelo veía bajo sus pies las nubes, las nieves, los colores del iris y las generaciones creadas por la lluvia y el rocío. La santa ermita que convirtió a aquel encantador (tipo de todo ser que aspira a elevarse hasta Dios por medio de la naturaleza), ¿le privó, acaso, de entregarse al sublime estudio, *"Le solite arte é l'uso mio"?* ¡No! sino que al contrario, se lo hizo agradable, inspirándole los medios de emplear su ciencia para santos fines. En este gran concepto del poeta está el secreto de la verdadera Teurgia que en días mas ilustrados espantó vuestra ignorancia con pueriles aprensiones y con las pesadillas de una imaginación enferma.

Hizo Zanoni una pausa, y después de un momento de silencio, prosiguió:

—En tiempos muy remotos, cuya civilización era muy diferente de la que ahora sumerge al individuo en el estado, existían hombres de imaginación ardiente que se entregaban con delirante afán al estudio de las ciencias. En las elevadas y solemnes regiones donde habitaban, no había conductos terrestres ni turbulentos por donde pudiera escaparse el fuego de su imaginación. Arrojado en medio de antiguas y moldeadas razas en las cuales ni la inteligencia podía penetrar, ni el valor podía abrirse paso, sólo reinaba en los corazones de aquellos que recibían sus estudios como una herencia de padre a hijo, la insaciable sed de la sabiduría. Aun en vuestros imperfectos recuerdos del progreso de los conocimientos humanos, encontráis que en los primitivos tiempos, la filosofía no descendía a los negocios ni a la morada de los hombres.

La filosofía se dirige a descubrir las maravillas de la creación, a analizar la formación de la materia... la esencia del alma, a leer loa misterios de las estrellas, a profundizar la naturaleza en la cual, según dicen loa eruditos, Zoroastro descubrió el arte que vuestra ignorancia designa bajo el nombre de magia. En aquellos tiempos brillaron algunos hombres que, en medio de las vanidades y de las ilusiones de su clase, creyeron descubrir los destellos de una ciencia más brillante y mas sólida. Se imaginaron que existía una afinidad entre todas las obras de la naturaleza, y que en las más bajas estaba oculta la secreta atracción que podía conducir al descubrimiento de las más sublimes. Pasaron siglos y siglos, y centenares de vidas se consumieron en el estudio de estos descubrimientos; pero paso a paso quedó todo registrado, y esto sirvió de guía a los pocos que poseían el privilegio hereditario de trazar la senda de la gran ciencia. Al fin, de en medio de esta oscuridad, brotó la luz para algunos ojos; pero no vayáis a creer, joven visionario, que esta luz se reveló a los que abrigaban profanos pensamientos y sobre los cuales el origen del mal ejercía algún poder. Entonces, lo mismo que ahora, esta luz se revelaba en medio de los más puros éxtasis de la imaginación y de la inteligencia, libres enteramente de los cuidados de la vida vulgar o de los apetitos de la materia. Lejos de descender a ser el instrumento de un espíritu enemigo, el anhelo de aquellos hombres no era mas que la augusta ambición de acercarse mas y mas a la fuente de Dios; cuanto más se emancipaban de este limbo, tanto más penetraba en ellos el resplandor de la divinidad. Y si ellos buscaron, encontrándolo al fin, el medio de descubrir con la vista del espíritu las más sutiles modificaciones del ser y de la materia: si hallaron la manera de salvar el espacio con las alas del espíritu, logrando que, mientras el cuerpo se quedaba quieto en la tierra como una desierta tumba, el espíritu pudiese vagar de estrella en estrella; si llegaron a poseer estos sublimes secretos, ¡fue solamente para admirar, venerar y adorar!, pues, como ha dicho un autor bastante experimentado en estas elevadas materias, "existe en el alma un principio superior a toda la naturaleza externa, por medio del cual podemos conocer el orden y sistemas del mundo y participar de la Inmortalidad y de la energía de las sublimidades celestes. Cuando el alma se ha elevado a una naturaleza superior a la suya, abandona el orden al cual se le ha sujetado por un tiempo determinado y es atraída a otra esfera mas elevada, con la que se mezcla y se confunde por una especie de magnetismo religioso." Convenid, pues, en que semejantes seres han encontrado el secreto de detener la muerte y de atravesar desarmados las revoluciones de la tierra. ¿Creéis que esta vida puede inspirarles otros deseos que el de hacerse más inmortales, y preparar mejor su inteligencia para la alta existencia a la cual pueden ser transportados cuando el tiempo y la muerte hayan dejado de existir? ¡Desechad esas tenebrosas ideas de hechizos y demonios!... El alma solo puede aspirar a la luz. El secreto de nuestro elevado conocimiento no es más que el olvido de las debilidades, de las pasiones y de los lazos, de los cuales solamente puede libertarnos el dominio que hemos adquirido sobre la muerte.

Este discurso era tan diferente de lo que Glyndon esperaba, que se quedó algunos momentos sin poder hablar, hasta que al fin, tartamudeó:

—Entonces, porque yo...

—¿No habéis obtenido mas que el sufrimiento y el terror... el umbral y el espectro? —agregó Zanoni anticipándose. —¡Insensato! Considerad un momento los más sencillos elementos del común saber. ¿Puede un bisoño convertirse en maestro, solo con su mero deseo? ¿Puede el estudiante llegar a ser un Newton, con sólo comprar su Euclide? Porque las musas inspiran a un joven, ¿puede prometerse igualar a Homero? ¿Podrá aquel pálido tirano, por mas que registre todas las leyes y pergaminos antiguos, por más que cuente con un ejército y con las simpatías de la multitud, confeccionar una Constitución menos viciosa que no derribe en un momento un populacho frenético? Cuando, en el tiempo a que me he referido, un estudiante aspiraba a la elevada altura que quisisteis alcanzar de un solo salto, su carrera empezaba desde la cuna. La naturaleza interna y externa se hacía visible a su vista, año tras año, a medida que conquistaba la razón. El neófito no entraba en la iniciación práctica, hasta que ningún deseo terrestre encadenaba las sublimes facultades a las que dais el nombre de *Imaginación,* ni el más ligero deseo mundano nublaba la esencia penetrante que llamáis *Inteligencia.* Y aun así, ¡cuán pocos, de los mejores, alcanzaban el último misterio! Entonces, ¡dichosos los que llegaban lo mas pronto posible a la santa gloria cuya consoladora puerta es la muerte!

Zanoni se interrumpió, en tanto que una nube de tristeza oscurecía su celestial belleza.

—¿Y hay otros, a mas de vos y Mejnour, que hayan poseído vuestros atributos y llegado a obtener vuestros secretos?

—Sí, han existido otros antes que nosotros; pero en el día, solo quedamos en el mundo él y yo.

—¡Impostor! Os habéis descubierto vos mismo. Si triunfaron de la muerte, ¿por qué no existen todavía?

—¡Niño de un día! —respondió Zanoni con tristeza. —¿No os he dicho ya que el secreto de nuestros conocimientos era el olvido de los deseos y de las pasiones que el espíritu no puede nunca total y permanentemente alcanzar, mientras permanece encerrado en la materia? ¿Creéis que no es triste renunciar a todos los lazos humanos, a la amistad, al amor, o ver día tras día desaparecer de nuestra vida los afectos, como se desprenden las flores del tallo? ¿Os admiráis de que con el poder de vivir mientras dure el mundo, muchos de nosotros hayan preferido morir? ¡Más bien debería admiraros que existan aun dos seres tan fuertemente adheridos a la tierra! Por lo que a mí toca, puedo confesaros que considero que el mundo tiene aún atractivos. Habiendo llegado a los últimos secretos cuando me hallaba en la flor de la juventud, ésta hace brillar con sus bellos colores todo cuanto me rodea. Respirar, todavía es gozar para mí. La frescura, a mi ver, se conserva eternamente en el semblante de la naturaleza, y no existe una hierba en la cual no descubra algún encanto y que no me revele alguna nueva maravilla. Lo mismo sucede con mi juventud que con la edad madura de Mejnour; éste os diría que la vida en él no es mas que el poder de examinar, y que hasta que no haya agotado todas las maravillas que el Criador ha sembrado en la tierra, no deseará nuevos mundos donde su renovado espíritu pueda seguir explorando. Nosotros somos los tipos de las esencias de lo que es imperecedero... ¡el *Arte* que goza y la *Ciencia* que contempla! Y ahora, para que estéis contento de no haber llegado a obtener los secretos, sabed que la idea debe estar tan absolutamente desprendida de todo cuanto es capaz de ocupar y excitar a los hombres, que es preciso vivir puro de todo deseo, sea la codicia, el amor o el odio; tened entendido que para el hombre ambicioso, para el que ama o para el que odia, este poder es inútil. Y yo, al fin, ligado y obscurecida mi vista por los más comunes lazos de la vida doméstica... Yo, ciego y sin ayuda, os pido a vos, el hombre burlado y descontento... os pido que me dirijáis, que me guiéis. ¿Dónde están?... ¡Ah! ¡decídmelo... hablad! Decidme: ¿donde están mi mujer y mi hijo? ¡Calláis!... ahora veis que no soy ni hechicero ni espíritu malévolo. No puedo daros lo que vuestras facultades os niegan... no puedo acabar lo que el indiferente Mejnour no pudo conseguir. Sin embargo, puedo haceros otro presente, el mas hermoso quizá... puedo reconciliaros con el mundo y establecer la paz entre vos y vuestra conciencia.

—¿Me lo juráis?

—¡Sí, por sus apreciables vidas!

Glyndon miró y creyó. Entonces dijo a Zanoni las señas de la casa donde su pie fatal llevara el dolor y la desgracia poco antes.

—Gracias, —exclamó Zanoni apasionadamente. —¡El Señor os recompensará esta buena acción! ¡Cómo! ¿No adivinasteis que a la entrada de todos los grandes mundos, se encuentra la raza que intimida y aterroriza? ¿Quién que haya salido de las antiguas regiones de la costumbre y de la rutina en nuestro mundo, no ha sentido la mano opresora del miedo? En el crisol del sabio, en el consejo del demagogo, en el campo de batalla, en todas partes, donde el hombre aspire a elevarse, allí se encuentra, aunque invisible a sus ojos, el terrible espectro. ¡Pero el fantasma es solamente visible en la región en la cual os atrevisteis a penetrar, y nunca cesará de atormentaros hasta que paséis al infinito, como los serafines, o hasta que volváis a lo familiar, como un niño! Respondedme a esto: ¿No es verdad que siempre que habéis resuelto volver al camino de la verdad, el fantasma se ha presentado de repente a vuestro lado? ¿No es cierto que cuando su voz ha murmurado palabras de desesperación, que cuando sus horribles ojos os han llevado otra vez a la vida desordenada, dejándoos entregado en manos de los peores enemigos del alma, su presencia no os ha molestado nunca? ¿No os habéis sentido con valor para resistir al espectro y al horror que su vista os inspira? ¿No habéis dicho nunca: Suceda lo que suceda, quiero volver a la virtud?

—¡Ah! Esta resolución —respondió Glyndon —la he tomado muy tarde.

—¿Y entonces habréis notado que la visión del espectro se oscurecía y que se debilitaba su poder?

—Es verdad.

—Regocijaos, pues; habéis vencido el verdadero terror y el misterio de la prueba. La resolución es el primer triunfo. Alegraos, pues el exorcismo es seguro. No sois vos de aquellos que negando otra vida, son las víctimas del inexorable espectro. ¡Cuándo aprenderán los hombres a conocer que si la gran religión inculca tan rígidamente la necesidad de la fe, es porque ella solamente guía a la vida futura! Sin fe no hay nada excelente en la tierra... La creencia en algo mas sabio, mas feliz, más divino de lo que vemos en este mundo, es lo que los artistas llaman el ideal y los sacerdotes la fe. El ideal y la fe son una misma cosa. ¡Volved, joven extraviado, volved! Aprended, al fin, dónde residen la bellezas y la santidad. ¡Atrás, espectro: huye a tu guarida! ¡Y tú, sereno cielo, vuelve la calma al corazón infantil; haz que tu lucero nocturno y matutino, emblema de la memoria y de la esperanza, sonrían otra vez al hombre que conserva la fe!

Mientras Zanoni rogaba de este modo, puso suavemente su mano sobre las ardientes sienes del admirado joven, que experimentó en seguida una especie de éxtasis; parecíale que había vuelto a la morada de su infancia, y que se encontraba en el pequeño cuarto donde su madre velaba, rezando, sobre su sueño. Allí estaba todo... visible, palpable solitario e intacto. En el rincón veía la cama; en las paredes, los estantes llenos de libros sagrados. El caballete donde por primera vez había intentado llamar el ideal sobre el lienzo, estaba en un rincón, roto y lleno de polvo. Debajo de la ventana se veía el antiguo cementerio de la iglesia. Los pálidos rayos del sol brillaban por entre las hojas de los árboles. El joven veía distintamente la tumba donde su padre y su madre yacían unidos, mientras que la punta del campanario, señalando el firmamento, se presentaba como un símbolo de esperanza para aquellos que consignaran sus restos al polvo. El tañido de las campanas resonaba en su oído como anunciando un día de fiesta. Lejos de todas las visiones que habían aterrorizado y agitado su espíritu, la juventud, o por mejor decir, la niñez, parecía renacer en su corazón con sus inocentes deseos y con todas sus esperanzas. Se le figuró que se arrodillaba para orar...

Glyndon volvió en sí derramando lágrimas de placer; su corazón le decía que el espectro había desaparecido para siempre. Miró en su derredor... Zanoni había desaparecido. En un papel que había encima de la mesa se veían escritos algunos renglones; la tinta estaba fresca todavía y decía lo siguiente:

"Os proporcionaré los medios de escaparos. Esta noche, a las nueve en punto, habrá un bote en el río enfrente de esta casa. El barquero os conducirá a un sitio donde estaréis en completa seguridad, hasta que el reinado del terror, que toca a su fin, habrá pasado. No penséis más en el amor sensual que os alucinó y que ha estado a punto de perderos. Después de haceros traición, os hubiese destruido. Volveréis sin contratiempo a vuestro país natal, donde viviréis largos años para meditar sobre el pasado y reparar vuestros sufrimientos. Respecto a vuestro porvenir, sean los sueños vuestro guía y las lágrimas vuestro bautismo."

El inglés obedeció los preceptos del escrito y halló en ellos la verdad.

CAPÍTULO X

PRELUDIOS DE REVANCHA

Zanoni escribió a Mejnour:

Viola se encuentra en una de las inexorables prisiones por orden de Robespierre, y la causa de ello ha sido Glyndon. Por eso encontraba aquella terrible conexión entre sus destinos, conexión que no he podido explicarme hasta que sus destinos se han separado y que envolvía a Glyndon en la misma nube que la ocultara a ella. La cárcel... ¡es la puerta de la tumba! Su juicio y la inevitable ejecución que ha de seguirle, debe verificarse dentro de tres días. El tirano ha fijado todos sus sangrientos proyectos para el 10 termidor. Mientras las ejecuciones de los inocentes llenen de espanto a la ciudad, sus satélites deben exterminar a sus enemigos. Sólo queda una esperanza, y es que el Poder que ha juzgado al juez, hará de mí el instrumento que debe apresurar su caída. Sólo quedan dos días... ¡dos días! En toda mi inmensidad de tiempo no veo sino estos dos días; mas allá, todo es oscuridad y confusión. Todavía puedo salvarla. ¡El tirano caerá el día antes del que tiene señalado para llevar a cabo el exterminio! Esta es la primera vez que me mezclo en los enredos y estratagemas de los hombres, y mi desesperación me hace esperar con ansia el momento de la lucha."

En la calle de San Honorato se había formado un numeroso grupo. Acababan de arrestar a un joven por orden de Robespierre. Este hombre era uno de los criados de Tallien, ese jefe hostil de la Convención a quien el tirano no se había atrevido aún a atacar. Por esta razón el incidente había producido una excitación más grande de lo que solía hacerlo un arresto bajo el reinado del terror. En el grupo había muchos amigos de Tallien, muchos enemigos del tirano, y muchas que estaban ya cansados de ver como el tigre devoraba una tras otra sus víctimas. Empezaron a oírse fuertes murmullos, y las amenazadoras miradas de la multitud se dirigían contra los agentes que se apoderaron del joven. Aunque la gente no se atrevía a oponer una resistencia hostil, los de detrás empujaban a los que tenían delante y formaban una especie de barrera entre el preso y sus aprehensores. El joven empezó a luchar para escaparse, y haciendo un violento esfuerzo, pudo, al fin, verse libre de las garras de los satélites. La multitud le abrió paso, cerrándose en seguida para proteger su fuga. Entonces se oyó cerca de allí el ruido de una partida de caballería... Henriot y sus soldados cargaban sobre el grupo, que se dispersó en un instante. El preso fue otra vez rescatado por uno de los agentes del dictador. En aquel instante una voz murmuró al oído del prisionero:

—Llevas encima una carta que te quita toda esperanza de salvarte. ¡Dámela: yo se la entregaré a Tallien!

El joven volvió la cabeza lleno de admiración, y vio en el semblante del desconocido algo que le inspiró confianza.. La tropa llegaba en este momento al lugar de la escena; el jacobino que se había apoderado del joven le soltó un momento para evitar las herraduras de los caballos, y aprovechando esta oportunidad, el preso entregó la carta al desconocido, que desapareció como por encanto.

Los principales enemigos del tirano se encontraban reunidos en casa de Tallien. El peligro común hacía que todos se uniesen. Todas las facciones depusieron sus discordias agrupándose contra el hombre que marchaba por encima de ellas hacia su trono de sangre. Encontrábanse allí el intrépido Lecointre, enemigo acérrimo de Robespierre; el astuto Barrère, héroe de los cobardes que trataba de conciliar todos los extremos; el impávido y frío Barras, y Collot d'Herbois, respirando ira y venganza, sin ver que solo los enormes crímenes de Robespierre podían oscurecer los suyos.

El consejo estaba agitado y no acertaba a resolverse. El terror que excitaran los continuados triunfos y la prodigiosa energía de Robespierre, tenía enervados a la mayor parte. Tallien, el más temido del tirano, y el único que podía reunir en un solo núcleo y dar dirección a tantas encontradas pasiones, estaba demasiado manchado con la memoria de sus crueldades para que no titubease en declararse el campeón de la tolerancia.

—Es verdad, —dijo después de un fogoso discurso de Lecointre, —que el usurpador nos amenaza a todos; pero aun le quiere demasiado su canalla y los jacobinos le apoyan con vigor... Aplacemos las hostilidades hasta que se presente una ocasión más propicia. Exponernos a la derrota es entregarnos atados de pies y manos a la guillotina. Su poder declinará de día en día. La dilación es el medio mas eficaz.

Mientras Tallien decía esto, mientras su discurso producía en su auditorio el efecto del agua sobre el fuego, entró un criado a decirle que había un extranjero que deseaba verle inmediatamente para un asunto que no admitía espera.

—No tengo tiempo, —dijo el orador con impaciencia. El criado puso un billete encima de la mesa. Tallien lo abrió y leyó estas palabras escritas con lápiz: "De la prisión de Teresa de Fontenai." Tallien palideció, y levantándose de repente, se dirigió precipitadamente a la antesala, donde encontró á un hombre que le era enteramente desconocido.

—Esperanza de la Francia, —le dijo el desconocido, cuya voz pareció llegarle al corazón, —vuestro criado ha sido arrestado en la calle. He salvado vuestra vida y la de vuestra futura esposa. Os traigo esta carta de Teresa de Fontenai.

Tallien, con mano trémula, abrió el escrito, leyendo lo que sigue:

—¿He de suplicar siempre en vano? Una y mil veces os he dicho que no perdáis un momento, si apreciáis mi vida y la vuestra. Mi juicio y mi muerte están fijados para dentro de tres días... el 10 termidor. Herid mientras es tiempo... ¡aniquilad al monstruo!... Solo os quedan dos días. ¡Si no triunfáis... si vaciláis... miradme por última vez cuando pase por debajo de vuestras ventanas marchando a la guillotina!

—Su juicio administrará pruebas contra vos, —dijo el desconocido. —Su muerte es el heraldo de la vuestra. No temáis al populacho: el populacho quería libertar a vuestro criado. No temáis a Robespierre: el dictador se entrega en vuestras manos. Mañana irá a la Convención .. mañana ganáis su cabeza o perdéis la vuestra.

—¡Mañana irá a la Convención! ¿Y quién sois vos, que sabéis lo que yo mismo ignoro?

—Un hombre que, como vos, quiere salvar a la mujer a quien ama.

Antes de que Tallien volviese en sí de su sorpresa, el desconocido había desaparecido.

El vengador volvió a presentarse delante del Consejo enteramente cambiado.

—Acabo de saber noticias, no importa cuáles, —exclamó, —que me han hecho variar de propósito. El 10 termidor debemos morir en la guillotina. Ahora os digo que no debemos esperar más. Robespierre vendrá mañana a la Convención; mañana debemos ponernos frente a frente de él y aplastarle. De la montaña le haremos ver la amenazadora sombra de Danton... de la llanura se levantarán ensangrentados los espectros de Vergniaud y de Condorcet: descarguemos el golpe.

—¡Sí, descarguemos el golpe! —exclamó Barrère, lleno de energía por la nueva resolución de su colega. *¡Hiramos! ¡Los muertos, no vuelven más!*

Es positivo, y el hecho se encuentra en una de las memorias de aquellos días, que todo aquel día y aquella noche, el 7 termidor, un extranjero, desconocido en todos los acontecimientos anteriores a esta fecha, se vio en diferentes partes de la ciudad, en los cafés y en los clubs, hablando en alta voz, con grande admiración de los oyentes, de los crímenes de Robespierre, y anunciando su próxima caída. Su voz parecía despertar los adormecidos corazones de los hombres, y rompiendo las cadenea del miedo, inflamábales con noble ira y atrevimiento. Lo que más sorprendía a las gentes es que no se levantaba una sola voz para replicarle, que ninguna mano se atrevía a detenerle, y que ningún agente del tirano exclamaba: "Prended al traidor." En esta impunidad, los hombres leían como en un libro que el pueblo había abandonado al tigre sangriento.

Solamente una vez, un fiero y robusto jacobino, levantándose de repente de la mesa donde estaba sentado bebiendo, se acercó al extranjero, diciéndole:

—Quedáis preso en nombre de la república.

—Ciudadano Arístides, —respondió el desconocido en voz baja, —id a la habitación de Robespierre, que está ahora fuera de su casa, y registrad la faltriquera izquierda de la casaca que se ha quitado hace una hora. Hallaréis en ella un papel. Leedlo y volved. Os aguardaré aquí, y si entonces queréis prenderme, os seguiré sin resistencia. Reparad en este momento cuántas miradas amenazadoras se dirigen contra vos. Si os atrevieseis a tocarme, seguramente seríais hecho trizas.

El jacobino se sintió impulsado a obedecerle contra su voluntad, y salió del local murmurando. Cuando volvió, el extranjero permanecía en su puesto.

—¡Mil rayos! —le dijo el jacobino. —Os doy las gracias. El infame ha escrito mi nombre en la lista de los que ha de enviar a la guillotina.

El ciudadano Arístides, subiendo entonces encima de la mesa, gritó:

—¡Muera el tirano!

CAPÍTULO XI

RUPTURA DE HOSTILIDADES

Amaneció el 8 termidor (26 de julio). Robespierre se presentó en la Convención, dispuesto a pronunciar su estudiado discurso, lleno de frases de filantropía y de virtud; el dictador fue allí para arrojarse sobre su presa. Todos sus agentes estaban preparados para recibirle; el terrible Saint-Just había llegado del ejército para inspirarle valor e inflamar su ira. Su ominosa aparición preparaba al auditorio para la crisis.

—¡Ciudadanos! —grit6 la aguda voz de Robespierre. — Otros han presentado a vuestros ojos cuadros risueños; yo sólo vengo a deciros útiles verdades.

—Cualquiera violencia, cualquiera daño que se cometa, a mí me lo atribuyen, ¡solamente a mí!... Robespierre es quien lo desea; Robespierre es quien lo ordena. ¿Se impone una nueva contribución? Robespierre es quien os arruina. ¡Me llaman tirano!... y ¿por qué? Porque he adquirido alguna influencia; pero ¿cómo la he adquirido? Diciendo la verdad; y ¿quien se atreverá a decir que la verdad carece de fuerza en boca de los representantes del pueblo francés? No hay duda de que la verdad tiene su poder, su ira, su despotismo, su acento seductor... terrible, que halla su eco en los corazones puros lo mismo que en las conciencias culpables. Es tan difícil a la mentira imitar el fuego de la verdad, como lo fue a Salmoneo el forjar los rayos del cielo. Y ¿a quién acusan? A mí, que soy un esclavo de la libertad... un mártir viviente de la república .. la víctima y el enemigo del crimen. El rufianismo me provoca, y acciones legitimadas en otros son crímenes en mí. Basta conocerme para verse calumniado. Hasta convierten en culpabilidad mi mismo celo. ¡Despojadme de mi conciencia. y sería el más miserable de todos los hombres!

Robespierre se interrumpió un momento; Couthon se enjugaba las lágrimas; Saint-Just aplaudió en voz baja, contemplando con airados ojos la rebelde Montaña. Un silencio lúgubre, como de muerte, reinaba en el auditorio. El acento patético del orador no despertó ningún eco.

El dictador echó una mirada en torno suyo. ¡Ah! No tardará en hacer desaparecer aquella apatía. Robespierre prosigue. Ya no se ensalza ni se queja: denuncia... acusa. No pudiendo su corazón contener por mas tiempo el veneno, lo vomita sobre todos. Habla del interior, del exterior, de hacienda, de guerra... ¡a todos salpica! Su voz es vuelve más áspera y mas penetrante...

—Existe una conspiración contra las libertades públicas. Esta conspiración debe su fuerza a una criminal coalición formada en el seno mismo de la Convención, y tiene sus cómplices en el Comité de seguridad publica. ¿Cuál es el único remedio para cortar de raíz este mal? Castigar a los traidores, purificar este Comité, aplastar todas las facciones bajo el peso de la autoridad nacional, levantando sobre sus ruinas el gobierno de la libertad y de la justicia. Estos son los principios de esta reforma. ¿Es preciso que tenga la ambición de profesarlos? ¡Pues sabed que los principios se encuentran proscritos y que la tiranía reina entre nosotros! ¿Qué podéis objetarle a un hombre que tiene de su parte la justicia, y que sabe, al menos, sacrificarse por su país? He nacido para combatir el crimen y no para gobernarlo. Por desgracia no ha llegado todavía el tiempo en que los hombres honrados pueden servir impunemente a su patria. Mientras gobiernen los perversos, los defensores de la libertad serán siempre los proscritos.

Dos horas duró aquel discurso de muerte. El auditorio lo escuchó sin atreverse a interrumpirlo, y al concluirse, reinaba el mismo tenebroso silencio que se notara al empezar. Los enemigos del orador no osaban manifestar su resentimiento, porque no conocían a qué altura se hallaba la balanza del poder. Los partidarios de Robespierre temían aplaudir, porque ignoraban si las acusaciones envolvían a algunos de sus amigos o parientes. "¡Cuidado! Se decía cada cual, tú eres el amenazado." Aunque el auditorio se quedó silencioso al principio, se observó después en él cierta reacción. Sin embargo, el dictador parecía estar rodeado de un poder irresistible. Aun cuando no era un grande orador, se manifestaba siempre resuelto. La energía de sus palabras era aterradora, mucho mas, cuando con una ligera señal movía las tropas de Henriot y hacía obrar según su voluntad a René Dumas, inexorable presidente del Tribunal.

Lecointre de Versalles se levantó. Hubo un movimiento de ansiosa atención, pues Lecointre era uno de los enemigos más acérrimos del tirano. ¡Cuál fue el desmayo de la fracción de Tallien y el placer que manifestó la sonrisa de Couthon, cuando Lecointre pidió que se imprimiese el discurso! Todos se quedaron estupefactos.

Al fin, Bourdon de l'Oise, cuyo nombre estaba doblemente marcado en la lista de muerte del dictador, corrió a la tribuna, proponiendo la atrevida contra resolución de que el discurso se remitiese solamente a los dos comités, a los cuales se acusaba.

Los conspiradores, estando aún helados de estupor, no se atrevieron a aplaudir.

El tímido Barrère, siempre del lado de los prudentes, dirigió antes de levantarse una mirada a su alrededor. Al fin se puso de pie y apoyó a Lecointre.

Couthon aprovechó esta ocasión, y desde su asiento, privilegio que solamente gozaba el paralítico, con su melodiosa voz, trató de convertir la crisis en triunfo. El orador pidió, no solamente que se imprimiese el discurso, sino que se enviase a todas las municipalidades y a los diferentes cuerpos de ejército.

—Es necesario consolar un corazón ofendido y lacerado, —dijo. —Se ha acusado a fieles diputados de derramar sangre inocente. ¡Ah! si él hubiese contribuido a la muerte de un solo hombre inocente, sucumbiría de pesar.

¡Seductora ternura!... Mientras el orador hablaba, acariciaba el perrito que llevaba en sus brazos.

¡Bravo, Couthon! ¡Robespierre triunfa! ¡El reinado del terror continuará!... ¡La asamblea se somete con la docilidad de un cordero!

Vótase la impresión del sangriento discurso y su remisión a todas las municipalidades.

En los bancos de la Montaña, Tallien, alarmado, impaciente y lleno de indignación, dirige su vista al sitio destinado para los extranjeros admitidos a presenciar los debates. Sus ojos se encuentran con los del desconocido que le llevara la carta de Teresa de Fontenai el día anterior. Aquellos ojos le fascinaron. En épocas posteriores, Tallien decía con mucha frecuencia que aquella mirada fija, ardiente, medio desdeñosa, y sin embargo, halagadora y triunfante, le reanimó, inspirándole un valor desconocido. Aquella mirada habló a su corazón como el clarín habla al guerrero. Tallien, levantándose de su asiento, habló con sus aliados, a los cuales comunica su nueva energía como si fuese un fuego contagioso. Los hombres a quienes se dirigía especialmente la acusación de Robespierre y que veían levantada la espada sobre su cabeza, salieron de su torpe abatimiento. Vadier, Cambon, Billaud Varennes, Panis y Amar se levantaron a un mismo tiempo pidiendo la palabra. Vadier fue el primero que habló, y después siguiéronle los demás. ¡La Montaña empezó a vomitar su devoradora lava! ¡Una legión de Cicerones se arrojan sobre el asustado Catilina!

Robespierre tartamudea... vacila... quisiera modificarse y se retracta.

Sus enemigos adquieren nueva energía al verle titubear, le interrumpen y ahogan su voz, pidiendo que se deseche la proposición. Amar pide otra vez que el discurso se envíe a los comités... a los comités, a sus enemigos.

Todo es allí confusión y gritería.

Robespierre se reviste de un soberbio desdén. Pálido y derrotado, pero no destruido, permanece como una tempestad en medio de otra tempestad.

Los enemigos de Robespierre ganan la votación. Todo el mundo prevé en esta derrota la caída del dictador. Un solo grito salió de las tribunas, que fue secundado por todo el salón y por el auditorio:

—¡Abajo el tirano! ¡Viva la República!

CAPÍTULO XII

¡MAÑANA... MAÑANA!

Cuando Robespierre salió de la Convención, reinaba en la multitud que se apiñaba al exterior de sus puertas, un silencio de mal agüero.

La multitud, en todos los países, es del que triunfa, y como las ratas, huye del edificio que se va a desplomar.

Si Robespierre carecía de valor, no le faltaba nunca el orgullo, y el segundo suplía muchas veces al primero. Pensativo, y con un entrecejo impenetrable, atravesó la muchedumbre cogido del brazo de Saint-Just y seguido de Payan y de su hermano.

En el momento en que se encontraron en sitio despejado, Robespierre rompió el silencio.

—¿Cuántas cabezas debían caer el día diez? —preguntó.

—Ochenta, —respondió Payan.

—¡Ah! no debemos esperar tanto; un día puede perder un imperio; el terrorismo nos salvará.

Robespierre guardó silencio por algunos momentos.

—Saint-Just, —dijo de repente, —¿no han podido dar con ese inglés cuyas revelaciones o cuyo juicio hubiese aplastado a los Amar y a los Tallien? ¿No? Mis jacobinos se vuelven pesados y ciegos. Solamente se han apoderado de una mujer... ¡de una mujer!

—Una mujer asesinó a Marat, —dijo Saint~Just.

Robespierre se interrumpió y respiraba con dificultad..

—Saint-Just, —repuso el dictador, —cuando hayamos atravesado este peligro, fundaremos el reinado de la paz. Haremos construir casas con jardines para los ancianos. David está ya dibujando los pórticos. Se nombrarán hombres virtuosos para que enseñen a la juventud. El vicio y el desorden, en vez de ser destruidos, serán solamente desterrados. Es preciso que vivamos todavía. La posteridad no puede juzgarnos hasta que hayamos terminado nuestra obra. Hemos proclamado ya la existencia del Ser Supremo; ahora nos toca reformar este mundo corrompido. Todo será amor y fraternidad; y... ¡ah! ¡ah! ¡Simón!... ¡Simón!... ¡tomad! Saint-Just, ¡dadme vuestro lápiz!

Y Robespierre, después de escribir algunas palabras precipitadamente, dijo:

—Lleva esto al ciudadano Dumas. Pronto, Simón, pronto. Esas ochenta cabezas caerán *mañana.,. mañana,* Simón. Dumas adelantará su sentencia un día. Escribiré a Fouquier-Tinville, el acusador público. Simón, esta noche nos veremos en el club de los jacobinos; allí denunciaremos a la Convención entera, y allí agruparemos en derredor nuestro a los últimos amigos de la libertad y de la Francia.

En este momento se oyó a lo lejos detrás de ellos un grito de *¡Viva la República!*

Los ojos del tirano brillaban con el fuego de la venganza.

—¡La república!... —dijo con desdén. —No destruiremos un trono de mil años por esa canalla.

El juicio y la ejecución de las víctimas se han anticipado un día. Por medio de la misteriosa inteligencia que le guiara animándole hasta ahora, Zanoni supo que sus esfuerzos habían sido vanos. Sabía que Viola estaba salvada con tal que pudiese sobrevivir una hora al tirano; sabía que las horas de Robespierre estaban contadas; que el 10 termidor, cuyo día había señalado para la ejecución de sus últimas víctimas, el tirano subiría al cadalso. Zanoni había trabajado y preparado la caída del verdugo y de su reinado. ¿Con qué objeto? Una sola palabra del dictador había trastornado todos sus planes. La ejecución de Viola se había anticipado un día.

¡Vano Zanoni! Has querido hacerte el instrumento del Eterno, y el mismo peligro que amenaza al tirano precipita el fin de sus víctimas. Mañana caerán ochenta cabezas, y entre ellas, ¡la de la mujer que ha dormido sobre tu corazón! ¡Y Robespierre vivirá esta noche!

CAPÍTULO XIII

EL ESPECTRO DEL UMBRAL Y EL ANGEL DE LA LUZ

Nos encontramos ya al anochecer. Una tras otra las risueñas estrellas van apareciendo en el firmamento. Las aguas tranquilas del Sena se despiden de los últimos resplandores del día, y en el puro azul del cielo brillan aún las elevadas torres de Nuestra Señora de París. También en el azur del cielo levanta sus brazos la guillotina junto a la Barrera del Trono.

En un edificio carcomido que fuera en otro tiempo el convento y la iglesia de los Hermanos misioneros, conocido después por el santo nombre de los Jacobinos, tenía su club el partido que se había apropiado este nombre. Allí, en un salón semicircular donde estaba antes la librería de los religiosos, se reunían ahora los adoradores de San Robespierre. Dos inmensas tribunas levantadas en los extremos, contenían la escoria y la hez del atroz populacho. La mayoría de este auditorio se componía de las furias de la guillotina. En medio del salón había la mesa y la silla del presidente. La silla, conservada durante muchos años por la piedad de los religiosos, era una reliquia de Santo Tomás de Aquino. Encima de la silla descollaba el ceñudo busto de Bruto. Una lámpara de bronce y dos candeleros, derramaban por aquel vasto local su luz opaca y vacilante, bajo la cual los feroces semblantes de aquel Pandemonio parecían mas lúgubres y amenazadores. Allí, desde la tribuna del orador, Robespierre habla al auditorio con su voz aguda e iracunda.

Al mismo tiempo, en el comité de sus enemigos todo es caos y desorden, y el valor lucha a medias con la cobardía. Encontrados rumores circulan de calle en calle, de local en local y de casa en casa. Las golondrinas vuelan casi tocando el suelo y los rebaños se agrupan ante la tempestad; y sobre estos rugidos de la humana cólera, y en medio de la incertidumbre de las cosas de aquella angustiosa hora, solo, en su cuarto, permanecía el hombre sobre cuya lozana juventud las tormentas de los siglos habían pasado en vano.

Todos cuantos esfuerzos el valor y la sabiduría podían sugerir, habían sido vanos; y tales esfuerzos eran vanos, porque, en aquella saturnal de la muerte, el objeto era salvar una vida. Nada, sino la caída de Robespierre, podía librar a sus víctimas. Ahora, siendo ya demasiado tarde, esta caída solo serviría para apresurar su venganza.

Otra vez, en la agonía de la desesperación, Zanoni se había sumergido en la soledad, para invocar el auxilio o el consejo de los misteriosos intermediarios que habitan entre el cielo y la tierra, y que le negaran su asistencia mientras viviere esclavizado por los lazos que ligan a los mortales. En el intenso deseo y en la amarga angustia de su corazón, existía, quizá, un poder no experimentado todavía por quien no ha sentido que la viveza del extremo dolor corta y rompe muchos de lo mas fuertes lazos de la enfermedad y de la duda que ciegan a los hombres en los momentos de negra oscuridad, lo mismo que de la cargada nube sale a veces el rayo que nos muestra el precipicio.
La invocación fue oída y las cadenas de los sentidos se rompieron para dejar libre la visual de la imaginación. Zanoni miró para ver, no al ser a quien llamara, rodeado de su brillante aureola y con su celestial sonrisa, no a su familiar Adonai, al hijo de la gloria y de las estrellas, sino al terrible Agüero, a la negra Quimera, al implacable enemigo que comparecía con sus ojos chispeantes de malicia y de gozo infernal. El espectro, en vez de arrastrarse como antes en las sombras, se levantó delante de él gigantesco y erguido; su cara, cuyo velo ninguna mano mortal ha levantado todavía, permanecía aún

cubierta, pero su forma era más distinta y corpórea, esparciendo, como una especie de atmósfera, el horror, la ira y el espanto. El aliento del espectro helaba el aire, y como una nube, inundó la habitación, oscureciendo las estrellas del cielo.

—¡Mira! —dijo la voz. —Aquí me tienes otra vez. Me has arrebatado muchas presas, pero ahora, ¡escápate si puedes de mi poder! Tu vida te ha abandonado para trasladarse al corazón de una mujer de barro y de gusanos. Por medio de esa vida vengo hacia ti con mis inexorables pasos. ¡Al fin has vuelto al umbral... tú, cuyos pies han pisado las márgenes del infinito! ¡Y así como el fantasma de su fantasía se apodera del niño en la oscuridad, así, hombre poderoso que pretendiste vencer a la muerte, yo me apodero de ti!

—¡Atrás! ¡A tu guarida, esclava! Si has comparecido a mi voz cuando no te llamaba, no es para mandar, sino para obedecer. A ti, de cuyo malicioso murmullo he salvado, alcanzando su gracia, vidas que me eran más caras que la mía... te mando, no por medio del hechizo ni del encanto, sino por la fuerza de un alma más poderosa que la malicia de tu ser, que me sirvas todavía, y que me reveles el secreto que puede salvar las vidas que tienes en tu poder, y que, con permiso del Señor universal, me está concedido retener algún tiempo en su templo de polvo.

Los horribles ojos del espectro brillaron con un fuego mil veces más devorador; su colosal forma se dilató haciéndose más visible, y su voz respondió en tono de odioso desdén:

—¿Crees que podría hacer por ti otra cosa que maldecirte? ¡Hubieses sido demasiado feliz llorando sobre muertes enviadas por la suave mano de la Naturaleza, si no hubieses sabido nunca como el nombre de madre idealiza la belleza de la mujer, y más aún si nunca, inclinándote sobre un hijo, hubieses sentido la imperecedera dicha del amor de padre! ¿Dices que están salvados?... ¡Escucha! La madre perecerá violentamente y llena de afrenta por la mano del verdugo, que cortará aquella brillante cabellera que has besado tantas veces. El niño, tu primero y último fruto, en el cual abrigaste la esperanza de fundar una raza que oyese en ti la música de la armonía celestial, y que volase, al lado de tu familiar Adonai, por las azuladas regiones de la dicha, el niño vivirá algunos días como una planta en un cementerio, en un negro calabozo, muriendo de hambre, abandonado por la crueldad. ¡Ja! ¡ja! Tú que querías burlar a la muerte, aprende cómo mueren los seres inmortales cuando se atreven a amar a una criatura de frágil barro. ¡Ahora, caldeo, contempla mis favores! Te he envuelto en la peste de mi presencia y me he apoderado de ti. ¡De hoy más, hasta que tu larga raza haya perecido, mis ojos brillarán dentro de tu cerebro y mis brazos te estrecharán cuando para huir del abrazo de la noche pretendas remontarte en las alas de la mañana!

—Te digo que mientes, y otra vez te mando que respondas al señor que puede mandar a su esclava. Aunque me falte mi ciencia y el dolor destroce mi pecho, sé que las vidas que defiendo serán salvadas de la mano del verdugo. En vano obscureces su futuro con tu sombra, pero no puedes dominarlo. Puedes prever el antídoto, pero no dar el veneno. Aunque te torture, arrancaré de ti el secreto de su salvación. Me acerco a ti y miro impávido tus ojos. El alma que adora se atreve a todo. ¡Espectro! ¡te desafío y te mando que me obedezcas!

La sombra se retiró lo mismo que la niebla se desvanece cuando penetran en ella los rayos del sol, y acurrucada en el último rincón del cuarto, dejando libre la ventana por la cual Zanoni pudo contemplar otra vez las estrellas, dijo con ronco y débil acento:

—Sí, puedes salvarla de las manos del verdugo, pues está escrito que quien se sacrifica, puede salvar. ¡Ja! ¡ja!

Y otra vez su sombra volvió a erguirse con toda su gigantesca estatura, riendo con infernal alegría, como si el enemigo vencido por un momento hubiese vuelto a recobrar su poder.

—¡Ja! ¡ja!... —prosiguió el espectro. —Puedes salvar su vida si quieres sacrificar la tuya. ¿Y para eso has visto hundirse tantos imperios y desaparecer tantas generaciones? ¡Al fin te reclama la muerte! ¿Quieres salvarla?... *¡Muere por ella!* ¡Cae, sólida columna sobre la cual podían brillar estrellas no formadas todavía... cae, para que la hierba de tu base pueda alimentarse algunas horas más del sol y del rocío! ¡Silencio! ¿Estás ya pronto para el sacrificio? Mira, la luna sube ya por el firmamento. Hermoso sabio, ¿vas a mandarla que sonría mañana sobre tus restos?

—Atrás, por vida mía; al responderte mi alma desde una profundidad en la cual no te es dado oírla, ha vuelto a conquistar su gloria. En este momento oigo las alas de Adonai que con su armoniosa música hienden los aires.

El espectro, arrojando un grito de impotente rabia y de desesperación, desapareció en las tinieblas, mientras que una repentina y radiante luz inundaba el tenebroso cuarto.

Cuando el visitador celestial, en la atmósfera de su propio resplandor, miraba al invocador con un aspecto de inefable ternura y amor, todo el espacio parecía lleno de su sonrisa. Desde el cuarto en que se había detenido hasta la más distante estrella del cielo, parecía que el espíritu había dejado una huella de suave luz. Lo mismo que la flor difunde el perfume, que es el aliento de su vida, así la emanación de aquella visión esparcía la dicha. El Hijo de la luz, al descender al mundo al lado del amor, con su resplandor mil veces más brillante que la luz y la electricidad, sus alas derramaban la alegría como la mañana esparce las gotas de rocío. En aquellos breves instantes, la pobreza cesó de lamentarse, las enfermedades abandonaron a los pacientes, y la esperanza llevó su dulce consuelo a las mansiones de la desesperación.

—Tienes razón, —dijo la melodiosa voz. —Tu valor ha restablecido tu poder. Otra vez me complazco en descender a la tierra para venir al lado de tu alma. Mas sabio en el momento en que comprendes la muerte que cuando tu libre espíritu aprendió el solemne misterio de la vida, las humanas afecciones que te esclavizaron por un momento te traen en las últimas horas de tu inmortalidad, la más sublime herencia de tu raza... la eternidad que empieza en la tumba.

—Adonai, —dijo el caldeo, cuando envuelto en la radiante gloria que reflejaba la visión, parecía ya pertenecer a la eternidad que le anunciara; —así como los hombres, antes de morir, comprenden enigmas que ignoraron durante su vida, así en esta hora, cuando el sacrificio mío a favor de otro trae el curso de los siglos a su cauce, veo la pequeñez de la vida comparada con la majestad de la muerte. Pero ¡ah, divino consolador! Aun aquí, hasta en tu presencia, las afecciones que me inspiran me llenan de tristeza, al pensar que dejo en este mundo de maldad, sin amparo y sin protección, a los seres por quienes muero. ¡Mi esposa! ¡Mi hijo!... ¡habla, consuélame sobre esta duda, Adonai!

—¡Cómo! —repitió éste con un ligero acento de reproche mezclado de celestial compasión. —Con toda tu sabiduría y tus secretos alcanzados en las estrellas... con todo el imperio de tu pasado y tus visiones de lo futuro... ¿qué eres tú para el Omnipotente? ¿Puedes imaginarte que tu presencia en la tierra dará a los corazones que amas el amparo que el más humilde recibe de las alas de la Presciencia que vive en el cielo. No temas por su futuro. ¡Tanto si vives como si mueres, su porvenir está al cuidado del Todopoderoso! ¡Así en el calabozo como en el cadalso está fija la eterna mirada del que es más tierno que tú para amar, más sabio para dirigir y más poderoso para salvar!

Zanoni inclinó su cabeza, y cuando volvió a levantarla, su frente estaba serena y era tranquila su mirada. Adonai había desaparecido; pero la habitación estaba aún llena de la gloria de su presencia, mientras que el aire parecía murmurar todavía con trémula delicia.

Tal será la dicha de aquellos que habiéndose desaprendido enteramente de la vida, recibieran la visita del ángel de la fe; sus sepulturas estarán eternamente rodeadas de una brillante aureola.

CAPÍTULO XIV

DESPEDIDA

Zanoni permanecía en el elevado balcón que dominaba la tranquila ciudad. Aun cuando lejos de allí, las más fieras pasiones de los hombres se agitaban con saña, todo lo que estaba al alcance de su vista permanecía silencioso y tranquilo bajo los plateados rayos de la luna de verano. Su alma, olvidando en aquel momento al hombre y su pequeña esfera, contemplaba otros mundos mas serenos que brillaban en el espacio. Zanoni permanecía solo y pensativo, para dar el último adiós a la misteriosa vida que había conocido.

Atravesando los dilatados campos del espacio, veía las diáfanas sombras de cuyos alegres coros su espíritu había participado tantas veces. Allí, grupo sobre grupo, formando numerosos círculos en la estrellada bóveda, parecían alimentarse de la indecible belleza de un ser que tenía su trono en el centro de la luz. En esta especie de arrobamiento, el universo entero parecía desplegarse como un cuadro ante sus ojos. Allá, en lejanos valles cubiertos de verdura, veía las danzas de las brujas, mientras que en las entrañas de la tierra miraba la raza que sopla el emponzoñado aire de los volcanes, huyendo de la luz del cielo. En cada hoja de los millares de árboles de los bosques, como en cada gota de agua de los insondables mares, descubría su aislado y animado mundo; y en lo más distante del azulado espacio divisaba orbe sobre orbe caminando hacia su forma, y planetas que saliendo del foco central, iban a recorrer su día de diez mil años. ¡En todas partes la creación recibía el soplo divino del Criador que comunica su vida a todo lo existente! Sólo, en la distancia del espacio, Zanoni veía al solitario mago, a su hermano de ciencia. Allí, trabajando con sus números y su cábala en medio de las ruinas de Roma, en su fría tranquilidad, Mejnour estaba sentado en su celda. Viviendo, viviendo siempre mientras el mundo exista, no cuidándose de averiguar si su ciencia produce bien o mal, parece el agente de una voluntad más tierna y más sabia que guía a cada cosa a sus inescrutables designios. Viviendo... viviendo siempre como la ciencia que solo suspira por los conocimientos, sin pararse a considerar si el saber aumenta la felicidad, ni si el carro de los progresos humanos, atravesando por medio de la civilización, aplasta en su marcha a todo el que no puede asirse a sus ruedas. Siempre, con su cábala y sus números, el solitario Mejnour vivirá para ver cambiar la faz del mundo habitable.

—¡Adiós, vida! —murmuró el visionario. —¡Cuán grata me has sido siempre! ¡cuán difícil es comprender tus alegrías!... ¡Con qué placer mi alma se ha elevado a las sendas desconocidas! Para el que puede renovar eternamente su juventud en la pura fuente de la naturaleza, ¡cuán exquisita es la mera felicidad de existir! Adiós, lámparas del cielo. Adiós, millares de tribus que pobláis los aires. No hay un solo átomo en los rayos solares, una hierba en la montaña, un guijarro en la playa, ni una semilla arrojada por el huracán en el desierto, que no forme parte de la ciencia que enseña en todas las cosas el verdadero principio de la vida, lo bello, lo alegre, lo inmortal. Para otros, una comarca, una ciudad, una cabaña, no ha sido más que una morada: mi morada ha sido siempre el espacio hasta donde mi inteligencia ha podido penetrar o donde ha podido respirar mi espíritu.
Zanoni guardó silencio, y atravesando el inmenso espacio, sus ojos y su corazón, penetrando en el negro calabozo, se fijaron sobre su hijo. El inocente dormía profundamente en los brazos de su pálida madre, y su alma habló con el alma del ángel dormido.

—Perdóname, hijo mío, si mi deseo fue un pecado. Soñé educarte y dirigirte a los mas divinos destinos que mis visiones podían prever. Tan luego como hubiese preservado la parte mortal del peligro de las enfermedades, hubiera purificado tu espíritu de todo pecado. Te hubiese conducido cielo tras cielo, al santo éxtasis que forma la existencia de los seres que habitan en las regiones etéreas; hubiese hecho de tus mas sublimes afecciones la pura y perpetua comunicación entre tu madre y yo. El sueño no ha sido mas que un sueño, que se ha desvanecido. En el borde de la tumba, siento, al fin, que en sus puertas está la verdadera iniciación que conduce a lo bueno y a lo justo. Al otro lado de esas puertas, pues, os aguardaré a los dos, amados peregrinos.

Mientras Mejnour, solo en medio de las ruinas de Roma, estaba absorto en sus números y en su cábala, sus ojos se dirigieron a las estrellas, sintiendo que el espíritu de su distante amigo le llamaba.

—¡Adiós para siempre en este mundo! Tu último compañero te abandona. Tu edad madura sobrevive a todas las juventudes, y el día del juicio final te hallará contemplando nuestras tumbas. Me he resignado a pesar a la tierra de la oscuridad; pero nuevos soles y sistemas brillan en derredor nuestro desde la sepultura. Me voy a donde las almas de aquellos por quienes me despojo de mi barro, serán mis compañeros por toda la eternidad. Al fin reconozco la verdadera ordalía y la victoria positiva. Mejnour, arroja tu elixir; ¡abandona el insoportable peso de tus años! ¡Aun allá, el Eterno Ser que vivifica todas las cosas será el protector de nuestra alma!

CAPÍTULO XV

ZANONI Y DUMAS

Era ya muy tarde cuando aquella noche René Francisco Dumas, presidente del Tribunal revolucionario, volvió a su casa de regreso del club de los Jacobinos. Acompañábanle dos hombres, de los cuales podía decirse que el uno representaba la fuerza moral y el otro la fuerza física del reinado del terror: Fouquier-Tinville, acusador público, y Francisco Henriot, general de la Guardia nacional de París. Este formidable triunvirato, se encostraba reunido para tratar de los negocios del día siguiente. Las tres hermanas hechiceras, alrededor de su infernal caldero, no se sentían animadas de pensamientos más malvados ni proyectaban más execrables designios que estos tres héroes de la revolución en su premeditada matanza del día siguiente.

El aspecto de Dumas había cambiado muy poco desde que al principio de esta historia fue presentado al lector; sus maneras eran, sin embargo, algún tanto más enérgicas y severas, y su mirada mas intranquila. Con todo, al lado de sus compañeros, parecía casi un ser superior. René Dumas, nacido de padres respetables y hombre bien educado, a pesar de su ferocidad, estaba dotado de cierta sutileza y de un exterior elegante, cualidades que quizá le hacían mas aceptable al preciso y formal Robespierre. En cuanto a Henriot, había sido lacayo, ladrón y espía de la policía. Este hombre bebió la sangre de madame de Lamballe y debió su elevación solamente a su rufianismo. Fouquier-Tinville, hijo de un labrador provincial, y después pasante en la secretaría de la policía, era de maneras menos bajas, pero afectaba cierta repugnante bufonería en su conversación. Hombre de muy limitada capacidad, de enorme cabeza, cuyo cabello llevaba siempre muy peinado, revelaba su siniestra malicia en sus ojos pequeños y chispeantes y en su frente estrecha y lívida. Sus formas robustas y toscas le hacían parecer lo que era: el audaz campeón de una Barra déspota, ilegal e infatigable.

Dumas despabiló las luces y se inclinó sobre la lista de las víctimas del día siguiente.

—El catálogo es bien largo, —dijo; —¡ochenta juicios en un día! Y las órdenes de Robespierre para despachar toda esa hornada son terminantes.

—¡Bah! —repuso Fouquier con una estrepitosa carcajada; —los juzgaremos *en masa*. Conozco perfectamente cómo debo proceder delante del jurado. Bastará decir: *Ciudadanos, creo que estáis convencidos de los crímenes de los acusados.* ¡Ja!
¡ja!.. Cuanto más larga sea la lista, mas corto será el trabajo.

—Tenéis razón, —dijo Henriot con una especie de gruñido, medio ebrio, como de costumbre, y recostándose en su silla, y poniendo los talones de sus botas sobre la mesa. — Tinville vale un Perú para despachar.

—Ciudadano Henriot, —exclamó Dumas con gravedad, —os suplico que busquéis otro escabel para poner los pies. En cuanto a lo demás, debo advertiros que mañana es un día muy crítico en el cual se van a decidir los destinos de la Francia. —¡Voy a comerme un higo a la salud de mi querida Francia! ¡Viva el virtuoso Robespierre, sostén de la república! Pero esta discusión es muy seca. ¿Tenéis un poco de aguardiente?

Dumas y Fouquier cambiaron una mirada de disgusto. El presidente, encogiéndose de hombros, replicó:

—Ciudadano general, si os he hecho venir aquí, ha sido para evitar que bebieseis aguardiente. ¡Escuchadme si podéis!

—Hablad, hablad cuanto queráis; es vuestro oficio. El mío es batirme y beber.

—Entonces os advierto que mañana todo el populacho se lanzará a la calle, y que todas las facciones se pondrán en movimiento. Es probable que intenten detener los carros de los sentenciados cuando se dirijan a la guillotina. Tened dispuesta vuestra gente, y acuchillad sin compasión al que se atreva a interrumpir el curso de la justicia.

—Comprendo, —dijo Henriot acariciando su espada de una manera que medio sobresaltó al mismo Dumas. —El negro Henriot es poco indulgente.

—¡No lo olvidéis, ciudadano, no lo olvidéis! —repuso Dumas. —Y escuchad, — añadió mientras un triste presentimiento parecía obscurecer su frente; —si apreciáis en algo vuestra cabeza, guardaos de beber aguardiente.

—¡Mi cabeza! ¡mil rayos! ¿0s atrevéis a amenazar al general del ejército de París?

Dumas, lo mismo que Robespierre, hombre preciso, bilioso y arrogante, iba a replicar de una manera desagradable, cuando el astuto Tinville, cogiéndole por el brazo y volviéndose al general, dijo:

—Querido Henriot, es preciso que vuestro intrépido republicanismo, que os hace ser arrebatado más de una vez, se acostumbre a saber sufrir una represión del representante de la ley. Ahora os hablo formalmente, querido Henriot; es indispensable que seáis sobrio por tres días. Cuando habrá pasado esta crisis, os prometo vaciar con vos una botella. Acercaos, Dumas; dejad vuestra austeridad y estrechad la mano a vuestro amigo. ¡Entre nosotros no debe haber rencillas!

Dumas vaciló un instante; pero al fin, alargó su mano, que el general rufián estrechó, mientras entre lágrimas y sollozos hacía mil protestas de civismo, prometiendo ser sobrio en aquellos días.

—Bien, mi general, —dijo Dumas, —confiamos en vos, y ahora, puesto que mañana tendremos todos necesidad de nuestro vigor, iros a casa y dormid profundamente.

—Sí, Dumas, os perdono; yo no soy vengativo... Pero si un hombre me amenaza... o me insulta... —Y con los cambios repentinos de ideas que produce la embriaguez, sus ojos volvieron a ponerse brillantes de ira, a pesar de sus asquerosas lágrimas.

Fouquier, después de inauditos esfuerzos, consiguió aplacar la fiera y sacar aquel hombre feroz fuera del cuarto. Pero, como le sucede al carnívoro que tiene que abandonar su presa, Henriot gruñó y amenazó mientras bajaba la escalera. En la calle había un soldado montado en un gigantesco caballo que se paseaba arriba y abajo; y en tanto que el general esperaba en la puerta a que su ordenanza volviese, se le acercó un extranjero que permanecía arrimado a la pared.

—General Henriot, —dijo el desconocido, —deseo hablaros. Después de
Robespierre, sois, o deberíais ser, el hombre más poderoso de Francia.

—¡Hem!... es verdad, debería serlo. Pero ¿qué queréis hacerle? No todos los hombres son lo que merecen.

—Chito, —dijo el extranjero; —vuestro sueldo no es proporcionado a vuestra posición ni a vuestras necesidades.

—Es verdad.

—¡Hasta en una revolución, ningún hombre debe descuidar su fortuna!

—¡Diablo! Explicaos, ciudadano.

—Tengo aquí mil piezas en oro... Serán vuestras si me concedéis un pequeño favor.

—¡Concedido, ciudadano! —dijo Henriot, agitando su mano majestuosamente. — ¿Queréis, quizá, que denuncie a algún bribón que os ha ofendido?

—No; es solamente lo siguiente: escribid al presidente Dumas estas cortas palabras: "Os suplico que recibáis al dador, y si podéis concederle lo que os pedirá, os lo agradecerá en extremo Francisco Henriot."

Mientras el desconocido hablaba, puso lápiz y papel en las temblonas manea del general.

—Y ¿donde está el oro? —preguntó.

—Aquí, —respondió el desconocido.

Henriot, no sin bastante dificultad, borroneó las palabras que le dictara el extranjero, y después de embolsarse el oro, montó en su caballo y desapareció.

Entretanto, Fouquier, después de haber cerrado la puerta del gabinete detrás de Henriot, dijo con cierta acritud:

—¿Es posible que vuestra locura llegue hasta el extremo de irritar a ese pícaro? ¿No sabéis que nuestros leyes no valen nada sin la fuerza física de la Guardia nacional, y que ese hombre es el jefe de ella?

—Lo que sé es que Robespierre debía estar loco cuando puso a su cabeza a ese borracho. Escuchad bien lo que voy a deciros, Fouquier. Si llega el caso de tener que luchar, la cobardía y la incapacidad de ese hombre serán nuestra ruina. Sí; quizá tengáis que acusar todavía a vuestro querido Robespierre, y perecer en su caída.

—Pues, por lo mismo, debemos estar bien con Henriot hasta que se nos presente una ocasión para cortarle la cabeza. Para estar seguros, es menester que adulemos a todos los que están aún en el poder, y que los adulemos tanto mas cuanto mas próxima esté su caída. No creéis que cuando mañana despierte Henriot, olvide vuestras amenazas. Es el hombre más vengativo que he conocido. Debéis mandarle llamar mañana y halagarle.

—Tenéis razón, —dijo Dumas convencido. —Tenía demasiada prisa; y sin embargo, ahora veo que no nos queda nada mas que hacer, puesto que hemos decidido despachar de una vez la hornada de mañana. Veo que hay en la lista un solemne bribón al cual tenía apuntado desde mucho tiempo, aunque su crimen me valió una herencia; hablo de Nicot, de ese discípulo de Hébert.

—¿Y el joven poeta Andrés Chenier? ¡Ah! olvidaba que le decapitamos hace pocos días. ¡La virtud republicana se encuentra en todo su apogeo, pues su hermano nos le abandonó!

—Hay en la lista una extranjera... una joven italiana; pero no encuentro ningún cargo contra ella.

—¡No importa; debemos guillotinarla para que la cuenta venga redonda; ochenta suena mejor que setenta y nueve!

—En este momento entró un portero con la esquela de Henriot.

—¡Ah! magnifica ocasión, —dijo Tinville, al cual Dumas trasladara el escrito... — Complacedle, siempre que no sea para disminuir nuestro catálogo. Con todo, debo hacer justicia a Henriot sobre este punto, pues nunca quita, sino que al contrario, añade. Buenas noches. Estoy cansado, y mi escolta me aguarda abajo. Solamente en ocasiones como la presente me atrevo a salir de noche a la calle. Y Fouquier, haciendo un descomunal bostezo, salió de la habitación.

—¡Que entre el portador! —dijo Dumas, quien flaco y pálido como sus pergaminos, parecía inexpugnable al sueño.

—El extranjero entró en el gabinete del presidente.

—René Francisco Dumas, —dijo el desconocido, sentándose enfrente del juez y adoptando a propósito el plural, como si quisiese ridiculizar la jerigonza revolucionaria; —en medio de las ocupaciones que absorben vuestra vida, no sé si recordaréis que nos hemos visto antes de ahora.

El juez se puso a examinar atentamente el semblante del desconocido, y después que sus facciones se cubrieron de una mortal palidez, respondió:

—¡Sí, ciudadano, lo recuerdo!

—Entonces quizá os acordaréis también de las palabras que pronuncié en aquella ocasión, cuando hablabais de una manera muy tierna y filantrópica del horror que os inspiraba la pena capital. Aguardabais con ansia la cercana revolución para ver terminar los castigos revolucionarios, y citasteis con reverencia el dicho de Maximiliano Robespierre, el futuro hombre de Estado: "El verdugo es invención de los tiranos." ¡Mientras que hablabais de esta manera, os pronostiqué que volveríamos a encontrarnos cuando vuestras ideas sobre la muerte y la filosofía de las revoluciones estarían muy cambiadas! ¿Tenía razón, ciudadano René Francisco Dumas, presidente del Tribunal revolucionario?

—¡Bah! —dijo Dumas con alguna confusión, mientras su frente parecía abrasársele; —entonces hablaba como lo hacen los hombres que no han tenido ocasión de obrar. Las revoluciones no se hacen con agua de rosas. Dejemos recuerdos tan remotos. No he olvidado que salvasteis entonces la vida de un pariente mío, y tengo el gusto de deciros que el hombre que intentó asesinarle, será guillotinado mañana.

—Esta es cuenta vuestra... y vos sabréis si es justicia o venganza. Permitidme ahora el egoísmo de recordaros que entonces me ofrecisteis que si algún día se os presentara ocasión de servirme, vuestra vida (fueron vuestras palabras), vuestro corazón y vuestra sangre, estarían a mi disposición. No creáis, austero juez, que os vengo a reclamar una gracia que pueda comprometeros... ¡solamente os pido que suspendáis por un día la sentencia de una persona!

—¡Es imposible, ciudadano! Tengo orden de Robespierre para que mañana sean juzgados, sin faltar uno, los sujetos de una lista que me ha enviado. En cuanto al veredicto, ¡es cosa del jurado!

—No os pido que disminuyáis el catálogo. ¡Escuchad! En vuestra lista de muerte se encuentra una italiana joven y bella y cuya inocencia no harán mas que excitar la compasión en vez del terror. Vos mismo temblaríais de pronunciar su sentencia. Sería peligroso en un día en que la plebe andará agitada, cuando vuestros carros de víctimas pueden ser detenidos, exponer la juventud, la inocencia y la belleza ante la piedad y el valor de una multitud amotinada.

Dumas levantó su cabeza, pero no pudo resistir la mirada del extranjero.

—No os niego, ciudadano, que hay mucha razón en lo que decís; pero mis órdenes son terminantes.

—Terminantes solamente en cuanto al número de las víctimas. Pero os ofrezco un substituto para la mujer que he nombrado. Os daré en cambio la cabeza de un hombre que sabe toda la conspiración que ahora amenaza a Robespierre y a vos mismo. Esta cabeza sola vale mas que ochenta juntas.

—Eso es muy diferente, —dijo Dumas con ansiedad. —Si podéis hacer lo que acabáis de decir, bajo mi responsabilidad, suspenderé el juicio de la italiana. Ahora, nombrad al substituto.

—¡Le tenéis delante de vos!

—¡Vos! —exclamó Dumas, mientras que inquietud que no podía reprimir revelaba su sorpresa. —¡Vos!... y venís a mí, solo y de noche, a entregaros a la justicia. ¡Ah!... eso es un lazo. ¡Temblad! estáis en mi poder y puedo haceros perecer a los dos.

—Es verdad, —dijo el extranjero con desdeñosa y tranquila sonrisa, —pero mi vida os sería inútil sin mis revelaciones. ¡Sentaos, os lo suplico... y escuchadme!

El fuego que despedían los ojos del desconocido aterrorizó al juez.

—Me trasladaréis a la Conserjería, y me haréis juzgar bajo el nombre de Zanoni en la hornada de mañana. Si mis revelaciones no os satisfacen, os queda en rehenes la mujer por la cual yo muero. No os pido sino que suspendáis su juicio un solo día. ¡Cómo, juez y condenador! ¿vaciláis? ¿Creéis que al hombre que se entrega voluntariamente a la muerte, se le podrá intimidar para que en la barra pronuncie una sola sílaba contra su voluntad? ¿No tenéis todavía bastantes pruebas de la inflexibilidad del orgullo y del valor? Presidente, ¡aquí tenéis tintero y papel! Escribid al carcelero que suspenda por un día el castigo de la mujer cuya vida de nada os puede servir, y le llevaré la orden de mi prisión. ¡Sí, la llevaré yo, que a cuenta de lo que puedo comunicaros, os digo, juez, que vuestro nombre está también escrito en una lista de muerte; yo, que sé la mano que ha escrito ese nombre, que conozco en qué parte de la ciudad se esconde el peligro, y en qué nube, en esta cargada atmósfera, se oculta la tempestad que descargará sobre Robespierre y su reinado!

Dumas palideció, en tanto que sus ojos querían evitar la magnética mirada que le dominaba. Mecánicamente, como impulsado por una voluntad que no era la suya, el juez escribió, bajo el dictado del extranjero.

—Bien —dijo Dumas al concluir, haciendo un esfuerzo para sonreírse, —os ofrecí que os serviría: ya veis cómo he cumplido mi palabra. Supongo que no sois uno de esos fanáticos... de esos profesores de virtud antirrevolucionaria, de los cuales he visto comparecer no pocos delante de mi barra. ¡Pensadlo bien! Me conduele ver a esas personas que hacen alarde de su cinismo, y que perecen por salvar a algún mal patriota, porque es hijo, padre, mujer o hija.

—Soy uno de esos fanáticos —dijo el extranjero levantándose: —lo habéis adivinado.

—Y en cambio del servicio que os hago, ¿no podríais hacer esta noche las revelaciones que guardáis para mañana? Vamos, decidlo y quizá vos también... no, la mujer, pueda recibir el perdón, en vez de la suspensión de su sentencia.

—¡No hablaré sino delante de vuestro Tribunal! No quiero engañaros, presidente, callándoos el motivo. Pudiera suceder que mi revelación no os fuese necesaria, pues mientras miro la nube, podría caer el rayo.

—¡Bah!... ¡Profeta, tened cuidado de vos! ¡Retiraos, loco, retiraos! Conozco demasiado la contumaz obstinación de la clase a la cual sospecho que pertenecéis, para malgastar el tiempo en palabras. ¡Diablo! Pero estáis tan acostumbrados a ver la muerte, que hasta olvidáis el respeto que se le debe. Puesta que me ofrecéis vuestra cabeza, la acepto. Mañana podríais arrepentiros; pero os advierto que será tarde.

—¡Demasiado tarde, sí, presidente! —respondió el tranquilo extranjero.

—Pero acordaos que no os he prometido el perdón de esa mujer, sino un día de dilación. Según como os portáis mañana, vivirá ó morirá. Soy franco, ciudadano; vuestra sombra no tendrá que aparecerme por falta de buena fe.

—Sólo os he pedido un día de dilación; lo demás, lo dejo a la justicia de Dios.
Vuestros alguaciles aguardan allá fuera.

CAPÍTULO XVI

¡UN DIA MÁS!

Viola se encontraba en una de esas cárceles cuyes puertas no se abrían sino para aquellos que eran sentenciados antes de ser juzgados. Desde que se separara de Zanoni, parecía que su inteligencia se había paralizado. Toda aquella exuberancia de imaginación, que, si bien no podía decirse que era el fruto del genio, se asemejaba al menos a su florescencia; todo aquel caudal de exquisitas ideas que Zanoni le había enseñado y que manaban después de los labios de la joven con mil misterios y sutilezas siempre nuevas para él, el hombre sabio; todo había desaparecido, todo se había aniquilado. Las flores se habían marchitado y la fuente estaba seca. Desde la altura de la mujer parecía haberse abismado en algo más bajo que la infancia. Las inspiraciones habían cesado desde el instante en que faltara el inspirador; al huir del amor, se dejó olvidado el genio.

Viola comprendía apenas por qué se le había arrebatado de su casa y del mecanismo de sus rudas tareas. Casi ignoraba qué significaban aquellos grupos de personas compasivas, que, atraídas por su admirable belleza, la rodeaban en la prisión contemplándola con mudo silencio, pero sin pronunciar ninguna palabra de consuelo. Viola, que hasta ahora había aborrecido a los criminales a quienes condena la ley. se admiraba de oír que seres tiernos y compasivos, con frentes serenas y miradas tranquilas, fuesen criminales para los cuales la ley no tenía otro castigo más benigno que la muerte. Pero los salvajes de semblante siniestro y amenazador que le sacaran de su morada, que habían intentado arrancarle a su hijo de sus brazos y que se burlaban de su muda desesperación, aquellos eran los ciudadanos escogidos, los hombres virtuosos, los favoritos del poder y los ministros de la ley.

Las cárceles de aquellos días contenían una multitud de gente escuálida, pero alegre. Allí, lo mismo que en la sepultura que les aguardaba, todas las clases se encontraban mezcladas con premeditado desdén. Y sin embargo, aun allí reinaba
el respeto que nace de las grandes e imperecederas emociones de la naturaleza y de la más santa y más noble de todas las leyes: ¡LA DESIGUALDAD ENTRE HOMBRE Y HOMBRE! Allí los presos, fuesen realistas o sanculotes, hacían lugar a la edad, a la inteligencia, a la fama y a la belleza; y la fuerza, con su innata hidalguía, se ponía al servicio de los desamparados y de los débiles. Los brazos robustos y los hombres hercúleos, abrían paso para las mujeres y los niños, y las gracias de la humanidad, expuestas en todas partes, hallaban un refugio en la mansión del terror.

—Y ¿por qué os han traído aquí, hija mía? —le preguntó a Viola un anciano sacerdote de aspecto venerable.

—No lo sé, —le respondió ella.

—Si ignoráis vuestro delito, tanto peor para vos.

—¿Y mi hijo? (el niño dormía en sus brazos).

—¡Ah! ¡pobre madre! Le dejarán vivir.

—Sí, pero... ¡huérfano y en esta prisión! —murmuró la acusadora conciencia de Viola. —¡Zanoni! ¡ni aun con el pensamiento me preguntes qué he hecho del hijo que te arrebaté!

Llegada la noche, los presos se precipitaron a la puerta para oír la lista de los sentenciados, que en la jerigonza de entonces, se llamaba la "Gaceta de la tarde". El nombre de Viola estaba entre los condenados a la guillotina. El anciano sacerdote, mejor preparado para morir, pero al cual no había llegado todavía su hora, puso las manos sobre la cabeza de la joven y le dio la bendición mezclada con sus lágrimas. Viola la oyó pasmada, pero sin llorar. Con los ojos bajos y los brazos cruzados sobre su pecho, la esposa de Zanoni inclinó humildemente su cabeza. En este momento pronunciaron otro nombre de la lista, y un hombre que se había abierto paso hasta ella a viva fuerza para ver o escuchar, arrojó un aullido de rabia y de desesperación. Viola volvió la cabeza, y sus ojos se encontraron con los de aquél. A pesar del tiempo que había transcurrido, la joven reconoció el asqueroso semblante de Nicot, sobre el cual apareció una diabólica sonrisa.

—Al menos, hermosa napolitana, —dijo el pintor, — nos unirá la guillotina.

Y soltando una carcajada, se perdió entre la multitud.

Viola fue llevada a su lúgubre celda para aguardar la mañana siguiente. Habíanle dejado a su hijo, en cuyo semblante la madre creía reconocer el sentimiento del terrible presente. En el trayecto de su casa hasta la cárcel, el niño no había derramado una lágrima, y había mirado con serenos ojos las relucientes picas y las caras siniestras de los esbirros; pero ahora, en el calabozo, el inocente había abrazado el cuello de su madre, pronunciando sonidos indistintos, lentos y melodiosos, como un lenguaje desconocido de celestial consuelo. ¡Y estos consuelos descendían, efectivamente, del cielo! pues al oír aquel dulce murmullo, el terror se desvaneció del corazón de la madre. Los querubines habían bajado al calabozo para cantar la misericordia del *Infinito amor,* cuyos ecos eran repetidos por la voz del inocente niño. Viola se arrodilló para orar. ¡Los usurpadores de todas las bellezas que santifican la vida, habían proscrito el altar y negado la existencia de Dios, y en la última hora, dejaban a sus víctimas sin un sacerdote, sin un libro sagrado y sin un crucifijo! No importa; la fe sabe edificar, aun en la lobreguez de un calabozo, los más sublimes templos, y por entre las bóvedas de piedra que cierran la vista del cielo, pasa la escalera por donde suben y bajan los ángeles, y por donde las plegarias del creyente llegan hasta Dios.

En otra celda contigua a la suya se encontraba el ateísta Nicot, sentado y estólido en medio de la oscuridad, acariciando la idea de Danton de que la muerte es la nada. Este hombre no presentaba el aspecto de una alarmada conciencia. El remordimiento es el eco de la perdida virtud, y Nicot no había conocido nunca este sentimiento. Si volviese a resucitar, viviría de la misma manera. Pero mil veces más terrible que el lecho de muerte de un creyente y desesperanzado pecador, es la confusa apatía, esa contemplación del gusano y del insecto que roen el esqueleto, esa terrible y pesada *nada*, que, a su vista, caía como un tupido manto sobre la vida universal. ¡Fijando su vista en el espacio y mordiendo su lívido labio, Nicot contemplaba la oscuridad, convencido de que esa oscuridad duraría eternamente!

¡Abrid paso! abrid paso a la nueva víctima que entra en la mansión de la muerte.

Cuando el carcelero, con la lámpara en la mano, empujó adentro al recién venido, éste le tocó el brazo y le habló algunas palabras al oído. Luego se sacó un anillo de gran precio que llevaba en un dedo.

¡Diantre! ¡Cómo brilla el diamante al resplandor de la lámpara! ¡Valúa cada una de tus ochenta cabezas en mil francos, y la joya vale más que todas ellas!

El carcelero se detuvo al ver cómo el diamante reía ante sus deslumbrados ojos.

¡Hola, Cancerbero! ¿Has perdido todo lo que tenías de humano en tu bajo empleo? No sientes amor, piedad ni remordimiento; pero la avaricia sobrevive a todos los demás sentimientos, y esta serpiente ha devorado lo bueno que hubo en tu corazón.

¡Ja! ¡ja! ¡Astuto extranjero, has vencido!

Los dos siguen andando por el tenebroso corredor y se detienen delante de la puerta donde el carcelero ha fijado la marca fatal que debe borrarse ahora, porque el preso que hay dentro, debe vivir un día más.

La llave penetra en la cerradura... la puerta se abre...

El extranjero coge la lámpara y entra.

CAPÍTULO XVII

COMPAÑERA DE LA ETERNIDAD, ¡ESO ES MORIR!

Viola rezaba todavía, y tan sumergida estaba en sus religiosos pensamientos, que ni oyó abrir la puerta, ni vio la negra sombra que se proyectaba en el suelo. El poder y el arte que le enseñara Zanoni habían desaparecido; pero el misterio y los encantos que tan arraigados estaban en su puro corazón, no la abandonaron en las horas de prueba y de desesperación. Cuando la ciencia cae como un meteoro del cielo, cuando el genio se marchita como una flor bajo el helado viento de las pasiones, la esperanza del alma infantil llena el espacio de luz, y la inocencia de una incuestionable creencia cubre de flores la tumba.

Viola estaba arrodillada en el último rincón de la celda, mientras el niño, como si quisiese imitar lo que no comprendía, doblaba sus tiernas rodillas, y con semblante risueño, se arrodillaba también al lado de su madre.

Zanoni los contemplaba a la luz de la lámpara que los iluminaba a los dos. La hermosa cabellera de Viola, desordenada y echada atrás, dejaba ver su cándida frente; sus negros ojos, al elevarse al cielo cubiertos de lágrimas, brillaban como si se reflejara en ellos una luz divina; sus manos cruzadas... sus labios entreabiertos y toda su forma animada con la santa y triste serenidad de la mujer. Zanoni oía su voz, a pesar de que apenas salía fuera de sus labios... ¡esa voz suave del corazón, pero bastante fuerte para ser oída de Dios!

—Y si nunca más debo verle, padre —decía —¿no podéis hacer que el amor que no morirá nunca, guíe sus pasos en esta vida desde el otro lado del sepulcro? ¿No podéis permitir también que como un espíritu viviente, me le aparezca más benéfica que todas las visiones que su ciencia puede conjurar? ¡Ah! ¡cualquiera que sea el destino que nos reservéis a los dos, permitid, Señor, que aun cuando miles de años transcurran entre uno y otro... al fin, una vez purificado y regenerado para esta reunión, podamos vernos nuevamente! En cuanto a su hijo... que está aquí, arrodillado en el suelo de este calabozo, ¿qué brazos le estrecharán mañana? ¿qué mano le alimentará? ¿qué labios rogarán por su felicidad en la tierra y por su alma en el cielo?

Los sollozos ahogaron, al decir esto, la voz de la angustiada madre.

—Los tuyos, Viola, los tuyos. ¡El hombre a quien abandonaste está aquí para salvar a la madre y al hijo!

Viola se sobresaltó, y al oír aquel acento trémulo y conmovido como el suyo, corrió a arrojarse a sus pies... ¡Sí, estaba allí, con todo el brillo de su imperecedera juventud y de su belleza sobrehumana! ¡Allí estaba, en la morada de la muerte y en la hora de la agonía! ¡Allí estaba realmente la imagen y la personificación del amor, que puede atravesar el valle de las sombras y deslizarse por las sendas del cielo desde los negros abismos del infierno!

Con un grito quizá nunca oído bajo aquella lúgubre bóveda, Viola corrió a postrarse a sus pies.

Zanoni se inclinó para levantarla, pero Viola se escapaba de sus brazos. En vano el tierno esposo la llamaba por los familiares epítetos de los días de apasionado amor; Viola solamente le respondía con sus sollozos. Delirante y fuera de sí, le besaba las manos y las guarniciones de su vestido, pero su voz se había extinguido.

—¡Mírame, Viola!... Estoy aquí... ¡He venido a salvarte! ¿No quieres que contemple tu bello rostro? ¡Cruel! ¿quieres huir de mí todavía?

—¡Huir de ti! —dijo al fin Viola con voz entrecortada. —¡Ah! ¡si mis pensamientos te han ofendido... si mi sueño, aquel terrible sueño, me engañó... arrodíllate a mi lado, y reza por nuestro hijo!

Entonces, levantándose de repente, fue corriendo a buscar a su hijo, y, depositándole en los brazos de su padre, dijo sollozando y con voz humilde:

—No te abandoné por mí, sino...

—¡Basta! —interrumpió Zanoni. —Conozco todos los pensamientos que tus confusos y embrollados sentidos pueden apenas analizar. ¡Mira cómo responde a ellos la mirada de tu hijo!

Con efecto, el semblante del niño pareció radiante en medio de su silenciosa y pura alegría. Como si reconociese a su padre, abrazaba su cuello, y en esta posición volvía sus expresivos ojos hacia Viola y sonreía.

—¡Qué rece por mi hijo! —dijo Zanoni con tristeza. —¡Los pensamientos de las almas como la mía, son una continua plegaria!

Sentándose, entonces, al lado de su esposa, Zanoni empezó a revelarle algunos de los santos secretos de su elevada existencia. Hablóle de la sublime y de la intensa fe por medio de la cual se puede sólo llegar a los divinos conocimientos... de la fe que viendo lo inmortal por doquier, purifica y eleva al mortal que lo contempla...; de la gloriosa ambición que existe, no en las cábalas ni en los crímenes de la tierra, sino en medio de las solemnes maravillas que no hablan de los hombres, sino de Dios; del poder de abstraer el alma del polvo, lo cual da a la vista del espíritu su sutil visión, y a sus alas, el ilimitado espacio...; de aquella pura, severa y atrevida iniciación en la cual la imaginación, como si saliese del reino de la muerte, penetra en las claras percepciones de su esencia, de la vida y de la luz, tanto que, en su conocimiento de lo bello, halla su alegría en la serenidad de su voluntad y su poder, en su simpatía con la juventud de la infinita creación, de la cual es esencia y parte los secretos que santifican el mismo barro y que renuevan la fuerza de la vida con la ambrosía del misterio y del sueño celestial.

Mientras Zanoni hablaba, Viola le escuchaba sin atreverse casi a respirar, y si la esposa no comprendía, al menos no se atrevía a desconfiar. Viola sentía que en aquel entusiasmo no podía mezclarse la malignidad, y por una especie de intuición, más bien que por un esfuerzo de la razón, la esposa vio delante de ella, como en un estrellado océano, la profunda y misteriosa belleza del alma que sus temores habían injuriado. Al concluir sus extrañas revelaciones, Zanoni dijo que cuando había soñado elevarla a esa sublime vida, se apoderó de ella el miedo que esclaviza a la humanidad, y que entonces, en su silencio, leyó que a pesar de su ciencia, aquel sueño era irrealizable.

Cuando Zanoni dejó de hablar, Viola, apoyando su cabeza en el pecho de su esposo, sintió su abrazo protector, y en su puro beso halló el perdón de lo pasado y el olvido del presente. Entonces se despertaron en su corazón las ardientes esperanzas de la vida normal, con el amor de la mujer. ¡Zanoni había venido para salvarla! Viola no tenía necesidad de preguntarle cómo; su ciega confianza no la dejaba dudar. Al fin volverían a vivir unidos, lejos de aquellas escenas de sangre y de crímenes. ¡Viola reía con infantil alegría cuando este cuadro seductor se presentó a su vista en medio de la lobreguez de la prisión! Su imaginación, fiel a sus generosos y puros instintos, rehusó acoger las elevadas imágenes que se le presentaban y se fijó en sus antiguas y humanas visiones de la felicidad doméstica.

—¡No me hables más de lo pasado, querido mío, —decía Viola, —no me hables más de lo pasado! Estás aquí y me salvarás; aun seremos felices viviendo unidos para siempre, y en esa dulce unión están cifradas mi ambición y mi gloria. Nada me importa ya que tu alma orgullosa atraviese el universo; el mío será tu corazón. Al verte y tocarte otra vez, cuando estaba preparada para morir, siento cuán grata es la vida. Mira a través de la reja y verás cómo las estrellas empiezan a borrarse del cielo; el día se acerca, ¡el día que nos abrirá las puertas de la prisión! Has dicho que puedes salvarme... Ya no lo dudo ahora. ¡Ah! ¡no habitemos mas en las ciudades! En aquella isla dichosa nunca dudé de ti; allí no me asaltaron otros sueños que los de la felicidad que disfrutaba, y cuando al despertar contemplaba tus ojos, encontraba más bello el mundo. Mañana... ¿por qué no te sonríes? Mañana, esposo mío: ¿no encuentras hermosa esa palabra? ¡Cruel! Aun quieres castigarme no tomando parte en mi alegría. ¡Ah! ¡Mira a nuestro hijo, mira cómo me sonríe! Voy a decirle eso: Hijo mío, ¡tu padre está aquí!

Y cogiendo al niño en brazos, se sentó a corta distancia de Zanoni; mecíale recostado en su pecho, acariciábale con ternura y le besaba a cada palabra. La dichosa madre lloraba y reía al mismo tiempo, cuando apartando la vista del niño, miraba extasiada al padre, a quien aquellas descoloridas estrellas daban el último adiós. ¡Qué bella parecía Viola sentada de aquella manera, sin sospechar su triste porvenir! Casi niña también, su sonrisa, respondiendo a la de su hijo, parecían dos inocentes jugueteando en el borde de la tumba. Cada vez que Viola se inclinaba sobre su hijo, su hermosa cabellera le inundaba como una nube de oro, cubriendo su tesoro como un velo de luz. El niño, por su parte, con sus lindas manecitas, apartando de vez en cuando aquel brillante manto para sonreír a su madre a través de sus trenzas, volvía a esconder su rostro entre ellas, para descubrirlo sonriendo un momento después. Hubiese sido muy cruel nublar aquella pura alegría, pero más cruel aún era tenerla que presenciar.

—Viola —dijo al fin Zanoni, —¿te acuerdas que estando una noche sentados a la luz de la luna en la playa de nuestra isla nupcial, me preguntaste por este amuleto? Es la última reliquia de mi país natal. Mi madre la puso en mi cuello pocos instantes antes de morir. Entonces te dije que te la daría el día *en que las leyes de nuestra existencia fuesen iguales.*

—Lo recuerdo como si fuese ahora.

—Mañana será tuyo.

—¡Ah! ¡cuánto tarda esa querida mañana!

Y dejando con cuidado el niño, que estaba ahora dormido, Viola abrazó a su esposo, señalándole con su dedo la luz de la aurora que empezaba a mezclarse con el azul del cielo.

Allí, en medio de aquellas lúgubres paredes, el lucero matutino brillaba por entre las barras de la reja sobre aquellos tres seres en los cuales estaba concentrado todo lo que pueden ofrecer de más dulce y encantador los humanos lazos; todo lo que hay de más misterioso en las combinaciones de la imaginación humana: la dormida inocencia, el amor confiado, que, contentándose con una mirada, no prevé la tristeza, y la fatigada ciencia, que, después de penetrar todos los secretos de la creación, busca su solución en la muerte, y a medida que se acerca al sepulcro, siente desprenderse de los brazos del amor. Allí dentro, las tristes paredes de un calabozo; al exterior, en las pequeñas casas y en los grandes salones, en los palacios y en los templos, la venganza y el terror forjando negros proyectos y contraproyectos; de un lado para otro, flotando sobre la creciente marea de las agitadas pasiones, zozobraban y reaparecían los destinos de los hombres y de las naciones, mientras que la opaca estrella de la mañana, desvaneciéndose en el espacio, miraba con ojo imparcial la torre de la iglesia y la guillotina.

Radiante empieza a aparecer la luz del día. En los apartados jardines, las avecillas renuevan sus encantadores trinos, mientras que los peces juguetean en las cristalinas aguas del Sena. La alegría de la divina naturaleza y el bullicioso y discordante ruido de la vida mortal se despiertan otra vez; el comerciante abre sus puertas; las engalanadas muchachas se dirigen a sus tareas; otros, con paso precipitado, corren al taller de la revolución, la cual, derribando a los reyes y a los nobles, deja al rústico la herencia de Caín; los carros gimen bajo el peso de las mercancías; la tiranía sobresaltada madruga y se levanta con el rostro pálido; la conspiración, que no ha dormido, escucha atenta el reloj murmurando interiormente: "Se acerca la hora." En las avenidas del salón de la Convención se van formando grupos en cuyos semblantes se ve pintada la ansiedad; hoy se decide la soberanía de la Francia; en los alrededores del Tribunal se nota el ruido y movimiento de costumbre. No importa: en este día caerán ochenta cabezas.

Viola dormía profundamente. Fatigada de alegría y confiada en la presencia de su esposo, había reído y orado de placer, como si en medio del sueño tuviese el convencimiento de que el que amaba estaba a su lado y que había hallado el tesoro perdido. Se sonreía y hablaba consigo misma, pronunciando con frecuencia el nombre de Zanoni, y extendiendo sus brazos, suspiraba si no tocaban a su amado.

Difícil sería expresar las emociones que experimentara Zanoni al contemplarla; ¡no la vería despertar más! Viola no sabía cuán caramente compraba la seguridad de aquel sueño.

La tan suspirada mañana había llegado al fin. *¿Cómo saludaría Viola la tarde?* Sus ojos se habían cerrado con todas las risueñas esperanzas con que la juventud y el amor contemplan lo futuro; estas esperanzas formaban aún el iris de sus rosados sueños. ¡Despertaría para vivir! Mañana caería el reinado del terror y se abrirían las puertas de la cárcel. Saldría de aquel triste calabozo para correr con su hijo en brazos bajo el brillante sol del verano. Y ¿él?... había vuelto.

Zanoni contemplaba a su hijo, que estaba despierto y le miraba con ojos fijos, solemnes y pensativos. Se inclinó sobre él y le besó los labios.

—Jamás, heredero del amor y de la desgracia, jamás volverás a verme en tus visiones... —murmuró. —Nunca más la luz de esos ojos se verá alimentada por una celeste comunicación... nunca más mi alma, velando junto a ti, podrá preservarte de los disgustos y de la enfermedad. No debía ser esta la herencia que te reservaba. Confundido con lo vulgar de tu raza, tu destino es hoy sufrir, luchar y errar. ¡Sean, al menos, suaves tus pruebas, y tu espíritu bastante fuerte para amar y creer! Y al contemplarte de esta manera, ojalá que mi naturaleza pueda trasladar a la tuya su último y más intenso deseo; que pase a ti el amor que siento por tu madre, y quiera Dios que en tus miradas, pueda oír cómo mi espíritu la anima y la consuela. ¡Ya vienen!.. ¡Sí!... ¡Adiós! ¡a los dos os aguardo al otro lado de la tumba!

La puerta abrióse lentamente, y así que el carcelero apareció en el umbral, penetró por la abertura un rayo de luz que inundó el semblante da la bella dormida, jugueteando en él como la sonrisa sobre los labios del niño que, mudo y con su fija mirada, seguía todos los movimientos de su padre. En aquel instante, soñando, Viola murmuró:

—Ya es de día... ¡la puerta está abierta! ¡Dame la mano; vámonos! ¡Al mar... al mar! ¡Mira cómo los rayos del sol juegan sobre las olas!... ¡Vámonos a casa, esposo mío! ¡Volvámonos a nuestra casa!

—¡Ciudadano, ha llegado vuestra hora! —dijo el carcelero.

—¡Silencio! .. ¡duerme!... ¡Un momento, y estoy pronto! ¡Gracias, Dios mío!... ¡aun duerme!

Zanoni no la quiso besar temiendo despertarla; pero, poniéndole el amuleto en el cuello, le dio, desde el fondo de su corazón, el último adiós hasta el día de su nueva reunión. Zanoni se dirigió a la puerta y de allí se volvió una y otra vez. La puerta se cerró al fin. Zanoni se ha ido para siempre.

Viola despertó después de algún tiempo, y, mirando en derredor de sí, dijo:

—¡Zanoni, ya es de día!

Viola no recibió más respuesta que el gemido lastimero de su hijo. ¡Dios mío! ¿ha sido todo un sueño? La desconsolada esposa, echándose atrás las largas trenzas que cubrían sus ojos, sintió en su pecho el amuleto... ¡No, no era un sueño!

—¡Dios mío! —exclamó, —se ha ido. —Y corriendo a la puerta, empezó a dar voces hasta que vino el carcelero.

—¿Mi esposo, el padre de mi hijo? —preguntó la infortunada.

—¡Os ha precedido! —le contestó el guardián.

—¿A dónde? ¡decid!

—¡A la guillotina! —respondió, y la negra puerta se cerró otra vez.

Viola cayó al suelo desmayada. Con la velocidad del rayo se presentaron a su mente las palabras de Zanoni, su tristeza, el verdadero significado de su místico regalo y el sacrificio que hacía por ella. Todo lo comprendió en aquel terrible momento. Su imaginación se nubló como se nubla el horizonte cuando amenaza la destructora tempestad; pero aquella oscuridad tenía también su luz. Mientras permanecía sentada en el suelo del calabozo, muda, rígida, y como si se hubiese petrificado, *una visión* puso delante de su vista, como la rápida decoración de un teatro, el lúgubre salón del Tribunal .. el juez, el jurado y el acusador. En medio de las víctimas descollaba la altiva e imponente figura de Zanoni.

—Acusado, reveladnos el peligro que amenaza al Estado.

—Voy a cumplir mi promesa. Juez, ¡escuchad vuestra sentencia! La anarquía que llamáis Estado, expirará hoy al ponerse el sol. ¡Escuchad el ruido y los amenazadores murmullos del exterior! ¡Apartaos, muertos! ¡Plaza en el infierno para Robespierre y sus satélites!

Todo es desorden y confusión en el Tribunal... Pálidos mensajeros van y vienen... ¡Los verdugos empiezan a tener miedo!

—¡Afuera con el conspirador!.. ¡y mañana perecerá la mujer que habéis querido salvar!

—¡Mañana, presidente!.. ¡el rayo caerá hoy sobre *vos!*

El convoy de la muerte marcha lentamente por las calles, rompiendo por medio de la apiñada multitud. ¡Ah, pueblo valiente! te has despertado al fin. ¡No morirán!.. ¡El trono de la muerte se ha hundido!... ¡Robespierre ha caído; el pueblo corre a salvaros! En el carro de Zanoni grita y gesticula el horrible ateísta Nicot. "¡Salvadnos!... ¡salvadnos!" aúlla el desesperado pintor. ¡Adelante, pueblo bravo! ¡seremos salvados! Y por medio de la apiñada multitud, con su negra cabellera esparcida y arrojando fuego por los ojos, se abría paso una mujer en cuyo semblante se veía pintada la desesperación.

—¡Clarencio mío! —gritó, con el suave idioma meridional del país de Viola. —
¡Verdugo! ¿qué has hecho de mi Clarencio7

Sus ojos registraron con ansiedad las caras de los prisioneros, y la mujer, no viendo entre ellos al que buscaba, exclamó:

—¡Gracias, Dios mío, gracias! ¡No soy tu asesino!

El populacho se agrupa y se enardece por instantes... Un momento más, y el verdugo se queda sin sus víctimas. ¡Ah! ¡Zanoni! ¿por qué se ve en tu frente esa fría resignación que quita toda esperanza? ¡Tan!... ¡tan!... Las tropas ocupan las calles. El feroz Henriot, fiel a sus órdenes, marcha a la cabeza de sus huestes. ¡Tan!... ¡tan!... ¡La multitud se acobarda y se dispersa! Aquí, revolcándose en el lodo, unos son pisoteados por los caballos y arrojan gritos de desesperación, y en medio de ellos, herida por los sables de los soldados, y con su larga cabellera empapada de sangre, yace la italiana, mientras que sus labios, en los cuales se ve pintada la alegría, murmuran convulsivamente: "¡Clarencio! ¡no he sido la causa de tu muerte!"

¡El convoy llega a la *Barrera del Trono* donde extiende sus brazos el gigantesco instrumento de destrucción! ¡La cuchilla se levanta y vuelve a caer una vez, y otra, y otra, y otra!... ¡Gracia! ¡gracia! ¿Tan pronto se pasa el puente echado entre la luz y las tinieblas?... ¡Dios mío! ¡es tan breve como un suspiro! ¡Ah! ¡le ha llegado su turno!...— ¡Aguarda! ¡no mueras todavía! No me dejes, escúchame... ¡escúchame! —grita la inspirada sonámbula. —¡Me sonríes!

¡Sí, aquellos pálidos labios sonreían aún, y al extinguirse aquella sonrisa, pareció desvanecerse el cadalso, el horror y el verdugo! Aquella sonrisa pareció inundar el espacio de una luz divina y eterna. Viola vio elevarse hacia el cielo, revoloteando un momento sobre ella, una cosa, no importa qué... ¡una *idea* de alegría y de luz! Cielo tras cielo se fue abriendo en el inmenso espacio, y a lo lejos se veían, grupo sobre grupo, las bellezas celestes. "Bien venido", cantaban millares de melodías entonadas por los habitantes de los cielos. "Bien venido, ser purificado por el sacrificio; la muerte te ha dado la verdadera inmortalidad... Eso es morir." Y radiante en medio de lo radiante, la *visión* extendió sus brazos, murmurando a la sonámbula: "¡Compañera de la eternidad!... *¡eso es morir!*"

¡Ah! ¿qué indican esas señas que nos hacen desde las azoteas? ¿Por qué la multitud se precipita a las calles? ¿Por qué tocan las campanas? ¿Oís el toque de arrebato? ¡Escuchad el ronco bramido de los cañones!... ¡el choque de las armas! Pobres cautivos, ¿lucirá al fin para vosotros la esperanza?

Los presos se abrazan unos a otros. El día se va... la noche se acerca; los presos permanecen todavía con sus pálidos rostros pegados a los barrotes, y aun desde las ventanas de enfrente y de las azoteas contiguas les dirigen sonrisas de esperanza, y se agitan mil manos amigas. "¡Hurra! ¡hurra! ¡Robespierre ha caído! ¡El reinado del terror no existe! ¡Dios nos ha permitido vivir!"

¡Dirijamos una mirada al salón desde donde el tirano y su cónclave escuchaban la tempestad que rugía al exterior!... Cumpliéndose la profecía de Dumas, Henriot, ebrio de sangre y de aguardiente, entra tambaleándose en el salón, y arrojando su ensangrentado sable al suelo, tartamudea.

—¡Todo está perdido!

—¡Miserable! ¡tu cobardía nos ha derribado! —gritó unánime el feroz consejo, mientras arrojaban al cobarde por la ventana.

El inflexible Saint-Just permanece tranquilo como la desesperación, mientras Couthon, aterrorizado y arrastrándose como una serpiente, corre a esconderse debajo de una mesa. Oyese un pistoletazo... Robespierre ha querido suicidarse, pero su mano trémula ha errado el tiro y no ha conseguido poner fin a su vida. El reloj del *Hotel de Ville* da las tres. La multitud derriba las puertas, e invadiendo los oscuros corredores, llega al salón de la muerte. Desfigurado por el tiro, lívido, lleno de sangre, mudo, pero con todo conocimiento, se sienta todavía en su elevado sitio el altivo jefe de los asesinos. La multitud le rodea... le insulta... le llena de execraciones, y la luz rojiza de sus antorchas da un aspecto infernal a su airada fisonomía. ¡En su última hora, el tirano ve reunidos a su alrededor todos los enemigos que se ha creado!

La multitud le arrastra fuera del salón. ¡Abre tus puertas, inexorable prisión! ¡La conserjería recibe su presa! Maximiliano Robespierre no pronunció nunca una palabra. ¡La emancipada ciudad vomita a la calle millares y millares de habitantes! ¡El carro de la muerte del reinado del terror camina a la *plaza de la Revolución*! SaintJust, Dumas y Couthon son los compañeros de suplicio de Robespierre. Una mujer a quien habían dejado sin hijos, con el pelo esparcido y el semblante desencajado por la ira, se abrió paso hasta el carro fatal.

—¡Tu muerte me vuelve loca de alegría! —exclamó.

Robespierre abrió sus ensangrentados ojos.

—¡Desciende al infierno en medio de las maldiciones de las viudas y de las madres!

El verdugo arrancó el vendaje de la destrozada mandíbula de Robespierre. El tirano arrojó un grito... los espectadores le respondieron con una carcajada, y en seguida la cuchilla cayó, en medio de los atronadores gritos de la inmensa multitud.

¡Una negra sombra cubre tu memoria, Maximiliano Robespierre! Así concluyó el reinado del terror...

La luz del nuevo día alumbró los calabozos. La gente corría de celda en celda a llevar la feliz noticia... los alegres presos se mezclaban con los carceleros, a quienes el miedo obligaba a aparentar alegría también. Los cautivos corrían embriagados de placer por aquellos corredores y avenidas que iban a dejar. Entonces se dirigieron corriendo a una celda olvidada desde la mañana anterior. Allí, sentada sobre su miserable lecho, hallaron una mujer, con los brazos cruzados sobre su pecho y los ojos levantados al cielo, mientras en sus labios brillaba una sonrisa más que angelical. La gente, aun en el tumulto de su alegría, retrocedió llena de santo respeto: jamás habían visto tanta belleza; y cuando se acercaron silenciosamente al lado de aquella encantadora beldad, vieron que sus labios no respiraban, que era el silencio del mármol, y que la belleza y el éxtasis eran de la muerte. La multitud la rodeó con respeto. ¡Ah! ¡mirad! A sus pies había un niño, al cual despertaron sus pasos. Mientras el angelito jugaba con el vestido de su madre, miraba con serenidad a toda aquella gente. ¡Un huérfano bajo la bóveda de la cárcel!

—¡Pobrecito! —exclamó una madre... —Dicen que su padre pereció ayer... ¡y ahora ha muerto también su madre! Solo en el mundo, ¿qué destino será el suyo?

El niño sonrió tranquilamente mientras la mujer hacía esta exclamación. Un anciano sacerdote que había entre la multitud, dijo con voz afable:

—¡Mirad! ¡el niño se sonríe! ¡DIOS ES EL PADRE DE LOS HUÉRFANOS!